Jingji Jiegou Tiaozheng

扩大内需与经济结构调整

主　编　沈春华　张秋艳

副主编　黄　嵩　郭春风　于佳立

中国出版集团

世界图书出版公司

广州·上海·西安·北京

图书在版编目（C I P）数据

扩大内需与经济结构调整 / 沈春华，张秋艳主编 . -- 广州：世界图书出版广东有限公司，2012.5

ISBN 978-7-5100-4612-4

Ⅰ. ①扩… Ⅱ. ①沈… ②张… Ⅲ. ①扩大内需－中国－文集②经济结构调整－中国－文集 Ⅳ. ① F126.1-53 ② F121-53

中国版本图书馆 CIP 数据核字 (2012) 第 084955 号

扩大内需与经济结构调整

责任编辑　陈　洁
封面设计　南　方
出版发行　世界图书出版广东有限公司
地　　址　广州市新港西路大江冲 25 号
电　　话　020-84459702
印　　刷　广东天鑫源印刷有限责任公司
规　　格　787mm×1092mm　1/16
印　　张　23.25
字　　数　455 千
版　　次　2012 年 5 月第 1 版　　2013年8月第2次印刷
ISBN　978-7-5100-4612-4
定　　价　70.00 元

前　　言

“第四届湖北省高校大学生经济学术论坛”是由共青团湖北省委、湖北省学联主办，在中国工商银行股份有限公司湖北省分行的大力支持下，由武汉理工大学联合中国人民大学、武汉大学、华中科技大学、对外经济贸易大学、北京交通大学、西安交通大学、西南财经大学、湖南大学、暨南大学、厦门大学等三十余所省内外重点高校共同举办的大型学术交流活动。论文征集与研讨会作为此次论坛的一个重要活动版块，以“扩大内需与经济结构调整”为主题，旨在培养学生的经济观察能力，鼓励学生深入学术研究，关注社会热点问题，做到学以致用。

三十余所高校的经济管理相关专业及对经济有浓厚兴趣的本科生、硕士、博士研究生积极参加了本次论文征集及研讨会活动，大赛组委会收到各校论文两百余篇，参赛选手紧扣主题、各抒己见、紧密结合现实环境、合理运用研究方法，论文具有很高的学术价值和现实指导意义。

论文研讨及评审过程中，由武汉大学马颖教授、华中科技大学田新时教授、中南财经政法大学李志生教授、华中师范大学周维第教授、中国地质大学邹伟进教授、武汉理工大学魏龙教授、华中农业大学柳鹏程副教授等七名专家组成评审委员会，结合选手的论文研究水平和现场公开答辩情况，本着“公平、公正、公开”的原则，评出一等奖三篇、二等奖十篇、三等奖二十篇，获奖作品均收录于本书。一等奖论文免费推荐发表于《经济问题》等核心期刊。

在本届论坛闭幕之际，特编撰本书，对论文获奖选手表示热烈祝贺，对各界的支持表示衷心的感谢！

编者

2012 年 3 月

目 录

金融支农与财政支农的协同效应分析 …… 姜有为(1)
基于理性预期的中国通货膨胀预期管理和经济结构调整 …… 张媛媛(18)
影响“家电下乡”产品农户消费信贷的因素分析——以湖北省应城市为例
…… 石 涛 王学超(32)
扩大内需背景下经济结构调整方向的探讨 …… 梁宝升(41)
农村城镇化对扩大内需以及经济结构调整的影响 …… 安晓璐 郭玲君(49)
探索国际货币基金组织(IMF)投票权机制的改革之路
——引入“累进制加权”机制的视角 …… 陈 骏(56)
浅析股权分置改革对我国上市公司股权激励机制的影响 …… 方丽敏(66)
河南省物流公共信息平台发展探究 …… 龚炳刚(78)
企业员工和高校学生对个体优良素质的认知差异研究
——以武汉7所高校学生和196家高新企业员工为调研对象 …… 李 媛(89)
中部地区承接产业转移路径分析和政策建议 …… 李文华(99)
基于DEA方法的煤炭行业上市公司经营效率及影响因素研究 …… 王建敏 秦亚芳(111)
人民币升值对汽车产品进出口的影响 …… 叶 茜(120)
政府主导背景下农村文化产品供给问题及对策研究:基于治理理论视阈 …… 汪 超(135)
经济增长、城乡收入差距对居民消费影响实证分析 …… 江 珊(148)
人民币国际化问题研究——基于金融市场建设的角度 …… 张童凌(157)
金融发展支持武汉市经济增长问题实证研究 …… 裘超楠(171)
内需不足的结构性根源研究 …… 李毅君(180)
咖啡馆顾客体验与购买性行为 …… 郭 辰(191)
中国消费者对汽车零部件再制造产品的购买意向和购买行为研究 …… 郭奕茜(215)
影响武汉市房价因素的实证研究 …… 黄古博(229)
对日航破产的经济分析 …… 李胜贤 李 昕 魏玮(247)
我国外汇储备对货币供应量的影响分析 …… 林嘉豪(263)
经济结构转型背景下老年人市场消费模型研究 …… 刘梦恒(271)
二元结构视角下人口因素与居民消费关系的实证研究 …… 苏 旦 王付顺(280)
制造业能源消费的影响因素分析 …… 杨莹超(289)
小外贸企业如何度过危机“寒流”——浅谈金融危机中的基本状况、经营策略 …… 于雪皎(299)
浅论扩大消费与经济转型 …… 余 艺(304)
在校大学生创业团队建设问题初探
——基于“挑战杯”创业计划大赛的思考与启示 …… 李若阳(316)
基于收入不平等人群动态博弈的通胀形成研究 …… 彭威(329)
基于扩大内需下财税政策探讨——从促进收入分配合理化角度分析
…… 李 楠 董 文 董 武(333)
基于DEA方法的中国省域能源效率评价研究 …… 王建敏 吴文娟 严琤春(344)
影响农村内需的主要因素与扩大农村内需的对策 …… 夏 成(357)

金融支农与财政支农的协同效应分析

姜有为

（武汉理工大学经济学院数理金融专业2008级本科生，武汉430070）

摘　要：在农村资本市场中，财政和金融作为支持农业发展的两个重要方面，对于保障农村农业发展所需的资金和促进农村金融市场完善起着关键的作用。对于研究金融和财政支农政策的实施以及两者的搭配具有重要的意义。本文分别通过系统协同度分析和建立计量模型探讨金融支农和财政支农的协同机制，研究金融支农和财政支农的“1＋1＞2”效应，并根据研究结构针对性地提出若干完善我国农村金融和财政体制在支持农业建设方面的建议。

关键词：金融支农；财政支农；协同效应；系统协同度

1. 引言

发达国家实施的金融支持农业发展的政策具有很多共性，主要表现为其农业发展受到了政府财政、农村金融信贷机构以及农业保障机构资金的大力支持，都有完善的农村金融体系来确保农业发展所需要的资金[1]，财政支农和金融支农的政策实施效果显著。

我国服务于农村市场的金融主体主要有中国农业发展银行、中国农业银行、农村信用社和农村合作银行等。它们作为农村金融的主力军，长期以来承担着支农服务的重任，金融机构面向农户的小额信贷构成农户资金的主要来源。另一方面，财政部门的政策性资金也给农户提供了可观的资金扶持。但财政和金融对农业的投入是否都发挥了其应有的绩效，财政和金融两种支农手段的配合是否会使支农的效应放大，在支农建设中应如何处理好财政和金融的搭配问题等都是有待研究的重要问题。

为筹集更多的资金支持农业的发展，从“六五”期末开始，国家陆续出台以“财政贴息”、“直补资金担保贷款”为代表的多项财政支农政策，这些政策都是将财税政策与农村金融政策相结合的有益探索，这些探索使农民得到财政补贴支持的同时也获得了信贷资金的支持。因此，财政和金融作为支持农业发展政策的两个重要方面，研究两种支农手段的对接能否使支农的效应放大、即“1＋1＞2”的协同效应具有重要的现实意义，同时也是关系到农村金融发展和政策导向的关键问题。

2. 文献综述

2.1 系统协同度文献综述

协同效应(Synergy Effect)，通俗地说，就是“1＋1＞2”的效应。协同效应原本为一种物理化学现象，指两种或两种以上的组分相加或调配在一起，所产生的作用大于各种组分单独应用时产生作用的总和。1971 年，德国物理学家赫尔曼·哈肯最早提出了协同的概念，并于 1976 年系统地论述了协同理论，发表《协同学导论》等著作。协同论认为整个环境中的各个系统间存在着相互影响而又相互合作的关系，社会现象亦如此，例如，企业组织中不同单位间的相互配合与协作关系，以及系统中的相互干扰和制约等。协同效应分析也被越来越广泛地应用于企业协同管理和系统论的研究中[2]。现有关于协同效应的研究主要侧重于理论上的分析，从不同的角度探讨协同效应的实现机制，或者通过提取系统的序参量研究系统之间的协同机制，而对于构建计量模型定量研究协同效应的较少。

我国许多学者应用协同度的概念对多个领域的发展程度或者协调性进行了测算。樊华、陶学禹(2006)[4]根据复合系统组成要素的非平稳性特点，提出了利用协整分析判定复合系统要素或子系统之间的长期均衡关系，应用数据包络分析方法和模糊数学的隶属度概念建立了复合系统协调度评价模型，并用该模型对中国 1990－2003 年高等教育与经济复合系统的协调度进行了实证分析。许晓雯、杨鹏、谭海龙(2004)[5]建立了区域科技资源、市场、能力系统的综合评价体系，并从系统论角度出发建立协调度模型，对各子系统间的协调度进行了度量研究。杨世琦、高旺盛(2006)[6]根据数理统计理论与方法，构建了农业生态系统协调度测度理论和模型，包括协调度的变化范围和协调度等级，并建立了农业生态系统评价指标体系，据此进行了农业生态系统的协调发展实证研究。徐浩鸣、徐建中、康姝丽(2003)[7]在构造了表征专业化、信息化序参量等指标体系基础上，给出了产业组织系统有序度和协同度模型，并对医药制造业进行了实证分析。穆东、杜志平(2005)[8]应用 DEA 的方法，分别从系统协同发展的内容上，给出了“协同”和“发展”的评价方法。徐英吉(2008)[9]利用协同度测量企业技术创新与制度创新的协同程度以及对企业持续成长的影响，并指出只有保持技术创新与制度创新较高的协同度才能够促进企业的持续成长。

2.2 金融与财政支农绩效文献综述

在金融支农与财政支农的绩效研究方面，国内的许多学者利用统计数据进行了实证研究。如运用 VAR 模型、向量误差修正模型、平稳性检验、协整检验、进行脉冲分析和方差分解等来研究财政支农支出和金融机构支农贷款与农业产出之间的关系。通常选取地区数据为样本，实证性地研究金融支农与财政支农对农业产出增加的贡献度。

高峰、徐界华、赵礼恩(2010)[12]利用山东省的相关数据，运用VAR模型、Jonhansen协整检验及向量误差修正模型来分析财政支农支出和农业贷款与农业产业增加值之间的关系。结果表明：财政支农支出和农业贷款每增长1个百分点，将分别拉动农业产业增加值增长0.33和0.13个百分点。崔姹、孙文生、李建平(2011)[13]利用河北1978—2008年农业贷款、财政支农投入和农民收入的实际数据，通过平稳性检验、协整检验进行脉冲分析和方差分解，结果显示：财政支农投入和农业贷款与农民收入增长之间存在长期稳定的关系，但其增长作用不大。对农民收入的提高，短期内财政支农的作用大于农业贷款；从长期看，农业贷款的作用大于财政支农，财政支农投入对农业贷款有影响。刘渊(2004)[14]通过对贷款农户的调查，用定量比较和纵向比较的方法研究不同投资领域、不同贷款额、不同县域环境的贷款户增收额及其相互关系来说明财政贴息小额支农贷款对农户收入的影响，分析政策性小额支农贷款对增收的影响因素，论述政策性贴息小额支农贷款的政策性缺陷及管理上的不足。

基于以上研究，本文分别通过系统协同度分析和建立计量模型探讨金融支农和财政支农的协同机制，研究金融支农和财政支农的“1+1>2”效应，并根据研究结果针对性地提出若干完善我国农村金融和财政体制在支持农业建设方面的建议。

3. 系统协同度分析法

农村资本市场是一个复杂的系统，而金融支农和财政支农是其中两个重要的子系统，二者的协同程度直接影响到农村资本市场的持续性和成长性，协同度越高越有助于农村资本市场的可持续发展。因此，协同度的度量和评价极为重要。徐英吉(2008)根据孟庆松、韩文秀等(1998[10]，1999[11])所建立的复合系统整体协调度模型，以企业内部系统为对象，研究了技术创新、制度创新与企业成长的协同程度，解决了系统有序度和协同度测量问题，并通过具体案例对此进行了说明。本部分在以上学者研究的基础上，将系统协同度分析法应用到金融支农与财政支农的有序度及协同度的度量上。

3.1 系统有序度

有序度(Order Degree，简称OD)，即有序程度，它是用来衡量一个系统内部各子系统的有序发展程度，其取值范围为：$0\leqslant OD\leqslant 1$，OD越大，表明子系统发展的有序程度越高。

假设系统是由若干子系统构成，即$S=(S_1,S_2,S_3,\cdots\cdots,S_i)$，其中$S_i$为第$i$个子系统，考虑子系统$S_i$，$i\in[1,k]$，设其在发展成长过程中的序参量变量为$e_i=$

$(e_{i1}, e_{i2}, \cdots\cdots, e_{in}$，其中，$n \geqslant 1, \beta \leqslant e^{ij} \leqslant \alpha_{ij}, j \in [1, n]$。一般来说，系统的有序度有两种类型，一种是假定 $e_{i1}, e^{i2}, \cdots\cdots, e^{im_1}$ 的取值越大，系统的有序度越高；其取值越小，系统的有序程度越低，如居民的收入、居民的福利水平等等。另一种是假定 e_{im_1}，$\cdots\cdots, e_{in}$ 的取值越大，系统的有序度越低；其取值越小，系统的有序度越高，如负的外部性等。

$$u_i(e_{ij}) = \begin{cases} \dfrac{e_{ij} - \beta_{ij}}{\alpha_{ij} - \beta_{ij}}, j \in [1, m_1] \\ \dfrac{\alpha_{ij} - e_{ij}}{\alpha_{ij} - \beta_{ij}}, j \in [m_1, n] \end{cases} \tag{3-1}$$

定义 3－1 式为系统 S_i 序参量分量 e_{ij} 的系统有序度。

由 3－1 式可以知道，$u_i(e_{ij}) \in [0,1]$，其值越大，e_{ij} 对系统有序的“贡献”越大。而序参量变量 e_{ij} 对系统 S_i 有序度的“总贡献”可通过 $u_i(e_{ij})$ 的集成来实现，通常有两种集成方法，分别是几何平均法，即：

$$u_i(e_i) = \left(\sum_{j=1}^{n} u_i(e_{ij})\right)^{\frac{1}{n}} \tag{3-2}$$

或者线性加权求和法，即：

$$u_i(e_i) = \sum_{j=1}^{n} w_j u_i(e_{ijs}) \tag{3-3}$$

其中 w_j 为权数，$w_j \geqslant 0$ 且

$$\sum_{j=1}^{n} w_j = 1 \tag{3-3}$$

可以称 3－2 及 3－3 式所定义的 $u_i(e_i)$ 为序参量变量 e_i 的系统有序度。

由系统有序度的定义可以知道，$u_i(e_i) \in [0,1]$，$u_i(e_i)$ 的数值越大，e_i 对系统有序的“贡献”越大，系统有序度就越高，反之，系统的有序度则越低。

3.2 系统协同度

协同度（Coordination Degree，简称 CD），即协同程度，它是用来衡量一个系统内部各子系统之间配合和协作的程度，CD 越大，表明各子系统之间配合的一致性、紧密性越强，越有利于系统目标的实现；反之，协同程度越小，就越不利于系统目标的实现，其取值范围为 $-1 \leqslant CD \leqslant 1$。当 $-1 \leqslant CD \leqslant 0$ 时，表明系统内部各子系统的发展处于互相阻碍状态；当 $CD > 0$ 时，表明系统内部各子系统的发展处于互相促进状态，此种情况有利于系统目标的实现。

针对协同度的大小，习惯上有如下界定：当 $-1 \leqslant CD \leqslant 0$ 时，称各子系统之间的配合处于不协同状态；当 $0 < CD \leqslant 0.4$ 时，称各子系统之间的配合处于低度协同状态；当 $0.4 < CD \leqslant 0.7$ 时，可以称各子系统之间的配合处于中度协同状态；当 $0.7 < CD \leqslant 1$，可以称各子系统之间的配合处于高度协同状态。

假设给定的初始时刻为 t_0，各子系统序参量的系统有序度为 $u_i^0(e_i)$，而在系统发展过程中的时刻 t_1，各子系统序参量的系统有序度为 $u_i^1(e_i)$，$i=1,2,\cdots,k$。若 $u_i^1(e_i)>u_i^0(e_i)$，则称系统是有序发展的；若 $u_i^1(e_i)<u_i^0(e_i)$，则称系统不是有序发展的。据此，系统协同度模型得以建立。

系统协同度的定义取决于有序度模型中所提到的 $u_i(e_{ij})$ 的集成方法，当采用几何平均法进行计算集成时，系统协同度定义表达式为：

$$a=\delta\left(\left|\prod_{i=1}^{k}\left[u_i^1(e^i)-u_i^0(e_i)\right]\right|\right)^{\frac{1}{k}} \tag{3-4}$$

当采用线性加权求和法进行计算集成时，系统协同度定义表达式为：

$$a=\delta\sum_{i=1}^{k}w_j\mid u_I^1(e_i)-u_i^0(e_i)\mid \tag{3-5}$$

其中：

$$\delta=\begin{cases}1,\min\limits_i[u_i^1(e_i)-u_i^0(e_i)]>0\\-1,\min\limits_i[u_i^1(e_i)-u_i^0(e_i)]<0\end{cases},i=1,2,\cdots,k \tag{3-6}$$

3—4 和 3—5 两式都可以计算系统协同度。

3.3　变量和数据

本文选用金融机构农业贷款作为衡量金融支农子系统发展程度的指标，选取地方财政支出、农林牧副渔固定资产投资及农村低保救济费等三个指标来衡量财政支农这一子系统。数据均来源于山东省青岛市统计局，数据跨度为 10 年。以上变量的选取旨在度量金融支农与财政支农两个子系统的协同情况。

表 1　原始数据(山东)

年份	农业产值(亿元)	金融机构农业贷款(亿元)	地方财政支出(亿元)	农林牧副渔固定资产投资(亿元)	农村低保救济费(亿元)
2000	248.33	39.93	87.87	2.35	0.24
2001	261.52	47.83	109.78	2.03	0.26
2002	268.85	54.59	124.39	4.46	0.13
2003	275.97	70.13	147.17	6.49	0.18
2004	296.73	82.5	164.62	22.59	0.28
2005	320.51	89.44	203.06	24.21	0.33
2006	339.61	98.9	236.79	18.33	0.57
2007	342.99	128.38	321.18	22.08	0.87
2008	400.85	150.3	369.41	29.53	0.91
2009	408.61	166.53	433.58	32.93	1.18

3.4 实证结果与分析

在本文中,子系统分别为金融支农 S_1 与财政支农 S_2,其中,财政支农 S_2 的序参量变量有三个,即 e_{ij} $(i=1,2,3)$。根据公式 3－1,可得到系统有序度如表 2 所示。

表 2 系统有序度

		2000	2001	2002	2003	2004	2005	2006	2007	2008	2009
金融支农	金融机构农业贷款	0	0.062	0.116	0.239	0.336	0.391	0.466	0.699	0.872	1
	地方财政支出	0	0.063	0.106	0.172	0.222	0.333	0.431	0.675	0.814	1
财政支农	农业固定资产投资	0.01	0	0.079	0.144	0.665	0.718	0.528	0.649	0.89	1
	农村低保救济费	0.104	0.121	0	0.045	0.141	0.195	0.418	0.706	0.746	1

在采用线性加权求和法对财政支农进行序参量变量 e_{ij} 的集成时,利用相关矩阵赋权法[18]确定各指标的权数。其原理为:各指标的相关系数反映了指标间的相互影响程度,相关系数的绝对值越大,则表明它们之间相互影响的程度越大。若某个指标与其它所有指标的总相关程度较高,说明此指标对其它指标有较大的影响,因此应给其赋予相对较大的权重;反之则应给其赋予相对较小的权重。设指标体系中包含 m 个指标,它们的相关矩阵为 R

$$R=\begin{bmatrix} r_{11} & r_{12} & \cdots\cdots & r_{1m} \\ r_{21} & r_{22} & \cdots\cdots & r_{2m} \\ \cdots & \cdots & \cdots\cdots & \cdots \\ r_{m1} & r_{m2} & \cdots\cdots & r_{mm} \end{bmatrix}$$

其中 $r_{ij}=1(i=1,2,\cdots\cdots,m)$

令
$$R_1=\sum_{j=1}^{m} \mid r_{ij}-1 \mid ,(i=1,2,\cdots\cdots,m) \tag{3-7}$$

其中 R_i 表示第 i 个指标对其它$(m-1)$个指标的总影响。R_i 较大,说明第 i 个指标在指标体系中的影响较大,故其权重也应该较大。将 R_i 归一化可以得到相应各指标的权数为:

$$w_i=\frac{R_i}{\sum_{i=1}^{m} R_i},(i=1,2,\cdots\cdots,m) \tag{3-8}$$

由表 1 各子系统的数据可计算出相关矩阵为

$$\mathrm{R}=\begin{bmatrix} 1 & .880 & .971 \\ .880 & 1 & .800 \\ .971 & .800 & 1 \end{bmatrix},$$

其中指标 m_i(i=1,2,3)分别为地方财政支出、农林牧副渔固定资产投资与农村低保救济费。由公式 3—3—7 及 3—3—8 可得各指标的权重为：

$$w_1=0.214, w_2=0.458, w_3=0.328$$

将财政支农的指标按照以上权重加权后，可得到财政支农整体的有序度，即 $u_i(e_i)$，集成后的有序度如表 3 所示。

表 3 集成有序度

年份	2000	2001	2002	2003	2004	2005	2006	2007	2008	2009
金融支农	0	0.063	0.116	0.239	0.3369	0.3919	0.466	0.699	0.872	1
财政支农	0.039	0.054	0.059	0.1179	0.399	0.464	0.471	0.673	0.827	1

最后根据公式 3—4 及 3—6 即可得到金融支农和财政支农的两两协同度（以 2000 年为基期），如表 4 所示。

表 4 两两协同度（山东）

年份	2001	2002	2003	2004	2005	2006	2007	2008	2009
协同度	0	0.058	0.082	0.167	0.366	0.426	0.468	0.686	0.849

从表 4 可以看出，金融支农与财政支农的两两协同度在整体上是逐年提高的，且在 2001—2005 年为低度协同状态，在 2006—2008 年为中度协同状态，而 2009 年协同度进一步提高至 0.849，达到了高度协同状态。

基于以上方法，本文进而用国家层面的数据进行了同样的检验。

表 5 原始数据（国家层面）

年份	农业产出（亿元）	金融机构对农业的贷款 FIN(亿元)	支援农村生产支出和农林水利气象部门的事业费(亿元)	农业基本建设支出(亿元)	农业科技三项费用(亿元)	农村救济费(亿元)	财政用于农业的支出 FIS(亿元)
1979	1270.2	136.7	90.11	62.41	1.52	9.80	163.84
1980	1371.6	175.9	82.12	48.59	1.31	7.26	139.28
1981	1559.5	189.7	73.68	24.15	1.18	9.08	108.09
1982	1777.4	212.5	79.88	28.81	1.13	8.60	118.42
1983	1978.4	231.2	86.66	34.25	1.81	9.38	132.10
1984	2316.1	368.1	95.93	33.63	2.18	9.55	141.29
1985	2564.4	416.6	101.04	37.73	1.95	12.90	153.62

续表

1986	2788.7	570.4	124.30	43.87	2.70	13.33	184.20
1987	3233.0	685.8	134.16	46.81	2.28	12.47	195.72
1988	3865.4	814.2	158.74	39.67	2.39	13.27	214.07
1989	4265.9	1955.2	197.12	50.64	2.48	15.70	265.94
1990	5062.0	2412.8	221.76	66.71	3.11	16.26	307.84
1991	5342.2	2976.0	243.55	75.49	2.93	25.60	347.57
1992	5866.6	3868.5	269.04	85.00	3.00	18.98	376.02
1993	6963.8	4839.1	323.42	95.00	3.00	19.03	440.45
1994	9572.7	1143.9	399.70	107.00	3.00	23.28	532.98
1995	12135.8	1544.8	430.22	110.00	3.00	31.71	574.93
1996	14015.4	1919.1	510.07	141.51	4.94	43.91	700.43
1997	14441.9	3314.6	560.77	159.78	5.48	40.36	766.39
1998	14817.6	4444.2	626.02	460.70	9.14	58.90	1154.76
1999	14770.0	4792.4	677.46	357.00	9.13	42.17	1085.76
2000	14944.7	4889.0	766.89	414.46	9.78	40.41	1231.54
2001	15781.3	5711.5	917.96	480.81	10.28	47.68	1456.73
2002	16537.0	6884.6	1102.70	423.80	9.88	44.38	1580.76
2003	17381.7	8411.4	1134.86	527.36	12.43	79.80	1754.45
2004	21412.7	9843.1	1693.79	542.36	15.61	85.87	2337.63
2005	22420.0	11529.9	1792.40	512.63	19.90	125.38	2450.31
2006	24040.0	13208.2	2161.35	504.28	21.42	182.04	2869.09
2007	28627.0	15428.2					3404.70
2008	33702.0	17629.0					4544.01
2009	35226.0	21623.0					6720.41
2010	40497.0	25477.7					8579.70

（数据来源：各年《中国统计年鉴》、《中国财政年鉴》、2010年国民经济和社会发展统计公报。）

基于以上数据可得连续27年的两两协同度（以1980年为基期）如下见表6。

表 6 两两协同度(全国)

年份	1980	1981	1982	1983	1984	1985	1986	1987	1988
协同度	0	0.0078	0.0037	0.006	0.0111	0.0189	0.0244	0.0366	0.0404
年份	1989	1990	1991	1992	1993	1994	1995	1996	1997
协同度	0.0443	0.0866	0.113	0.1446	0.1644	0.1959	0.0997	0.1264	0.1704
年份	1998	1999	2000	2001	2002	2003	2004	2005	2006
协同度	0.2356	0.4119	0.3838	0.4112	0.4811	0.5117	0.649	0.7491	0.8556

以上结果表明,金融支农与财政支农的系统协同度在整体上呈现逐年提高的趋势,且提高幅度显著,在近十年内由低度协同状态转变为高度协同状态。说明金融支农和财政支农二者相互配合、相互协调的程度越来越深,对于促进农村资本市场完善这一目标的贡献程度越来越大。

产生这一结果的原因既有国家政策层面的因素,也与金融及财政体系自身的运行机制有关。从政策层面来看,财政支持与金融借贷扶持虽各有分工,但在近年来的农业政策中越来越注重二者的配合,如国家财政放松对农村信用社等农村信贷机构的放款限制,并给予农村小额信贷更大规模的资金支持等。从两个系统自身的运行机制来看,金融支农与财政支农呈现出相互影响、矛盾统一的发展状态。这是因为,财政支持会刺激农村生产投入和开发,从而加大对金融支持的需求,而二者的共同投入和支持会极大地满足农村资本市场的需求,促进农村资本市场的完善和农村经济的发展。

4. 基于计量模型的协同效应分析

4.1 模型假设

(1)财政用于农业的支出 FIS 是政策因素,可以看作不受外界因素影响的外生变量;

(2)农业产出受金融机构对农业的贷款 FIN 和财政用于农业的支出 FIS 影响,同时在经济增长的背景下,农业产生保持固有的增长趋势;

(3)关于农业产出的历史信息可以反映在农业产出(Y)的一期滞后项(Y(−1))中;

(4)关于线性回归模型的古典假设成立,适用于最小二乘法对参数进行估计。

4.2 Granger 因果检验

金融机构对农业的贷款(FIN)受财政用于农业的支出(FIS)影响,一般来说,FIS 的增加有利于金融机构放宽对农业的贷款,FIS 是受政策影响的变量,但 FIS 是否是导致 FIN 的因以及 FIN 对 FIS 是否有反馈作用仍需要进一步研究。

选取表 1 中的金融机构对农业的贷款(FIN)作为衡量金融对农业投入的变

量,选取财政用于农业的支出(FIS)作为衡量财政对农业投入的变量,使用马克威5.0版本统计分析软件[7]对FIN和FIS的因果检验结果如下:

表7　Granger因果检验

滞后阶数:2

原假设	样本数	F统计量	P值	结论
"FIN"不能Granger引起"FIS"	30	0.0891	0.9150	不拒绝
"FIS"不能Granger引起"FIN"	30	4.2298	0.0262	拒绝

对于原假设 H_0:"FIS"不能Granger引起"FIN",检验统计量

$$F=\frac{(RSS_R-RSS_{UR}/q}{RSS_{UR}/(n-k)}=4.2298>F_{q,n-k}(\alpha=0.05)=3.37$$

其中 $q=2$ 为FIN滞后阶数,$n=30$ 为有效样本容量,$k=4$ 为无约束回归中待估参数的个数。因此拒绝原假设,即在 $\alpha=0.05$ 的显著性水平上,接受"FIS"是"FIN"的Granger原因。

4.3　单变量回归模型

在Granger因果检验结果的基础上,建立FIN对FIS的单变量回归模型定量分析FIS对FIN的影响,使用马克威5.0版本统计分析软件得到回归结果如下:

线性回归方程

$$FIN=947.486+3.27155\times FIS \qquad (4-1)$$

表8　模型分析

	R	R平方	修正的R平方	估计的标准误	对数似然值	AIC	SC
值	0.9719	0.9446	0.9428	1,594.6587	−280.3547	17.6472	17.7388

表9　方差分析表

	平方和	自由度	均方	F值	显著性
回归	1,301,857,296.5936	1	1,301,857,296.5936	511.9504	−0.0000
残差	76,288,092.9011	30	2,542,936.4300		
总和	1,378,145,389.4947	31			

表10　回归系数分析

	回归系数	标准误	标准化的beta	T	显著性	95%置信区间上界	95%置信区间下界	方差扩大因子	容忍度
常数项	947.4863	347.6646		2.7253	0.0106	1,657.5121	237.4605		
FIS	3.2715	0.1446	0.9719	22.6263	0.0000	3.5668	2.9763	1.0000	1.0000

由结果可知，模型的整体检验和系数显著性检验均通过，回归方程的拟合系数 $R^2=0.9446$，回归方程的拟合效果较好；但从观察数据的变化可知，FIN 在 1994 年有明显的结构调整，而 FIS 保持稳定增长的趋势。

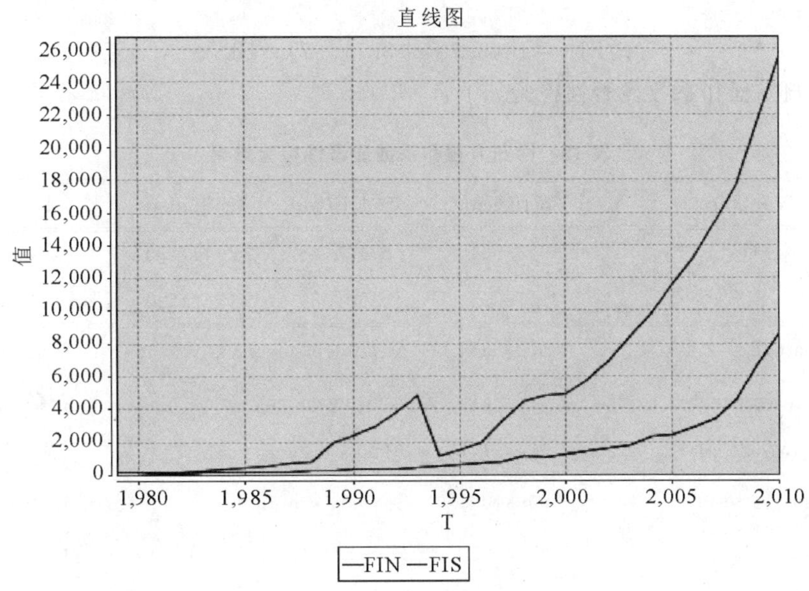

图 1　FIN 和 FIS 变化的直线图

因此，利用 1979 年到 2010 年样本数据建立的回归方程有待进行结构检验，为此，使用 EVIEWS 分析软件对回归方程进行 Chow 检验，选取 1994 年为断点，检验结果如下：

表 11　Chow 检验结果

Chow Breakpoint Test：1994

Null Hypothesis：No breaks at specified breakpoints

Varying regressors：All equation variables

Equation Sample：1979 2010

F－statistic	6.484458	Prob. F(2,28)	0.0049
Log likelihood ratio	12.17949	Prob. Chi－Square(2)	0.0023
Wald Statistic	12.96892	Prob. Chi－Square(2)	0.0015

由表中结果可知，Chow 检验结果表明，检验统计量 $F=6.4844$，对应的 P－Value 值为 0.0049，因此在 95% 的置信水平上认为可以拒绝原假设，即回归方程存在结构变化。进一步分析可知，改革开放后我国农村金融机构的发展经历 1978 年

至1993年的恢复起步阶段，从1994年开始进入调整阶段，并且1994年金融机构对农业的贷款（FIN）具有明显的结构调整。因此，为反映新的发展时期FIS对FIN的影响，选取1994年至2010年的样本数据重新做回归分析，得到回归分析结果如下：

$$FIN=1643.584+3.110671*FIS \tag{4-2}$$

回归方程和系数显著性检验如下：

表12 回归方程和系数显著性检验结果

Variable	Coefficient	Std. Error	t−Statistic	Prob.
C	1643.584	671.6186	2.447199	0.0272
FIS	3.110671	0.204069	15.24320	0.0000

R−squared	0.939358	Mean dependent var	9282.035
Adjusted R−squared	0.935316	S. D. dependent var	7249.398
S. E. of regression	1843.747	Akaike info criterion	17.98712
Sum squared resid	50991061	Schwarz criterion	18.08514
Log likelihood	−150.8905	Hannan−Quinn criter.	17.99686
F−statistic	232.3552	Durbin−Watson stat	0.375748
Prob(F−statistic)	0.000000		

模型的整体和系数显著性检验均通过，FIN被FIS解释的部分达93.94%，回归方程可以被解释为金融机构对农业的基础贷款规模1643.584亿元，其中受财政支农政策影响产生的扩大效应约3.11，即财政用于农业的支出每增加1单位，将带来金融机构增加对农业的贷款3.11单位的额外效应。

4.4 考虑滞后项的多变量分布滞后模型

如前所述，FIN与FIS之间存在显著的因果关系，即金融支农会受到财政支农的传导作用，在支农绩效中就会产生滞后效果。因此，为尽可能合理的建立模型研究农业产出Y和FIN、FINS之间的关系，考虑Y不仅受FIN、FIS影响，而且受FIN、FIS的滞后项影响，即建立分布滞后模型，同时考虑Y受经济环境影响的信息反映在Y的一期滞后项Y(−1)中，建立模型如下：

$$Y_t=\gamma+\sum_{i=0}^{p-1}\alpha_i FIN_{t-i}+\sum_{i=0}^{q-1}\beta_i FIS_{t-i}+\delta Y_{t-1}+\varepsilon_1 \tag{4-4}$$

通过不断调整模型参数，得到最终的结果如下：

表 13　考虑滞后项的分布滞后模型分析

Dependent Variable: Y
Method: Least Squares
Sample (adjusted): 1985 2010
Included observations: 26 after adjustments

Variable	Coefficient	Std. Error	t−Statistic	Prob.
C	713.1290	383.5728	1.859175	0.0771
FIN	−0.432948	0.168952	−2.562547	0.0181
FIN(−2)	0.410743	0.186513	2.202221	0.0390
FIS(−6)	5.535956	1.962479	2.820900	0.0102
Y(−1)	0.862272	0.067352	12.80254	0.0000

R−squared	0.993527	Mean dependent var	15010.57
Adjusted R−squared	0.992295	S. D. dependent var	10661.48
S. E. of regression	935.8672	Akaike info criterion	16.69187
Sum squared resid	18392795	Schwarz criterion	16.93381
Log likelihood	−211.9943	Hannan−Quinn criter.	16.76154
F−statistic	805.8729	Durbin−Watson stat	1.563925
Prob(F−statistic)	0.000000		

即模型结果如下：

$$Y_t = 713.13 - 0.4329FIN_t + 0.4107FIN_{t-2} + 5.5360FIS_{t-6} + 0.8623Y_{t-1} \quad (4-5)$$

表 14　方差分析表

	平方和	自由度	均方	F 值	P 值
回归	3,560,730,570.4948	3	1,186,910,190.1649	231.0277	0.0000
残差	143,850,671.6652	28	5,137,523.9880		
总离差	3,704,581,242.1600	31			

表 15　模型分析表

复相关系数	修正的复相关系数
0.9804	0.9783

此时模型的整体显著性检验成立，模型结果显示：短期内金融机构对农业的贷款由于增加农户负担且贷款用于农业的投入短期内收不到成效，对农业产出产生负的影响；长期内金融机构对农业的贷款才对农业产出产生正的影响；财政支农的绩效也表现出明显的滞后作用，原因在于财政用于农业的支出主要包括支援农村生产支出和农林水利气象等部门的事业费和农业基本建设支出，具有明显的周期性，农业基本设施建设等长期内才发挥作用。

4.5 结果分析

由上述分析结果可知，金融支农和财政支农政策在实施中有如下绩效传导过程：金融支农和财政支农绩效从长期来看均有显著效果，尽管短期内金融机构对农业的贷款由于增加农户负担和贷款用于农业的投入短期内收不到成效，对农业产出产生负的影响，但总体来看金融贷款和财政对农业的投入是有利于农业的发展的，且金融支农系统和财政支农系统互为支持、互相配合，金融支农以财政为保障，财政借助于金融贷款发挥杠杆作用，通过扩大金融机构对农业的贷款和增加农户贷款需求，借助金融支农平台间接地扩大其效应。

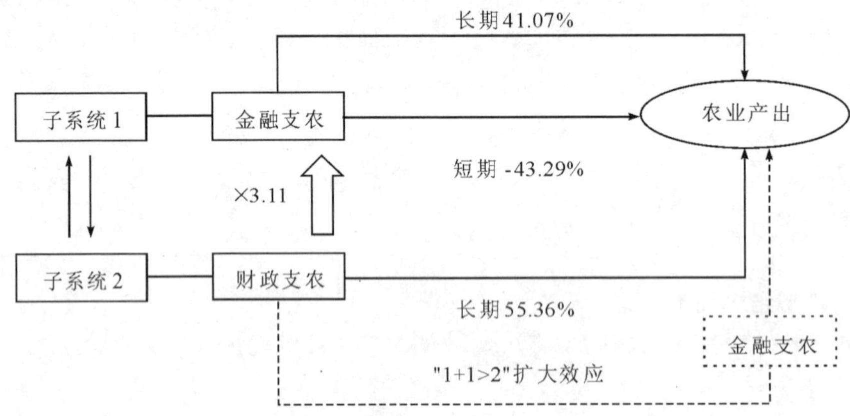

图 2 金融支农和财政支农的绩效传导过程

因此，金融机构对农业的贷款每增加 1 单位，短期内的直接影响是带来产生的减少，但从长期来看，1 单位贷款带来 41.07%的绩效，且财政用于农业的支出每增加 1 单位从长期来看也将带来 55.36%的绩效。此外，金融机构对农业的贷款以财政为支持，财政用于农业的支出将增加金融机构对农业的贷款，金融支农政策和财政支农政策的搭配意味着每 1 单位的财政对农业的投入将带来 3.11 单位额外的金融贷款对农业的投入，支持并保证金融支农发挥其正常的绩效，从农业产出的角度来看，将带来 1.28 单位预期外的产出，也就是说，金融支农和财政支农的搭配产生的效应大于其单独实施产生的效应之和，即由于金融支农和财政支农的协同产生“1＋1＞2”的额外效应，金融支农和财政支农的协同效应显著。

5. 结论和建议

财政和金融作为支持农业发展政策的两个重要方面，金融支农政策和财政支农政策有着显著的协同效应。即“1＋1＞2”的扩大效应，财政对农业投入可以吸引和引导金融资金对农业的投入，同时金融机构对农业的贷款必须借助财政支农体系为基础才能更好地发挥作用。在基层农村农业建设的过程中，如何处理好金融支农和财政支农的关系和政策搭配问题显得尤为重要。为此，结合本文的结论，提出如下建议：

5.1　支农建设中财政与金融携手，共同实现扶弱功能，优化社会资源配置。

优化资源配置和提供“公共服务”都包含扶助弱者、为弱势群体提供均等机会健康发展的重要内容。农业是弱势产业，农民尤其是中低收入和贫困农户是弱势群体，弱势的“三农”理应得到财政和金融的共同支持。然而，我国的农业、农村和农民长期以来一直是财政投入和金融服务的“短板”。在城乡二元结构的格局下，财政更多地关注和服务于城市，采取的是农业支持工业、农村支持城市的政策；同时，金融的“有偿性”和商业化运作与农业的特殊性和农村经济的弱质性之间的矛盾导致农村金融一直以来是我国金融体系中的薄弱环节。因此，要夯实农业农村发展基础，建设社会主义新农村，必须加强财政对“三农”的投入力度和金融对“三农”的支持力度。

5.2　有限的财政支农资金要发挥其杠杆作用，必须借助于金融渠道

财政支农现状表明：财政支农支出增长较快，但仍难满足新农村建设的巨大资金需求。改革开放以来，财政支农支出呈快速增长趋势。1979 年至 2010 年，财政支农总额从 163.84 亿元提高到 8579.70 亿元，年均增长 13.17％，2009 和 2010 年增幅更是高达 47.90％和 27.67％。但是，有限的财政支农资金难以满足“三农”建设对资金的巨大需求。研究表明，从 2006 年到 2020 年新农村建设需新增资金 15－20 万亿元，平均每年需净增 1 万多亿元，而 2006 年到 2010 年，财政支农支出分别为 2161.35、3404.7、4544.1、6720.41、8579.7 亿元，还是远远不能满足每年平均 1 万多亿元的增量资金需求。而且，可用于支农的财政收入增速趋缓，2008 年财政收入的增长率由 2007 年的 32.41％降至 19.50％，在财政收入增幅减缓的同时，各项保障性支出会进一步增加，未来可用于支农的财政收入是十分有限的。从统计数据进一步分析可知，财政支农支出结构不合理，使其真正用于发展现代农业推、进新农村建设的资金占比极少。2005 年，支农性财政支出中，维持机关与干部和困难群体的“吃饭财政”占 73.15％，基本建设支出占 20.92％，而具有发展潜力的科学技术三项费用只占 0.81％。财政支农支出总额本身十分有限，而真正用于发展现代农业、推进新农村建设的财政资金则更为有限，要让有限的财政资金真正发

挥杠杆效应，必须借助于金融渠道，才能真正意义上实现财政支农的功能。首先，财政支农必须通过金融渠道才能发挥其杠杆效应。财政可通过政策性金融、合作性金融和商业性金融等多类金融渠道，将财政的补偿输导给农村经济，间接支持社会主义新农村建设，从而更好地实现其“调控器”的作用。其次，财政通过金融渠道传递支农信息。政府可通过金融通道向其他投资者展示政府支持的意愿，拓展融资渠道，推动更多投资进入农村和农业领域。再次，财政通过金融渠道实现支农资金的周转。金融机构可为财政支农资金提供支付和清算服务，并通过提供过渡性融资服务，弥补财政资金在运转上的不足。最后，财政通过金融渠道规避支农过程中的道德风险。财政支农常常伴随着道德风险，一些支农对象过分依赖于财政补贴，不思进取，甚至想方设法获取更多的财政支持。财政资金可采用向农村金融机构贷款及发行债券等方式，在缩小政府直接投资规模的同时，规避道德风险，防止对政府资本的挥霍和浪费。

5.3 *弱势的农村金融要得以发展，离不开财政的扶持和引导*

财政对金融支农的扶持和引导主要表现在两个方面。一是财政可通过直接投入和间接引导对农村金融机构予以扶持，从而吸引资金回流农业农村。财政贴息可鼓励农村金融机构向农业提供贷款；税收优惠可引导商业银行把一定比例的资金用于农业；财政补贴可吸引农民和其他社会主体投资农业，引导和带动信贷资金、社会资金共同支农。二是财政可帮助农村金融机构分担体制内无法转移的风险。财政可通过投资设立担保机构，以建立巨灾准备金方式对农业高出其它行业的风险进行转移和分担。

参考文献

[1] Wyn Morgan, Bruce Morley, Causality between Exports. Productivity and Financial Support in EU Agriculture. Regional Studies 42, 2008(02): 189—198.

[2] Helmi Ben Rejeb, Laure Morel—Guimaraes, Vincent Boly, N'Doli Guillaume Assielou. Measuring Innovation Best Practices: Improvement of an Innovation Index Integrating Threshold and Synergy Effects. Technovation, 2008, 12(8): 838—854.

[3] Y. Liu, C. R. Shumway. Induced Innovation in U. S. Agriculture: Time—series. Direct Econometric and Nonparametric Tests. School of Economic Science, 2008.

[4] 樊华，陶学禹．复合系统协调度模型及其应用[J]. 中国矿业大学学报，2006(4)：515—520.

[5] 许晓雯，杨鹏，谭海龙．区域科技 R—M—c 系统协调度研究[J]. 科学管理研究，2004(5)：66—68.

[6] 杨世琦，高旺盛．农业生态系统协调度测度理论与实证研究[J]. 中国农业大学学报，2006, 11(2)：7—12.

[7] 徐浩鸣,徐建中,康妹丽．中国国有医药制造产业组织系统协同度模型及实证分析[J].中国科技论坛,2003(1):113－117.

[8] 穆东,杜志平．系统协同发展程度的 DEA 评价研究[J].数学的实践与认识,2005,35(4):56－64.

[9] 徐英吉,基于技术创新与制度创新协同的企业持续成长研究[D],山东大学,2008(4).

[10] 孟庆松,韩文秀．复合系统整体协调度模型研究[J].河北师范大学学报(自然科学版),1999(2):I77－179.

[11] 孟庆松,韩文秀,金锐．科技－经济系统协调模型研究[J].天津师大学报(自然科学版),1998,18(4):8－12.

[12] 高峰,徐界华,赵礼恩．财政支农和农业贷款对农业产业增加值的影响——基于山东省的实证分析[J].山东工商学院学报,Jun. 2010. Vol 24. No. 3.

[13] 崔姹,孙文生,李建平．基于 VAR 模型的农业贷款、财政支农对农民收入增长的动态性分析[J],广东农业科学,2011(1).

[14] 刘渊．烟台市财政贴息小额支农贷款对农户收入的影响[D].中国农业大学,2004(6)

[15] 温涛,王煜宇．农业贷款、财政支农投入对农民收入增长有效性研究.财经问题研究,2005(2).

[16] 管鹏,刘荣茂.农业信贷、财政支农投入对农民收入增长的有效性研究.金融财会,2007(11).

[17] 高峰,赵礼恩.财政支农和农业贷款对农业产业增加值的影响.山东工商学院学报,2010(6).

[18] 孟生旺,权数确定的相关矩阵法[J],陕西经济统计,1992(6):5－6.

[19] 姜启源,谢金,叶俊.数学建模·3 版[M].北京,高等教育出版社,2003.

[20] 韩中庚.数学建模方法及其应用[M].北京,高等教育出版社,2005.

[21] 李子奈.计量经济学(清华大学)[M].北京,高等教育出版社,1992(3).

[22] 王正林,刘明编.精通 MATLAB[M].北京,电子工业出版社,2011(3).

[23] 张晓峒.计量经济学软件 EViews 使用指南.天津,南开大学出版社,2006(1).

基于理性预期的中国通货膨胀预期管理和经济结构调整

张媛媛

(1. 中南财经政法大学金融学专业2011级硕士研究生,武汉 430073;
2. 指导老师:陶雄华①)

摘　要:应对通货膨胀与实现经济结构的调整是当前宏观经济政策的两个目标。本文从通货膨胀预期着手,试图通过对经济变量之间相互关系的研究,为控制通货膨胀预期和加快经济结构调整提供政策建议。运用2005年—2010年的季度数据建立实证模型探究当前中国通货膨胀预期的成因,模型结果显示:我国居民的通货膨胀预期属于理性预期;结构性通货膨胀和制度因素是当前中国通货膨胀预期形成的主要原因,且结构性通货膨胀比制度因素更能解释近期中国通货膨胀预期的形成。据此从宏观经济体制和微观层面这两个方面分别提供相应的政策建议。

关键词:理性预期;VAR模型;主成分分析;经济结构调整

2011年9月,国家统计局公布的居民消费价格指数(CPI)同比上涨6.1%。其中,食品价格上涨13.4%,非食品价格上涨2.9%。9月工业品出厂价格(PPI)同比上升6.5%。上述价格指数均表明:物价水平仍高位运行,通货膨胀预期的管理难度依然很大。

经济结构调整是经济增长的前提,一个国家或地区的经济发展是和经济结构的优化升级联系在一起的。本文着重研究处于特殊转型期中国居民的通货膨胀预期,从宏观经济体制和微观层面方面,为控制通货膨胀预期和加快经济结构调整提供一些政策建议。

1. 通货膨胀预期与宏观经济政策目标

通货膨胀预期是公众对未来一段时间内通货膨胀发生的几率及通货膨胀程度的一种心理预计。通货膨胀预期的自我实现机制和加速实现机制,为处于转型期的中国经济带来更多的不确定性,对宏观经济政策的制定提出了更高的要求。

---

① (中南财经政法大学金融学院教授、硕士生导师

1.1　通货膨胀预期与宏观经济政策

根据传统的AD—AS模型，当一个经济体受到供给冲击时，它减少了物价水平既定时的商品和劳务的供给量，即总供给曲线向左移动，最终均衡点产量下降，物价水平上升。此时，总供给变动引起较高的失业和较高的通货膨胀(滞胀)。菲利普斯曲线——通货膨胀与失业之间的短期权衡取舍，就从PC1向右移动到PC2，决策者面临着在反通货膨胀和反失业之间的艰难选择。见图1。

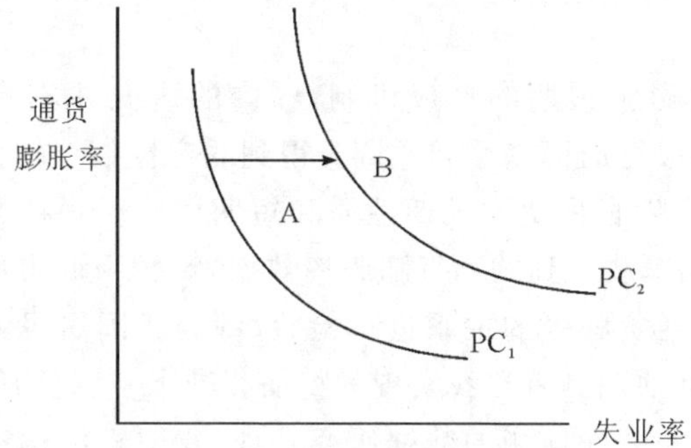

图1　恶化的菲利普斯曲线

在面临这种不利的菲利普斯曲线移动时，决策者关心的是这种移动是暂时的还是持久的，答案取决于公众如何调整他们的通货膨胀预期。如果公众预期变动时暂时的，菲利普斯曲线将很快恢复到原来的位置PC1；反之，菲利普斯曲线保持在PC2处，政府及货币当局治理宏观经济的难度将加大。

1.2　通货膨胀预期的实现机制

一般来说，通货膨胀预期具有自我实现机制，社会公众一旦形成强烈的通货膨胀预期，就会改变其行为方式，对产品和资产的需求会相应上升，从而导致通货膨胀的螺旋式上升。非理性的通货膨胀预期具有巨大破坏力。

关于加速通货膨胀预期的形成，比较有影响力的理论是菲利普斯曲线假说陷阱。该假说的核心思想是由于中央银行对经济潜在增长率判断失误，确定的失业率目标过低而导致通货膨胀预期的加速。如果中央银行认为经济处在潜在经济增长率之下，就会增加货币供给以刺激需求，力图使经济达到充分就业的状态。但如果中央银行判断有误，现实的经济其实处在产出缺口之上，则可能使经济陷入通货膨胀陷阱，加速公众的通货膨胀预期。在对经济增长赋予更多权重的中央银行增加了货币供给，结果陷入了期望陷阱。

由此可得，对经济增长赋予更多权重的中央银行，为了防止出现经济衰退的可能，易在外生因素导致的通货膨胀预期提高时，增加货币供应量，加速通货膨胀预期的形成。因此，一旦公众形成物价将过快上涨的预期，可能会带来物价不断上涨的恶性循环，为宏观经济政策长期目标的实现带来不确定性，故政府应稳定通货膨胀预期,以降低预期不确定性给经济运行带来的危害。

2. 文献综述

预期理论将经济主体的行为及心理因素纳入分析体系中,使得通货膨胀理论的研究突破了原有的分析框架。学者对通货膨胀预期的实证研究主要集中在两个方面,一是通货膨胀预期是否对实际通货膨胀具有推动作用,二是通货膨胀预期如何形成。

对于中国通货膨胀预期的形成机制,国内的研究并不多。肖争艳和陈彦斌(2004)将中国人民银行居民储蓄问卷调查得到的定性数据转换为定量的预期通货膨胀率,研究了通货膨胀预期的长期性质和短期性质。张蓓(2009)通过利用改进Carlson－Parkin 概率法得到的通货膨胀率数据,对我国城市居民的通货膨胀预期的性质及其与实际通货膨胀的关系进行检验,认为我国居民的通货膨胀预期并非完全理性预期,而且预期具有自我实现的特征。李永宁、赵钧等(2010)基于北京大学中国经济研究中心朗润预测的数据研究发现,我国经济学家通货膨胀预期采用适应性预期的方式。李永宁(2010)在区分居民通货膨胀预期和经济学家通货膨胀预期的基础上,研究通货膨胀预期形成和锚定的特点,并通过对不同国家货币政策独立性及其预期通货膨胀率的数据比较,认为中央银行的货币政策目标对通货膨胀的预期影响较大。

总之,现有的大多数文献都主要集中在判断特定群体的通货膨胀预期是否为理性预期,但未从实际宏观经济变量对通货膨胀预期的现实影响角度进行分析,也未结合现阶段中国经济结构调整的国情提供相应的政策建议。因此,本文希望能够通过理论分析和实证研究对这些问题进行探究。

3. 中国通货膨胀预期的实证检验

本文首先对中国居民的通货膨胀预期进行理性预期检验,再进一步考察我国居民通货膨胀预期的形成。

3.1 理性预期检验

根据理性预期的基本假定,公众可以利用所有现时可用的信息,采用尽可能好的方法对诸如一般价格水平等未知的变量进行预测或估计。从实证的角度看,如果公众的通货膨胀预期是理性的,那么公众预期通货膨胀率将满足无偏性、有效性及预期偏差均值为0,且无自相关②。首先,利用我国公众的预期通货膨胀率及相

② 参考张蓓.《我国居民通货膨胀预期的性质及对通货膨胀的影响》. 金融研究,2009年第9期,41－53。

关数据做实证检验，考察我国公众的通货膨胀预期是否是理性的。

3.1.1 数据来源说明

北京大学中国宏观经济研究中心的“朗润预测”，主要对中国宏观经济主要指标提供季度预测。本文所使用的预期通货膨胀率是其自 2007 年第三季度起每季度公布的由 24 余家特约机构预测的 CPI 数据的简单平均。实际通货膨胀率数据来源为国家统计局。

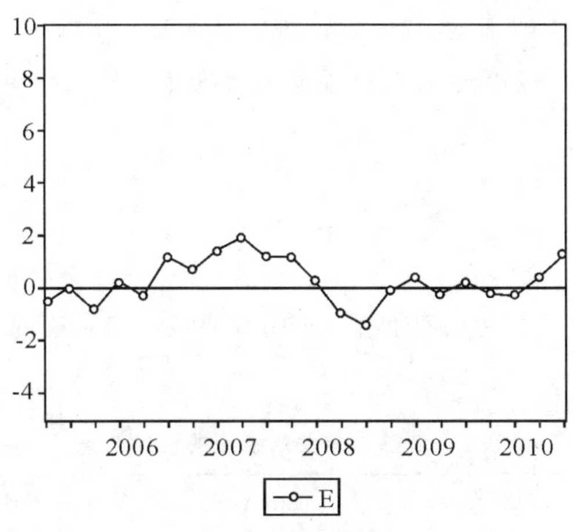

图 2 预测误差时序图

3.1.2 预期误差均值检验

公众在 t 期的预测误差 e_t，定义为 t 期实际通货膨胀率 π_t 和 t 期预期通货膨胀率 π_t^e 之差。如果公众的通货膨胀预期是理性的，则 e_t 的均值应该是 0，且没有自相关。

从图 2 可得，预期误差 e_t 在 0 上下波动。对 e_t 均值做 t 假设检验，记原假设 h_0 为预期误差的均值是 0。Eviews6.0 输出结果，见表 1。设检验的显著性水平为 5%，即在双边假设下，预期误差 e_t 的均值为 0，不能拒绝原假设，预期误差的均值是 0。

表 1 预期误差均值检验输出结果

Method	Value	P 值
t—statistic	1.361799	0.1877

3.1.3 预期误差自相关检验

如图 2，预期误差 e_t 随着 t 的变化在 2006 年到 2008 年期间内逐次变化并不频繁的改变符号，表明预期误差 e_t 序列可能会存在自相关，需进行自相关检验。构建方程，见(3—1)：

$$e_t=\rho^* e_{t-1}+u \tag{3—1}$$

其中 ρ 为一阶自相关系数，u 为随机误差项。由方程估计中的结果显示，DW 统计量的值为 1.854893。根据样本容量 21，解释变量的数目 1，查 DW 分布表，得临界值为 dL＝1.22，dU＝1.42。DW＞dU，可知预期误差 e_t 整体不存在自相关。

3.1.4 无偏性检验

如果公众的通货膨胀预期是理性的，那么该预期将具有无偏性。即在长期，公众可以准确地估计未来实际通货膨胀率，实际通货膨胀率应该等于预期通货膨胀率加上一个与预期通货膨胀率不相关的随机误差项。如果公众的通货膨胀预期是无偏的，常数项系数应该等于 0，而且预期通货膨胀率的系数应该等于 1，也即 $\alpha=0$ 和 $\beta=1$。

构建方程，见(3－2)：

$$\pi_t=\alpha+\beta^*\pi_t^e+u \quad (3-2)$$

检验结果显示，方程总体是显著的。但由 DW 统计量的值为 0.925315 可知，模型存在自相关。经广义差分变换后，使用普通最小二乘法的估计方程，检验结果如表 2。

表 2 消除自相关后模型的估计结果

变量名	Coefficient	Std. Error	t－Statistic	Prob.
C	0.222577	0.193942	1.147650	0.2654
IYQ	0.929253	0.115308	8.058909	0.0000
R^2	0.773664	F 统计量		64.94601
调整的 R^2	0.761752	F 统计量(P 值)		0.000000

模型整体显著，系数均通过检验，且修正后的 DW 统计量的值为 1.948314。经系数调整，消除自相关后的原回归方程为：

$$\pi_t=0.28576628+0.929253^*\pi_t^e$$

综合可得，实际通货膨胀率与公众预期的通货膨胀率之间存在稳定均衡的关系，即公众的预期在一定程度上是理性的。下面分别对系数进行 Wald 检验，原假设为 $\alpha=0$、$\beta=1$，对系数进行检验的结果如表 3、4。

表 3 α 检验系数

T－Statistic	Value	Df	Probability
F－statistic	1.317099	(1,19)	0.2654
Chi－square	1.317099	1	0.2511

表 4　**β**检验系数

T－Statistic	Value	Df	Probability
F－statistic	0.376445	(1,19)	0.5468
Chi－square	0.376445	1	0.5395

在5%的显著性水平下,并不能拒绝原假设。从长期看,公众的预期在一定程度上是比较理性的,本文的基本假定成立。

公众的预期是理性的,因此可以认为现实的宏观经济因素和实际通货膨胀率是通货膨胀预期的成因。利用这一基本假定,本文通过建立实证模型检验公众的通货膨胀预期的形成。

3.2　预期通货膨胀率和实际通货膨胀率的VAR模型

首先,考察预期通货膨胀率和实际通货膨胀率的关系,以判断实际通货膨胀率是如何对预期通货膨胀率产生影响的。

3.2.1　变量的平稳性检验

VAR模型建立在变量平稳或者具有协整关系的基础上,否则会出现伪回归的现象。因此先对变量进行平稳性检验。分别记实际通货膨胀率(SJ)、预期的通货膨胀率(YQ)。利用Eviews软件,采用ADF检验法对变量平稳性进行检验,其结果见表5。

表 5　变量的平稳性检验结果

变量	滞后期	ADF检验值	显著性水平	P值	检验结果
SJ	1	－2.365764	5%	0.1631	不平稳
SJ	2～4	－3.676131	5%	0.0138	平稳
YQ	1～4	－3.119902	5%	0.0412	平稳

(注:有截距项。)

由表5可知,变量序列预期通货膨胀率和实际通货膨胀率在5%的显著性水平上均为平稳序列(滞后期2～4),说明其序列具有平稳性。两个序列都是平稳序列,可建立无约束的VAR模型。

3.2.2　Granger因果检验

首先对序列预期通货膨胀率和实际通货膨胀率进行Granger因果检验,结果见表6。

表 6 Granger 因果检验结果

原假设 H_0	滞后期数	F 值	P 值
YQ 不是 SJ 的 Granger 原因	1	12.8065	0.0021
SJ 不是 YQ 的 Granger 原因	1	27.5746	5.E－05
YQ 不是 SJ 的 Granger 原因	2	3.39514	0.06077
SJ 不是 YQ 的 Granger 原因	2	11.2581	0.00103
YQ 不是 SJ 的 Granger 原因	3	5.84412	0.01065
SJ 不是 YQ 的 Granger 原因	3	14.0912	0.00031
YQ 不是 SJ 的 Granger 原因	4	5.48096	0.01622
SJ 不是 YQ 的 Granger 原因	4	7.67944	0.00562

由表 6 可知，只有当滞后期数是 2 时，在 95％的置信水平上，实际的通货膨胀率和预期的通货膨胀率之间存在十分显著的单向因果关系，即能以大的概率保证实际通货膨胀率的变动会引起预期通货膨胀率的变化。当滞后期数是 1、3 和 4 时，在 5％的显著性水平上，实际的通货膨胀率和预期的通货膨胀率之间并不存在十分显著的单向因果关系，这可能是因为现实中影响实际的通货膨胀率和预期的通货膨胀率的因素很复杂，两者均互为因果关系。可以认为，实际通货膨胀率是预期通货膨胀率的 Granger 原因，反过来预期通货膨胀率也是实际通货膨胀率的 Granger 原因。因此，要避免高的通货膨胀，需防止通货膨胀螺旋的产生。

3.2.3 VAR 模型的建立及检验

根据 Granger 因果检验的显示结果，我国的实际通货膨胀率和预期通货膨胀率互为 Granger 原因。为了进一步考察实际通货膨胀率与预期通货膨胀的关系，建立 VAR 模型刻画这种影响的动态调整随时间变化的过程。

(1)方程的构建

首先确定滞后期，利用 Eviews 五个评价指标进行判断，均认为应建立 VAR(3)模型③。见表 7。

表 7 滞后期的选择

滞后期	LogL	LR	FPE	AIC	SC	HQ
0	－64.43166	NA	5.505627	7.381296	7.480226	7.394937
1	－41.23037	38.66882	0.655959	5.247819	5.544610	5.288742

③ 由于本文并不关心 VAR 模型的具体表达式，方程略。

续表

2	−34.79521	9.295235	0.512461	4.977245	5.471896	5.045451
3	−24.73796	12.29219 *	0.276614 *	4.304218 *	4.996729 *	4.399706 *
4	−20.80385	3.934106	0.311302	4.311539	5.201911	4.434309

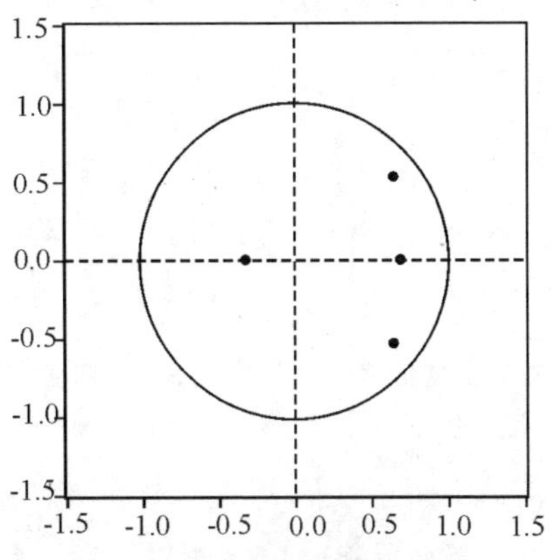

图 3　VAR 模型中平稳性检验

对上述时间序列进行 VAR 平稳性检验时，显示不存在大于 1 的特征根，是一个平稳的系统，因此不需做协整关系检验。见图 3。

(2)脉冲响应

脉冲响应函数描述了各个变量一个单位方差的变化对其他变量和自身当前及未来值的影响。图 4 表示了来自实际通货膨胀率的一个标准差的冲击对预期通货膨胀的影响。④

从图 4 中可以看出，实际通货膨胀率一个标准差的冲击对预期通货膨胀率的影响在第一期为正，而第二期以后实际通货膨胀率的变动对预期通货膨胀率有较大的正的影响，直至第三期附近达到最大，且影响持续到第六期才减弱到零。这表明，公众在形成通货膨胀预期时，会考虑一年半以来的通货膨胀历史情况。⑤ 同理，图 5 显示了实际通货膨胀率对来自预期通货膨胀率一个标准差冲击的响应函数。可以看出预期通货膨胀率一个标准差的冲击对实际通货膨胀率的影响在第一期为零，而第二期以后实际通货膨胀率的变动对预期通货膨胀率有较大的负的影

④　其中实线表示脉冲响应函数，虚线表示响应函数加减两倍标准差的置信带。

⑤　此外，还可以判断实际通货膨胀率的变动对预期通货膨胀率的影响在第三期附近达到最大。这有助于下文可以选择三季度前的实际通货膨胀率作为影响即期预期通货膨胀率的主要因素之一。

响，直至第四期附近达到最大，且影响持续到第八期才减弱到零。这表明，预期通货膨胀率对当期的实际通货膨胀没有影响，但对未来实际的通货膨胀率的影响会持续将近两年的时间。

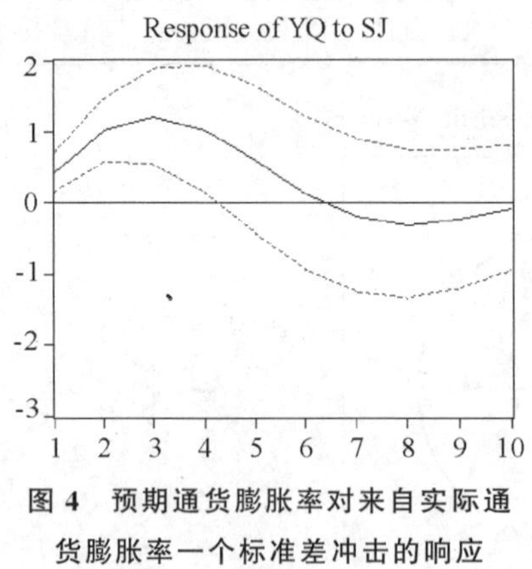

图 4 预期通货膨胀率对来自实际通货膨胀率一个标准差冲击的响应

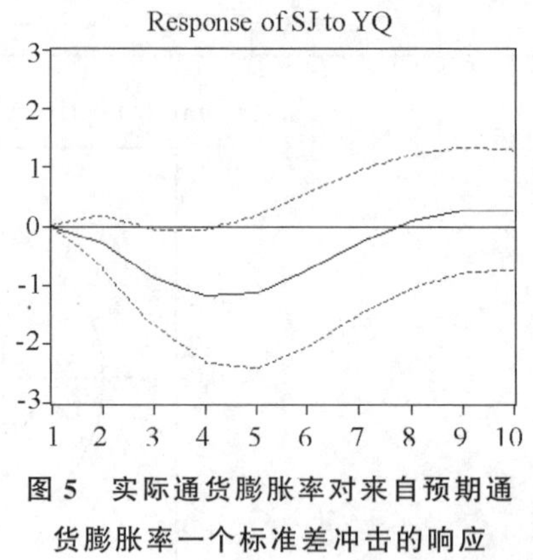

图 5 实际通货膨胀率对来自预期通货膨胀率一个标准差冲击的响应

(3)模型结果分析

结果显示，公众在形成当前的通货膨胀预期时，会考虑当期及过去一段时间的实际通货膨胀率。而预期通货膨胀率对当期的实际通货膨胀没有影响，但对未来实际的通货膨胀率的影响会持续将近两年的时间。

3.3 中国通货膨胀预期形成的实证检验

通货膨胀预期的形成受诸多经济变量的影响，为分析不同因素对通货膨胀预期的不同影响，考虑采用主成分分析法提取因子进行进一步的分析。

3.3.1 变量的选取

通货膨胀预期会受经济中诸多变量的影响。提取实际通货膨胀率、国内生产总值、货币供应量、一年期储蓄存款利率、人民币汇率及引起结构性通胀的食品价格、房价指数等作为验证通货膨胀预期形成的宏观经济指标。选取变量及符号表示见表 8。

表 8 选取变量及表示符号

变量	符号
预期通货膨胀率	Yq
实际通货膨胀率	Sj
国内生产总值	Gdp
广义货币供应量	M2

续表

房屋销售价格指数	sale
农产品生产价格总指数	Produce
一年期储蓄存款利率	L1
人民币对美元汇率中间价	H1

3.3.2 模型的建立

在许多实际问题中，会涉及到许多变量。由于这些变量自身之间存在一定的自相关性，使得它们作为单个变量来说并不显著。但是作为一个整体，它们却是显著的。主成分分析法是将许多变量压缩为少数几个变量的统计方法。本文考虑采用主成分分析法。

数据标准化主要功能就是消除变量间的量纲关系，从而使数据具有可比性，故应先对数据进行标准化处理。当我们把人民币对美元汇率中间价作为指标引入主成分分析模型时，发现 KMO 检验统计量⑥的值偏低，因此将该变量剔除。

对选取的因素使用 SPSS 软件进行主成分分析，按累积贡献率 85%以上提取因子，同时选择方差最大旋转方法对因子进行旋转，并选择回归法计算因子得分，输出的结果如表 9。

表 9 相关系数矩阵特征值和贡献率

序号	特征值	累积贡献率(%)
1	3.409	60.154
2	1.122	85.517
3	.923	90.908
4	.461	98.591
5	.062	99.625
6	.023	100.000

由表 9 可知，前 2 个特征值的累积贡献率已达 85.517%，大于 85%，因此只保留前 2 个因子。相应的因子载荷阵见表 10。其中，为了使因子的载荷系数能够更

⑥ KMO(Kaiser－Meyer－Olkin)检验统计量是用于比较变量间简单相关系数和偏相关系数的指标，取值在 0 和 1 之间。当所有变量间的简单相关系数平方和远远大于偏相关系数平方和时，KMO 值接近 1。KMO 值越接近于 1，意味着变量间的相关性越强，原有变量越适合作因子分析。

明显，对提取结果使用方差最大旋转方法对因子进行旋转。

3.3.3 模型结果分析

由 SPSS 软件运行结果可知，利用主成分分析法得到了 2 个因子。根据因子载荷矩阵，变量 sj、produce、sale 和 ll 与第一因子的联系系数分别为 0.990、0.976、0.644 和 0.800，而与第二因子的联系系数分别为－0.038、0.110、0.241 和－0.181，可见其均与第一因子关系更密切。同理可知，变量 gdp、m2 与第二因子的关系更密切。⑦

表 10 因子载荷阵

指标	旋转前因子		旋转后因子	
	1	2	1	2
Zscore(sj)	.985	－.112	.990	－.038
Zscore(gdp)	.163	.797	.103	.807
Zscore(m2)	.007	.882	－.059	.880
Zscore(sale)	.660	.193	.644	.241
Zscore(produce)	.981	.037	.976	.110
Zscore(ll)	.784	－.240	.800	－.181

旋转的目的是使复杂的矩阵变得简洁，即第一因子替代了 sj、produce、sale 和 ll 的作用，第二因子替代了 gdp、m2 的作用。此外，第一个因子在 sj、produce 等 2 个指标上有较大的载荷；而第二个因子在 gdp、m2 等 2 个指标上有较大的载荷。由于第一个因子在农产品生产价格指数、房屋销售指数、实际通货膨胀率等代表结构性通货膨胀的指标上有较大的载荷，故第一个因子主要反映了各个具体因素对通货膨胀预期形成的结构性影响，称为结构因子。同理，根据菲利普斯曲线假说陷阱，现行经济制度的不完善使中央银行在一定程度上丧失了稳定物价的职能，国民生产总值和货币供给量可以表示制度层面的众多因素，故第二个因子主要反映了各个具体因素对通货膨胀预期形成的政策性影响，称为制度因子。

由此可知，可以将影响通货膨胀预期形成的具体因素，按其对通货膨胀预期不同方面的影响分为结构因子和制度因子。结构性通货膨胀和制度因素可以解释当期通货膨胀预期形成的大部分原因。此外，根据表 10，主成分 1 即结构因子对方差的贡献率达到了 60.154%，这说明与由制度不完善带来的货币供应量增加相比，现在中国的通货膨胀预期主要源自于结构性因素。

⑦ 变量与某一因子的联系系数绝对值越大，则该因子与变量关系越近。

4. 政策建议

实证研究表明,结构性通货膨胀和制度因素可以解释当期通货膨胀预期形成的大部分原因,且与由制度不完善相比,中国的通货膨胀预期更多的是源自于结构性因素。在当前宏观背景下,这一结论为政策短期目标和长期目标之间的权衡提供了实证依据。控制物价持续高位运行和实现经济结构的重大调整两个目标并不冲突,只要方法得当,在采用相关宏观经济政策以实现经济结构调整的同时,也可同时实现控制通货膨胀、有效管理通货膨胀预期的短期目标。据此,本文希望能从宏观经济体制和微观层面这两个方面,为控制通货膨胀预期和加快经济结构调整提供一些政策建议。

(一)大力推进科技创新、促进产业优化升级

应加快经济结构调整力度,促进产业优化升级。强调第一产业的发展能力,加快传统农业向现代农业的转变;调优第二产业结构,提高制造业发展质量;调高第三产业比重,大力发展现代服务业。适当调整我国的外贸政策,转变经济增长模式,使经济增长的源泉转为主要依靠内需驱动。减少对出口的政策性鼓励、转变出口结构、关闭高污染和高能耗的出口企业,不仅可以缓解长期以来的贸易顺差给国内带来的通胀压力,还有利于经济结构的调整。

(二)调整国内要素价格体系,防止结构性通货膨胀

市场配置资源的基础性作用主要通过价格来实现。长期以来,我国采取的是压低要素价格的低价工业化模式,加之面临通货膨胀压力时政府采取的临时价格干预,导致了要素价格扭曲,使涉及医疗和住房的居民消费上涨显著。尽管改革开放以来,我国对资源价格进行了一系列改革,但资源价格不合理问题仍然存在,成为阻碍经济发展方式转变的重要因素。且实证分析表明:与由制度不完善相比,我国的通货膨胀预期更多的源自于结构性因素。

因此需进一步深化资源价格改革,调整要素价格体系、理顺关系,充分发挥价格杠杆作用,逐步限制和取消垄断性行业,使资源和要素价格能够逐步实现市场化,缓解中长期通货膨胀压力。

(三)逐步完善人民币汇率制度,增强货币政策的独立性

由于劳动力成本低廉、出口企业议价能力低等原因,我国成为世界主要出口国之一。为保护出口和就业,我国实行有管理的浮动汇率制度,贸易项下和资本项下的顺差带来的外汇占款增加,使得中央银行基础货币投放增多,带来国内的通胀压力。现行的汇率制度压缩了货币政策的作用空间,应逐步增强汇率制度的弹性,提高货币政策的独立性,使货币政策成为预防国际冲击的第一道防线。尤其是国际金融危机的爆发,使得现阶段中国在加快经济结构调整、转变增长方式的同时,完

善人民币汇率形成的机制的任务更加重要和紧迫。

(四)促进收入分配公平、扩大内需

面对内需与外需、投资与消费之间的失衡矛盾,扩大内需成为"十二五"期间我国调整经济结构的首要任务;而通货膨胀对公众最直接的影响是实际收入的减少、消费能力的下降。增强公众抵御通货膨胀的信心,弱化其对通货膨胀预期的恐慌,最有效的途径是提高居民消费能力。因此可以采取适当的财政政策,包括如为经济结构优化提供更好的税收环境、增收房产税以抑制投机性住房需求、增加对低收入及固定收入人群的转移支付、完善工资和社保制度等,促进收入分配公平。不仅可以防止结构性通货膨胀的发生,稳定通货膨胀预期,还可以促进经济结构的加快调整。

(五)提高货币政策的灵活性、适时微调

鉴于财政政策在结构调整方面具有明显的优势,而货币政策更 强调前瞻性、灵活性和针对性 ,因此中央银行要提高货币政策的灵活性,适时微调。如合理调整信贷规模,优化信贷结构,防止资金流向流动性过剩的行业、部门,重点扶持中小企业、中西部地区、低碳经济产业、新兴行业等,促进经济结构的较快转型。此外,合理适时地公开数据,提高信息的时效性和透明度,都有助于形成合理的通货膨胀预期。中央银行也可以利用发行央行票据、在公开市场上进行正回购等调节措施,收回过剩的流动性,增强公众对货币的信心,以有效熨平市场可能出现的波动,合理抑制通货膨胀及预期的形成。

参考文献

[1] 艾慧.中国当代通货膨胀理论研究.上海财经大学出版社.2007(6).224—229.

[2] 陈岩.通货膨胀.经济管理出版社,2004(10).134—155

[3] 高茵.财政刺激计划_货币供应量_公众预期与通货膨胀.财经问题研究,2010 年 2 月,第 2 期,11—14

[4] 刘昊然,陈昱.附加通货膨胀预期的菲利普斯曲线估计.现代商业,191.

[5] 李晓西.现代通货膨胀理论比较研究.中国社会科学出版社.1991(2).259—286.

[6] 李永宁,赵钧,黄明皓.经济学家的通货膨胀预期:理论与实证.经济理论与经济管理,2010(4):29—30.

[7] 李永宁.通货膨胀预期形成_锚定_基于消费者和经济学家预期的分析.经济研究导刊,2010(23):10—11.

[8] 米什金.货币金融学(第七版).中国人民大学出版社.2006(12):625—764.

[9] 邵健.我国通货膨胀影响因素的实证分析——基于预期和产出缺口菲利普斯曲线模型.当代经济科学,2010,7(4):14—15.

[10] 石森昌,林丹妮.通货膨胀预期管理下的 CPI 预测问题研究.科技与管理,2010,7(4):

120－122.

[11] 孙覃月.巴拉萨萨谬尔森效应对我国通胀预期的影响研究.管理规则,396:180－181.

[12] 孙韦,郑中华.基于通货膨胀预期的我国货币政策实证分析.经济纵横:106－107.

[13] 王明舰中国通货膨胀问题分析—经济计量方法与应用.北京大学出版社,2001(12):48－56.

[14] 杨文悦.关于通货膨胀预期及其管理的思考.金融与经济,2010(2):30－32.

[15] 俞亚光.对金融支持江苏经济结构调整转型的分析.金融纵横,2010(8):7－10.

[16] 张蓓.我国居民通货膨胀预期的性质及对通货膨胀的影响.金融研究,2009(9):41－53.

[17] Carlson,John A. D.,Parkin,M.,Inflation Expectations,"economica",1975(41),128－132.

[18] Hamilton. J. D. uncovering Finacial Market Expectations of Inflation. Journal of political Economy. 1985(93):1224－1241.

[19] Mankiw. N. G.,Reis. R.,and Wolfers J.,2003,Disagreement about Inflation Expectations,NBER Macroeconomics Annual:30－34

影响“家电下乡”产品农户消费信贷的因素分析①

——以湖北省应城市为例

石　涛[1]　王学超[2]

（1. 中南财经政法大学经济学院西方经济学专业2010级硕士研究生，武汉430073；
2. 中南财经政法大学统计与数学学院数量经济学专业2010级硕士研究生，武汉430073）

摘　要：“家电下乡”是我国扩大内需的重要举措。本文以湖北省应城市17个行政村的实地调查问卷为基础，运用Probit模型和Losgistic模型对影响我国中部地区农户信贷购买家电产品的因素进行了实证分析。研究发现：农民的收入水平、职业、性别、年龄等因素对农户的消费信贷意愿没有统计意义上的关系；农户心理价位倾向以及农村基础设施情况与消费信贷意愿正向相关，而家庭收入来源结构与消费信贷意愿反向相关。为此，要提高该地区农民消费信贷的有效需求与供给，必须拓宽农民的收入渠道，优化农村的基础设施建设和完善农村社会保障体系等。

关键词：家电下乡；农村消费信贷；消费环境

1. 引言

“十一五”期间，虽然我国经济结构调整取得一定成效，但调整结构面临的阻力和难度也在逐渐加大。面对内需与外需、投资与消费之间的失衡矛盾，扩大内需成为“十二五”期间我国调整经济结构的首要任务。中国广大农村市场蕴藏着巨大的消费潜力，如何引导农户增加消费，带动工业生产，拉动内需，这不仅关系到我国能否巩固和扩大应对国际金融危机冲击的成果，构建扩大内需长效机制，保障和改善民生，而且对我国经济的持续均衡增长和社会的长治久安也有着重要影响。中国

①　基金信息：2009年湖北省教育厅科学研究重点项目：“农村金融改革试点——社区小额贷款模式研究”（D20091902）；2010年中南财经政法大学“研究生创新教育计划”硕士实践创新课题：我国新型农村金融机构风险补偿机制的政策分析——以湖北省为例（项目编号：2011S0206）。本文系上述课题部分研究成果。

注：指导老师：王爱君，中南财经政法大学经济学院副教授、硕士生导师、经济学博士

经济结构调整不仅是自身发展的需要,也有助于解决全球失衡问题(劳伦斯·格林伍德,2010)。[1]

财政补贴"家电下乡"政策,是通过对农民购买"家电下乡"产品给予补贴扩大农村消费需求。财政部、商务部自2007年12月起在山东、河南、四川、青岛三省一市进行了家电下乡试点,对彩电、冰箱(含冰柜)、手机三大类产品给予产品销售价格13%的财政资金补贴。2010年"家电下乡"产品进一步增加到10个品种。为保持政策公平,"家电下乡"在各地区实施的时间(含三省一市的试点时间)统一暂定为4年,现在大多地区实施"家电下乡"政策的时间已经过半。政策是将延续还是终止取决于多种因素,而"家电下乡"政策的实施效果如何是制定政策时需要考虑的关键问题。

理论上,由于"家电下乡"活动有利于拉动农村消费、促进行业发展、改善民生、落实节能减排、完善农村生产和流通服务体系,所以推广家电下乡对于扩大内需、保持经济平稳较快增长具有重要意义。实践中,到底哪些因素可以影响农户家电消费的信贷意愿?其影响程度如何?为了解这些问题,我们选取中部地区较有代表性的应城市作为样本进行调查,以此为基础分析农村居民购买"家电下乡"产品的意愿及其影响因素,希望研究结果结合实际对推动我国"家电下乡"具有一定的参考价值。

2. 文献回顾

不同于过去农民补贴政策侧重于生产,"家电下乡"针对的是消费环节,只有农民购买了家电才给补,直接拉动消费。因而扩大农村消费市场不仅仅是政府相关机构的职责,消费者同样扮演着重要的角色,它是这个扩大内需过程的最终取向指标。消费者对"家电下乡"产品所表现的态度和消费行为趋向会对"家电下乡"补贴政策的效果和家电供应商的行为选择产生深刻影响。

目前,国内外鲜有学者对我国农户的家电产品信贷意愿进行研究,现有文献主要是对消费者购买行为的研究,主要包括:马歇尔模型、巴甫洛模型、维布雷宁模型、尼科西亚模型、霍华德—谢恩模型以及EBK模型。然而,马歇尔模型只强调经济因素,尼科西亚模型忽略了外部性研究,巴甫洛模型更侧重于心理学的角度,维布雷宁模型强调群体性,EBK模型逻辑推理性强但不适合农村居民的消费实际。本文虽认同霍华德—谢恩模型完善的分析体系,但侧重其内外因分析法,不考虑家电产品的投入与产出。研究"信贷意愿"的方法有很多,主要包括:国外学者Shin(1992)的WTP实证法[2]、Halbrendt(1995)的结合分析法[3]、Bagnara(1996)的评价估计法[4]等,国内学者王志刚(2003)的probit模型分析法[5]及周洁红(2004)的logistic模型分析法[6]等。针对影响居民消费信贷意愿的因素分析,国内外学者做了大量的研究，主要包括：Rozin 和 Fallom(1980)的传统习惯及价格分析[7]、McIntosh(1994)的受教育水平分析[8]、Burger(1998)的年龄分析[9]、Altekruse(1999)的购买力分析[10]及 Verbeke(1999)的性别分析[11]等，王志刚(2003)对学历及工作情况的分析[12]、杨万江(2005)对收入及购买地点的分析等[13]。虽然这些学者主要是针对食品的研究，但是其实证分析的因子亦可以作为家电购买意愿分析的参考指标。

本文采取消费者调查的方式，拟重点探寻影响农户对“家电下乡”产品信贷购买的因素。本文以 2009 年应城市 6 个办事处(乡镇)的 17 个农村的居民的家电下乡调查数据(含 216 份有效问卷)为样本，重点依托其中的 107 份潜在消费有效问卷来进行分析。

3. 研究方法与理论

农户行为是消费者行为中的一个重要研究范畴，也是农村经济研究的重要领域。国外对此研究较早，国内也有许多对农户行为的研究可供借鉴(例如李敏、石涛，2011)。[14]

3.1 研究方法

本文将居民个体在考察期(2009 年 1 月到 2010 年 3 月)的购买意愿作为解释变量，将其定义为一个二元定性变量，即当消费者的回答为“是”时用“1”表示，当回答为“否”时用“0”表示。以下，将用 Probit 模型和 Logistic 模型进行具体分析。

(1)Probit 模型

Probit 模型假设为：

$$y_i = \alpha + \beta_{x_i}, p_i = f(y_i) = \frac{1}{\sqrt{2\pi}}\int_{-\infty}^{y_i} e^{-\frac{t^2}{2}} \mathrm{d}t \tag{1}$$

即 y_i 服从正态分布，相应概率值大于 0 小于 1。对于给定的 x_i，p_i 表示相应的概率。在上式中，p_i 表示农户愿意购买家电产品的概率。

(2)Logistic 模型

Logistic 模型的分布函数服从 Logistic 概率分布函数，其形式为：

$$p = F(y) = \frac{1}{1+e^{-y_i}} = \frac{1}{1+e^{-(c+\beta X_i)}} \tag{2}$$

对于给定的 X_i，p_i 表示相应的概率。Probit 曲线和 Logistic 曲线很相似，两曲线都在 $p_i = 0.5$ 时有拐点，但 Logistic 曲线在两个尾部要比 Probit 曲线厚。

故此，基本的模型方程为：

$$cy = c + \beta_1 sex + \beta_2 age + \beta_3 car + \beta_4 peo + \beta_5 in + \beta_6 dis + \beta_7 dps + \beta_8 wxd + \beta_9 psy + \beta_{10} sd + \beta_{11} jcs + \zeta \tag{3}$$

3.2 影响"家电下乡"居民消费信贷的因素

对于影响"居民信贷意愿"的因素分析,国内外学者做了大量的研究,但这些研究基本是针对居民对农产品的购买意愿。本文结合大多数学者的研究,选取其中的一些因素将其运用到农村居民购买家电的信贷意愿分析上,将农户购买"家电下乡"产品的信贷意愿作为被解释变量,将影响农户购买"家电下乡"产品的信贷意愿因素分为个体特征、家庭特征、倾向特征共三组:

表1 变量定义及其作用方向

变量名称	赋值	作用方向
信贷意愿(cy)	否=0;是=1	
1.个体特征		
性别(sex)	男=0,女=1	——
年龄(age)	30岁以下=0;30-40=1;40-50=2;50岁以上=3	——
职业(car))	农业=0;非农业=1	——
2.家庭特征		
家庭人口总数(peo)	2人=1;3人=1;4人=2;5人及以上=3	-
家庭总收入(in)	1万以下=0;1-2万=1;2-4万=2;4万以上=3	+
家庭收入来源(dis)	种植业及养殖=0;其他=1	+
3.倾向特征		
储蓄支出倾向(dps)	子女教育及婚庆、医疗=0;其他=1	+
维修地点倾向(wxd)	来家及乡镇维修=0;县城及城市维修=1	——
心理价位(psy)	1万以下=0;1-2万=1;2-10万=2;10万以上=3	+
商店评价(sd)	店面少不方便=0;服务差=1;假冒伪劣品多=2;其他=3	+
基础设施(jcs)	不便利=0;稍微便利=1;不便利=2	+

(注:——表示预期不明确,待定。)

(1)个体特征与农户消费。本文选取的个体特征主要包括年龄结构、职业、性别以及心理价位等四个部分。从理论上看,不同的年龄结构、职业特征以及不同的信贷取向，直接影响居民的消费价值取向。西方传统经济学家消费周期学派认为年龄越大，购买欲望越低，年龄越小，消费欲望越高，不同的职业特征（本文针对的是农业与非农业），直接决定消费者的收入多少以及消费能力和消费方向。

(2)家庭特征与农户消费。本文选取的家庭特征包括人口结构、家庭收入来源结构以及收入金额等三个部分。人口结构主要是指人口数量，人口数量的多少直接决定居民家庭的可支配收入以及储蓄的大小，而收入来源结构直接决定收入的多少，一定程度上决定了居民的消费需求；收入多少最终成为居民购买的决定因素，二者之间呈正向关系。

(3)倾向特征与农户消费。本文选取的倾向特征包括储蓄支出倾向、维修家电地点倾向、心理价位、商店评价以及基础设施等五个部分。从理论上讲，储蓄支出倾向越偏向生活生产支出，家电信贷方面的支出就越少；同样，维修家电的地点越倾向于城市，说明买者对农村地区的家电满意度不高，那么购买时也偏向于城市购买；对商店的评价越高，购买的欲望越强烈，同时，实际价位低于心理价位消费者越容易购买下乡家电，高于则会抑制消费。农村良好的基础设施，能够加快农村地区的物流水平，从而能够丰富农村地区的商品种类，使得农户能够就近购买到物美价廉的商品。因此，该因素的符号预期为正。

3.3 数据来源

本文采用田园调查法，通过采访和问卷调查的形式对农户消费“家电下乡”产品的情况进行数据统计，数据截止时间为2010年3月30号。由于调查过程中考虑到“家电下乡”政策实施的具体区域问题，因此本调查仅针对家电下乡销售点周围的农户进行实地问卷。本次调研范围包括应城市城北办事处、四里棚办事处、东马坊办事处、三合镇、杨岭镇黄滩镇等6个办事处（乡镇）的17个村的居民，应城市经济商务局、财政局2家政府单位，应城市白云商贸有限公司、应城市孝武商贸有限公司等5家经销网点。本次发放调查问卷250份，获得有效样本216个，本文选取其中潜在消费问卷的107个样本作为基础进行问题分析。

4. 实证结果与分析

4.1 描述分析

据应城市经济商务局统计资料显示，截止至2010年3月30号，应城市家电下乡产品销售额近2839万元。受到政府13%价格补贴的刺激，该市家电下乡产品销售强劲。相对于销量不断攀升的家电产品，在对农户调查的过程中，也发现不同经济状况的农户在选择购买家电产品时考虑的因素也有所不同。

(1)中等收入水平农户对家电需求较大。

在农户的年收入状况与消费家电的相关度数据中，从收入水平来看，家庭年收入为1万至2万，2至4万元的比重较大，分别为46.0%、31.0%；

(2)信贷需求不强。

在对欲购买者的调查中问到当没有足够的资金购买家电时，81.9%的受访农户表示等有了购买家电的资金之后再去购买，仅将近5.3%的受访者表示愿意到乡镇银行网点申请贷款或以赊购的方式购买家电产品。据应城市财政与编制政务公开网数据显示，2009年全市金融机构贷款余额新增15.6亿元，比上年同期增长了43.3%，但其中由消费信贷拉动贷款余额增加的不足10%。大多数人表示，向网点银行申请贷款程序复杂，担保要求比较高。这一方面表明农户自身的消费观念趋于保守，不愿意承担透支的风险去消费现期的商品，另一方面也说明农村金融信贷支持体系不够完善，信贷产品品种单一，金融环境对农户消费信贷行为的制约作用非常明显；

(3)预算限制。

在农户对家电下乡的预算调查中，预算控制在1000至5000元之间的受访者占74.8%，1000元以下的占比13.6%，而高于5000元的占13.2%。这表明，在高额大件耐用品的消费方面，受访者的经济投入意愿不强烈；

(4)支出结构影响信贷消费。

在对应城市农民储蓄的调查中，农民用于子女教育的占据总储蓄的43%，结婚、医疗、养老的支出占农民储蓄的23%，而购买家电设备等耐用消费品仅占储蓄的9%。通过此调查，表明在农村尚未完善各项社会保障制度的情况下，农民对未来生活的安全感不够强烈，对消费耐用品的信心不足，由此进一步制约了消费信贷的发展；此外，在对216位农户调查的过程中，有99位放弃购买家电产品，其中20.8%的农户表示使用家电成本高(如电费高、运输不方便等)，农村的基础设施建设的滞后性也在一定程度上制约了农民的消费行为；

4.2 回归结果

本文利用已经购买“家电下乡”产品样本农户数据，分别建立了Probit模型和Logistic模型，通过了卡方检验，估计结果如表2所示。

表2 回归结果

参数	PROBIT模型			LOGISTIC模型		
	估计	z值	sig	估计	z值	sig
维修家电地点倾向	0.003	0.009	0.993	−0.044	−0.076	0.939
心理价位	0.433	2.03	0.042	0.73	1.987	0.047
基础设施	0.828	3.189	0.001	1.537	.214	0.001
商店评价	−0.146	−0.824	0.41	−0.232	−0.712	0.476

续表

家庭收入来源结构	−0.27	−1.719	0.086	−0.455	−1.637	0.102
储蓄支出倾向	−0.032	−0.212	0.832	−0.03	−0.113	0.91
家庭年收入	0.046	0.228	0.82	0.124	0.358	0.721
家庭总人数	−0.03	−0.145	0.885	−0.123	−0.331	0.741
年龄	0.108	0.782	0.434	0.205	0.824	0.41
职业	0.496	1.305	0.192	1.018	1.476	0.14
性别	0.281	0.767	0.443	0.709	1.066	0.286
截距	−2.108	−2.9	0.004	−3.833	−2.699	0.007
收敛信息	迭代22次找到最优解			迭代26次找到最优解		
卡方	113.751			125.588		
自由度	93			93		
显著性	0.071			0.014		

4.3 模型分析

表2显示了Probit模型和Logistic模型的估计结果，从中可以发现，心理价位、基础设施以及家庭收入来源都农户对家电消费信贷意愿影响显著，其中三者方向分别为正、正和负，有力地支持了前文中的预期方向。

(1)家庭收入来源结构对农户消费信贷具有显著的负向关系

表明：农户的家庭收入结构在很大程度上影响了农户消费信贷的意愿，农户越是通过其他途径获取收入，越能够购买家电产品。这是因为在调查的地区，农业不够发达，从事农业相关行业以及个体经营的收入要小于外出务工以及其他职业的收入。本文调查数据显示，受访农户收入水平居中且集中，这与调查当地大部分农户从事种植水稻等农作物的生产状况有关，其中，已购买了家电下乡产品的农户的年收入水平在2万以上农户的比例超过93%。

(2)心理价位对农户的消费信贷意愿具有显著的正向关系

心理价位预期与农户本身具有的经济实力是相关的，表示中显示二者的相关性为0.248，进一步论证了这种假设。一方面，收入水平高的农户由于具有足够的抵押担保资本，经济实力足以支付未来的消费开支，因此更加容易受到信贷机构的青睐，获得授信相对比较容易；另一方面，收入水平高的农户生产生活消费中所需的资金数量越大，家庭费用支出越大，消费信贷需求意愿也就越高，农户会更加积极地倾向于信用贷款，从而导致实际消费信贷行为发生。

(3)农村基础设施的完善程度对农户的消费信贷意愿具有显著的正向关系

农村基础设施的完善程度正向关联农民的消费信贷意愿之间的系数为0.828,sig值为0.086,通过假设检验。这说明,农村基础设施中道路、电网、通讯设备的越完善越能影响农村家庭耐用品的消费。这是因为基础交通设施越完备,就会使得物流更加便捷,农民更容易购买到满足要求的家电产品。

5. 结论与建议

本文在"家电下乡"政策实施的背景下,通过对湖北省应城市部分地区的实地调查统计发现:农民的性别、年龄、职业、收入水平等因素对农户的消费信贷意愿没有统计意义上的关系;农户心理价位预期以及农村基础设施完善程度与消费信贷意愿呈现正向相关关系,而农户家庭的收入结构与消费信贷意愿呈现反向相关关系。这意味着优化农户收入来源结构,提高农户的收入是增强农户信贷能力的关键,而加强农村基础设施建设是农户购买家电产品,进而提高信贷意愿的保证。因此,针对以上情况,特别提出以下建议:

首先,拓宽农民的收入渠道,推进农村人口就业类型的多元化,只有不断提高农户的收入水平才能不断提高农户的消费信贷能力;其次,要不断加强农村基础设施建设,良好的农村基础设施,可以不断提高农村地区的物流水平,提高农村地区商品的种类,降低商品的成本,提高农户的消费品质;再次,建立健全农村地区的社会医疗保障体系制度,只有不断完善农村地区的制度体系才能有效的提高农户的消费能力;最后,要在农村地区加强金融知识的宣传力度,改变农村金融机构的形象,不断更新农户的消费观念。

参考文献

[1] 劳伦斯·格林伍德.调结构不遗余力 转方式任重道远——我国转变发展方式回顾与展望[EB/OL],http://news.xinhuanet.com/politics/2011-02/23/c_121114943_3,2010.

[2] Shin S. Y, Hayes D. J., and Shogren, J. F, Consumer Willingness to Pay for Safer Food Products[J]. *Journal of Food Safety*, 1992, 13(1): 51-59.

[3] Halbrendt Catherine Wang, Qingbin Fraiz Cristina, O'Dierno, Linda. Marketing Problems and Opportunities in Mid-Atlantic Seafood Retailing[R]. *American Journal of Agricultural Economics*, 1995, 77(5): 1313-1318.

[4] Bagnara. G: Brand Name and Added Value in Horticultural Products Analysis of Consumer Perception[R]. Working Paper of Center for International Food and Agricultural Policy Dept of Agricultural Economics, University of Minnesota, 1996.

[5] 王志刚.食品安全的认知和消费决定:关于天津市个体消费者的实证分析[J].中国农村经济,2003(4).

[6] 周洁红.消费者对蔬菜安全的态度、认知和购买行为分析——基于浙江省城市和城镇消

费者的调查统计.中国农村经济,2004(11).

[7] Rozin P,Fallon A. E. The Psychological Categorization of Foods and Non－foods:APreliminary Taxonomy of Food Rejections[J]. Appetite,1980,No. 1:193－201.

[8] Mcintosh A,McDowell M,McNutt S. Assuring Quality for National Health and Nutrition Examination Survey Dietary Coding[J]. *Journal of the American Dietetic Association*,1998,99(9):A89.

[9] Burger J,Sancherz J,Gibbons W,Gochfeld M. Fishing,Consumption and Risk Perception in Fisherfolk along an East Coast Estuary[J]. *Environmental Research*,1998,77(1):25－35.

[10] Altekruse S,Street,D. A,Fein,S. B. Consumer Knowledge of Food Borne Microbial Hazards and Food－handling Practices[J]. *Journal of Food Protection*,*Serial*,1996,59(3):287－294.

[11] Verbeke W,Viaene,J. Beliefs:Attitude and Behaviour towards Fresh Meat Consumption in Belgium. Empirical Evidence from A Consumer Survey[J]. *Food Quality and Preference*,1999,10(6):437－445.

[12] 杨万江,李剑锋.城镇居民购买安全农产品的选择行为研究[J].中国食物与营养,2005(10).

[13] 李敏,石涛."家电下乡"产品的消费需求意愿及影响因素分析——基于湖北省农户调查数据[J].中国农村经济,2011(9).

扩大内需背景下经济结构调整方向的探讨

梁宝升

（武汉理工大学经济学院金融学专业 2009 级本科生，武汉 430070）

摘　要：在目前经济形势下，传统的出口拉动模式已不能维持经济的稳定增长，内需必然成为推动经济的新动力。本文利用 1978——2009 年全国时间序列数据和协整理论进行回归分析，结果显示在组成内需的要素中，居民消费对内需影响最为显著，政府消费次之，而投资对内需促进作用不大；进而在扩大内需的宗旨下，提出目前经济结构调整的重点应为分配结构、产业结构、所有制结构和市场结构。

关键词：扩大内需；误差修正模型；经济结构调整

1. 引言

近年来，我国经济总量连继保持了 10%左右的增长速度，在 2010 年已超过日本，一跃成为世界第二大经济体。然而，在光鲜的总量数据背后，我们要清醒的认识到，在拉动经济的"三驾马车"消费(C)、投资(I)和出口(NX)中，我国近年来面临消费增长持续乏力、投资增长波动大、净出口额增长徘徊在较低水平的局面（如下图所示），总体形势并不乐观。

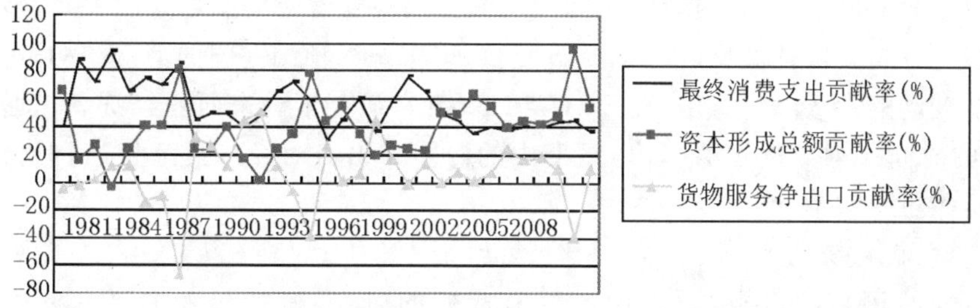

图 1　我国 1978—2009 年消费、投资和出口需求对经济增量贡献率趋势图

改革开放以来，我国凭借着"东亚模式"取得了令世人瞩目的经济建设成就，持续的贸易顺差使我国经济总量飞速发展。但 2008 年金融危机以后，世界各国普遍要求建立平衡的世界经济新秩序，各种贸易保护主义的抬头，人民币不断升值，加之出口退税率不断调整的压力，我国的贸易环境持续恶化①。

据海关统计，2011 年第一季度我国出口 3996.4 亿美元，进口 4006.6 亿美元，累计出现 10.2 亿美元的贸易逆差为近 6 年来首次。这再一次提醒我们，出口有太多不可控因素，并不能作为经济增长的持久性动力，扩大内需势在必行。温家宝总理在 2011 年达沃斯论坛的开幕式上强调，中国将坚持实施扩大内需战略，着力调整优化需求结构，增强消费需求拉动力。

本文拟运用计量经济学方法，通过对我国 1978—2009 年时间序列数据的分析，定量地指出组成内需的各种要素对内需的影响，并在此基础上为下一步经济结构调整与优化的方向做出有益的探讨。

2. 研究综述

2.1 国外需求理论

关于社会总需求，占据西方经济学主流地位的是凯恩斯(Keynes)的有效需求理论。该理论认为经济萧条的根源是消费需求和投资需求所形成的总需求不足以实现充分就业。为了解决有效需求不足的问题，需要政府采用财政政策和货币政策来实现充分就业，并主张消费倾向在短期内比较稳定，特别强调了投资对总产出的拉动作用。然而，这一理论是在资本主义经济大萧条的背景下产生的，所依仗的某些重要假设在我国现行社会条件下并不成立。比如，刘建国(1999)通过实证分析指出，中国农村居民的边际消费倾向在 1985—1997 年随着收入的增加并不递减。因此，我们有理由推测，经典理论在分析中国问题时会产生一定的偏差。就目前状况而言，过度投资的结果很可能不是经济的增长，而是产能过剩的加剧。

除经典理论外，国外学者对扩大内需相关问题也做了较为严谨的实证分析。Wontack Hong(1989)通过研究了韩国内需变动与要素密集型之间的关系，指出静态的赫克歇尔—俄林模型(H－O Model)可以很好的预测一国的消费结构，进而推测内需变动的大致趋势。Lai Yew Wah(2004)在研究了马来西亚经济高速增长的 40 年的时间序列数据之后指出，短期内的内需和出口对经济贡献相当，但长期内出口贡献可忽略不计。

2.2 国内研究成果

针对我国情况，国内学者做了卓有成效的研究，概括起来主要有下述两个层面：

一是微观层面影响消费和投资的因素。孙西秀(2010)通过对西部地区人均收

① 万承刚 后金融危机下中国国际经济环境分析与对策．技术经济与管理研究．2010(6)．

入与人均消费的实证研究，指出增加农民收入是我国目前扩大内需的关键；杨巍和刘宇(2011)通过对中国31个地区2000—2007年面板数据的计量分析，得出政策关注的优先顺序为居民收入、子女预期支出、社会保障和收入差距调控。

二是研究经济结构对经济增长的影响。袁江(2006)运用计量方法分析了不同时期产业结构、区域结构和所有制结构对经济增长的边际贡献，定量得出了产业结构、区域结构和所有制结构的改善对经济增长作用的大小；周学新和周娟(2008)基于面板数据的分析得出第一产业对经济增长的贡献程度逐步弱化，第二产业对GDP增长的贡献率占居主导地位，第三产业对经济增长的作用越来越突出的结论。

2.3 本文重点

本文在借鉴现有研究结论和研究方法的基础上，将上述两个层次加以综合。首先将内需(Y)拆分为居民消费(P)、政府消费(G)和投资(I)三部分，定量分析各部分对内需的影响，避免从微观个体到宏观总体加总过程中产生的"合成谬误"(Samuelson 2008)；再以此为依据定性探讨经济结构调整方向，以避免过分拘泥于数据分析，忽视模型对现实的解读程度。

3. 计量分析

3.1 模型建立

根据宏观经济核算恒等式 Y＝C＋I＋G＋NX，本文按支出法核算方式将内需(Y)界定为最终消费与投资之和。为了单独研究政府行为的影响，将消费拆分为居民消费(P)和政府消费(G)两部分。又为了引入弹性的概念和避免因核算产生的恒等关系，采用双对数模型，建模如下：

$$\ln Y_t = c_t + \alpha \mathrm{Ln}P_t + \beta \mathrm{Ln}G_t + \gamma \mathrm{Ln}I_t + \lambda_t \quad (3-1)$$

其中，c_t 是常数项；λ_t 是扰动项，表示非系统性误差；α、β、γ 分别是内需对居民消费、政府消费和投资的弹性，其大小代表因变量对自变量变化的敏感程度。我们可以预期，消费是最根本的消耗性行为，居民消费对内需有正面影响；但政府消费牵涉到对经济效率的干扰，两个反向因素叠加会降低影响程度；投资短期内对内需有拉动作用，预计正相关，但目前投资过度带来的产能过剩会对经济产生负面影响，综合影响仍待检验。

3.2 数据说明

本文采用1978－2009年全国时间序列数据，所有变量用以1978年为基期的相应价格指数进行折算，消除价格变动的影响。数据来源于《中国统计年鉴(2010)》、《新中国55年统计资料汇编(1949—2004)》以及"中经网经济统计数据查询与辅助决策系统"。

3.3 模型估计

3.3.1 单位根检验

由于大多数时间序列数据并不是平稳的，且本文所涉及的数据明显存在逐年递增的发展趋势，故先进行单位根检验和协整检验，来排除伪回归（spurious regression）的可能性。单位根检验结果如表1所示：

表1 单位根检验结果汇总

单位根检验结果汇总					
变量	1%临界值	5%临界值	10%临界值	ADF t值	平稳性
LnY	−3.699871	−2.976263	−2.62742	1.436727	非平稳
LnP	−3.661661	−2.960411	−2.61916	0.033077	非平稳
LnG	−3.699871	−2.976263	−2.62742	1.327258	非平稳
LnI	−3.699871	−2.976263	−2.62742	2.121874	非平稳
D(lnY)	−3.67017	−2.963972	−2.621007	−3.136391	平稳
D(lnP)	−3.67017	−2.963972	−2.621007	−4.051915	平稳
D(lnG)	−3.699871	−2.976263	−2.62742	−6.077056	平稳
D(lnI)	−3.699871	−2.976263	−2.62742	−5.720454	平稳

通过表一可以得出，所选四个变量本身并不平稳，但其一阶差分至少在5%的显著性水平下是平稳序列，因此四个变量均是一阶单整的。

3.3.2 协整检验

虽然四个变量单整阶数相同，但只有确认其变动趋势一致才能使回归结果有意义，此处用恩格尔—格兰杰两步法进行协整检验。

第一步：

用普通最小二乘法估计（3－1）式，并加入滞后项以消除自相关得到如下结果：

$$\ln\hat{Y}=0.361033\text{LnP}+0.223068\text{LnG}+0.390669\text{LnI}+1.283932$$

(2.067598) (2.846454) (4.351039) (3.245702)

$$+0.914858\text{AR}(1)-0.360047\text{AR}(2) \qquad (3-2)$$

(3.498012) (−1.556232)

Adjusted R－squared：0.999625 Durbin－Watson stat：1.905006

加入二期滞后项之后，各解释变量统计值显著；模型的调整 R^2 很大，解释能力较强；Durbin－Watson 统计量为1.905006，大于临界值1.421，不存在自相关。因此方程②拟合得较为理想。

第二步：

记录残差并进行单位根检验，结果见表 2：

表 2 Resid 平稳性检验

Resid 平稳性检验		t－Statistic	Prob. ＊
Augmented Dickey－Fuller test statistic		－5.204479	0.0002
Test critical values：	1％ level	－3.661661	

可见辅助回归的残差项在 1％的显著性水平下通过 ADF 检验，是一个平稳序列。即原数据间存在协整关系，变动趋势相同，可以采用标准回归技术。

3.3.3 格兰杰因果检验：

进行格兰杰因果检验，进一步确定各解释变量对因变量的影响，结果如见表 3：

表 3 格兰杰因果检验结果表

格兰杰因果检验结果表			
原假设	变量组数	F 值	P 值
LNY does not Granger Cause LNP	30	0.67092	0.5202
LNP does not Granger Cause LNY	30	0.51121	0.6059
LNY does not Granger Cause LNG	30	0.01399	0.9861
LNG does not Granger Cause LNY	30	3.72293	0.0384
LNY does not Granger Cause LNI	30	13.7393	9.00E－05
LNI does not Granger Cause LNY	30	3.86282	0.0345

通过上表可知，政府购买是内需增加的格兰杰原因；投资与内需互为格兰杰原因；而出乎意料的是，消费与内需之间并未通过格兰杰因果检验。然而，根据经济学理论，消费对内需有着显著影响，且上述检验并未明确拒绝两者之间的相互解释关系，因此在模型估计时仍需保留 LnP 项。

至此，通过协整检验和格兰杰因果检验，可明确排除伪回归的可能性。

3.3.4 回归估计

虽然排除了伪回归的可能，但时间序列数据通常都存在严重的多重共线性的问题，其相关系数矩阵（见表 4）说明的确如此。

表 4 原数据相关系数矩阵　　表 5 一阶差分数据相关系数矩阵

原数据相关系数矩阵				一阶差分数据相关系数矩阵			
	LNP	LNG	LNI		D(LNP)	D(LNG)	D(LNI)
LNP	1	0.997182	0.996075	D(LNP)	1	0.405455	0.611951
LNG	0.997182	1	0.9938	D(LNG)	0.405455	1	0.060346
LNI	0.996075	0.9938	1	D(LNI)	0.611951	0.060346	1

为了消除多重共线性的影响，引入误差修正模型(ECM)，用解释变量的一阶差分进行回归。表五说明了各变量的一阶差分之间并不存在多重共线性的问题。

根据定义，需要估计的 ECM 模型形式如下：

$$D(LnY)_t=\alpha D(LnP)_t+\beta D(LnG)_t+\gamma D(LnI)_t+\delta e_{t-1}+\lambda_t \quad (3-3)$$

其中 e 为不带滞后项回归方程的残差序列；D 表示某变量的一阶差分；λ 为扰动项。经过普通最小二乘回归，得到如下回归结果：

$$D(\hat{\ln Y})=0.881609D(LnP)+0.201224D(LnG)+8.81E-06D(LnI)$$

$$(6.285489) \qquad (2.675253) \qquad (3.042324)$$

$$+0.296884e(-1) \quad (3-4)$$

$$(1.249210)$$

Adjusted R－squared:0.792335　Durbin－Watson stat:1.486384

上述模型三个解释变量系数为正，符合理论，且均通过了 5%显著性水平下的 t 检验，而均衡误差并不显著；调整之后的 R^2 接近 0.8，具备较好的解释能力；Durbin－Watson 统计量落入无法判定区域，进而通过 LM 检验发现一阶和二阶滞后项系数均不显著，因而可排除自相关性。

需要注明的一点是，上述分析的变量在取对数和一阶导数之后，统计量估计值的经济学含义似乎并不明显，但基于下述逻辑，三个估计值仍然是内需对各因素的弹性：估计 ECM 模型的目的在于预期短期内某一因素变化对内需变化的影响，自然可以将非当期变量视作已知的前定变量，将所估计的(3－4)式的差分符号还原成减法运算之后，与(3－1)式在形式上是一致的。

3.4 计量结果分析

由计量结果(3－4)式可知，内需对居民消费、政府消费以及投资的弹性分别为 0.881609、0.201224 和 0.00000881，即在当前的情况下，居民消费每增加 1%，内需会增加 0.88%；政府消费每增加 1%，内需会增加 0.20%；而投资的增加对内需并没有显著的拉动作用。考虑到目前我国居民消费和政府消费的规模，其比例近 10

年来一直维持在3:1左右[②]，因而居民消费增加1%相当于政府消费增加3%，相同资金投入对内需的扩大作用之比为0.88%:0.60%，即对于内需的扩大，居民消费的效率是政府消费的1.46倍，加上政府的交易成本较高，该效率比实际值应高于1.5。

上述计量结果也符合经济学预期。居民消费的持续清淡使得经济整体蕴含了巨大的消费潜能，加以适当引导，居民消费将成为扩大内需的中流砥柱；政府消费对经济也具有较为正面的影响，但由于政府行为往往以社会效益最大化为目的，其经济效率略低于居民消费。与此相对的是，从2003年初，我国的投资一直处于高位，到2006年固定资产投资增长率达到了31.3%，然而我国的产业结构与消费需求并不匹配，因而造成了严重的产能过剩，使得投资对内需的作用趋近饱和。

4. 政策建议

通过计量分析，我们可以预期，为扩大内需，政策的最终目的应该是努力扩大消费需求，保持投资的相对稳定，其中居民消费作为重点，政府消费作为市场失灵的必要补充。

根据生产可能性边界理论，一国产出的增加依赖于两方面因素，一是技术进步等使得生产力增加，二是结构的优化使得资源配置效率得以提高。其思路可以推广到扩大内需上来，扩大内需也有两方面的推动力，一是社会经济的绝对发展；二是经济结构的优化。

下面结合经济结构调整的各个方面，提出具体的建议：

(1)完善分配结构，增加转移支付。我国目前实施的是"以按劳分配为主体，多种分配方式并存"的分配制度，但近10年来我国的基尼系数一直维持在0.45以上的水平，远远超出了国际公认的警戒范围。而根据边际消费倾向递减理论，高收入者的消费倾向必然低于低收入者，如果能将一部分社会资源更多的分配到低收入者手中，居民消费必将上涨，进而会极大推动内需的扩大。

(2)优化三次产业结构及产业内部结构。随着居民生活水平的日益提高，消费重点也随之不断转移，第三产业方兴未艾。我国目前第三产业产值仅占国内总产值的43%，远远低于发达国家的平均水平，甚至低于经济发展程度类似的印度、巴西等国的水平，这使得国内的需求得不到满足。因此要大力发展第三产业，以引导国内得不到满足的潜在消费。同时，要调整三次产业内部不同行业的布局，生产适销对路的商品，以缓解部分行业的产能过剩和部分商品的过度需求的矛盾。上述两条可以极大释放消费潜能，进而使得内需得到扩大。

② 数据来源：中经网经济统计数据查询与辅助决策系统.

(3)优化所有制结构,增加非公有制经济份额。自建国以来,非公有制经济在国民经济体系中的地位不断提高,近年来产值已达到总产值的70%以上。非公有制经济区别于公有制经济的最大特点在于其极强的活力,公有制经济依托资源和准入条件等壁垒,加之历史遗留因素的影响,往往效率较为低下。而非公有制经济则可以充分调动个人参与经济的积极性,有助于提高整个经济的效率,在资源一定的情况下扩大产出。产出的扩大(即收入的增加)无疑可以促进居民消费,从而扩大内需。同时,非公有制经济可以使得国民收入的来源丰富化,多劳多得,有利于分配结构趋于合理。

(4)完善市场结构,进一步增强市场化程度。在不影响经济稳定的前提下,减少消费之中由政府支配的部分,增加由市场配置的比例,使得资源配置效率更高。同时政府要进一步加强对市场的监管,保证市场有序运行,并致力于完善市场分类,建立较为齐全和现代化的市场经济制度。

参考文献

[1] 谢峰.我国宏观经济政策面临的主要问题及对策[J].经济策论,2008(11).

[2] 宋立根.把握扩内需 促销费 调结构的几个关系[J].西部财会,2010(4).

[3] 吴振球.中国收入分配差距、经济景气波动与居民消费需求.中南财经政法大学工商管理学院.

[4] 倪艳.产业结构调整的方向和路径[J].当代经济,2010(1).

[5] 陈莹,刘紫钧,向丽.从4万亿投资推动内需计划看中国内需提振[J].经济研究导刊,2009(19).

[6] 郭福春,姚兴垣.经济结构调整、物价水平波动与农民增收——东部沿海省份面板数据的实证分析[J].浙江社会科学,2010(7).

[7] 高伟刚,徐永辉.投资、消费和出口对山东省GDP影响的实证分析[J].经济研究导刊,2009(33).

[8] 任飞.中国城镇居民消费实证分析[J].商业经济,2011(2).

[9] 杜宇玮,刘东皇.扩内需背景下投资需求影响因素实证分析——以1979－2009为例[J].经济与管理,2011(2).

[10] 郑德隆.实证角度分析我国扩大内需政策[J].山西经济管理干部学院学报,2009(3).

农村城镇化对扩大内需以及经济结构调整的影响

安晓璐[1] 郭玲君[2]

（1. 华中农业大学经济管理土地管理学院专业农林经济管理专业2009级本科生，武汉 430070；
2. 华中农业大学经济管理土地管理学院专业国际经济与贸易专业2009级本科生，武汉 430070）

摘　要：城镇化是扩大内需的有效途径，是经济结构调整的重要内容。本文阐述了城镇化发展的主要进程，分析了城镇化存在的问题，探究了其带来的经济效益以及对扩大内需的作用，并从乡镇企业、农村劳动力、农村观念转变等方面解释了城镇化对经济结构调整的贡献。最后提出关于城镇化建设的几条意见。

关键词：扩大内需；经济结构；农村；城镇化

1. 引言

1.1　研究背景与意义

国务院于2008年10月确定了进一步扩大内需，促进经济增长的十项措施。摘要其中几项如：加快建设保障性安居工程、加快农村基础设施建设、提高城乡居民收入、加大金融对经济增长的支持力度。可见农村、农民、农业对于国家扩大内需拉动经济复苏和增长具有突出的重要性，是扩大内需的雄厚潜力所在。

近些年在践行“科学发展观”的道路上，加快形成城乡经济社会发展一体化新格局被誉为是破解农业、农村、农民工作难题的根本出路，是推动城乡生产要素优化组合、促进城乡共同繁荣的根本举措，是缩小城乡差别、实现城乡共同繁荣的根本途径。这些推进农村城镇化的政治举措说明了对城镇化普及程度的重视性。

所以城镇化不仅在改革开放以来的中国经济高速发展中发挥了重要作用，也关系到中国未来发展方式的战略转型。

1.2　研究内容

1.2.1　城镇化

城镇化指农村人口不断向城镇转移，第二、三产业不断向城镇聚集，从而使城镇数量增加，规模扩大的一种历史过程。它主要表现为随着一个国家或地区社会生产力的发展、科学技术的进步以及产业结构的调整，其农村人口居住地点向城镇的迁移和农村劳动力从事职业向城镇二、三产业的转移。城镇化的过程也是各个国家在实现工业化、现代化过程中所经历社会变迁的一种反映。

城镇化是具有历史性、社会性、普遍性的动态发展变化过程。《走向城镇化》一书中指出城镇化的历史要求包括四个方面:第一,城镇化是农村人口和劳动力向城镇转移的过程;第二,城镇化是第二、三产业向城镇聚集发展的过程;第三,城镇化是地域性质和景观转化的过程;第四,城镇化是包括城市文明、城市意识在内的城市生活方式的扩散和传播的过程。

1.2.2 扩大内需

需求包括国内消费需求、投资需求和外部需求三个方面,其中消费需求主要由收入水平和边际消费倾向决定,投资需求主要由资本边际效率与实际利率决定,外部需求实际上就是外国的消费和投资。内需,即内部需求,包括投资、消费两个方面,其中消费需求是主导。扩大内需,就是要通过发行国债等积极财政货币政策,启动投资市场,通过信贷等经济杠杆,启动消费市场,以拉动经济增长。对我国这样一个发展中大国来说,拉动经济增长的最主要力量仍然是国内需求,这是我国经济发展的坚实基础。

1.2.3 经济结构调整

经济结构指国民经济的组成和构造,包括产业结构(如一、二、三次产业的构成,农业、轻工业、重工业的构成等)、分配结构(如积累与消费的比例及其内部的结构等)、交换结构(如价格结构、进出口结构等)、消费结构、技术结构、劳动力结构等。

2. 研究方法,研究内容,研究结果

2.1 研究方法

文献检索的内容主要基于中国期刊全文数据库及国家相关政策,调研时间的选择范围为2008年至今,检索的目的是基于前人对城镇化以及扩大内需的理解和联系链条,运用经济学知识分析城镇化对于内需的变化和对农业在中国产业经济中位置的影响程度。同时检索城镇化试点乡镇经济发展与综合实力的数据,辅之以实际例子增强理论运用的说服力,进一步分析我国城镇化存在的不足,并提出相应的政策意见。

通过暑假对湖北鄂州"城乡一体化"试点城市的实地调查,获取当地城镇化发展从无到有,从有到强这一过程中相关的数据。与当地农民进行深度访谈,从民众的角度看城镇化对于内需用途的改变。

2.2 主要内容

2.2.1 农村城镇化的进程

现今我国的城乡水平差异特点突出,人力资源过多地流入了城市,农业基础产

业的建设面临危机，农村的未来需要更大的变革，而农村城镇化是必不可少的一个过程。

在农村城镇化的进程中，最根本的就是注重农村经济增长方式的转变，由注重数量的粗放型转变为注重质量的集约型发展；由单纯注重农村建设规模和人口数量转变为注重经济发展和提高居民整体素质并存；由单纯注重农村自身完善和发展转变为注重城镇间的相互联动和开放式发展；由主要通过政府行政手段推动转变为主要依靠市场经济的调节和多方面的力量。

其次就是要制定与农村城镇化配套的一系列政策。一是户籍制度。以前由于管理严格，申请办理农村户口都受到一些指标限制，如今只要有合法固定住所、合法稳定的职业或生活来源，均可申请办理农村户口，不收取入户费和增容费。二是土地使用制度。在非农业建设用地中，每年安排一定数量的用地指标用于中心建制镇建设。对复垦的旧村庄用地，免收农业税、特产税和集体提留。进镇入户农民原承包的土地根据本人意愿可以不收回，在承包期内可以转让、入股、定期租赁等，并承担相应的义务。三是财政金融政策。各级政府每年安排一定的专项资金以投资、贴息和补助，用于农村特别是中心建制镇的公用基础设施建设以及编制规划和信息网络建设。四是税费政策。农村存量建设用地土地有偿使用费应专项用于农村基础设施建设和土地开发。

最后是要繁荣农村经济。农村建设要同壮大县域经济、发展乡镇企业、推进农业产业化经营、移民搬迁结合起来，引导更多的农民进入农村，逐步形成产业发展、人口聚集、市场扩大的良性互动机制，增强农村吸纳农村人口、带动农村发展的能力。国家固定资产投资要继续支持农村建设，引导金融机构按市场经济规律支持农村发展。重点渔区渔港、林区和垦区场部建设要与农村发展结合起来。有条件的地方要加快推进村庄建设与环境整治。

城镇化的浪潮下，国家实行“城乡一体化”的基本政策从推进城乡空间布局一体化、城乡产业布局一体化、城乡基础设施一体化、城乡公共服务一体化、城乡社会管理一体化、城乡市场体系一体化和构建基层党建城乡一体新格局等几个方面的缩小了城乡经济差距，发展了农村经济，提高了农村医疗卫生文化建设水平，促使农民有钱可赚、有钱可花，还能使攒够的钱用于储蓄、投资等其他方面用途。

2.1.2 农村城镇化对农村经济发展的影响

农村城镇化给农村经济发展增长带来的影响是巨大的，这也将给农村经济带来前所未有进步。

在农业基础产业稳步发展的前提下，扩展有农村特色的农产品加工业，既减少了农产品的运输成本，也可以集中农村剩余劳动力，减少劳动力的流失，实现工业集群化发展，农用土地规模化经营。在这个过程中要解决好经济发展的土地瓶颈，充分解放劳动力，为实现现代化工业奠定基础。而农村工业发展亦能推进农业产业的发展，土地的规模化经营可以降低农业成本、提高农业质量，减少农产品进口数量。农村城镇化的进程能逐步增加当地居民收入，提高居民的消费水平，因此扩大内需，实现我国的经济增长。

以河北省鹿泉市为例，自 2006 年实行城乡一体化四年来，在财政管理体制改革的促进下，乡级财政收入增加了 3.96 亿元，为乡镇基础设施建设、第三产业和各项社会事业快速发展提供了财力保障。目前，该市大河镇、铜冶镇、上庄镇、寺家庄镇等 4 个乡镇已成为全国小城镇改革试点镇，70％的农村劳动力走进工厂或从事第三产业，实现了农村剩余劳动力的就地转移。

2.1.3 农村城镇化对扩大内需的影响

农村城镇化有利于提高农村生产力水平，带动农村经济增长，增加居民收入，提高消费水平。国家更好地实行农村社会保障制度，尤其是农村医疗保障、教育保障和养老保障等，能不断地改善农业生产设施和农民的生活条件，使得农村居民逐渐摆脱传统的消费观念，减少储蓄，扩大消费，发掘农村潜在的消费市场。国家积极鼓励农村家电下乡、交通工具下乡，更加刺激了农村的消费水平，扩大内需市场，使消费真正成为我国经济增长的最直接因素。

08 年全球金融危机，我国出口严重受阻，沿海出口型企业受到重创，大量企业纷纷倒闭，农民工返潮热浪滚滚而来。在这样的一个情况下，我国要转变经济增长的模式，由出口拉动经济增长变为由国内消费拉动经济增长。对于有 8 亿多农民的中国，农村还是一个未开发的潜在消费市场，但是中国人保守的消费观念成为这个潜在市场开发的瓶颈。先把一部分钱进行储蓄，保证自己无后顾之忧然后再进行消费，这样的消费观念往往不能成为经济增长的动力。而农村城镇化能集中农村优势资源，完善农村生产生活水平，提高农村居民的保障制度，让居民免于后顾之忧，逐渐改变传统的消费观念，并实施各项促进消费的政策，让农村也能积极消费，扩大我国内需，使消费成为经济增长的动力。

2.1.4 农村城镇化对我国经济结构调整的影响

改革开放之后，随着我国城乡二元体制之间的差异逐步扩大，农村作为经济发展的后方受限于城市经济的发展，一直处于低度发展的状态。农村进行城镇化是农村今后走向发展必不可少的一个阶段，更是今后农村经济结构调整的重要内容。

在农村城镇化的进程当中，更多的投资者会被中小城镇的优势所吸引，并且投资于当地具有优势的原材料企业。原来的国有或是集体所有的企业被越来越多的私营企业所替代，成为农村城镇化发展过程中的主力军。

发展农村城镇化，把农村人口集中起来，实现人力资源的合理配置，这种社会结构的调整将给经济结构调整带来长远积极的影响。让更多的农村人口能够进入到城镇生活体系中，汲取到经济发展的红利，同时他们也为城镇的发展带来了更丰富的劳动力与机会，成为经济发展的新一轮动力，实现资源的有效配置，优化经济结构。把农村从事农业人员转移到工业当中去，调整农村第一、第二产业结构，优化资源配置。

在城镇化进程中，会有更多的企业选择中小城镇投资建厂。当农产品作为原材料进行销售、出口时，其价格远远低于农产品进行加工之后变成产成品的价格，产成品在市场上的竞争优势也将大幅度提升。在消费市场上，产成品在成本价格上的优势使它受到更多消费者的青睐。在当地，产成品也将由进口型商品变为出口型商品，将当地的经济结构进行一个很好的调整。

由于城镇化带来的消费增多，居民会逐步改变多储蓄、少消费的观念，会更加注重消费意识，提高消费支出在收入中所占比重。扩大内需是经济结构调整的核心内容，农村城镇化更好的实现了消费、投资、出口协调拉动经济增长，这种新的生产关系能够合理地处理好国民收入分配的问题，增强低收入者的消费能力，建立不同消费层个性化消费的需要，引导消费结构升级。

2.3　研究结果

城乡差距大是我国的基本国情之一，作为一个农业大国，农业的发展是我国经济发展的基础，关系到国民经济的命脉，而农村的发展制约着农业的发展。实行农村城镇化，把更多的人力物力资源集中于农村，搞好基础设施建设，提高生产力水平，带动经济的稳步增长。随着农村经济的增长和乡镇产业的发展，农村产业结构也会随之调整，农村居民的收入水平亦相对有所提高。农村保障政策逐的渐实施使得农村居民的的储蓄消费结构也发生相应的变化，居民会逐步扩大消费水平，改变传统的消费观念，并实施各项促进消费的政策，鼓励农村也能积极消费，扩大我国内需，使消费成为经济增长的动力。

3. 结论

城镇化是现在农业经济学和宏观经济学研究的重点，大部分学者研究城镇化都是从政策分析的角度谈政策的劣势和弥补问题，比如王丛林著的《我国城镇化问题的探讨》。当然我们也从中学会了很好的思路，比如在辜胜阻等人编著的《城镇化是扩大内需实现经济可持续发展的引擎》一文中，从现实背景出发，探究城乡一体化的战略意义以及提出人、钱、物流的去向，都为我们的文章撰写提供了有力的素材。

虽然城镇化为我国农村经济带来了春天，起到了拉动内需的作用，但是在城镇化的过程中，亦存在着问题，亟需政府的关注与监督。

(1)土地抛荒严重。以湖北鄂州为例，全市弃耕撂荒面积 1.71 万亩，占全市耕地面积的26.9%,四分之一。其中,鄂城区5000亩、华容区10600亩、梁子湖区1450亩。城镇化的进程中,农民进城务工,导致土地荒芜弃耕抛荒现象严重,这样导致农业生产条件更差,农作物种植成本上升,比较效益低。另一方面,粮食直补和良种直补资金不论耕种与否都照常发放,使得要种田的农户没有田地,这种现象在农村较普遍,影响了农业经济的良性发展。

(2)强拆在所难免。县乡政府为了招商引资,集中优势力量发展以城镇为中心的经济中心,对靠近试点城镇的城中村、城郊村进行拆迁,发放补助。但是在执行的过程中,政府忽视中国农民的安土重迁意识和乡土情结进行强拆,从而酿成的惨剧层出不穷。2011年1月21日,温家宝总理签署国务院令公布《国有土地上房屋征收与补偿条例》,对暴力拆迁、极端对抗、因拆暴富等现象予以法律规定。这在一定程度上减少了政府与百姓的摩擦,约束了双方的权利义务关系,但是在执行过程中的暴力问题依旧不能完全避免。

(3)放宽中小城市进住门槛。城镇化促使农村人口向城镇、城市转移,但是城市无法提供农民基本的生活保障。这就造成工作了一辈子的农民工不如一辈子不在这个城市住但是有户口的城市人。这样的境地会严重阻碍城镇化的发展,从根本上消除了人口、财力等多方面的转移。所以应放宽中小城市落户条件,逐步在教育、就业、住房、社会保障等方面实行与城市居民相同的政策。

(4)保证农民社会保障政策顺利实施。一般认为,减少农民才能致富农民,但农民却不会只因为这个原因离开自己赖以生存的土地,离开能为自己带来收益的土地,这主要是因为城市、城镇不能为他们提供较多的就业机会和社会保障。农村亟需就业指导和领路人,而可以充当这一角色的只有政府。政府应该在农闲时组织农民就业指导,进而促使农民为城镇化而离开故土。

虽然现在农民社会保障制度进展顺利,但是地区之间存在差异,政策的落实上各个地区也不尽相同。沿海发达地区和经济落后地区同是实行社会保障制度,但是保障的方面不同。例如贵州凯里地区基础养老金是每人每月55元,老龄补贴的具体标准是根据年龄每人每月100元到200元不等。农村房屋灾害保险,每次投保的期限为一年,每户只需缴纳25元保险金,参保农户的房屋,凡因自然灾害引发所造成的损失,都由保险公司按实际金额或保险金额赔偿,赔偿最高金额达1万元。同时,农村低保补助标准由每人每年1250元提高到1360元。而江苏地区,自2004年全面实行了以大病医疗统筹为主的农村合作医疗保险制度,年人均基金标准达81元—501元,平均105元。医药费补偿一般在1000元—10万元之间,补偿比例在45%—75%左右,最高实际补偿在5万元左右,个别地区最大实际补偿金额达到15.2万元。2005年全市农村合作医疗保险行政村覆盖率达100%,人口覆盖率在96%以上。

所以在保证制度正确性的同时，更应该让制度的实施达到基本同步，符合当地实情。

参考文献

[1] 辜胜阻，李华，易善策. 城镇化是扩大内需实现经济可持续发展的引擎[J]. 中国人口科学，2010(3)：2－10.

[2] 丁学东. 关于扩大内需的几点思考[J]. 管理世界，2009(12)：1－6.

[3] 张天潘. 城镇化对于经济结构调整有何意义？[N]. 华商晨报，2009－12－08.

[4] 匿名. 4 万亿扩大内需[J]. 中国投资，2008(12)：26－29.

[5] 师颖新，李桂荣. 论中国扩大内需的目标与途径[J]. 大连民族学院学报，2010(4).

探索国际货币基金组织(IMF)投票权机制的改革之路

——引入"累进制加权"机制的视角

陈　骏

(武汉理工大学文法学院法学专业2008级本科生,武汉 430070)

摘　要:本文阐述了IMF现存的基本投票权、份额加权投票机制的实质与弊端,分析了IMF投票权机制可以选择的改革之路,最后引入累进制加权机制,以期向IMF注入新的有效的改革机制,维护国际货币基金组织的合理合法性,构建稳定和谐的国际货币金融秩序。

关键词:累进制加权;SDR;基本投票权;份额投票权

2011年3月3日,关于国际货币基金组织各成员国在2008年达成的有关份额和发言权的改革措施协议通过多数批准已正式生效,《基金组织概览》头条报道了这一重大事件,标题写道:这是"增强基金组织合法性的重要里程碑事件"[1]。然而,我们仍然有理由相信这只是一次微调,只是一次事后的补救,并未改变IMF制度设计不合理甚至违反国际法的本质面貌。IMF现有的份额及投票权的分配制度仍然不符合国际法上主权平等的要求,也不能满足国际社会经济发展的现实需要,更未能为第三世界国家参与到IMF决策和享用IMF国际收支平衡功能提供有效的保障。

1. IMF的历史和它的投票权机制

国际货币基金组织(IMF)是二战后以英美为主要发起人在西方发达国家主导下建立起以重建和稳定战后国际货币与金融体系的国际经济组织。

国际货币基金(IMF)规定每一会员国应根据其经济的重要性(国民所得及贸易额),向基金缴纳一定摊额(Quota)的资金,以供基金运用。此一摊额必须以黄金或可自由兑换货币(如美元)与本国货币缴纳。以黄金或可自由兑换货币缴纳部分,应等于一国摊额的25%,或该国当时国际准备持有额的10%,而以其中较少者为准。自1970年特别提款权实施后,各会员国的摊额,须经总投票权85%的同意,才能变更。

国际货币基金组织执行加权投票表决制。投票权由两部分组成,按照国际货币基金组织规定,成员国加入该组织时要认缴一定数额的款项作为份额,份额是决定成员国投票权、借款权的最主要因素。每一成员国有 250 份基本票，这部分代表国家的主权，然后按成员国所认缴份额的量，每 10 万特别提款权折合一票，成员国认缴的份额越多，所获票数也就越多，表决权也就越大，也就是说，加权投票权与各国所缴份额成正比。由于基本票数各国一样，因此在实际决策中起决定作用的是加权投票权。

IMF 设立至今 60 余年以来，对世界经济特别是推动自由贸易、维护货币体系稳定、促进各国经济发展做出了社会公认的贡献，其国际地位与影响力显著提升，特别是在国际金融风暴中周小川行长提出超主权货币理念后，IMF 呈现出了对今后国际金融货币秩序的决定性影响作用。

2. IMF 投票权机制改革的必然性

二战后，美国一国主导着 IMF，美元作为世界唯一通用的主权信用货币，这无疑加持了 IMF 的系统性风险，也为 IMF 的创设合法性以及设计合理性埋下了隐患，2008 年的金融危机更验证了这些。

2.1　刺破基本投票权机制的面纱

“如果不设置基本投票权制度，对于欠发达国家来说，它们参与 IMF 则显得无多大意义”。[4]920 在 IMF 蓝图中若失去发展中国家的支持，无疑无法起到全面稳定国际货币金融秩序的作用。因此美国当初提出基本投票权机制的目的在于基本投票权制度在当时基本能体现国家主权平等原则，回避了国际法的追究并避免造成 IMF 与公司、企业等私法人组织没有明确界限的模糊印象。[5]“然而，怀特方案的目的简单而明显，那就是要由美国一手操纵和控制 IMF，从而获得国际货币金融领域的霸权。”[6]217 亦如苏珊・斯特兰奇(Susan Strange)和其他批评家所断言：“那些管理贸易和货币的国际机制在经济上、政治上和思想上一直是偏袒美国的，这种机制凭借美国的权势建立，是反映美国利益的，并不如美国的体系理论鼓吹者所说的那样在政治上和经济上是中立的。”

2.2　份额加权投票机制的实质

《IMF 协定》第 12 条第 5 部分 a 项还规定，(成员国)每增加 10 万特别提款权即增加一个投票权。这才是 IMF 投票权中起决定性作用的部分，成立之初份额投票权的比重就已经占到了 88.7%，而截止 2010 年这一比重进一步扩增到 97.9%，即使 2011 年正式施行 2008 年达成的转移份额协议，其比重依然高居 94.5%。

IMF 成立之初到现在，其份额(SDRs)的总量是在随着世界经济的不断增长而不断增资的，但由于份额是由 IMF 通过公式计算出来并分配的，所以不能随意自由购买，因此发展中国家想提高投票权实际上是很受限制的。这样直接导致的结果就是发达国家通过购买大量的份额得以保持他们在 IMF 的既得优势地位不可动摇，特别是美国自始至终都保留有IMF的一票否决权。因此份额投票权机制形式上的平等性并不能掩饰实质上的不公平。

联系基本投票权与份额投票权不难发现，份额投票权始终占据了绝对的比重，而代表着187个成员国主权的基本投票权却从最初仅有的11.3%下降到2.1%(2011年2月)。可见，虽然基本投票权机制部分反映了国家主权平等，但究其根本，仍是发达国家为了谋取不正当利益而为IMF设计的“合法”嫁衣而已。

正是因为如此，IMF投票权的改革势在必行，改革是使IMF摆脱合法性危机的必然要求。

3. IMF投票权机制的改革现状及成就

IMF投票权的改革集中在两方面：一是基本投票权的修正上，具体表现在2011年3月3日正式生效的2008年协议将基本投票权从250票提高到了750票；另外一个方面就是份额投票权的份额计算方式上。自IMF成立以来，对份额分配公式进行了3次修改，但基本结构没有太大的变化。

改革后，基本投票权增加到了原来的三倍达到750票，协调了发展中国家与发达国家在发言权上的严重失衡。但是，从另一角度来说，这个增幅最多只能算得上是微调，因为随着世界经济不断发展，流动性激增，份额(SDRs)也应运而增发，基本投票权占总投票权的比重不断被稀释，只有5.5%左右，不断没有提高到原来水平，反而比最初的11.3%还低接近6个百分点。虽然份额计算公式也有过两次大的修改，但没有改变公式本身的结构和内涵，少数发达国家份额始终掌握了IMF的话语权，发展中国家的经济地位得不到体现以及无法及时反映世界经济格局的变化。

4. 时代背景下，IMF投票权机制改革的“瓶颈”

IMF改革的瓶颈，实际上就是如何平衡发展中国家与发达国家之间投票权权重的巨大差距。

在当今“一超多强”多元并存的世界格局之下，美国作为唯一的超级大国拥有其他国家难以望其项背的特权，美元作为世界的储备货币在IMF中的作用举足轻重。但是，正是“成也萧何，败也萧何”，美国的诸多特权特别是其在IMF中的一票否决权却成为了掣肘IMF向合法化与合理化改革的最终拦路虎。

表1 份额权重在2008和2010年改革协议生效前后比照表节选(译文)

国家	前(初始)比重(%)	截止2011年2月(%)	2008年协议生效后(%)	2010年协议生效后(%)
发达国家	61.6	60.5	60.5	57.7

续表

发展中国家和新兴市场国家	38.4	39.5	39.5	42.3
发展中国家	30.9	32.1	32.4	35.1
美国	*17.4*	*17.1*	*17.7*	*17.4*
日本	6.2	6.1	6.3	6.5
中国	3.0	3.7	4.0	6.4
非洲	5.5	5.4	4.9	4.4

表 2　投票权在 2008 和 2010 年改革协议生效前后比照表节选(译文)

国家	前(初始)比重(%)	截止 2011 年 2 月(%)	2008 年协议生效后(%)	2010 年协议生效后(%)
发达国家	60.6	59.5	57.9	55.3
发展中国家和新兴市场国家	39.4	40.5	42.1	44.7
发展中国家	31.7	32.9	34.5	37.0
美国	*17.0*	*16.7*	*16.7*	*16.5*
日本	6.1	6.0	6.2	6.1
中国	3.0	3.7	3.8	6.1
非洲	6.0	5.9	6.2	5.6

从上表可以清晰地看出 IMF 现有的改革机制仍然不能平衡发展中国家与发达国家之间投票权权重的悬殊差距,即使 2008 年和 2010 年的协议都生效并得以实施,依旧只能是“隔靴搔痒”,不痛不痒无关大碍的改革。

很显然,IMF 投票权格局的停滞状态与发展中国家经济地位的迅速提升相矛盾。如果不对加权投票权分配机制进行结构性改革,IMF 就将越来越丧失合法性以及其创设的合理性,丧失国际社会对它的信任和支持,甚至丧失国际法主体的地位。长期以来,发展中国家一直都在强烈呼吁对 IMF 的加权投票权机制进行改革,力求改变不发达国家集团投票权整体上受歧视的状态。

然而,这些改革呼声一直没有得到应有的重视和回应,直到美国次贷危机的爆发。这场百年未遇的国际金融危机以其极端的方式从反面证明:全球化时代的国际经济金融治理必须由发展中国家与发达国家两大世界集团携手进行;没有发展中国家的参与和支持,国际金融秩序是不稳定的;缺乏发展中国家的配合与监督,国际金融体系是脆弱的。由此,这场危机为发展中国家推进 IMF 代表性改革,提高其在 IMF 中的地位提供了重大契机。实行代表性改革,增加发展中国家的投票权,成为危机背景下 IMF 改革的一项最重要的议题。应当指出,由于政治经济利益不同,各国对于现行加权投票权机制改革的认识也不尽相同。

5. 如何突破“瓶颈”，唯有“卧薪尝胆，厚积薄发”——引入累进制加权机制

美国作为IMF的“开国元老”不可能轻易地放弃他们的一票否决权，只要美国拥有一票否决权，那么任何动摇到美国利益的机制改革方案都会被直接或间接拒之门外，这是真正的改革核心所在，只有迈出了这一步，其他的改革方案才能得以实施。IMF应该设计出迂回的改革方案，利用机制原理暂且避开美国的高压线，从长远出发去解决问题，当然这需要国际社会的共同努力并一致向一票否决权施压。

5.1 基本投票权改革只能微调，不能产生决定性作用

投票权占最大一部分的不是基本投票权而是份额投票权

《IMF协定》第12条第5部分a项规定，“（成员国）每增加10万特别提款权即增加一个投票权。”[13]这一机制原理可以用一个线性关系表达式来表示，即y=x/10(x：万特别提款权)。

这一机制在形式上看是公平平等的，因为在加权计算机制原理下，每个国家的投票权与其出资份额成线性正比关系，出资额越大发言权越大，是十分平等合理的制度；然而，这正是IMF美国设计师们的本意，他们就像华尔街的金融家们一样，先用“基本投票权”的诱饵敲开绝大多数国家的大门，说服所有人适用他们设计的公认“合法合理”的金融游戏规则，并描绘出未来国际金融市场稳定和贸易自由的伟大“蓝图”，然后携带巨额的“热钱”闯入，赚取数目惊人的“份额投票权”，以制造以他们为操盘手的市场，从而控制国际金融流向，以期谋取巨大利益。

表3 IMF2011年度第1季度财报节选

国家		份额(百万特别提款权)	份额权重(%)	(总)投票权	投票权权重(%)
G7	美国	37,149.3	17.1	371,743	16.7
	英国	10,738.5	5.0	107,635	4.8
	日本	13,312.8	6.1	133,378	6.0
	德国	13,008.2	6.0	130,332	5.9
	法国	10,738.5	5.0	107,635	4.8
	加拿大	6,369.2	3.0	63,942	2.9
	意大利	7,055.5	3.2	70,805	3.2
	(小结)	98,372	45.4	985,470	44.3
金砖四国	俄罗斯	5,945.4	2.7	59,704	2.7
	中国	8,090.1	3.7	81,151	3.7
	巴西	3,036.1	1.4	30,611	1.4
	印度	4,158.2	1.9	41,832	1.9
	(小结)	21,229.8	9.7	213,298	9.7

以例(如表 3 所示)IMF 公布的基金组织 2011 年第一季度财报(节选 G7 和重要的发展中国家):截止 2011 年 1 月,IMF 总份额是 203,985,273,773SDRs,G7 国家投票权的总和(44.3%)就和发展中国家的投票权总和(44.7%)基本持平,是"金砖四国"的 5 倍。而美国的投票权高达 371,743 票,其中份额投票权 371,493 票,而基本投票权只有 250 票,基本可以忽略不计;中国的投票权也只有 81,151 票。美国在 IMF 的份额是 37,149.3 百万特别提款权,这无疑对大多数发展中国家来说是天文数字。所以发达国家可以先利用其资金优势集中获取 IMF 中的优势地位,再将投进去的"热钱"贷出来即可,而发展中国家则只能望洋兴叹。由此可以清晰的看出,基本投票权制度确确实实是为份额投票权徒作的"嫁衣"。

5.2 引入累进制加权机制改进加权投票权分配,以实现 IMF 的实质性革新

在线性相关的加权表决制度下,表决权与出资额成正比例关系,这一机制形式上的公平合法性并不能掩饰其实质上的不平等性。首先,份额是按公式量化出来的,各个主权国家并不能够自由的购买 SDR 以期增加份额与相应的投票权,而份额计算公式又在发展中国家和发达国家之间严重失衡,发达国家通过公式量化的份额要比实际份额还高,因此远远超出发展中国家的份额,这使得发展中国家愈加的丧失其投票权与发言权,并陷入非良性循环之中;其次,在线性关联的份额投票权机制下,既得优势主体会继续保留其优势并集中利用其资源获取 IMF 中的相对优势地位,并且不断扩大其优势。因此线性关联的份额投票权机制并没有充分体现 IMF 的设计宗旨,更没有充分体现国家主权平等的国际法基本原则,而是形式公平下的实质不平等,有违机制设计原理。发达国家在已经取得发展的优势条件下,为了维持世界平衡、和谐和可持续发展,有义务向发展中国家提供应尽的便利,以缩小两者之间的贫富差距,谋求共同可持续发展。

二次世界工业革命后,世界经济全球化时代的到来使天各一方的世界各族人民整体搬进了地球村,世界经济交往空前繁荣,各种国际间、区域间的合作组织如雨后春笋般建立起来,各国纷纷打开了自己的国门来分享全球化带来的世纪大蛋糕。自由、开放、活跃的国际经济市场使得世界各国的经济发展进入到资源优化配置的二次分配状态下。在资源优化配置二次分配中,摆在首位的不再是效率,而应该是公平优先。此时为了更加合理的可持续的利用资源进行全球化资源优化配置,世界各国在既得优势地位的发达国家的倡导下组成国际公共组织,如 WTO、World Bank、IMF 等等,这些国际组织通过各国协商制定国际条约来进行世界资源的二次分配,这些条约和协定成为战后国际经济资源分配的重要机制。在分配中,分配机制应当是公平优先兼顾效率的,但是由于国际经济组织不是一个权力质化的政府组织,各成员国的私益性十分明显,作为既得优势地位(经济地位与国际

影响力)主体不可能为了看不见摸不着的“公平”、“正义”而放弃其既得利益和可以利用并获取利益的优势地位。

从机制设计原理出发,国际经济组织的使命就是将国际社会的资源与环境进行优化配置以实现合理的二次分配,平衡各个国家、地区之间的政治、经济、文化发展,协调资源与环境和谐发展,维持国际社会长期和平稳定可持续发展。IMF 作为维护国际金融秩序的组织也义不容辞的肩负起平衡发展中国家和发达国家经济发展,实现资源合理二次分配的责任。为此,寻找解决 IMF 投票权机制设计缺陷就有了理论的依据,那就是二次分配中的“公平优先兼顾效率”原则,依照此原则参照累进税率(累进税率,又称等级税率,是再分配机制的核心体现,即按征税对象数额的大小规定不同等级的税率,征税对象数额越大税率越高。[7]398),可以设计出一套完整的“累进制加权机制”来完善投票权机制:

下面是累进制加权设计方案(假设参数合理的):(Y:投票权票数;x:十亿特别提款权)

$$Y=\begin{cases}750+10,000x\ (0\leqslant x\leqslant 8)\ ①\\ 750+80,000+9,800(x-8)\ (8<x\leqslant 16)\ ②\\ 750+80,000+78,400+9,700(x-16)\ (16<x\leqslant 20)\ ③\\ 750+80,000+78400+38,800+9,600(x-20)\ (20<x\leqslant 24)\ ④\\ 750+80,000+78400+38,800+38,400+9,500(x-24)\ (24<x\leqslant 28)\ ⑤\\ 750+80,000+78400+38,800+38,400+38,000+9,400(x-28)\ (28<x\leqslant 32)\ ⑥\\ 750+80,000+78400+38,800+38,400+38,000+37,600+9,200(x-32)\ (32<x\leqslant 40)\ ⑦\\ 750+80,000+78,400+38,800+38,400+38,000+37,600+73,600+9,000(x-40)\ (40<x)\end{cases}$$

公式简化后为:

	减少的投票权数量
$Y=750+10,000x\ (0\leqslant x\leqslant 8)$ ①	0 票
$750+80,000+9,800(x-8)\ (8<x\leqslant 16)$ ②	200 票
$750+158,400+9,700(x-16)\ (16<x\leqslant 20)$ ③	300 票
$750+197,200+9,600(x-20)\ (20<x\leqslant 24)$ ④	400 票
$750+235,600+9,500(x-24)\ (24<x\leqslant 28)$ ⑤	500 票
$750+273,600+9,400(x-28)\ (28<x\leqslant 32)$ ⑥	600 票
$750+311,200+9,200(x-32)\ (32<x\leqslant 40)$ ⑦	800 票
$750+384,800+9,000(x-40)\ (40<x)$ ⑧	1,000 票

这套机制的数学模型可示为:累进制加权

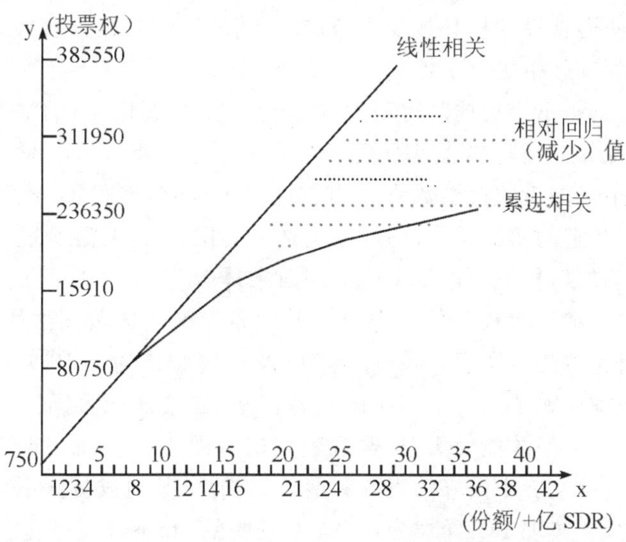

(份额/十亿 SDR)

如果 IMF 按照此套机制设计对投票权进行改革，那么，由于绝大多数国家(特别是发展中国家)的份额都在 80 亿 SDRs 以下，所以其投票权都不会受影响，所持投票权总量不增也不减；只有份额超过 80 亿 SDRs 的 6 个国家既 G7 中的美、英、日、德、法五国和发展中国家唯一的一位：中国会受影响。它们投票权的变化如下表所示：

国家	份额(十亿特别提款权)	份额权重(%)	原(总)投票权	现(总)投票权	相对回归(减少)值	原投票权权重(%)	现投票权权重(%)
美国	37.1493	17.1	371,743	358,824	*12,919*	*16.7*	*16.2*
英国	10.7385	5.0	107,635	107,087	548	4.8	4.85
日本	13.3128	6.1	133,378	132,315	1,063	6.0	6.0
德国	13.0082	6.0	130,332	129,330	1,002	5.9	5.9
法国	10.7385	5.0	107,635	107,087	548	4.8	4.85
中国	8.0901	3.7	81,151	81,133	*18*	*3.7*	*3.73*

(以 2011 年 1 月 31 日的财报为蓝本)

从数据变化来看，累进加权对美国这种垄断特权的限制作用非常明显，其投票权直接减少了 12,919 个，英国与法国各减少了 548 票，日本减少 1,063 票，德国减少 1,002 票，而中国只减少了 18 票，并且只有美国的投票权比例下降了 0.5 个百分点，而中国投票权比例上升了 0.03%，英法各上升 0.05%，合计上升 0.10%，日德基本保持不变(中英法的投票权减少了，而投票权比例之所以会增加是因为美国投票权的下挫使得总投票权基数变小，对冲了其他国家的减少值)，剩下的 0.37 个百分点则转移到发展中国家手中。

所以，这套机制不会动摇既得利益群体(大多数发达国家)的根本利益，而且它还会赢得广大发展中国家和欧盟的赞许(欧元权重会因此而有所增幅)。最重要的是它不断限制了美国投票权票数和发言权的增速，而且刚好回避了美国一票否决权的高压线，因此它的实践操作性强，不会遭到美国方面强烈的"反抗"。

分析累进制加权机制，要从以下几方面来体会它的机制原理：一，实质公平。"累进加权"比"基本投票权"更上一层楼，基本投票权是成员国法律人格平等的体现，而"累进加权"则是各国家"主权平等"以及区别对待的体现，它填补了 IMF 合法性"漏洞"，集中反映了发展中国家的利益需求；二，"曲线救国"。IMF 俨然成为美国的"殖民地"，如何才能使 IMF 摆脱美国的一票否决权而实现真正的独立，是每个成员国特别是发展中国家的责任和愿望。当然，其他成员国不可能从美国"强抢"，想靠"武力"去实现 IMF 的"独立"是不可能的，和平演变才是王道，所以发展中国家应该在共同向美国在 IMF 合法问题和改革问题上施压的同时，牺牲自身部分其他利益以换取减缓美国发言权的增速，达到曲线救国的目的；三，"卧薪尝胆"。在 IMF 机制设计不符国际法原则的伦理压力和发展中国家巨大互换利益的博弈下，美国会愿意放下 0.5%的发言权的(当然一次要放弃 1.7%，而低于 15%的一票否决线是不可能的)，所以"累进制加权"的生存空间很大。而一旦它获得通过，虽然初看它并没有对发言权格局产生影响，只有 0.5 个百分点的转移，但是它对美国和其它发达国家发言权增长的影响，会在发展中国家"卧薪尝胆"的长期过程中非常明显的表现出来。作者粗略计算了一下，假设发展中国家份额平均达到了五十亿 SDR，而发达国家也有相同总量上的增幅，由于发达国家受"累进加权"影响，将会有超过 13%的发言权转移至发展中国家，而那时美国早已不再有一票否决权，因此"累进制加权"也是一个"卧薪尝胆"而"厚积薄发"的长远工程，不在 10 年到 20 年都难成气候，因此不可急功近利。

6. 总结

2008 年的金融危机给国际社会敲响了警钟。IMF 作为未来国际金融货币秩序的大管家，如何改革 IMF 的货币机制设计而使其更具合法性，以稳定国际金融秩序，成为众多专家、学者、政客等人士积极探讨的问题。作者从 IMF 的"大门"入手，分析了 IMF 投票权机制可以选择的的改革之路，并为 IMF 设计了一扇能让大多数发展中国家进入并参与 IMF 决策的"大门"，希望 IMF 在未来能寻找出摆脱困境的改革机制，为发展中国家带来福音。

参考文献

[1] 基金组织概览(网络版). 增强基金组织合法性的重要里程碑[N]. http//www. imf. org/imfsurvey.

[2] 时光,马宇彤. 国际货币体系改革与人民币国际化[J]. 商业研究 2010,404(12).

[3] RM Lastra. The International Monetary Fund in Historical Perspective[J]. *Journal of International Economic Law*,2000(13):508—510.

[4] William N. Gianaris. Weighted Voting in the International Monetary Fund and the WorldBank[J]. *Fordham International Law Journal*,1999—1991(114):920.

[5] 余锋. 国际货币基金组织投票权分配制度及其改革—发展中国家的视角. 环球法律评论,2009(4).

[6] Donald Moggridgeed. *The Collected Writings of John Maynard Keynes* (*Vol*. 26)[J]. *Shaping the Post—War World*,Macmillan,1983:217.

[7] 漆多俊. 经济法学[M]. 高等教育出版社,2007:398

[8] Ebere Osieke. Majority Voting Systems in the International Labor Organization and the International Monetary Fund [J]. International and Comparative Law Quarterly, 1984, 133(02):397

[9] [美]斯蒂芬·D·克莱斯勒. 结构冲突:第三世界对抗全球自由主义[M]. 李小华译. 浙江人民出版社,2001:135—136

[10] 王贵国. 国际货币金融法. 北京大学出版社,1996:81—82

[11] 梁西. 国际法. 武汉大学出版社,2010:53—61

[12] IMF. 关于 2008 年改革的细节[N]. 新闻稿第 08/64 号和基金组织份额和发言权的相关出版物.

[13] 李博. IMF 份额分配公式的评估与优化[D]. 上海交通大学安泰经济与管理学院,2010(1),http//www. imf. org/external/pubs/ft/survey/so/2008/NEW032808A. htm.

浅析股权分置改革对我国上市公司股权激励机制的影响

方丽敏

（武汉理工大学经济学院金融学专业2008级本科生，武汉 430070）

摘　要：股权分置改革是我国资本市场的一场重要的制度性变革，它改善了上市公司的股权结构，有利于公司治理的优化。随着股改的逐步推行，股权激励也迎来了新的发展契机，股改为股权激励机制的创新型发展注入了活力。本文旨在探讨股权分置改革对上市公司股权激励机制建立的影响，首先从概念引入，介绍股权激励和股权分置改革的相关理论基础和发展概况，然后分析了股改对股权激励产生的影响，最后以万科股份有限公司的股改和股权激励机制的建立为实例，归纳整理了相关数据，进一步阐述了股改对股权激励的促进作用。

关键词：股权分置改革；股权激励机制；万科股份有限公司

1. 股权激励机制概述

1.1　相关概念

1.1.1　激励

激励是指激发人的行为的心理过程，也是人力资源的重要内容。激励这个概念用于管理，是指激发员工的工作动机，也就是说用各种有效的方法去调动员工的积极性和创造性，使员工努力去完成组织的任务，实现组织的目标。①

1.1.2　股权

股权即股票持有者所具有的与其拥有的股票比例相应的权益及承担一定责任的权力。广义的股权，泛指股东得以向公司主张的各种权利；狭义的股权，则仅指股东基于股东资格而享有的、从公司或经济利益并参与公司经营管理的权利。作为股权质押标的股权，仅为狭义的股权。

1.1.3　股权激励

股权激励是一种通过经营者获得公司股权形式，给予企业经营者一定的经济

① 百度百科词条“激励”http://baike.baidu.com/view/53991.htm。

权利，使他们能够以股东的身份参与企业决策、分享利润、承担风险，从而勤勉尽责地为公司的长期发展服务的一种激励方法。

1.2 股权激励的主要模式

随着公司股权的日益分散和管理技术的日益复杂化，世界各国的大公司为了合理激励公司管理人员，创新激励方式，纷纷推行了股票期权等形式的股权激励机制。股权激励主要有以下几种模式：

1.2.1 股票期权激励模式

用于公司股权激励的股票期权是指不同于一般意义上的经理股票期权。这类股票期权的含义是公司赠与经营者的股票期权，又可称为购股权计划或购股选择权，就是公司与经营者（包括 CEO 在内的高层管理者）事前进行约定的、允许经营者在未来一段时间内按照某一事先规定的价格购买公司一定比例股份的权利。②“股票期权”的最大作用是按企业发展成果对经营者进行激励，具有“长期性”，使经营者的个人利益和企业的长期发展更紧密地结合在一起，促使经营者的经营行为长期化。

1.2.2 业绩股票激励模式

它是指在年初确定一个较为合理的业绩目标，如果激励对象到年末时达到预定的目标，则公司授予其一定数量的股票或提取一定的奖励基金购买公司股票。业绩股票的流通变现通常有时间和数量限制。

1.2.3 虚拟股票激励模式

是指公司授予激励对象一种虚拟的股票，激励对象可以据此享受一定数量的分红权和股价升值收益，但没有所有权，没有表决权，不能转让和出售，在离开企业时自动失效。

1.2.4 限制性股票励模式

是指事先授予激励对象一定数量的公司股票，但对股票的来源、抛售等有一些特殊限制，一般只有当激励对象完成特定目标（如扭亏为盈）后，激励对象才可抛售限制性股票并从中获益。

1.2.5 股票增值权激励模式

是指公司授予经营者一种权利，经营者可以通过公司股票价格上升或公司业绩上升，按一定比例获得这种由股价上扬或业绩提升所带来的收益，激励对象不用为行权付出现金，行权后获得现金或等值的公司股票，但是不拥有这些股票的所有权，也不能享有分红。这种增值权通常与无附带要求的股票期权同时使用。

1.2.6 员工持股计划激励模式

原是指雇主捐赠给雇员现金专用于购买本企业股票或直接向雇员捐赠本企业

② 高闯. 经理股票期权制度分析. 北京：经济管理出版社，2003

股票的一项福利计划。与其他福利计划相比,它不提供一种固定的收益或福利待遇保障,而是把员工的收益与其对企业的股权投资联系起来,从而使员工的个人利益与企业的管理和效益相结合,因此带有明显的激励成分。

1.2.7 管理层收购激励模式

管理层收购,是指公司管理层利用借贷扩容资本或股权交易收购其经营公司的行为,属于杠杆收购方式中的一种,其与公司一般管理层股票期权计划和员工持股计划的共同点在于当事人可以获得公司股权分红收益,区别在于 MBO 更注重公司的控制权,往往以控股为目的。

1.3 股改前我国上市公司的股权激励实践

随着我国股份制改革的推行,产权变革逐步展开。沿着产权变革之路的发展,我国上市公司的股权激励实践"摸着石头过河前进",在股权分置改革之前,我国上市公司的股权激励实践大致经历了以下两个不成熟的阶段:

1.3.1 内部职工股阶段

内部职工股即社员股股票是指公司向其员工发行的股票。发行这类股票的目的在于将员工的经济利益与公司的经营状况直接挂钩,以激发员工的工作热情,提高公司经营效率。1984 年我国开始股份制改造,为了筹集资本金和增强企业凝聚力,在当时的公司股权结构中设计了内部职工股,这是我国最早的股权激励实践。1982 年沈阳一些企业开始吸收本企业职工入股;1984 年 7 月,北京天桥百货公司由于店面装修,向公司内部职工发行了 300 万元的内部职工股票,但当时这些投资并非以规范的股份出现,企业也不是规范的股份公司。从数量上来看,我国内部职工持股比例较低,国家相关法律规定员工所持股份占占企业总股本的比例最多不得超过 10%,公司上市之后又由于职工抛售所持股份,实际比例要远低于 10%。由于员工持股比重在公司总股本中微乎其微,其最初的激励作用也逐渐减弱,员工持股制度对公司的治理无法产生实质的影响(周群华,2005)。在发行过程中,由于管理不善、人情股泛滥,1993 年、1994 年国务院和原国家体改委两次发文,要求"立即停止内部职工股的审批和发行"。

1.3.2 职工持股会持股阶段

职工持股会是指依法设立的从事内部职工股的管理,代表持有内部职工股的职工行使股东权利并以公司工会社团法人名义承担民事责任的组织。实践表明,初期试点的内部职工持股改革并没有加强公司员工的凝聚力、对公司利益的认同感、实现劳动和资本的有机结合,并且内部职工股的发行、登记和管理客观上也需要专门的组织负责。我国公司法规定有限公司股东人数的上限也增加了有限公司内部职工持股的难度。至此,职工持股会应运而生。职工持股会是我国国企产权制度改革特殊历史时期的产物,随着国企改制的完成,职工持股会的历史任务和作用也已经完成，其继续存在下去的弊端越来越突出。2000 年以后，民政部发文暂停审批新的职工持股会，这标志着职工持股会也告一段落。

2. 股权分置改革概况

2.1 股权分置改革相关背景

1992 年 5 月，《股份公司规范意见》等文件出台，明确规定在我国的证券市场，国家股、法人股、公众股、外资股四种股权形式并存。在股权分置中，上市公司股东所持向社会公开发行的股份在证券交易所上市交易，称为流通股；而公开发行前的国家股、法人股股份暂不上市交易，称为非流通股。这种同一上司股份分为流通股和非流通股的股权分置状况，为中国内地证券市场所独有。非流通股和流通股这两类股份，除了持股成本的巨大差异和流通权不同之外，赋予的每股股份的其他权利均相同。由于持股成本的巨大差异，造成两类股东之间的严重不公。这种制度安排不仅使上市公司或大股东不关心股价的涨跌，不利于维护中小投资者的利益，也越来越影响到上市公司通过股权交易进行兼并达到资产市场化配置的目的，妨碍了中国经济改革的深化。股权分置改革是我国资本市场一项重要的制度性改革。

2.2 股权分置改革在中国的实践

2004 年 2 月，国务院发布了《关于推进资本市场改革开放和稳定发展的若干意见》(简称“国九条”)，承认中国股市存在股权分置问题，提出积极稳妥解决的方针。2005 年 4 月 29 日，中国证监会发布《关于上市公司股权分置改革试点有关问题的通知》，股权分置改革试点正式启动。

2005 年 5 月 9 日，确定了首批股权分置改革的试点公司分别是：清华同方、三一重工、紫江企业和金牛能源。2005 年 5 月 30 日，证监会、国资委联合发布《关于做好股权分置改革试点工作的意见》，此后，股权分置改革在全国上市公司全面展开。证监会实施统一组织，分类分步实施，坚定不移地推进股权分置改革工作。截至 2006 年 12 月 31 日，已先后进行了 64 批上市公司的股改。沪深两市已完成或进入改革程序的上市公司共 1250 家，占应改革上市公司的 97%，对应市值占 98%，未进入改革程序的上市公司仅 40 家。其中沪市完成股改或者进入股改程序的公司共 795 家，占全部应股改公司总数的 97.8%，深市主板已完成或进入股改程序的公司共 455 家。股权分置改革任务基本完成。股权分置改革结束了上市公司两类股份、两种价格并存的历史，强化了上司公司各类股东的共同利益，为完善市场定价功能和资源配置功能、提高上市公司治理水平和推进市场创新发展创造了基础条件。

3. 股改对上市公司股权激励机制的影响

从 2005 年 5 月份起实施的股权分置改革现已经接近尾声，为了巩固股权分置改革的成果，我国适时地出台了《试行办法》，已于 2006 年 1 月 1 日正式实施，同时针对国有控股上市公司，先后制定了《国有控股上市公司(境外)实施股权激励试行办法》和《国有控股上市公司(境内)实施股权激励试行办法》。股改前我国上市公司的股权激励机制一直不能发挥其应有的活力，随着股权分置改革的进行，股权激励机制迎来了新的发展契机。

徐慧(2009)的研究数据(表 3.1)显示，在 2005 年至 2009 年 3 月 31 日之间明确采取股权激励方案的上市公司共 146 家。其中按方案的进度，又可分为已授权实施的 40 家(简称实施)、停工实施 53 家、董事会预案以及股东大会通过尚未实施的 52 家。

表 3.1 股权激励方案进展情况

时间 进展	2005 年	2006 年	2007 年	2008 年	2009 年	公司数量	比例
实施③	5	22	4	9	0	40	27.4%
停止实施	1	10	4	39	0	54	36.99%
董事会预案	1	6	1	23	9	40	27.40%
股东大会通过	0	3	0	8	1	12	8.22%
合计	7	41	9	79	10	146	100.00%

从上表可以看出，股权激励在 2006 年以后得到了迅猛的发展，究其原因，主要是因为 2005 年以后股权分置改革的试点工作及其全面推广。随后证监会规范股权激励必须是在股改完成以后才能实施，一方面是作为一种激励约束措施，把股改作为激励的前提条件，以刺激上市公司积极主动地进行股改；另一方面，只有实施了股改之后的全流通状态下，对价的股票才可能是真正的市场价格，这样对股权激励方案的设定才能具有参考价值和意义。股权分置改革对上市公司全面推行股权激励机制具有直接而深远的影响，具体体现在以下三个方面。

3.1 解决股权激励的股票来源问题

股权分置改革之前，由于股权长期分置，上市公司非流通股数量占比大，而这些非流通股大多被少数大股东控制，形成了广泛的“一股独大”的局面。非流通股

③ 实施状态是指上市公司股权激励已通过股东大会授权实施，并明确披露实施公告日

在二级市场不能自由流通，股权激励机制的推行失去了股票奖励的基础，没有足够的流通股，就难以推行股权激励。股改推行之后，非流通股股东通过向流通股股东支付对价，将一部分非流通股转为流通股，获得该部分股票的流通性，由此使得上市公司的流通股股份大量增加，就为实行股权激励提供了股票来源，解决了股权激励的最基本问题，即股票来源问题。

表 3.2 上市公司股权激励方式及股票来源统计

激励方式	股票来源	数量	比例
股票期权	上市公司定向发行股票	104	71.72%
	股东转让股票	2	1.38%
限制性股票	上市公司定向发行股票	11	7.59%
	上市公司提取激励基金买入流通 A 股	9	6.21%
	股东转让股票	4	2.76%
业绩股票	上市公司提取激励基金买入流通 A 股	2	1.38%
	上市公司定向发行股票	1	0.69%
	股东转让股票	1	0.69%
股票增值权		3	2.07%
股东转让		8	5.52%
合计		145	100%

从上表(徐慧，2009)可以看出，在股票来源方面，实施向激励对象定向增发的上市公司有 37 家，占总实施股权激励的上市公司的 79.45%；公司提取激励基金购入流通 A 股的上市公司 11 家，所占比例为 7.59%；实施股东转让股权的上市公司有 15 家，占总实施股权激励的上市公司的 10.34%。但是，在证监会关于股权激励《备忘录 3 号》中关于股份来源的问题明确规定：股东不得直接向激励对象赠与(或转让)股份，而只能通过上市公司回购大股东股份后再将股份授予激励对象。因此，股东直接转让股票的模式也将不会成为以后上市公司股权激励模式的股票来源。

3.2 股权结构变化促使大小股东利益趋同，重视对经理层的监督和激励

股权分置改革的完成，消除了股权流动性方面的差异，非流通股和流通股真正实现了同股同权、同股同利。这样，两类股东之间就有了共同的利益目标和衡量标准，尤其是大股东，由于占有的股份较多，股价的高低直接影响自身财富的多少，因此就会更加关注上市公司的盈利能力和经营业绩，并利用其自身所掌握的资源和

能力千方百计来提升上市公司的经营业绩，由此会加强对经理层的监督和激励，重视经理层的激励机制，从主观认识上重视股权激励的作用，促进上市公司股权激励机制的建立和完善。

3.3 股改方案催生股权激励创新

股权分置改革试点工作的进行，为国内上市公司建立与完善高级管理人员的激励机制提供了绝佳的历史性契机。因为包括股权分置试点公司在内的上市公司在设计股权激励实施方案时，会从大股东持股中拿出一定比例股份，直接奖励、划拨以及按一定价格转让给高级管理人员，甚至对高级管理人员持股实行弹性管理，与业绩挂钩。

由此，可以认为股权分置改革与上市公司高级管理人员激励机制的形成完全可以同步推进。因为，无论是解决股权分置，还是建立激励机制，归根结底都是为了推进资本市场规范发展，促进资本市场主体上市公司质量提升，两者相辅相成、不可分割。

4. 案例分析——以万科股份有限公司股权激励机制的建立为例

4.1 公司简介

万科企业股份有限公司，成立于1984年5月，是目前中国最大的专业住宅开发企业，也是股市里的代表性地产蓝筹股。总部设在深圳，至2009年，已在20多个城市设立分公司。公司经营范围为：兴办实业（具体项目另行申报）；国内商业；物资供销业（不含专营、专控、专卖商品）；进出口业务（按深经发审证字第113号外贸企业审定证书规定办理）；房地产开发。控股子公司主营业务包括房地产开发、物业管理、投资咨询等。2008年公司完成新开工面积523.3万平方米，竣工面积529.4万平方米，实现销售金额478.7亿元，结算收入404.9亿元，净利润40.3亿元。2009年实现营业收入486亿，营业利润142亿，毛利率29.2%，净利润52.8亿。万科首次公开发行股票是在1988年12月，发行2800万股，募集资金2800万元。1991年1月29日，万科股票正式在深圳证券交易所上市。

4.2 股改概况

2005年11月，万科A发布了股改方案。作为沪深两市首批公布股权分置改革方案的含B股上市公司，万科A创新性地推出了纯认沽权证方案：每10股送7份认沽权证，万科大股东华润股份将为上市公司股改费用埋单，也成为B股公司范例。

表 4.1 股权分置方案

股权分置方案类型	权证
股权分置方案是否除权	否
非流通股东持股比例(%)	13.3700
股权分置改革对价方案摘要	持有非流通股股份超过万科企业股份有限公司非流通股股份三分之二的华润股份有限公司,向持有万科流通A股的股东做出对价安排,所有非流通股股份获得在A股市场的流通权,其他持有非流通股股份的股东不安排对价,也不就其持有的非流通股股份获得对价。华润股份的对价安排为:于万科股权分置改革方案实施股权登记日收市后登记在册的流通A股股东每持有10股万科流通A股股票将免费获得华润股份派送的8份认沽权证④,续存期为9个月。
对价方案变动说明	2005—10—10公布预案为:非流通股东向A股流通股东每10股派发7份存续期9个月、行权价3.59元的百慕大式认沽权证。2005—10—19调整预案为:非流通股东向A股流通股东每10股派发8份存续期9个月、行权价3.73元的百慕大式认沽权证。
每10股支付对价数(对价)	1.03790000
对价是否基于转增后股本	否
流通股东每10股获得认沽权证数	8.0000

(资料来源:新浪财经—股票)

在正股股价下跌时,认沽权证的价格上涨,会对流通股股东的损失给予补偿,从而降低流通股股东的盈亏平衡点。按B—S模型计算,每份认沽权证理论价值为0.39元,以此计算华润股份送出率高达51.15%~68.45%,创造了股权分置改革以来各公司推出方案的新高。本次需发行的认沽权证数量约在16.5~20.5亿份,如果所有认沽权证行权,华润共需支付约59.24亿~73.60亿元的资金用于购买万科流通A股。73.60亿元的巨资,是目前所有已公布股改方案的上市公司大股东中需预备动用资金数额最高的。华润股份有限公司是万科股份有限公司的第一大股东,持股比例约为14.73%,其他股东持股比例均不超过1.5%(2010—08—10公告数据)。作为第一大股东,华润持股比例低,不到15%,所以,万科在股改中推出认沽权证的对价方式,而不是像众多上市公司一样采取直接对价支付的模式,在受到股本条件限制的时候又具有一定的创新性。2005年12月2日,万科A股改实施复牌。

④ 认沽权证:看跌期权在行权的日子持有认沽权证的投资者可以按照约定的价格卖出相应的股票给上市公司。

4.3 股权激励机制的实践

万科股份有限公司于2006年3月21日在公布年报的同时，推出了一项股权激励计划。按照这项计划，大约有160名万科员工将获得股权激励。根据万科董事会决议修改后的《万科企业股份有限公司首期(2006～2008年)限制性股票激励计划》，万科股权激励计划的主要内容包括：

(1)激励方式为限制性股票。

(2)基本操作流程为：信托机构用预提的激励基金于当年购入万科流通A股股票，在年度股东大会通过的当年年度报告及经审计财务报告的基础上确定万科是否达到业绩标准、当年净利润净增加额以及按股票激励计划规定可提取的比例，以此确定该年度激励计划的有效性以及激励基金数额，并根据预提和实际的差异追加买入股票或部分出售股票。等待期结束后，在万科A股股价符合指定股价条件下，信托机构在规定期限内将该年度激励计划项下的信托财产过户至激励对象个人名下，其中股票以非交易过户方式归入激励对象个人账户。

(3)激励对象：万科受薪的董事会和监事会成员、高级管理人员、中层管理人员、总经理提名的业务骨干和有卓越贡献人员。

(4)年度激励基金提取指标：年净利润(NP)增长率超过15%；全面摊薄的年净资产收益率(ROE)超过12%；万科如向社会公众增发股份方式或向原有股东配售股份，当年每股收益(EPS)增长率超过10%。

(5)年度激励基金的提取额度：净利润超过15%但不超过30%时，以净利润增长率为提取百分比、以净利润净增加额为提取基数，计提当年度激励基金，当净利润增长比率超过30%时，以30%为提取百分比、以净利润增加额为提取基数，计提当年度激励基金；计提的激励基金不超过当年净利润的10%。

万科推出的限制性股票激励计划，对激励对象而言，其远景目标可获得公司10%股权，由此成为公司第二大股东，较目前第一大股东华润股份有限公司的12.89%股权仅低2.89%(未考虑定向增发后华润持股比例上升)，核心管理与员工团队将真正获得激励效益，万科的团队得以更为稳定，但无论如何股票激励由此成为真正意义的“金手铐”。为真实反映管理团队的经营状况，方案引入净资产收益率指标，另外还对定向增发新股等迅速做大规模而带来的利润增长也有修订措施，这使得获得限制性股票的条件更加苛刻。在股权激励机制正式推行之后，万科于2006年5月31日为激励对象预提2006年度激励基金共1.41亿元，并于2006年6月12日前从二级市场购入流通股2491万股，占公司总股本的0.63%。

4.4 两者关联——基于数据分析的结论

为了考证万科股份有限公司股权分置改革与股权激励机制建立及其效应之间的关联性，搜集整理了事件发生时期即2005年11月—2006年12月相关数据，据此展开分析。

4.4.1 股本变动

表 4.2 万科 A 股本变动情况(单位:万股)

项目＼变动时间		2005.11.04	2005.12.02	2006.09.04	2006.12.06
总股本		372052.761	372052.761	396989.875	396989.875
其中：流通股	流通 A 股	267535.751	267535.751	292471.27	325425.462
	限售 A 股	0	49727.198	49728.794	16774.602
	流通 B 股	54789.811	54789.811	54789.811	54789.811
	其他	49727.199	0	0	0
其他		0	0	0	0
变动原因		债转股	股权分置	权证行权	其它上市

(数据来源:新浪财经)

由上表可知,在 2005 年 11 月颁布股改方案之后,一方面,总股本总数并无变化,股权分置改革只是股本结构的内在调整,不牵涉到增发或转增股本;另一方面,从 11 月 4 日到 12 月 2 日期间,限售 A 股增加 49727.198 万股,流通股其他部分减少等量股本,这是由于股权分置改革其他股本中的国有法人股和募集法人股转为流通 A 股所致。2006 年 9 月,由于股改方案中派发的续存期九个月的百慕大式认沽权证行权,每 10 股派发 8 份权证,导致总股本增加为 396989.875 万股,变动额度全部由流通 A 股增加作用形成。

4.4.2 股价变动

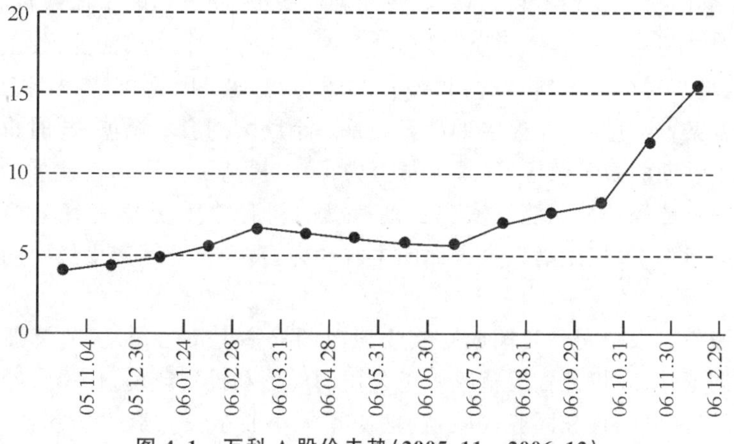

图 4.1 万科 A 股价走势(2005.11—2006.12)

注:图中所采用的价格是每月最后一个交易日的收盘价。

由图可以看出，在05年11月股权分置改革方案推出之后的短时间内，对股价的影响不大，股价波动幅度较小，呈缓慢上升趋势。因为股改方案规定，华润股份作出承诺，其持有的非流通股股份自获得上市流通权之日起，在十二个月内不上市交易或者转让，且所派发给流通股股东的认沽权证的存续期为9个月，所以短时间内股价基本不受影响。从06年10月开始，股价有显著地迅速攀升趋势，06年10月31日股价为8.19元，两个月之后达到15.44元，增长近一倍，显然权证行权对股价存在显著的影响。在这一数据期间，股价波动趋势是上升，说明股改和股权激励能改善公司的经营环境，提高经营能力，优化公司的投资环境，拉升股价的上涨。

4.4.3 净利润与摊薄每股收益

表4.3 万科AB半年度净利润和加权每股收益(2005.06－2006.12) 单位：万元

项目	2005.06.30		2005.12.31		2006.06.30		2006.12.31	
	金额	增长	金额	增长	金额	增长	金额	增长
净利润	79505.3		135036	69.85％	122080	－9.59％	215464	76.49％
加权每股收益	0.2331		0.3803	63.15％	0.3075	－19.14％	0.5545	80.33％

(数据来源：新浪财经)

由上表可以简单的知道，在股改方案实施之后的短时间之内，即从05年12月到06年6月，公司净利润并未如预期增加，反而减少，下降比例与上期相比为9.59％，摊薄每股收益也下降了19.14％。这很有可能是由于股改方案中规定华润大股东向流通股股东支付对价，每10股约支付对价1.0379，使得股东的资本外流，主营业务的运营受到不利影响，导致净利润减少，同时影响了摊薄每股收益，股改短期内对公司经营效益产生负效应。在06年12月，净利润回升，较上期实现了76.49％的增长，摊薄每股收益也上涨了80.33％。这是因为06年3月公司公布了股权激励方案，这对高管经理层人员无疑是一个巨大的股本诱惑，同时也对经理层人员产生了预期的激励效应，经理人员努力工作，提高了公司运营能力。但是这种激励作用并不能保证公司能够实现长期持续的利润增长，经营业绩还要受到其他很多因素的影响，股权激励只是内部的主观动力，对经营业绩产生长期的正效应。

4.5 案例小结

万科股份有限公司是我国成功实现股改的众多上市公司之一，其股改方案具有很大的创新性，股权分置改革改善了公司的经营和投资环境，使得大小股东利益趋同，实现了同股同权和同股同收益，解决了大小股东长久形成的利益矛盾，是公司发展进程上的一个重要的里程碑。股改同时催生了股权激励机制，促进了股权激励机制的新发展，采用限制性股票的方式进行激励，激励评价指标将净利润与股价相联系,实现双条件,执行条件比较苛刻。在如此严格的激励条件下,高层管理人员只有通过长期的持久的努力,提高公司业绩,实现净利润增长,同时还要密切关注股票价格,积极拉动股价上涨,这样才能获得激励报酬。

参考文献

[1] 高闯．公司治理:原理与前沿问题．北京:经济管理出版社,2009(05)

[2] 葛慧君．股权分置改革以来上市公司股权激励的文献综述[硕士论文]. 内蒙古工业大学．

[3] 罗建华．试论股权分置改革与公司治理．中国论文下载中心．2008(08).

[4] 李维安,李汉军．股权结构、高管持股与公司绩效——来自民营上市公司的证据．南开管理评论,2006(9).

[5] Zheng Yugang. The Comparison between Two Dynamic Stockholders Rights Drive Models——A Case Study of Dynamic Stockholders Rights Drive Model and "Chinavalue. Net"Presenting Blog Writers Rights. SHANGHAI ECONMIC REVIEW,2009(1).

[6] 侯瑜．上市公司管理层股权激励效应研究．现代会计,2010(1):46－49

[7] 赵息,张志勇．上市公司高管股权激励问题研究．中国地质大学学报,2007(3):70－73

[8] 刘俊勇．公司业绩评价与激励机制．北京:中国人民大学出版社,2009

[9] 周群华．股权分置改革与完善股权激励机制．财会月刊,2005(10):55－57

[10] TAO Ping. The design of the stockholder's rights drive model based on combination reward contract. Harbin Institute of Technology, Harbin 150001

[11] 高闯．经理股票期权制度分析．北京:经济管理出版社,2003.

河南省物流公共信息平台发展探究

龚炳刚

（北京交通大学经济管理学院管理科学专业2011级硕士研究生，北京 100044）

摘　要：近年来，物流业在获得政府和社会高度关注的同时，其自身也得到了长足的发展。物流信息化将成为物流业走向现代化的必经之路，而物流信息化的一个重要应用——物流公共信息平台，对逐步规范物流行业发展，降低社会物流成本，以及落实低碳经济的理念都有非常重要的作用，同时也是实现物流信息化的重要突破口。本文首先了河南省物流公共信息平台的发展现状，分析了它的发展优势，然后总结出了影响其发展的瓶颈，并提出相应对策，最后就其发展前景做出了估量。

关键词：物流信息化；物流公共信息平台；物流信息系统；物联网

物流公共信息平台是指基于计算机通信网络技术，为客户提供物流信息、技术支持、物流设备等资源共享服务的信息平台，同时整合了GIS定位、视频监控、射频识别、电子交易、GPS货物跟踪和网络通信等多领域技术。一般来说，它具有数据交换、信息发布服务、会员服务、在线交易、智能配送等五大基本功能；同时从另一个方面它具有整合供应链各环节物流信息、物流监管、物流技术和设备等资源，面向社会用户提供信息服务、管理服务、技术服务和交易服务的基本特征。物流公共信息平台的信息服务需要大量权威的政务信息，管理服务涉及物流相关管理部门的政府职责，因此，政府相关管理部门的大力支持和政府直接参与投资建设是推动平台建设取得突破进展的重要保障。

参见我国众多物流公共信息平台的规划建设，主要可以根据投资主体及运作方式的不同分成三种模式。第一种是“政府主导模式”，即物流公共信息平台的开发、建设和运营维护都由政府直接负责。第二种是“企业自营模式”，即信息平台的投资建设及运营完全由企业自己经营。第三种是“政府＋企业模式”，即政府和企业共同出资建设和运营的模式。从我省目前物流公共信息平台的发展现状来看，适合采用第三种模式，即政府早期参与信息平台的投资建设，当信息平台运营稳定后逐步淡出其经营管理，让其实现市场化运作。第三种模式兼顾了政府力量强大及企业运作方式灵活的优点，对于让一个刚起步的物流公共信息平台能够快速走向稳定、及早实现盈利来说是不二之选。

1. 河南省物流公共信息平台发展优势及现状

1.1 河南省对物流公共信息平台发展的政策导向

2009 年 3 月 10 日，国务院正式出台《物流业调整和振兴规划》，把物流业列为十大振兴产业之一。在《规划》中把提高物流信息化水平作为"十大任务"之一，并把物流公共信息平台工程列为"九大工程"之一，此举对物流业的发展具有非常深远的影响，对物流公共信息平台的发展也具有很大的指导意义。从 2003 年 8 月郑州市政府公布《郑州市商业网点规划》到现今河南省政府下发《河南省现代物流业发展规划(2010—2015 年)》的八年时间里，河南省采取了多项措施来促进物流业的健康平稳发展，也为物流公共信息平台的建设垫定了坚实基础。

2006 年在河南省交通运输厅、省道路运输局的大力支持下，省内第一个物流公共信息平台——"八挂来网"正式成立，随后被河南省交通厅确定为河南省物流信息系统，向全省 18 个市全面推广。

2007 年 10 月，由河南省信息产业厅主办，河南省交通物流协会承办的"2007 中国国际(郑州)物流信息化发展高层论坛"成功召开，加速推动了我省物流业信息化发展进程。

2008 年 5 月 31 日河南省出台了第一部信息化工作地方性法规《河南省信息化条例》。这对加快我省物流信息化建设、促进物流信息化发展具有十分重要的意义。

政府通过多项措施来推动此项工作，足见政府对建设物流公共信息平台的重视。物流公共信息平台不仅是物流运输业基础设施的一部分，有着很重要的社会公共服务价值，同时也是现代物流发展进步的重要体现。总之，在这么一个宽松、积极的政策引导下，物流公共信息平台的发展建设是可以顺势而为的。

1.2 河南省物流公共信息平台发展的区位优势

河南省位于中国中部偏东、黄河中下游，东接安徽、山东，北界河北、山西，西连陕西，南临湖北，呈望北向南、承东启西之势。河南省在物流公共信息平台的建设和发展上具有一些得天独厚的优势。

1.2.1 省内物流基础设施建设不断完善，交通运输网络发达

河南地处全国铁路网中心，有数条铁路大动脉横贯东西、纵穿南北，并且河南铁路通车里程高居全国第一。郑州、洛阳、商丘和信阳都是重要的铁路枢纽，其中郑州北站是亚洲最大的编组站。这样的网络极大地刺激了区域内交通运输网的形成和发展，也为物流业的进一步发展提供了舒适的环境。河南公路交通也很发达，有多条南北和东西走向的国道公路及高速公路通过，整个河南高级与次高级的公

路里程占全国近10%,高速公路全里程已经超过整个英国,截至2008年底达到4841公里,居全国第一位。这为省内及区域内的物资流通提供了极大的便利,促进了物流业的快速发展,降低了社会物流成本,更为省内传统物流业向现代物流转型提供了优越的环境和重要的基础。

1.2.2 河南在我国综合运输网络中有着“承东启西,连南贯北”的重要作用

河南自古就被认为“居天下之中”,位于长三角、京津冀、珠三角和成渝城市带之间,是进出西北六省的门户,也是连接这几个经济带的纽带。如此独特的地理位置,使河南在全国的铁路运输、公路运输、航空运输、管道运输及网络通讯中占有举足轻重的地位,也使河南成为大量物流、商流、信息流及资金流的聚集地。随着信息化的快速发展,信息流的重要地位变得越来越突显,它直接决定着其他各种流的流通速度及流通走向。因此,从这个角度来看河南省加快物流公共信息平台的发展建设是必要的也是必需的,是符合时代发展要求的也是明智的。

1.2.3 具有接近原料生产地与消费地的双向优势

我国的主要原料产地分布在西北地区,主要的消费地分布在东南沿海,而河南省处于西北地区与东南地区之间。因此,河南在接近消费地方面要比西北有优势,在靠近原料产地方面要比东南有优势。双向的优势让河南省担当起了物资流通的重任,这不仅有利于省内物流中心及配送中心的发展,而且促进了省内交通运输基础设施的快速建设。即河南既是传统的农业大省和人口大省,又是新兴的经济大省和工业大省,是重要的原料地也是消费地。这也让河南汇聚了南来北往的众多运输车辆,形成了一个庞大的物流信息需求市场,物流公共信息平台的建设便有了巨大的市场推动力,也十分有必要。

1.3 河南省物流公共信息平台的发展现状

物流基础设施的不断完善及独特的区位优势让河南省的物流信息化发展走在全国的前列,为省内经济的快速发展及传统物流业的加速转型创造了优越的条件。近年来,在国家政策以及省内物流发展方针的积极引导下,各地市都在加快开展物流信息平台的建设工作,物流信息平台的建设进入了一个空前繁荣的时期。其中发展比较好的物流信息网有万顺物流信息网、“八挂来网”、金元货运信息网等。

郑州市的万顺物流信息网是河南省本地物流信息网中建设最好、发展最快、市场占有率最高的物流信息平台。万顺物流信息网集河北、河南、山东、陕西、山西、湖北、江苏、北京、天津等区域物流信息于一体,提供物流信息服务的同时,又推出车辆定位、电子名片等业务。通过发展来自大中城市的加盟单位,每日发布的物流行业各类运输信息多达50万条,成员单位依托和整合郑州的优势资源,经过多年的运营,形成了庞大的信息网络。

万顺物流信息网通过灵活的物流信息服务方式,适应了不同用户的需求。通

过与移动、联通、电信等公司联合组建物流专用虚拟网为用户节省大量话费。通过一套行之有效的信息交易安全管理办法确保万顺物流信息网发布的信息权威、真实可靠,一定程度上杜绝了骗车骗货等不良现象的发生。通过货物运输跟踪和定位系统来保证货物运输中的安全,为车主及货主解决后顾之忧。

“八挂来网”是省内本地物流信息网的后起之秀。虽然成立没有几年,但依托它的政府背景优势及前期拓展市场的免费策略,使它在省内甚至全国已经拥有了很大知名度。三年多的时间里,“八挂来网”不断开发更加适合物流市场的应用软件平台,并先后投入1420多万元提高系统平台的运行效率,树立了“货找车,车找货,‘八挂来网’当媒婆”的理念。

处于创业初期的“八挂来网”,市场占有率相对来说并不是很高。公司近期正大力开拓安阳市场,这就要面对当地市场的强大竞争者——金元货运信息网,如果公司能够成功占据安阳市场,并不断向省内其他地市顺利铺开,然后走出河南,那么“八挂来网”的发展是很有前景的。

省内的物流信息网虽然不少,但能够像全国物流网一样把业务做到全国,占领较大市场份额的毕竟很少,其中能够真正算的上是物流公共信息平台的也只有安阳的“八挂来网”一个,其他的也只是一般意义上的货运信息网。因此,河南省的物流公共信息平台建设可以说是刚刚起步,发展模式及市场推广模式也在摸着石头过河,同时洛阳、焦作等地也开始投入大量资金进行物流信息平台的开发和建设,形成了一个多头并进的趋势。

2. 河南省物流公共信息平台的发展瓶颈及对策

物流公共信息平台的背后都要有一个物流信息系统作为支撑,而物流信息系统的开发、建设、维护及信息平台市场开拓等一系列过程都不是一朝一夕的事情,系统的开发、建设和维护基本上都得交给专业的软件系统开发公司来做,后台管理及市场开拓则是这些物流信息公司的主要工作。从信息平台的规划、开发一直到能够拥有稳定的市场占有率的过程中是会碰到许许多多的难题和挫折的,对于如何解决这些问题便显得尤为重要。同时,对于如何解决物流公共信息平台发展所面临市场环境中存在的诸多问题也是值得关注及考虑的。

2.1 信息化与标准化没有能够很好结合

物流公共信息平台涉及到各行各业各方面的内容,如果要使各种异构系统间的不同格式的数据整合到一个统一的平台之中,就需要建立一个统一的标准体系,制定物流用语、计量标准、技术标准、数据传输标准、数据交换标准、物流作业和服务标准等基础标准,并逐步对标准体系进行修订、扩充和完善,让信息化与标准化的结合更加紧密,使物流的能力信息和需求信息更好地配合起来,大大提高省内物流业的效率。

虽然企业对信息化建设的重视程度在逐渐提升，河南省政府也曾于2008年5月31日出台第一部信息化工作地方性法规《河南省信息化条例》。这虽然对加快我省物流信息标准化建设、促进物流信息标准化具有积极的作用，但是这也只是个统领性的法规条例，没有具体的执行细则。可以说整个行业的信息化还没有形成一定的规范，没有形成整个行业的公共标准及技术工艺标准，这对我省物流公共信息平台的建设及未来发展是很不利的。同时，各地也都在建设自己的物流信息平台，如果没有行业的公共标准和统一的技术工艺标准，那么就会造成大量重复投资，同时也难以实现信息共享及区域性的信息整合，结果就是物流公共信息平台投资建设的社会效用大打折扣。因此，如何解决标准化与信息化结合不够好的问题以及如何规避由于物流信息标准不统一造成公司未来发展难以实现突破的风险，便成为有识之人共同关注的问题。首先，要加强政府的指导、协调功能，对物流信息化和标准化进行统一管理、统一规划、统一标准，进而完善信息基础设施建设并规范物流行业市场环境。其次，要加大对信息化建设的扶持和投入，重点支持带有普遍性和公用性的信息化基础设施建设项目。最后，要加强对物流信息资源的整合力度，解决我省物流规划和布局存在地区分割、部门分割等问题，实现以低成本的手段优化配置社会物流资源。

2.2 物流信息系统的开发及建设投资大、周期长

物流信息系统的开发、建设投入巨大，需要大量的技术人员共同协作完成。一般的物流信息公司自己根本没有能力去做这项工作，相当多的公司是直接把这项工作外包给专业的软件系统开发公司去做，而自己只负责后台数据的导入及管理，即便是外包给专业公司去做，费用也不是一般公司能承受起的，这样便让信息平台这一行业的进入门槛变的相当高。在系统开发完成后，还需要不间断的系统维护以便让系统能够稳定的运行，在市场的开拓中系统还会不断的暴露出许多意想不到的问题和缺陷，使得系统的不断升级及系统改造必不可少，而这涉及的费用也相当高。为了能够为政府提供行业数据以供决策和管理，为物流行业机构提供信息共享的平台使其运作效率更高，也为物流从业人员获得信息化带来的诸多好处，物流公共信息平台的建设要以为用户提供一站式服务为目标，这样信息平台就需要与政府信息系统、企业信息系统、国内外其它信息平台等进行联网。可参见辽宁省现代物流公共信息平台拓扑结构图，如图1。

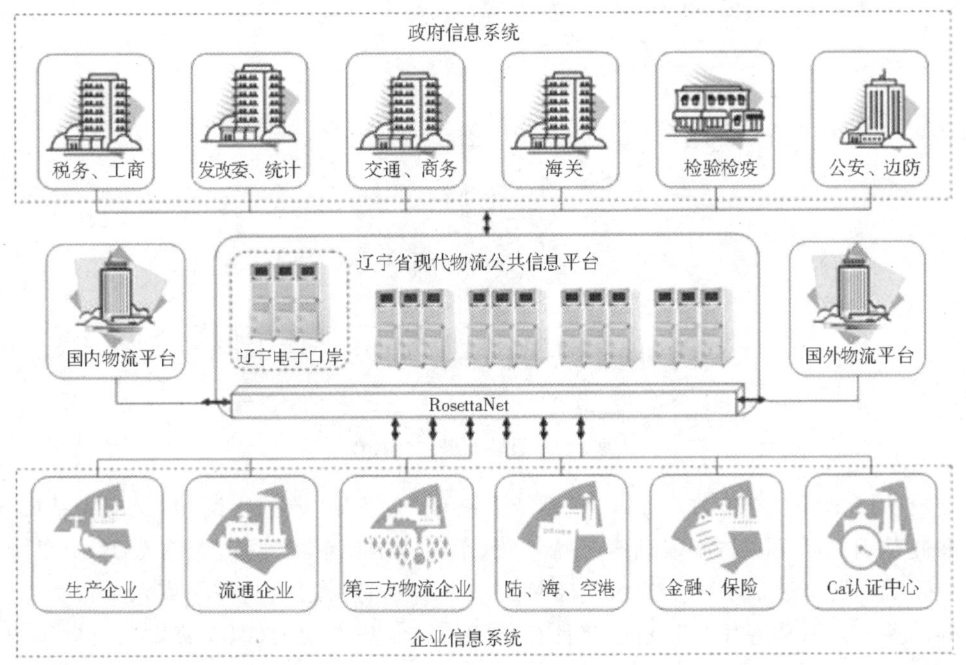

图 1 平台拓扑结构图

由图 1 可见,构建一个物流公共信息平台可谓一项巨大的系统工作。现在大多数物流公共信息平台都是政府牵头组织建设,给予一定年限的资金补助并且在公司进行市场拓展时给予巨大的支持与帮助,等到公司能够实现市场化运作后政府投资才逐步淡出。这种“政府+企业模式”降低了这一行业的进入门槛,解决了初期资金投入大的现实问题,也为企业的先期发展铺平了道路。

2.3 物流公共信息平台业务体系改造及升级问题

物流信息系统经过相当长的时间运行后,在业务边界、业务模式、业务规模及业务信息化时机上可能会跟现今的业务发展需要发生错位。如果不对现有的物流信息系统进行改造和升级,那么过时的物流信息系统可能会对公司今后业务的发展产生相当大的制约作用,当初花巨资开发建设的系统反倒成为公司未来业务发展的鸡肋。所以,为了深入梳理已建物流信息系统功能和对公司现有资源进行深入整合,提高物流信息系统所支撑业务的综合效能,对现有信息系统进行全面的改造和升级便成为公司当前所面临的重中之重的工作。

下面就我省物流信息系统——“八挂来网”升级前后的业务体系构造(图 2 与图 3)作个对比。

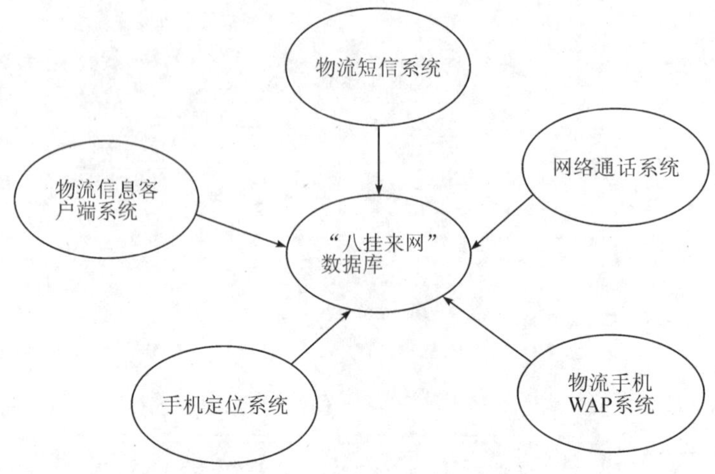

图 2　升级前业务主体构架

从图 2 可以看出,“八挂来网”系统升级前,主要以“八挂来网”数据库为基础,在此基础上开发了物流信息客户端系统、手机 WAP 系统、物流短信系统、卫星定位系统和网络通话系统,与“八挂来网”门户网站一起,组成“物流一库六平台”。这样的业务体系构架在当时是适合且有利于公司业务发展的,但随着物流信息化的快速发展,竞争对手的不断增多及逐渐强大,公司自身业务也不断发展壮大,对公司现有的信息系统进行全面的改造和升级显得不可避免。具体升级后公司业务主体构架根据公司未来发展规划而定,现在设计一种可能的升级后业务主体构架,如图 3

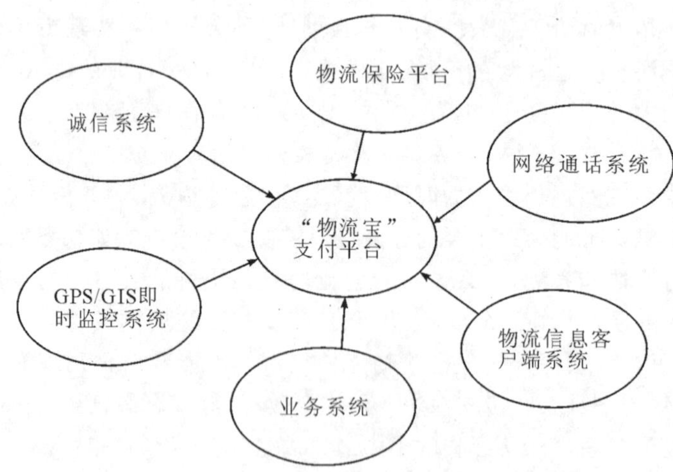

图 3　升级后业务主体构架

图 3 中升级后的业务体系构架可以说是此类平台日后发展的经典模式。这个

信息平台主要以一个第三方支付平台为核心，构建成为一个集物流信息客户端、网络通话系统、物流保险平台、诚信系统、GPS/GIS即时监控系统及业务系统为一体化的综合物流信息服务平台。通过“物流宝”支付平台可为物流行业提供方便、快捷的网上支付服务，通过与省内运政系统及其他政务数据系统进行对接及对客户交易纪录的统计不仅能为政府管理部门提供相关数据支持，同时也为物流业内机构建立了一个诚信交互数据库，让物流业更加规范、健康地成长。物流保险平台的建立让货源单位及车主等能够最大限度的减少骗货及其他各种各样非法行为所造成的损失，同时免去传统投保的繁琐流程。GPS/GIS即时监控系统能够形成一个虚拟的停车场，可以实现对车辆的统一管理及即时调度，随时监控在途中运行车辆所处位置，并能实时查询各车辆是空车还是已载货，实现车辆资源的最大化利用。业务系统则为物流提供了一个电子交易平台，通过与“物流宝”支付平台协作，把货运市场从停车场、配货站等传统物流场所搬到了虚拟的网络上，提高了工作效率的同时减少了大量社会资源的占用。如果能够把这个平台集成到一部智能手机上，开发一个“物流宝WAP系统”，那么这些功能服务及交易支付便可以全部在一部手机智能终端上完成。

可以看出升级前后的业务体系发生了很明显的变化，这不仅需要一个较长的新系统消化时间，需要对公司员工思想上进行新的灌输，还需要对公司整体发展作一个重新规划。这对公司来说完全是一次重生，既要面对升级改造所需的大量资金，也要面对旧系统下形成的思想、观念及业务模式对新系统的排斥反应。因此如何成功实现系统的升级改造及如何让公司顺利过渡到一个新系统便成为业界一直在探索的问题。

2.4 物流公共信息平台市场推广中遇到的问题

一般意义上的物流公共信息平台通常包括电子政务系统、电子商务系统及数据交换中心等三个功能主体。对于一个刚建立的物流公共信息平台来说，它所具有的只是电子商务系统中部分功能，相当于一个普通货运信息网，主要提供信息的撮合、电子交易及其他增值服务，这样一个信息平台在前期市场推广中会遇到很大阻力。

首先，各地市都有自己的物流信息配载点，这些信息配载点把持了当地市场的大部分份额并拥有一定的信誉度。当一个新的物流信息网进入这些地方时会遇到当地物流信息网的强大竞争，这样只有不断加大对新产品的研发投入及对系统的不断升级，为客户提供更好的产品及更加完善的服务，才能在新的市场中立足并不断扩大市场份额。

其次，各地市物流信息市场的行业标准及行业政策不统一，经营合法性及商业行为规范性经不起法律、法规的检验。这就需要省交通厅及省道路运输局加大物流信息市场监管力度,下发物流信息市场管理行政许可,从整体上指导物流信息市场健康和谐发展,同时需要其他政府部门对物流信息市场不规范及违法行为进行彻底的查处和整顿。

最后,建成一个省级或区域级的物流公共信息平台不可能成立大量的分公司或办事处来负责各地市的市场推广工作,这样公司就会因为数量庞大的工作人员及臃肿的组织架构而不堪重负。诚招各地加盟代理商,由代理商负责具体的推广工作及物流信息平台的日常运营、发展和管理工作是最好的办法。公司只需要对各地代理商进行集中、统一的物流专业知识和信息平台相关实用操作培训,后期的培训工作便可由当地代理商自已负责。

3. 河南省构建物流公共信息平台的发展前景

随着物流信息化的快速发展,企业的信息化水平越来越高,企业物流信息系统及物流企业信息系统的不断建立,构建物流公共信息平台以实现行业内及企业间信息资源共享、提高政府管理部门工作效率及优化社会资源分配便成为一项迫在眉睫的大工程。因此,河南省构建这样一个省级或是区域级的物流公共信息平台可以说是势在必行,而构建这样一个信息平台也是有它的前景和优势的。

3.1 发展低炭经济的重要手段,节能减排社会建设的良方

低碳经济,是指在可持续发展理念指导下,通过技术创新、制度创新、产业转型、新能源开发等多种手段,尽可能地减少煤炭石油等高碳能源消耗,减少温室气体排放,达到经济社会发展与生态环境保护双赢的一种经济发展形态。信息平台的构建将减少社会货运车辆空驶、迂回运输等现象,减少能源消耗,减少废气排放量和噪声污染等,有利于环境的保护与改善,促进经济的可持续发展。这不仅有利于促进低炭经济的快速发展,而且对加快完成"十一五"期间节能减排的约束性指标也会功不可没。同时,这对建设资源节约型和环境友好型社会,对于调整经济结构,转变经济增长方式,推进新型工业化道路,也具有重要而深远的意义。因此,河南省加快建设物流公共信息平台是顺时顺势的,是物流信息化发展的必然要求,也是顺应国家经济发展政策导向的。

3.2 物联网概念的主要受益者

物联网即通过射频识别(RFID)、红外感应器、全球定位系统、激光扫描器等信息传感设备,按约定的协议,把任何物品与互联网相连接,进行信息交换和通信,以实现智能化识别、定位、跟踪、监控和管理的一种网络概念。随着"物联网"的兴起,物流信息化将进入以整合为目标的新阶段,信息技术的单点应用将会整合成一个体系,以追求整体效应,从而提高资源利用效率,助推物流业走向高端服务产业。另一方面,通过构建物联网平台将传统的货车交易平台变成虚拟网络平台,通过射

频识别(RFID)装置、多种用途感应器、全球定位系统等信息传感设备,实现商品信息与互联网相连接,最终实现智能化识别、定位、跟踪、监控和管理的一体化。同时可以借助物联网平台构建“空中停车场”,实现随时查询车辆在途位置并对其进行监控及调度,这对传统物流中的停车场将是一个颠覆性的挑战。在国家采取众多措施支持电信运营企业开展物联网技术创新与应用的大势下,河南省构建物流公共信息平台也会因此而受益。

3.3 有利于省内传统物流向现代物流转型

物流公共信息平台的构建不是让配货站、停车场等传统物流结点立即消失,而是促进它们转型为虚拟的第三方物流企业,物流公共信息平台正是虚拟物流企业的基础。这样便能让传统物流向现代物流有一个顺利的过渡,而不至于带来物流行业变革的巨大阵痛,同时借助信息平台中电子商务系统还可以催生出众多电子物流网商,促进物流信息业发展壮大并走向正规。可以说,物流信息平台的建设及运营中有许多是可以借鉴电子商务平台发展及运营模式的,例如可以借鉴支付宝的运作模式来创建一个“物流宝”作为信息系统的支付平台。

4. 总结

通过以上分析与探讨,物流公共信息平台不只面向物流企业,同时也面向生产性企业、批发市场商户、零售商以及广大的物流业者;不仅能实现区域间、区域内物流园区、配送中心、物流中心、交易中心、物流企业等之间的横向整合,做到物流信息资源的共享,还可以最大限度地优化配置社会物流资源、降低社会物流成本及提升物流全过程的整体运作水平;不仅能够在相关政府职能部门之间起到信息沟通的枢纽作用,从而为政府的宏观规划与决策提供信息支持,还能够成为物流院校和科研机构、物流企业、物流上下游企业之间互相学习、沟通、交流、互动的一个大舞台,因此构建这样一个信息平台是有重要现实意义的。与此同时,河南省借助自身在物流公共信息平台发展方面的优势在物流信息化方面走在了全国前列,并且政府相关部门也为加快物流公共信息平台发展建设提供了众多便利,虽然在信息平台的建设过程中会遇到各种各样的难题,但物流信息化的发展趋势是任何困难都挡不住的。

参考文献

[1] 交通部科学研究院．河南物流公共信息平台发展模式研究[R].2009

[2] 林自葵．物流信息管理[M].北京,清华大学出版社,2006:184－186.

[3] 董维忠．物流系统规划与设计[M].北京,电子工作出版社,2008:127－130.

[4] 交通部物流工程研究中心．辽宁省物流公共信息平台总体设计[R].http//

www. cltc. com. cn/web/findById. action? id=46400/2010/04/10.

[5] 交通部物流工程研究中心．政府如何推动物流公共信息平台建设发展[R]. http//www. cltc. com. cn/web/findById. action? id=46398/2010/04/14.

[6] 交通部物流工程研究中心．区域物流公共信息平台建设探讨[R]. http//www. cltc. com. cn/web/findById. action? id=46366/2010/04/17.

[7] 魏凤，刘泽强．关于交通运输行业建设物流公共信息平台的思考．http//www. cltc. com. cn/web/findById. action? id=46305/2010/04/19.

[8] 戴定一．现代物流与信息通讯技术．http//www. chinawuliu. com. cn/oth/content/200503/200511128. html/2010/04/20.

[9] 李伟．物流成物联网有现实意义的应用领域之一．http//www. chinawuliu. com. cn/cflp/newss/content/201004/647_118673. html/2010/04/29.

[10] 黄刚．物流企业亟需加大信息化投入．http//www. chinawuliu. com. cn/cflp/newss/content/200912/647_114696. html/2010/05/5.

[11] 陈柳钦．发展物流，标准化工作应先行．http//www. chinavalue. net/Article/Archive/2008/5/1/112846. html/2010/05/10.

企业员工和高校学生对个体优良素质的认知差异研究

——以武汉7所高校学生和196家高新企业员工为调研对象

李 媛

(华中师范大学管理学院人力资源管理专业2008级本科生,武汉430079)

摘 要:当前大学生就业难问题日益突出,应届毕业生常因缺乏工作经验等问题被企业拒之门外。企业员工步入社会多年,其对个体优良素质的认知受企业员工评价体系的影响较深,学生的认知则更多地受高校学生培养体系的影响。高校学生和企业员工对个体优良素质特征的认知存在显著差异。本文通过对湖北省211院校学生和武汉东湖国家高新区企业员工的问卷调查及访谈来分析原因,为帮助大学生找准定位、高校改善学生培养方案、促进大学生就业提供参考。

关键词:高校学生;企业员工;个体优良素质;认知差异;大学生就业

1. 问题的提出

当前,大学生就业问题受到社会的广泛关注。2010年全国应届毕业生近630万人,加上往届待就业生,求职总人数达700多万。TOM网的调查报告称北京市2/3大学毕业生就业起薪低于2000元,湖南大学生月薪预期底线低于800元,不如农民工。这种现象不禁引发我们的反思:以专业素养见长的大学生在企业中的认可度逐渐下降,是高校扩招使大学生的光环黯淡,还是相对于理论素养,社会更需要实践能力?

当前学术界关于高校学生培养和企业用人标准差异的观点主要有以下几点:

王明钦指出:责任意识、敬业精神、团队合作是企业最看重的,其次是专业基础知识、思想道德修养、应变能力、创新能力、学习能力、主动性。大学生普遍存在以下问题:择业观滞后、就业过于理想化、缺乏责任意识、专业技能和综合素质与市场需求脱节[1]。

刘伟指出:企业注重毕业生综合素质、动手能力、实践能力,注重对毕业生的再培养和高校的品牌效应,偏爱有特长的学生,淡化专业对口,希望毕业生长期稳定地为企业服务。他同时指出高校应该加强对学生综合素质的培养,与企业携手给学生提供实践的机会,并帮助学生形成特长[2]。

刘俊彦提出:用人单位注重创新能力、沟通表达能力、智商与情商,在校学生要提高社会实践能力和积累经验[3]。

综合笔者收集的材料,国内学者的研究有如下趋势:2005 年到 2006 年研究企业用人的文献较多,2007 年到 2008 年相关研究较少,2009 年到 2010 年研究大学生就业与企业用人的文献资料丰富,但用调查数据定量分析的文献很少。学者对大学生"就业难"问题的认识趋于客观化,但不少学者的观点缺乏实地调查的资料作佐证,缺乏说服力。

针对国内学者研究的缺陷,本文旨在通过找出高校学生和企业员工对个体优良素质特征认知上的差异,帮助大学生找准定位,把自己塑造成企业需要的人才;帮助高校正视在学生教育中存在的问题,转变传统的学生培养模式;帮助企业改进用人观念,实现企业与高校的双赢。

2. 调研设计与方法

2.1 研究假设与变量

为了验证企业员工与高校学生视野下个体优良素质特征的差异,笔者提出了研究假设:高校学生和企业员工认知视野下个体优良素质特征存在显著差异。研究中涉及的主要变量是"高校学生素质重视程度量表"和"企业员工素质重视程度量表"中一一对应的能力素质,按照 KSAO 原则划分,即知识、技能、态度、其他等,共 29 项。

2.2 研究对象与方法

调研对象为武汉 7 所 211 工程院校的在校本科生和武汉东湖高新区 196 家企业的员工。调查共发放问卷 1128 份,回收 992 份,其中学生问卷 569 份,企业问卷 423 份,回收率为 87.94%。在得出初步结论后,对 47 名企业人员、18 名教师和 32 名在校本科生进行了访谈,分析现象背后的原因。

调查问卷改编自 2005 年《中国大学生就业》杂志"用人单位招聘毕业生时对素质能力的重视程度分析表",沿袭了其中的 15 项指标,并在其基础上增添了 14 项细化的指标,让被调查者按照"非常重视"、"比较重视"、"一般"、"不太重视"、"不重视"填写学校或企业对自己各项素质的重视程度。

2.3 研究的科学性与局限性

调研的科学性在于:第一、发放的学生问卷覆盖湖北省 7 所 211 工程院校,且严格按 1:1 的比例发放;样本企业中大、中、小型企业各约占 1/3,样本企业全部来自武汉东湖高新区,是一本院校学生心仪的就业单位。第二、调查的重测信度高。5 个月内对研究对象进行了两次问卷调查,两次调查问卷中相同的指标数据的所有选项在5%的显著性水平下差异不显著。另外,问卷中检验性问题的Spearman相关系数呈强相关,Sig.值为0.000001,表明问卷信度高。调研的局限性在于,在回收的第二批问卷中,学生问卷中文理工科样本的比例分别为1∶1∶1.1,企业问卷中文理工科样本的比例为1.2∶1.1∶1,很接近但未达到1∶1∶1。

3. 调研结果与分析

3.1 企业员工与高校学生对个体优良素质的认知在18项素质能力的认知上差异显著

把"非常重视"赋值为5,"比较重视"赋值为4,"一般"赋值为3,"不太重视"赋值为2,"不重视"赋值为1,进行数据转换。分析发现,高校学生和企业员工在对外语水平、写作能力、应变能力、计算机能力、责任意识、学习能力、口头表达能力、组织协调能力、团队合作精神、综合素质名次、个人诚信、学术科研成果、危机处理能力、人际沟通能力、平均学分绩、适应能力、学生工作、主动性的认知上存在显著差异。如表1、表2所示:

表1 高校学生与企业员工在各项能力上的均值及相关性对比表 (Sig.值保留三位小数)

能力素质对比项目	外语水平	写作能力	应变能力	计算机能力	责任意识	学习能力	口头表达能力	组织协调能力	团队合作精神	综合素质名次	个人诚信	学术科研成果	危机处理能力	人际沟通能力	平均学分绩
学生均值	4.06	3.49	3.64	3.59	3.98	4.06	3.89	3.64	3.88	4.19	3.95	4.04	3.50	3.86	4.28
员工均值	3.58	3.69	3.99	3.77	4.60	4.25	4.16	4.05	4.45	3.75	4.41	3.51	3.89	4.41	3.49
Sig.双	.000	.008	.000	.006	.000	.001	.000	.000	.000	.000	.000	.000	.000	.000	.000
显著性	显著	显著	显著	显著	显著	显著	显著	显著	显著	显著	显著	显著	显著	显著	显著

* Correlation is significant at the 0.05 level (2-tailed).

表2 高校学生与企业员工在各项能力上的均值及相关性对比表 (Sig.值保留三位小数)

能力素质对比项目	适应能力	学生工作	主动性	观察能力	职业生涯规划	社会工作	分析能力	逻辑思维	自我改进能力	身体素质	文明礼仪	个性人格	健康的择业观	创新能力
学生均值	3.54	3.84	3.85	3.68	3.57	3.57	3.79	3.74	3.64	3.54	3.80	3.49	3.63	3.88
员工均值	3.83	3.48	4.12	3.75	3.42	3.48	3.91	3.85	3.58	3.62	3.85	3.50	3.62	3.99
Sig.双	.000	.000	.000	.334	.063	.164	.045	.097	.447	.277	.465	.771	.915	.093
显著性	显著	显著	显著	不显著	不显著	不显著	不显著	不显著	不显著	不显著	不显著	不显著	不显著	不显著

* Correlation is significant at the 0.05 level (2-tailed).

观察发现，按照各项的均值排序，企业员工、高校学生最注重的素质排名前五位的如下表所示(见表3)。

表3 高校学生和企业员工最注重的能力(按均值排序)对照表

能力素质	企业员工	均值	高校学生	均值
1	责任意识	4.60	平均学分绩	4.28
2	团队合作精神	4.45	综合素质名次	4.19
3	个人诚信	4.41	学习能力	4.06
4	人际沟通能力	4.41	外语水平	4.06
5	学习能力	4.25	学术科研成果	4.04

3.2 企业员工与高校学生对个体优良素质能力的总体认知上相关系数为0.174

假设企业员工与高校学生非常重视的项目存在线性关系，建立假设模型：

定义Y：高校学生对各项素质能力的总体认知

X：企业员工对各项素质能力的总体认知

k：表示X每变化一个单位Y的变化量

b：表示截距

做出零假设H：高校学生与企业员工对各项素质能力的总体认知差异不显著。

通过SPSS的线性回归运算(见表4)，得出b的值为3.108，k的值为0.174，t检验对应的Sig.值<0.05，即拒绝原假设，表明企业员工与高校学生对各项素质能力的总体认知存在显著差异。系数k=0.174<0.3，表明企业员工与高校学生对各项素质能力的总体认知相关性很低。

表4 线性回归模型数据表 (保留三位小数)

Model		Unstandardized Coefficients		Standardized Coefficients	t	Sig.
		B	Std. Error	Beta		
1	(Constant)	3.108	.473		6.565	.000
	企业员工	.174	.122	.264	1.423	.166

a Dependent Variable：高校学生

(三)企业员工和高校学生对各项能力在不同的重视程度上相关性均小于0.3

经过对企业及学生问卷各选项从“非常重视”到“不重视”的频率分析，得出企业员工与高校学生对各项能力重视程度的对照表(见表5)

表5 企业员工与高校学生对各项个体优良素质的重视程度对照表 单位:%

项目	非常重视		比较重视		一般		不太重视		不重视	
	员工	学生	员工	学生	员工	学生	员工	学生	员工	学生
学术科研成果	14.3	37.4	39.2	38	31.9	18.4	12.3	4.2	2.3	2.1
综合素质名次	19.2	38.2	46	45.9	27.2	13.6	6	1.8	1.7	0.6
平均学分绩	12.6	45.9	37.4	39.3	38.7	12.7	8.6	1.5	2.6	0.6
外语水平	16.6	33.7	35.1	42.9	38.1	18.9	9.9	4.1	0.3	0.3
计算机能力	18.6	15.4	44.2	39.1	32.6	36.4	4.7	7.7		1.5
应变能力	28.1	18.4	45	34.7	24.5	39.2	2.3	7.4		0.3
创新能力	27.8	26.3	44.4	39.9	26.8	30.2	1	3		0.6
危机处理能力	23.6	18.3	44.5	27.2	29.6	41.7	2.3	11.8		0.9
团队合作精神	53	26.7	39.4	39.5	7.3	29.1	1	4.5	0.3	0.3
人际沟通能力	50.7	26.9	40.4	38.8	8.6	28.1	1	5.9	0.3	0.3
学习能力	37.7	34	50	41.4	11.9	21.6	0.3	2.4		0.6
口头表达能力	38.1	29.3	40.7	35.5	20.5	30.2	0.7	5		
组织协调能力	27.8	18	50	38.8	21.5	33.4	0.7	9.2		0.6
写作能力	20.9	14.5	34.4	33.1	37.4	40.2	7.3	10.7		1.5
适应能力	19.9	16.3	47	37	29.8	32.2	3.3	13		1.5
分析能力	24.9	21.3	43.2	45	30.2	25.7	1.7	7.1		0.9
逻辑思维	24.7	21.3	39.3	41.4	32.7	28.4	3.3	7.7		1.2
观察能力	21.9	20.7	40.7	37.9	29.5	32	6.6	8	1.3	1.5
个人诚信	53.3	35.5	35.1	31.1	11.3	26.6	0.3	6.5		0.3
责任意识	66.6	32	27.5	37.6	5	27.2	1	3		0.3
主动性	38.1	23.7	39.7	43	17.9	27.6	4.3	5.6		
健康的择业观	18.5	18.3	33.4	36.7	39.7	35.2	8.3	9.5		0.3
自我改进能力	21.3	15.1	27.6	41.4	40.2	36.7	10.3	6.2	0.7	0.6
文明礼仪	28.6	27.5	33.6	33.1	32.6	32	5	6.8	0.3	0.6
学生工作	14.9	21.3	32.5	46.4	40.7	27.8	9.6	3.8	2.3	0.6
社会工作	14.6	16	32.5	35.8	40.4	38.5	11.3	9.2	1.3	0.6
职业生涯规划	15.2	19	26.8	31.2	42.7	39.5	14.9	8.9	0.3	1.5
身体素质	16.6	15.4	36.8	35.5	39.4	37.6	6.6	10.4	0.7	1.2
个性人格	17.3	16.3	29.1	34.3	41.1	34.3	11.3	12.1	1.3	3

假设企业员工与高校学生非常重视的项目存在线性关系，建立假设模型：

定义Y：企业员工对各项能力“非常重视”的百分比

X：高校学生对各项能力“非常重视”的百分比

a：表示X每变化一个单位Y的变化量

b：表示截距

u：表示误差项

可以做出零假设：H：企业员工“非常重视”的能力与高校学生“非常重视”的能力差异不显著。通过对数据的分析，得到在95%的置信区间下的拟合模型如下：

Y＝0.1700＋0.4267X＋u

Se＝(0.0846)(0.3281)

T＝(2.0100)(1.3000)　r^2＝0.0570　d.f＝29

通过以上模型，在自由度为29，置信区间为95%的条件下，可得出以下结论：

①Y与X在模型中成正相关，斜率为0.4267＞0，说明企业员工与高校学生注重的素质并非背道而驰；

②查表得出，在自由度为29，置信区间为95%的情况下，T＝2.045＞1.3000，因此拒绝H假设。表明员工非常重视的个体优良素质与学生非常重视的个体优良素质存在显著差异。

③由拟合模型中r^2＝0.0570得出r＝0.2387，可见员工和学生“非常注重”的个体优良素质间的相关性不高，存在较大差异。

采用相同的研究方法，对“比较重视”、“一般”、“不太重视”中各项数据的结果进行了分析(由于在所有样本中，各项指标中填写“不重视”的均低于3%，对结果的影响极小，因此不纳入比对范围)，各项的T值和相关系数r如表6：

表6　“非常重视”“比较重视”“一般”“不太重视”中两者相关性结论表

选项类别	T值	相关系数r	得出的结论
非常重视	1.3000	0.2387	两者注重的能力在“非常重视”选项中差异较大
比较重视	1.1900	0.2193	两者注重的能力在“比较重视”选项中差异较大
一般	0.2848	0.2709	两者注重的能力在“一般”选项中差异较大
不太重视	1.2500	0.2293	两者注重的能力在“不太重视”选项中差异较大

4. 调研结论与建议

4.2　结论

通过调研，得出以下结论：企业员工与高校学生对个体优良素质的认知存在显著差异，在95%的置信区间下两者的相关系数为0.174。员工与学生对个体优良素质的认知在“非常重视”一项上相关系数为 0.24,“比较重视”上相关系数为 0.27,“一般”上相关系数为 0.28,“不太重视”上相关系数为 0.23,表明企业员工与高校学生对个体优良素质的认知差异显著。

为了解企业员工与高校学生对个体优良素质的认知差异显著的原因,笔者访谈了部分被调查者。23 名企业的从业人员认为应届毕业生与有 3—5 年工作经验的人相比,需要更长时间适应工作岗位,他们认为一本院校的毕业生自视较高,不善于处理人际关系。14 名从业人员明确表示其所在的企业往往优先录用有工作经验的人,但应届毕业生在社会中锻炼两到三年,企业还是非常乐意接收的。

另一方面,通过对 18 名教学工作者的访谈,笔者发现学生注重平均学分绩、综合素质名次、学习成绩的主要原因有以下三点:第一、高校鼓励学生参加各种社团活动,用平均学分绩和综合素质名次作为评优评先的依据。第二、大学里的课程不能补考,如果成绩不满 60 分,学生就必须重修甚至延期毕业。第三、学生的学习成绩、学术科研成果关系到院系学生工作和教学工作的考评,院系非常重视学生的成绩。

4.2 建议

4.2.1 给高校建立就业导向型学生培养体系的建议

第一、高校必须正视大学生与企业员工在各项能力的认知上的显著差异。有工作经验的企业员工对个体优良素质的认知往往源于企业的测评标准和工作的需要,而高校学生对个体优良素质的认知大多来源于高校的培养和评价指标,这两者间存在显著差异意味着高校专注于课程成绩、综合排名、学习能力的学生培养模式与企业注重责任意识、个人诚信、团队精神的要求不相符。

第二、高校应当开设职业生涯规划课程,举办就业辅导讲座,建立服务到位的就业指导机构。在德国、日本、美国等发达国家,高校普遍设有专门的就业指导机构,从事就业指导的人多为持有心理学、社会学博士学位且有一定工作经验的专家。然而在我国,高校的就业指导机构普遍不健全,从事指导的教师多为行政人员兼任,不少就业指导老师缺乏社会工作经验。针对这种现状,高校应当增加就业指导的师资力量,培养一批具有强烈的政治责任感、敬业精神,并且熟悉市场的专业人士[4],把学生就业率当做高校发展的生命线。

第三、高校应当敏感地察觉市场需求的变化,根据市场需求调整专业设置,培养企业和社会急需的人才。在国外,一些非一流大学培养的人才在企业中的受欢迎程度并不比一流大学低,比如日本电子专科学校和加拿大圣力加文理学院虽然不是名牌大学,但他们以市场为导向,培养出社会急需的实用型人才,其学生就业率比一些名牌大学还要高[5]。高校必须把学生的就业率和就业质量作为专业设置的风向标,淘汰就业率低和就业率逐年下降的专业,增设市场需求量大的专业,为学生就业保驾护航。

4.2.2 对企业招聘高校毕业生提出的建议

第一、企业招聘毕业生时应当避免“唯学历论英雄”。中国多年以来的人才选拔机制一直是“一考定终身”，有的学生勤奋好学但高考时发挥失常，未能进入一流大学，企业在招聘毕业生时应当给非名校毕业生平等竞争的机会。

第二、明智的企业应当注重为即将毕业的学生提供实习机会。在西方国家，为准毕业生提供就业机会是企业与高校双赢的法宝。美国的微软、通用电器、惠普等大公司和许多中小企业每年都接受准毕业生到公司实习，实习期从 1 个月到 6 个月不等[6]。我国企业也可以借鉴这个方法建立企业的人才储备库，例如开展实习夏令营活动、对准毕业生进行培训和实地观察，择优录取培训成绩名列前茅的学生等。这样既能使企业与高校建立长期的合作关系，又能为企业日后寻找合适的人才拓宽渠道。

第三、企业在招聘员工时应当避免“唯资历论”。当前企业论资排辈的现象并不少见，在本次调查的访谈中，29.8%的企业从业人员表示自己所在的企业在招聘新员工时，优先录取有工作经验的人。诚然，人才的成长与年龄、阅历有着密切的关系，但如果太看重资历，台阶过细过繁，优秀人才就难以脱颖而出[7]。明智的企业应当高屋建瓴，自己培育企业未来发展的顶梁柱。

4.2.3 对高校学生给出的建议

第一、转变就业观念和择业意识，挣脱传统观念的束缚。当前，高校扩招使高校对大学生的培养从“精英培养”模式转为“批量生产”，然而大学生在就业和择业时思想意识仍然停留在精英化教育的状态[8]。在访谈过程中，不少有多年工作经验的企业从业人员指出高校应届毕业生普遍存在“眼高手低”和自以为是的问题，比如不虚心接受他人的指导，不愿意接受上级的批评。这些知识分子式的“清高”让企业对没有工作经验的应届毕业生敬而远之。因此，大学生要想得到社会认可，必须摆正心态，不自视过高，脚踏实地从基层做起，凭实力得到伯乐的赏识。

第二、诚实守信，实事求是地把自己的成长历程告知用人单位。有学者指出，目前大学毕业生求职中的诚信问题愈来愈严重，其集中表现为：伪造自己在校生活学习情况、伪造职前培训经历、伪造性格测评和毕业学历学位等[9]。本次调查结果显示，除了责任意识，企业员工最注重的就是个人诚信，因此大学生在制作简历时应当实事求是，避免因夸大和伪造而断送面试机会。

第三、学习实践两不误，创造机会促成长。不少学者指出高校应届毕业生实际工作能力不强，笔者的访谈也证实了这个观点：11 位有两年以上工作经验的企业从业人员指出，在他们所在的企业，不少新进的名校大学毕业生在工作实践中不能灵活地把理论知识与工作相结合。因此，大学生应该适当兼职、担任学工助理、参加就业指导培训，在学习之余多步入社会体验生活，为日后找工作积累宝贵经验。

参考文献

[1] 王明钦．企业用人标准与大学生素质匹配[J]. 人力资源,2006(3):58－60.

[2] 刘伟．顺德行启示录——企业择才用人新趋势及高校适应对策[J]. 中国大学生就业,2003(4):11－12.

[3] 刘俊彦．用人单位看中什么—百家知名企业选人标准研究报告[J]. 中国青年研究,2004(10):88－98.

[4] 刘丽．论高校解决大学生就业问题的有效途径[J]. 黑龙江高教研究,2007(2):98－100.

[5] 张胤鸿．国外如何解决大学生就业难[J]. 当代世界,2004(7):39－40.

[6] 张秀萍等．发达国家高校毕业生就业机制及启示[J]. 辽宁师范大学学报,2007(2):58－61.

[7] 孔庆乐．从"学历本位"到"能力本位"—以"四不唯"重建人才标准[J]. 中国人力资源开发,2005,(5):102－103.

[8] 莫利拉,姚邦松,曹晖．适应企业人才需求营造大学生就业环境[J]. 湖南农业大学学报,2003(4):42－45.

[9] 淡华珍．大学生就业难问题研究报告[J]. 洛阳工学院学报,2000(2):38－45.

附录:企业员工/高校学生素质重视程度调查问卷

您好,我是华中师范大学的学生,为了研究高校学生评价体系与企业人才测评的相关性,制作了如下的调查问卷。希望您根据真实情况,在"非常重视"、"比较重视"、"一般"、"不太重视"、"不重视"中打勾"√"。我将对您提供的资料严格保密,谢谢您的支持。

您的身份是: ○高校学生 ○企业员工

您主修专业的类别: ○文科 ○理科 ○工科

您所在的企业对文科类员工的各方面能力的重视程度:

项目	非常重视	比较重视	一般	不太重视	不重视
学术科研成果					
综合素质名次					
平均学分绩					
外语水平					
计算机能力					

应变能力					
创新能力					
危机处理能力					
团队合作精神					
人际沟通能力					
学习能力					
口头表达能力					
组织协调能力					
写作能力					
适应能力					
分析能力					
逻辑思维					
观察能力					

个人诚信					
责任意识					
团队合作精神					
主动性					
健康的择业观					
自我改进能力					

文明礼仪					
学生工作					
社会工作					
职业生涯规划					
身体素质					
个性人格					

中部地区承接产业转移路径分析和政策建议

李文华

（中南民族大学经济学院经济学专业2009级本科生，武汉 430073）

摘　要：产业转移不仅是东部发达地区产业结构调整的需要，也为中西部等欠发达地区经济的发展创造了良好的发展机会。本文首先分析了我国中部地区承接产业转移的现状，找出中部地区承接产业转移中存在的障碍及其原因，最后从大力发展基础设施建设提高产业承接能力、资源环境的可持续发展推动产业转移、加强教育和促进人力资源开发、制定相关配套政策等方面提出中部地区承接产业转移的政策建议。

关键词：中部地区；产业转移；产业承接；政策建议

1. 综述

1.1　研究背景

1.1.1　调研缘起

“十二五”规划提出促进区域协调发展，因此如何利用好地区间产业转移来促进中西部地区经济发展的问题尤显重要。我国中部大多地处中国内陆腹地，起着承东启西、接南进北的作用。中部地区积极承接产业转移，对于我国扩大内需，提升我国整体实力和国际竞争力，也具有重要意义。2010年4月，商务部与中部六省共同制订了中部地区外商投资促进规划，进一步增强了承接产业转移的决心，这是中部地区未来扩大开放、发展经济的重大机遇。目前，中部地区各省正在结合各自省情特点，全力转变经济发展方式。湖北、湖南省以武汉都市圈、长株潭城市群为核心，大力发展新能源、新材料等新兴产业。河南省大力发展循环经济，突出转型，促进产业结构升级。安徽省全力进行“皖江城市带承接产业转移示范区”建设，山西省继续推进煤炭及资源型产业整合，两省都着力培育战略性新兴产业，加快产业战略性重组。江西省着力构建安全可靠的生态环境保护体系，大力发展生态产业体系。后危机时期，中部各省各具特色的发展战略，展示承接产业转移的新姿态。[1]

1.1.2 国内外相关研究

一般而言,产业升级和产业转移推动了资本、技术、劳动力等要素的空间流动和空间重新配置,也推动了承接产业转移区产业结构演变和地区经济快速增长。[2]在这每一轮的产业转移过程中,既有“看不见的手”起的市场推动作用,也有“看得见的手”在政府政策上的调控引导作用。

日本知名经济学家赤松要(Akamatsu)(1935)最早提出“雁行模式”(the flying－geese model),他指出:随着发达地区的要素价格上涨,原有的要素密集型产业的比较优势逐渐丧失,这些产业逐渐转移到要素价格相对低廉的地区,而发达地区则随着旧产业的转出以集中生产要素的方式实现了产业的转型和升级,承接产业转移的地区则能借此机会加快发展,从而实现产业转移的共赢。重视本地区生产力的发展,不断调整经济结构;重视教育和人力资本的投资,促进经济的持续增长是雁行理论的重要内容。

李国平和杨开忠(2000)也认为要素成本、地域政策变化在不同区域之间的相对变化是决定产业转移的主要因素。蔡昉等(2009)提出中国可以在地区间通过“雁行模式”的产业转移方式在劳动力密集型产业上继续保持竞争优势。通过分析中国不同区域间生产效率和单位劳动成本的差异,发现东部和中部地区比沿海地区有更高的贡献率。而魏后凯等(2009)从统筹区域协调发展的角度,指出东部发达地区产业转移一方面缓解了东部集聚经济造成的要素价格上涨和资源环境承载压力过大的状况,为东部地区产业升级腾出了空间;另一方面,伴随着生产要素的持续流入,有利于促进中部地区的经济发展。

因此,中部地方政府如何利用国内外产业转移规律、企业区位选择规律构筑区域竞争优势,承接新一轮国际和中国东部沿海地区产业转移,从而达到中部经济又好又快发展是一项紧迫的任务。本文将对中部地区承接产业转移的现状、障碍与原因进行深入的分析,最后提出相应的政策建议。

1.2 研究分析方法

经济意义上的中部地区不同于地理意义上的中部地区。地理是从空间角度进行区域的划分,具体包括山西、河南、湖北、安徽、江西、湖南六个相邻的省份,而经济意义上的中部地区,更侧重从我国经济社会发展全局考虑。根据我国各地区经济发展实际状况,本文借鉴谭丹、黄贤金(2008)[3]的划分方法,不仅包括地理意义上的六个省份同时还包括黑龙江、吉林两省,其共同特征是:位于内陆、平原广布、属粮食生产基地、能源和各种金属非金属矿产资源丰富、重工业基础较好。这八省曾在计划经济体制中发挥着重要的作用,而改革开放后逐渐失去优势走向衰微,如今东部地区经济转型,再掀产业转移的浪潮又给“塌陷的中部”带来新的生机。可以说,产业转移对这些地区都将有着深刻的影响。

同时，本文结合区域经济学、产业经济学，运用新制度经济学、公共财政学、凯恩斯有效需求学说等理论深入剖析中部地区承接产业转移面临的困境并提出解决问题的新思路。

1.3 调研应用价值

产业转移问题纷繁复杂，特别是产业转移的转入地区存在不同程度上的矛盾和问题给承接产业转移带来障碍。文章主题紧抓时代脉搏，敏锐捕捉到当前我国经济转型、尤其是中部地区经济转型过程中面临的新问题，探寻矛盾发展的历史路径，力求找到全面创新的新思路，提出切实可行的解决措施以整顿好新的经济秩序，促进中部地区更好地承接产业转移，抓住机遇迎接挑战，在新的时代背景下真正实现跨越式发展促进中部崛起。

2. 中部地区承接产业转移现状

为了反映近年来我国地区之间产业转移的状况，我们用工业部门地区分布的动态变化情况、地区工业部门市场份额指标说明。

以 1997 年为基年，《2010 年中国统计年鉴》为参照，价格定基指数中的"商品零售价格指数"分别得到 31 个省市区 1997～2009 年的实际 GDP 和工业部门 GDP，以各地区工业 GDP 除以 31 个省区工业 GDP 总量，得到 31 个省市区工业部门市场份额，再对 31 个省市区按谭丹、黄贤金(2008)的划分方法划分，由于篇幅和本文主题限制，只取东、中部区域。其中，东部地区包括辽宁、北京、天津、河北、山东、上海、江苏、浙江、福建、广东、海南等 11 个省、直辖市，中部地区包括黑龙江、吉林、山西、安徽、江西、河南、湖北、湖南等 8 个省。分别计算两大区域工业化水平，并进行比较(见表 1)。

表 1 1997～2009 年地区工业市场份额、工业化水平分布表(单位:%)

年份	东部地区		中部地区	
	市场份额	工业化水平	市场份额	工业化水平
1997	58.36	43.29	26.47	40.67
1998	59.1	42.66	26.21	39.88
1999	60.14	42.53	25.46	39.33
2000	61.07	43.30	25.02	39.73
2001	61.41	42.85	25.02	39.50
2002	61.81	43.07	24.73	39.68
2003	63.11	45.20	23.61	40.26

续表

2004	63.1	46.90	23.45	41.16
2005	63.93*	46.31	22.21*	40.93
2006	63.11	46.96	22.27	42.55
2007	62.05	46.84	22.71	43.49
2008	60.47	47.15	23.46	44.85
2009	59.44	44.18	23.68	43.14
平均	61.32	44.71	24.18	41.17

注：*为工业市场份额的转折点。(数据来源:《中国统计年鉴1998～2010》)

可以看出，1997～2009年东部地区工业部门平均市场份额为61.32%，呈现出明显的先上升后下降的趋势，在2005年达到最高点63.93%后下降到2009年的59.44%，即2005年后东部地区产业转移趋势较为明显，而对应地这些转移出来的工业部门的份额部分被中西部地区吸收，部分被东部地区内部吸收。

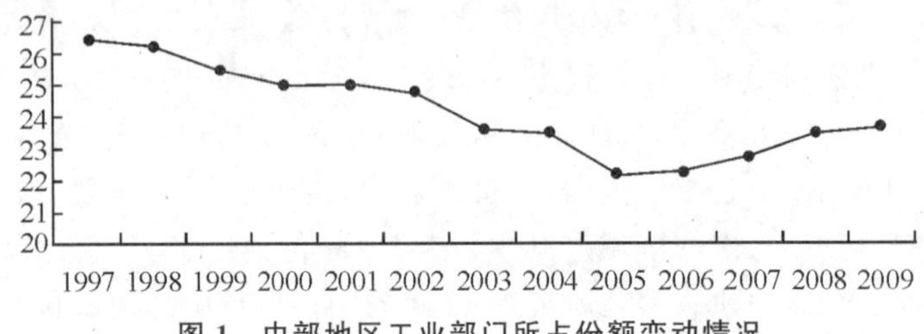

图1 中部地区工业部门所占份额变动情况

相应地，1997～2009年中部地区工业部门所占份额呈现出明显的先下降后上升的态势，在2005年出现转折(见图1)，由2005年的22.21%上升到2009年的23.68%，上升了1.47个百分点。

与此同时，地区工业化水平之间的差异也较为明显，1997～2009年东部地区平均工业化水平为44.71%，工业化基本完成，北京、上海已呈现出后工业化社会的特征；中部地区工业化平均水平分别为41.17%。与东部地区相比，中部地区工业化程度仍较低，大多属于工业化前期的后面阶段。

对于工业化水平较低的中部地区，如何依靠自身优势，承接产业转移，使资源优势转化为经济优势又好又快地发展是未来全面建设小康社会、统筹区域发展的重要内容。但由于产业转移粘性等方面的原因，中部地区承接产业转移还面临着很多的障碍，下面将重点从五个方面进行具体分析。

3. 中部地区承接产业转移面临的主要障碍

3.1 经济基础相对薄弱，总体表现为地区产业发展不平衡

3.1.1 产业结构水平较低、产品结构单一、产业发展存在内部局限

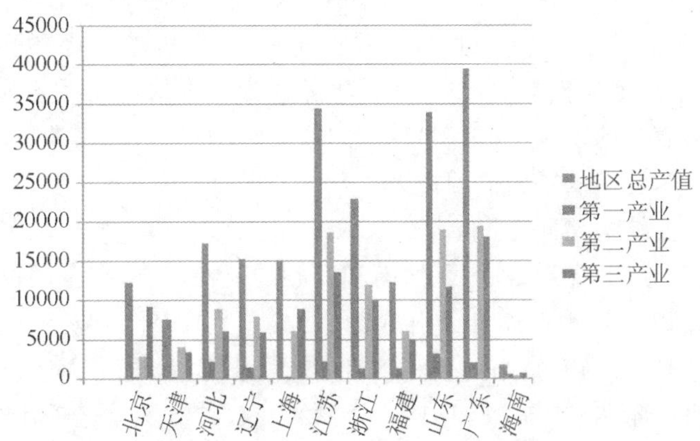

图 2 2009 年东部地区三个产业比重(单位:亿元)

(数据来源:根据《2010 中国统计年鉴》整理)

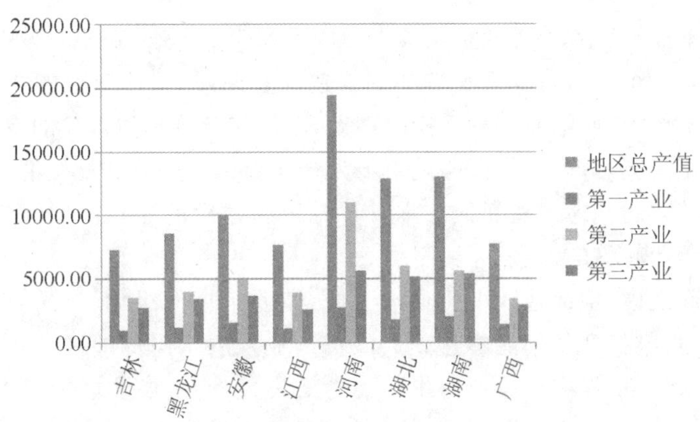

图 3 2009 年中部地区三个产业比重(单位:亿元)

(数据来源:根据《2010 中国统计年鉴》整理)

从图中(见图 2、3)可以看出，东、中部的地区总产值相距甚大，东部地区中广东省总产值最高，接近 39482.56 亿元；而中部地区最多的河南省，总产值 19480.46 亿元，甚至不到广东省的一半。中部地区三个产业的比重与东部地区相比，地区总产值差距较大，中部地区八省中 2009 年地区总产值超过 10000 亿元大关的只有河南、湖北、湖南、安徽，而江西、广西以及黑龙江、吉林仍有一定差距。反观东部地区

除了天津、海南外，其余九省都超过了万亿元总产值的大关，并且广东、江苏、山东、浙江、河北、辽宁、上海等七省已超1.5万亿元大关。

从总体上讲，和东部地区相比较，中部产业结构水平较低，第一产业的劳动生产率低下、结构不合理、产业化水平较低；第二产业发展水平不高、工业总体规模水平较低、产业链条不够完善、资源约束和环境压力较大、创新能力不强。当前我国居民生存型消费需求已基本得到满足，并正向享受、发展型消费需求升级过渡，而中部地区服务业总体规模不大，以生产性服务业为代表的现代服务业发展不足，市场化程度不高，较多的市场空白点与单一的产品结构，导致难以满足消费者多样化与高质量的需求，也抑制了内需的扩大。

3.1.2 产业结构趋同化

从定性角度分析，煤炭是山西、河南和安徽的支柱产业，在全国位居前列；从定量角度来看，2009年三地产煤量分别达到5.94、2.3、1.28(亿吨)。此外，有色金属冶炼是河南、安徽、江西和湖南的支柱产业；电力是河南、湖北、安徽和湖南的支柱产业，三地年发电量为2055.46、1818.06、1320.24、1027.95(亿千瓦时)；钢铁和农产品加工更是中部地区的支柱产业。工业普查资料表明，中部地区纺织、塑料、化纤产品、建材产品等加工工业产品重复建设尤为严重。

3.1.3 产业集聚水平较低

产业集聚能够有效地降低企业的生产成本和交易成本，在集聚效益的作用下，区域生产进入一个具有自我强化特征的快速成长阶段，形成有效的相互需求与中间产品的相互供给，伴随着集群规模的扩大，以供应链分解为特征的专业化分工也会进一步深化。同时，产业集聚能进一步为企业提供良好协作配套能力，使企业成为承接产业转移的基地。然而地方本身基础设施建设的相对落后、配套产业不足制约了承接产业转移的发展。

相对东部地区，中部地区工业化水平低、产业结构低级化、产品竞争力弱。整个中部地区，再难找到一个能够达到武汉市产业发展水平的地区。在这样相对低下的生产力水平下，很多产业部门未得到有效发展，产业配套能力严重不足，即便有某些企业转移过来，也会由于中间产品外购成本过高而难以做到真正根植。另外，由于基础设施不完善，企业物流成本也相对较高。

同时，作为承接产业方的中部地区而言，通常承接的都是劳动密集型、资源密集型产业，而在承接高技术产业或产业链中高端环节方面明显处于劣势。作为产业转移承接载体的工业园区，由于集聚经济效应不明显，其承接产业转移的功能发挥也明显不足。

3.2 内需不足，扩大需求成为中部地区承接产业转移的瓶颈

内需不足主要是由于居民收入水平相对较低，居民消费不足导致的。同东部

地区比较,中部地区居民工资收入水平、可支配收入水平显著低于东部地区。

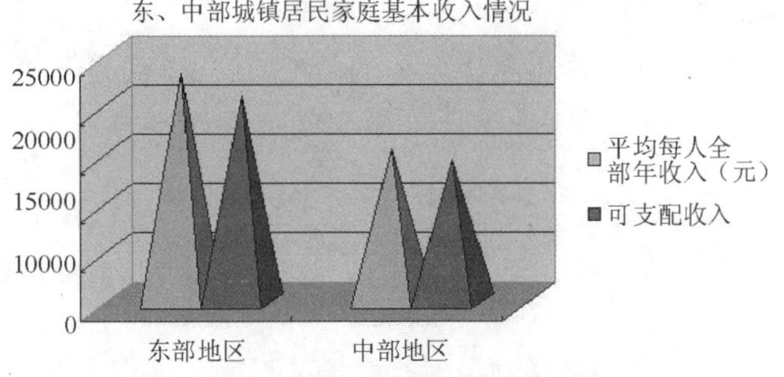

图 4　东、中部城镇居民家庭基本收入情况(2009 年)

(数据来源:根据《2010 中国统计年鉴》整理)

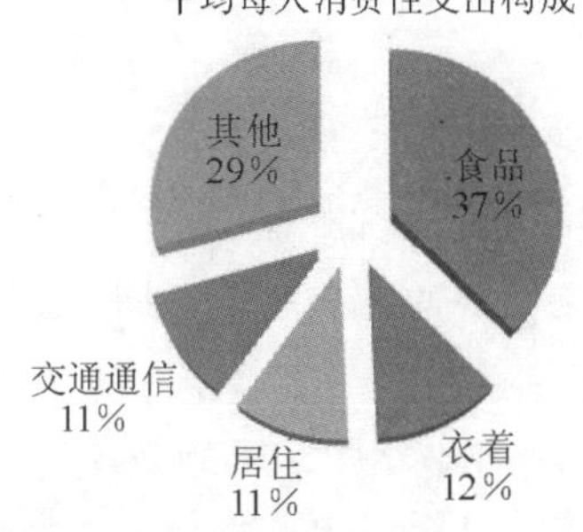

图 5　中部城镇居民家庭平均每人消费性支出构成情况(2009 年)

(数据来源:根据《2010 中国统计年鉴》整理)

通过图表数据可以看出,中部地区城镇居民家庭平均每人全年收入是15539.39(元),其中可支配收入为 14367.11(元),可支配收入占 92.46%;东部地区城镇居民家庭平均每人全年收入是 23153.21(元),其中可支配收入为 20953.21(元),可支配收入比重为 90.5%。从收入的绝对值上讲,中部地区只有东部地区的 67.12%,但可支配收入却是东部地区的 68.57%。从数据可以得知中部地区的人口环境、家庭收入情况较好,消费势头较强,因而消费潜力仍然很大,消费市场有较大的增长空间。根据凯恩斯理论,有效消费需求扩大将直接刺激当地各产业的收入增长进而促进产业的发展,我们有理由相信如果中部地区消费市场得以扩大将有力地推动产业转入,从而带动当地经济的发展。

然而行政管理体制助长地方政府以追求高经济增长为目标,区域经济竞争机制强化了地方政府产业发展职能,以生产性增值税为核心的税收制度抑制了地方政府扩大本地消费需求的积极性。另一方面,在经济转型过程中,我国社会保障体制不完善,当下经济发展态势使得人们对未来的住房、就业、养老保险、医疗保险、教育支出等预期支出增加，阻碍了当前消费的正常发展。

3.3 中部地区投资环境仍有待于进一步改善

市场化程度较低，尚没有形成比较完善、成熟的市场经济体制成为中部地区发展受限的通病。表现在生产性服务业发展相对滞后，金融服务体系尚未健全，信贷、保险、金融等行业服务网点和服务水平不发达，对产品和要素流动的限制仍然较多，条块分割、地区封锁、政企不分等一些计划经济下存在的弊端并没有从根本上得到消除。这都将会通过影响地区产业活动的交易成本而影响地区产业规模的变化和产业区域转移。

在硬件设施上，中部地区基础设施建设相对薄弱，交通运输成本较高，信息流通也易受阻，严重影响了该地区的投资软环境。

而相对而言，东部地区利用自身优势，不断改善投资环境，提高地方政府公共服务效率，利用大规模基础设施投资使中部资源要素可以便捷地进入，使得一些本应从东部转向中部的产业留在东部沿海地区进一步发展。

3.4 地方政府经济行为的路径依赖形成的障碍

地方政府存在依赖大规模投资所带动的契机解决难题。找投资、上项目、促扩张，仍然是许多地方政府发展经济的一般思路。同时，为了维持地方传统产业的发展，地方政府未能采用正确、健康的方法方式扶植地方产业，相反以不正当竞争手段，阻挠地方产业自然升级，深化地方产业结构转型的矛盾，也给地区承接产业转移带来困难，阻碍了产业结构的升级。由此形成的恶性循环，使我国地区经济发展存在差距。在节能减排、经济结构调整、推动地区经济快速发展等一系列方面所存在的很多问题，一些地方政府仍然沿着粗放扩张型的经济发展方式追求发展，这种狭隘的地方保护主义的视野束缚了地方政府加快经济发展方式转变的自觉性。

3.5 人才因素的制约

3.5.1 各类专业技术人才的短缺导致承接产业转移遭遇转移人才瓶颈。

尽管中部地区劳动力成本相对较低，劳动力廉价且丰富的优势明显，但多为简单劳动力，尤其是专业技术人员和管理人员缺乏。

3.5.2 未能形成相对集中、规模较大的劳动力市场。

在东部发达地区，劳动力市场较为完善，劳动力流动较为普遍，形成了专业技术人员、管理人员和普通劳动力相互配套的市场体系，企业按照自身发展需要很方便能够在短时期找到所需要的各种类型的劳动力。显然，由于中部地区劳动力市场体系不完善，企业缺乏各类专业技术人员和管理人员的合理配置，增加了企业用工成本。

3.6 创新能力不足

2007 年中部六省的科学研究与试验发展(RAD)经费内部支出为 455.8 亿元，

占GDP的0.88%，而全国的RAD支出占GDP的比重达到了1.5%。中部地区科技产出较低，2007年中部六省的平均专利申请量和专利授权量分别为9412件和4462件，只有全国平均水平的54%和50%，中部各省的专利申请量和授权量都低于全国的平均数。研发投入不足与科技产出低直接影响地区创新能力和工业发展后劲。

4. 中部地区承接产业转移的政策建议

4.1　大力发展基础设施建设，优化软环境建设

为了使东部顺利地对中部地区进行产业转移，并有利于转移产业的生存和发展，中部地区必然做好软硬件环境的承接准备。

首先，中部地区应大力发展航运、通讯、能源等基础设施建设，进一步打造四通八达的立体交通网，为产业转移的物质、人员的流动提供方便的渠道，降低企业物流成本。其次，采取健全制度、规范行政审批、清理整顿收费秩序等措施，强化源头治理，保障不同类型企业健康有序发展，建立健全承接产业转移的软环境建设，围绕相关区域的规划建设打造相互支撑的产业链，着力营造保护和鼓励企业发展的宽松环境。第三，充分利用自身优势，如电力资源、水资源等自然资源，为转移产业的生存和发展提供便利，并通过与发达地区、能源丰富地区的合作广泛利用外来资本发展资本密集型行业，拉长产业加工链条，提高经济效益。此外，通过加快城市群和工业园区建设积极打造承接产业转移的载体，建立起支撑各产业发展的工业体系，充分发挥城市和产业的集聚效应和规模效应。

4.2　制定相关配套政策

承接发达地区产业转移对中部地区各级地方政府也提出了更高的要求。要使投资者对在该地区进行长期投资保持信心，需要国家在体制设计、重大项目安排、政策制定、资金分配上给予重点倾斜，加大中央政府的财政转移支付。“两型社会”建设增加的基础设施建设、节能、环保投入都将增加试点地区的财政收支矛盾，国家应适当增加对试点地区财力补助和环保、节能等专项转移支付，并批准试点地区发行地方政府债券、节能环保债券和“两型”产业投资基金，支持组建地方金融控股集团和小额信贷、村镇银行等金融创新。

同时中部地区地方政府有必要制定承接产业转移的各项配套政策和优惠措施，切实保障投资者的利益，增强投资者的投资信心，提供更加开放和规范的市场环境，促进市场竞争和投资自由化，引导东部地区加快产业转移的步伐，也就是通过机制创新改善投资软环境。政府要实行政务公开、公平执法，提高办事效率，为企业提供优质服务，并将这些因素指标化、纳入政府考核的范围。暨南大学东南亚研究所相关研究表明，面对资本逐利而行的现实，各地政府要做的就是全面提升服

务水平，筑巢引凤，吸引企业前来投资设厂。

4.3 实施资源节约与环境保护的总体战略

增强绿色发展理念，按照“节约优先、立足国内、保障供给、结构多元、市场推动和环境友好”的方针，丰富产业转移项目的选择，以环境的成本问题为出发点之一，使转移进来的产业对资源环境和生态的破坏降到最小。

实施重点领域、重点企业和重点节能项目，完善激励性政策。首先，要调整产业政策，引导鼓励转移的产业向资源环保型的产业发展。对一些资源消耗大，污染严重的行业，如造纸、重化工产品制造等行业应加大税收征管力度，而对于节能环保型的产业则应加大税收减免力度，吸引外部资金的进入。其次，要加强项目管理。有关部门在吸引外资时，还应该根据项目的实际情况进行选择，接纳产业时，对于那些能源耗费大、污染严重的产业，即使是利润率很高并且在国内的市场潜力大的产业，也不能不加选择地接纳，要使项目更符合节能环保的要求，最终形成资源节约型的生产、流通和消费方式。

鼓励开发应用先进节能技术、回收再利用技术和环保技术，加快能源企业的市场化改革，促进产业结构由资源消耗型向资源节约型转变。具体可以通过推广排污权许可和交易制度，在控制排放总量的前提下，建立健全节能、减排的市场激励机制。实行绿色财政税收政策，加强环保政策和财税政策的配合，把企业排污造成的社会成本内部化。

4.4 加强教育和促进人力资源开发

要适应社会发展需要，必须加强教育，优化人力资本结构。充分利用好地方人才资源，中部地区普通高校教师和在校本科生、专科生分别在全国比例中名列前茅，具有一定的科研实力，在自主创新、技术进步方面具有良好的基础。因而，在增加教育经费的投资、大力发展基础教育和职业教育并且加强中部高等教育水平的同时，学习如何将教育成果转成人才资源。同时也要认识到：对于劳动力充足但是整体素质较低的中部而言，更重要的是培养和引进各类专业技术人员和管理人员，形成人才流动的合理机制。中部应给人才流动创造良好的条件，采取灵活多样的方式引进人才。

4.5 加快推进产业结构调整步伐

一是以高新技术产业“牵引”传统产业。中部地区传统产业的存量较大，单靠本身发展远远不够，要加快技术创新步伐，把先进科技与传统支柱产业结合起来，以高新技术优化传统产业“存量”。既要大力发展高新技术产业，增加高新技术产业在国民经济中的比重，又要积极运用高新技术改造传统产业，实施大规模的技术改造和产品升级，最终实现产业的高技术化发展。

二是以新兴产业“孕育”主导产业。地区产业受到长期低端发展、增长不足的现状限制下，组织高新技术人才，充分发挥目前中部地区已拥有全国一流的高新技术产业区和若干高新产业、被批准为国家综合性高新技术产业基地的优势，发展具有高端水平和引领作用的战略性新兴产业，以抢占产业发展新的制高点，大力推进新能源、电动汽车、节能环保、生物医药、第三代移动通信等战略性新兴产业的产业化，形成高端化、高质化、高新化的新兴产业结构。

三是以现代服务业"助长"制造业。当前中部地区正处于重化工业深化发展阶段，生产性服务业发展不足对工业的发展制约明显，因此要加快二三产业的融合，突破性发展现代服务业，重点发展金融、现代物流和包括网络服务、移动通讯、研究与开发、电子商务、法律、信息服务在内的生产性服务业和医疗服务、社区服务、文化休闲等消费性服务业，扩大企业、公共事业机构和政府的服务外包业务，提高服务业社会化和市场化水平。积极引导和培育动漫、软件外包、通用航空等新兴服务业发展，通过现代服务业对制造业的促进作用，形成现代服务业与制造业互动发展的良好格局。

4.6 实施健康文明的可持续消费战略

加大消费对经济增长的贡献，就要提高城乡居民的消费能力。促进工资增长机制的完善，努力提高居民的收入水平，扶助低收入家庭，把现有的社会保障体系水平提升一个台阶。完善消费政策，加快培育新的消费热点，促进消费的多元化，推动消费升级。同时有效发挥居民消费对优化产业结构和提高经济增长质量的源头性引导和拉动作用，满足多层次消费需求，抑制不合理消费，积极倡导可持续的消费模式。

4.7 加强区域合作，优化产业布局，进一步提升产业集聚化水平

制定经济一体化联动政策，打破中部省份间的行政壁垒、市场壁垒和体制壁垒，制定实施包括金融交通、市场融合、信息共建平台、人才自由流动的区域一体化政策。同时，建立合理的利益分配体系和有约束力的合作协议，这样有助于最大程度降低区域内企业的综合成本，实现资源的优化配置。

以行业准入和企业兼并重组为重要手段，抑制产能过剩行业的新增投资，提高产业集中度和资源配置效率。强力推进节能减排、淘汰落后产能，大力发展循环经济和低碳经济，支持一批循环经济重点项目建设，强化能源资源节约和高效利用，进一步完善节能减排管理机制和体系。开展低碳经济试点，如在"武汉城市圈"、"长株潭城市群"建立低碳经济试验示范区，探索区域低碳发展模式和有效运行机制，以绿色健康的方式发展经济，转变传统经济发展方式。

实施区域协调发展战略，提高资源空间配置效率。加快建设统一市场，强化市场机制在资源空间配置方面的基础性作用。增强区域政策整合能力，科学制定功能区规划，合理发挥政府在生产力空间布局中的引导作用。

参考文献

[1] 龚文通.亚太总裁协会看好中国中部地区承接产业转移前景. http//news.hexun.com,2011－09－02.

[2] 杨万东,张建君,黄树东,朱安东.经济发展方式转变:本土派与海外派的对话[M].中国人民大学出版社,2011.

[3] 蔡昉.中国经济转型30年[M].社会科学文献出版社,2009.

[4] 杨上广.产业转移规律、企业区位选择和中西部地区产业承接策略研究[J].中国经济,2011(4).

[5] 2009年武汉市国民经济和社会发展统计公报、武汉市统计局,2010.

[6] 谭丹,黄贤金.我国东、中、西部地区经济发展与碳排放的关联分析与比较[J].中国人口资源与环境,2008(3).

[7] 姚莉.湖北产业结构调整战略研究[N].湖北日报,2011－09－01.

[8] 陆挺.中国要扩大内需就必须发展中西部地区.搜狐财经 http//business.sohu.com,2011－04－20.

[9] 国务院发展研究中心课题组.中国:加快结构调整和增长方式转变[J].管理世界,2007(7).

[10] 魏后凯,白玫,王业强.中国区域经济的微观透析——企业迁移的视角[M].北京经济管理出版社,2009.

基于 DEA 方法的煤炭行业上市公司经营效率及影响因素研究

王建敏[1]　秦亚芳[2]

（1. 中南财经政法大学统计与数学学院统计学专业 2009 级硕士研究生，武汉 430073；
2. 中南财经政法大学统计与数学学院统计学专业 2010 级硕士研究生，武汉 430073）

摘　要：煤炭作为我国的支柱能源，在国民经济中具有重要的战略地位，在能源利用日益备受关注的今天，研究我国煤炭企业的经营效率也具有重大的现实意义。本文利用 DEA 理论中的 BCC 和 SBM 模型对我国煤炭行业的 26 家上市公司的经营效率进行研究，发现大多企业处于非 DEA 有效状态，公司规模报酬既有处于不变阶段、递增阶段，也有处于递减阶段，整个行业发展不平衡。并利用 Tobit 模型研究影响公司经营效率的财务因素，以期为企业的经营发展提供理论支持。

关键词：DEA；煤炭行业；经营效率；Tobit

煤炭是我国的基础能源和重要原料，在国民经济中占有重要的战略地位。未来几十年内，煤炭依然是我国的主要能源，目前煤炭在能源消费结构中占 2/3 左右（吕传红和王树德 2010）[1]。正确评价煤炭企业的经营绩效，及如何提高煤炭企业的绩效是煤炭行业发展的必要。随着时代的发展，研究企业的经营效率的方法层出不穷，在研究煤炭企业的经营效率方法中，应用最为广泛的是数据包络分析方法（DEA）中的 C^2R 模型，根据方法和模型的改进，本文采用的方法是在 C^2R 的基础上进行改进的 BCC 模型。通过使用该模型对类同的煤炭企业进行一个横向的比较，同时也对个别企业的纵向发展给出建议，并提出优化煤炭上市公司绩效的的途径。

1. 文献综述

目前，国外对于煤炭上市企业的绩效评价的理论研究比较少，因此本文从企业绩效评价的发展历程来简述国外的研究；国内对于煤炭上市企业的绩效评价的研究也是在较早企业的绩效评价理论的基础上发展而来。

国外学者较早研究企业绩效的方法是杜邦分析，该方法的缺点是并没有将企业的非财务指标纳入评价企业绩效的指标中，这种传统的财务分析加快了对绩效评价方法的发展，也有利用 EVA 或者是 REVA 去评价企业的经营业绩。但是任何一种评价体系都不是尽善尽美的，该指标可能使管理者更加注重当期的 EVA 值的大小，而忽略了企业的长期发展。Rrobert S. Kaplan and David P. Norton(1992)创造的平衡计分卡评判法采用财务评价指标和一系列非财务指标来评价企业的经营业绩[2]。由 Charnes,Cooper,Rhodes(1978)提出的 DEA 评价方法，从实际观测的投入产出数据角度研究同类型生产经营部门的效率评价问题，出现了企业绩效评价的非财务指标和财务指标的结合，不同的方法之间的有效集成和结合[3]，目前最具代表性的 DEA 模型有 C^2R 模型 BC^2 模型 FG 模型和 ST 模型[4]。

目前国内学者对于煤炭行业上市公司经营绩效和效率评价的研究很多。李忠卫等(2008)对煤炭行业上市公司 2006 年度的 13 个主要的财务指标进行了因子分析，从中提取了 4 个公共因子，评价了公司的综合经营业绩[5]；刘克等(2010)对 2009 年度煤炭上市公司的 12 个财务指标进行了因子分析，也提出了 4 个公共因子对企业的公司经营进行了评价[6]；王景波等(2010)应用平衡计分卡对滨湖煤矿进行绩效评价，并构建企业绩效评价指标体系，建立企业绩效定量综合评价模型[7]；梅海红等(2011)通过计算煤炭上市公司的 EVA，评价了上市公司的经营绩效[8]；陈立宁等(2010)依据煤炭行业上市公司的年报横向数据，利用客观的熵值法，对上市公司的财务绩效进行了横向的比较[9]；魏晓平等(2008)利用 DEA 方法中的 C^2R 模型对煤炭行业的经营效率进行分析评价[10]。

尽管国外的企业绩效评价理论比较完善，但是在研究煤炭企业绩效评价中应用缺很少；虽然国内学者在研究煤炭行业上市公司绩效的模型和方法很多，但是 DEA 中的 BCC 和 SBM 方法在研究煤炭企业绩效方面却比较少。本文利用 DEA 中的 BCC 和 SBM 模型来分析 2010 年我国煤炭上市公司的经营效率，并用 Tobit 模型构建影响经营效率的财务指标模型，以期对煤炭行业的发展贡献一点理论力量。

2. 模型设计

DEA 方法是由著名运筹学家 Charnes、Cooper 和 Rhodes 等学者于 1978 年提出的一种非参数的相对效率的评价方法，其本质是把每一个被评价单位作为一个决策单元，且每一个决策单元都具有同类型“投入”和“产出”，通过对投入和产出比率的综合分析，以各决策单元的投入和产出指标的权重为变量进行评价运算，确定有效的生产前沿面，并根据各决策单元与生产前沿面的距离状况，确定各个决策单元是否 DEA 有效，同时还可用投影的方法分析决策单元 DEA 无效的原因，以及应改进的方向和程度等。

2.1 测量综合技术效率的 BCC 模型

通过 CCR 模型可以判断某些决策单元是否是 DEA 有效，若为 DEA 有效则可以肯定此时的生产处于技术有效和规模有效，但考虑到非 DEA 有效的决策单元除了技术无效外，还可能缘于自身的规模问题，面对这样的问题，Banker，Charnes 和 Cooper 建立了可变规模报酬的模型，简称为 BCC 模型。BCC 模型就是在 CCR 模型的约束条件中加入凸性假设($e^T\lambda=1$)，模型的其他条件不变。

将一个“可以通过一系列决策，投入一定数量的生产要素，并产出一定数量的产品”的系统称为决策单元(DMU)。假设有 n 个决策单元($DMU_j, j=1,2,\cdots,n$)，每个决策单元都有 m 种类型的输入，以及 s 种类型的输出，设 x_j 和 y_j 分别代表决策单元 DMU_j 的输入和输出指标，令 $x_j=(x_{1j},\cdots,x_{mj}), y_j=(y_{1j},\cdots,y_{mj})$，j=1，2，…，n，其中 x_{ij}(i=1，2，…，m)为第 j 个决策单元第 i 种类型输入的投入量；y_{kj}(k=1，2，…，s)为第 j 个决策单元第 k 种类型输出的产出量，则输入和输出矩阵可以表示为 $X=(x_1,\cdots,x_n), Y=(y_1,\cdots,y_n)$。现对某个选定的决策单元 DMU_0 判断其有效性的 BCC 模型的对偶规划可表示为：

$$\min[\theta-\varepsilon(e^Ts^-+e^Ts^+]$$

$$s.t\begin{cases}x_0-s^-=X\lambda\\y_0-s^+=Y\lambda\\e^T\lambda=1\\\lambda,s^-,s^+\geqslant 0\end{cases}$$

上式中，θ 为该评价单元 DMU_0 的有效值，λ 为权重系数，s^- 和 s^+ 为松弛变量，分别为 m 维和 s 维的列向量，e 是分量为 1 的向量，ε 为非阿基米德无穷小量。

2.2 冗余分析的 SBM 模型

SBM 模型，即基于松弛变量测度(Slacks－based measure，SBM)的 DEA 效率分析方法，可理解为利润(profit)最大化的一种分析技术。因为在数据包络分析中，松弛变量直接反映了我们关心的决策单元的投入过度或产出不足的程度，且这种投入的过度或产出的不足的量只受指定的评价决策单元的影响，而与整个数据集中其它决策单位无关。因此新的 SBM 模型的效率测度虽与前面介绍的基本的 CCR 模型有密切的联系，但和 CCR 模型相比较，SBM 模型的优化更偏重于利润(profit)最大化的考虑。

SBM 模型，以优化其松弛变量为目标函数，其分式规划的形式为：

$$min\rho=\frac{1-\frac{1}{m}\sum_{i=1}^{m}s_i^-/x_{i0}}{1-\frac{1}{s}\sum_{r=1}^{s}s_r^+/y_{r0}} \qquad s.t\begin{cases}x_0-s^-=X\lambda\\y_0-s^+=Y\lambda\\e^T\lambda=1\\\lambda,s^-,s^+\geqslant 0\end{cases}$$

从SBM模型的输出结果可以看出，根据SBM模型得到的相对效率值可以对各个决策单元进行排序，而CCR模型则不能。因此，在效率评价中，SBM模型比BCC模型有更强的分辨能力。

3. 实证分析

3.1 指标选取及数据说明

衡量企业经营效率需要对决策单元的各种投入指标以及产出指标进行全面的整合，建立合理的投入产出指标体系，利用相应模型计算经营效率。

目前，研究煤炭企业绩效的学者越来越多，郗永勤等（1994年）以工业总产值、原煤产量、产品销售收入为产出指标，固定资产原值及净值、定额流动资金、员工数、原煤生产成本为投入指标[11]；郝清民等（2003年）年以利润总额、主营业收入、每股收入为产出指标，总资本、员工人数、主营成本为投入[12]；高建华（2008年）以现金流量净额、主营业务收入、税前利润为输出指标，股东权益、主营业务成本，经营费用为输入指标[13]；杨力等（2011年）以主营业务收入、利润总额为输出指标，员工数、主营业务成本、固定资产、销售费用、管理费用、财务费用为输入指标[14]。本文沿用该思路，并对该系列指标内涵进行适当的扩充处理，以满足研究需要。投入指标：总资产、营业总成本、销售费用、管理费用、财务费用；产出指标：营业利润、净利润。

本文利用煤炭行业上市公司2010年的年度财务报表数据，计算分析该行业上市公司的经营效率及变动趋势。由于部分上市公司数据缺失，本文的研究范围涉及到煤炭行业板块的26家上市公司。本文指标主要来巨灵金融数据库，运用MAXDEA5.2软件实现模型处理。

3.2 经营效率测评

根据DEA理论中的以产出为导向的基于可变规模效率（VRS）条件下的BCC和C2GS2模型测算得到的2010年我国煤炭行业26家上市公司的经营效率、纯技术效率和规模效率，其中经营效率可以分解为纯技术效率和规模效率，数值上等于两者的成绩，同时计算各企业的规模报酬收益，具体结果如表1。

表1 2010年我国煤炭上市公司经营效率测评表

名次	公司	经营效率	纯技术效率	规模效率	规模收益	名次	公司	经营效率	纯技术效率	规模效率	规模收益
1	露天煤业	1	1	1	不变	14	恒源煤电	0.629	0.686	0.917	递增
1	平庄能源	1	1	1	不变	15	昊华能源	0.627	0.717	0.874	递增

续表

1	兖州煤业	1	1	1	不变	16	靖远煤电	0.619	1	0.619	递增
1	伊泰B股	1	1	1	不变	17	西山煤电	0.575	0.607	0.947	递减
1	中国神华	1	1	1	不变	18	神火股份	0.522	0.536	0.974	递增
6	上海能源	0.924	0.932	0.992	递增	19	冀中能源	0.497	0.521	0.954	递减
7	盘江股份	0.899	0.921	0.976	递增	20	山煤国际	0.439	0.446	0.985	递增
8	国投新集	0.814	0.885	0.919	递增	21	中煤能源	0.426	0.504	0.844	递减
9	潞安环能	0.746	0.759	0.984	递减	22	开滦股份	0.348	0.358	0.971	递增
10	阳泉煤业	0.71	0.742	0.957	递减	23	煤气化	0.29	0.449	0.646	递增
11	兰花科创	0.705	0.757	0.931	递增	24	金瑞矿业	0.192	1	0.192	递增
12	大同煤业	0.676	0.684	0.988	递增	25	安源股份	0.19	0.551	0.344	递增
13	平煤股份	0.655	0.656	0.999	递减	26	郑州煤电	0.138	0.211	0.655	递增

根据表1的测算结果，从经营效率看，26家煤炭行业上市公司中的露天煤业、平庄能源等5家上市公司的经营效率达到DEA有效状态，他们的投入和产出达到最优状态，相关投入指标的增加能够带来同比例产出的增加，占到测评公司总数的19.2%；剩余的21家煤炭上市公司的经营效率处于非DEA有效状态。大多上市公司的经营效率是非DEA有效的，说明我国煤炭行业上市公司的整体经营效率还不够理想，需采取相应措施进一步提高整个行业的经营效率。

从纯技术效率看，除上述6家DEA有效的上市公司外，靖远煤电、金瑞矿业的纯技术效率值为1，处于纯技术效率有效状态，说明这两家公司在煤炭采掘生产方面的技术较为先进，处于行业的领先地位，由于没达到最优规模状态，故整体的经营效率未能达到DEA有效。行业整体的纯技术效率平均值为0.728，郑州煤电的纯技术效率最差，该公司需要在技术改进方面多加重视，来改善整个公司的经营效率。

从规模效率看，行业平均水平为0.872，相对纯技术效率较高。大多企业的规模效率处于0.9以上，说明我国煤炭行业上市公司整体规模较大，企业也能获得规模收益。但是金瑞矿业、安源股份的规模效益只有0192、0.344，与平均水平相差太多，这些公司需要扩大公司生产规模，提高经营效率。上海能源等21个家公司既非纯技术效率有效也非规模效率有效，它们都存在投出冗余或产出不足的问题，可以通过减少投入获得相同的产出或者在相同的投入下获得更高的产出。

从规模收益看，26家上市公司中露天煤业、平庄能源等5家处于规模收益不变阶段，投入的增加能够带来等比例产出的增加；潞安能源、阳泉煤业、平煤股份等

6家公司处于规模报酬递减阶段，说明可能存在过度的投入导致生产的扩张超越了该企业的规模承受能力；其余上市公司处于规模收益递增阶段，具有较大的扩张增产潜力，适当的资源的投入将会促使产值较大比例的提高。

3.3 投入冗余调整

利用DEA方法不仅可以测度能源效率，还可以据此计算出达到最佳效率的投入和产出组合，故可以进一步分析我国煤炭行业上市公司投入冗余和产出不足状况，计算相应的输入输出增减量以达到最有效率组合。在DEA分析中，松弛变量直接反应的是决策单元的投入过度或产出不足的影响，SBM模型基于投入产出的利润最大化考虑，计算的效率分值更便于各个决策单元的比较评价。在基于SBM模型标杆分析的基础上计算我国煤炭行业上市公司在以产出为导向的情况下投入项目的冗余量，进而指导相关投入的调整，对相关企业的发展和定位提供理论支持。各公司的投入、产出指标的冗余量具体结果见表2。

表2 2010年各煤炭上市公司冗余调整分析

公司	资产冗余	营业成本冗余	销售费用冗余	管理费用冗余	财务费用冗余	营业利润增加	净利润增加
盘江股份	0.0	0.0	0.0	−22286.9	0.0	16329.7	12936.4
上海能源	0.0	−310323.9	0.0	−33352.4	0.0	12942.2	19647.6
国投新集	−874241	−95424.9	0.0	0.0	−20625.5	26131.1	38959.6
潞安环能	0.0	−717656.6	0.0	−273138	−14644.9	122113.1	105648.7
阳泉煤业	0.0	−1661456.5	0.0	−60783.7	−6381.3	104850.4	112409.0
兰花科创	0.0	0.0	0.0	−15979.4	−5809.6	65968.5	84506.7
昊华能源	0.0	0.0	0.0	−11631.9	0.0	54681.0	51948.2
平煤股份	0.0	−1344978.6	0.0	−107605	0.0	117949.4	108876.8
大同煤业	0.0	−158022.8	−48609.4	−3951.4	0.0	132886.6	138610.2
恒源煤电	−36371.9	−152809.4	0.0	0.0	0.0	67360.1	61179.6
西山煤电	0.0	−354142.3	0.0	−140329	−2623.6	226836.1	223602.4
中煤能源	−2202458	−3188636.7	−794626	0.0	0.0	727725.9	603587.5
冀中能源	0.0	−1869963.4	0.0	−241111	−15129.1	249596.2	209601.1
神火股份	−1111648	−989134.6	0.0	0.0	−56342.0	139845.5	144757.9
山煤国际	−100322	−2937661.1	0.0	0.0	−15870.0	250843.1	239812.9
开滦股份	0.0	−762764.3	0.0	−18298.4	−17174.4	206195.8	178304.0
煤气化	−14214.1	0.0	−4479.2	0.0	0.0	108115.3	100197.1
安源股份	0.0	0.0	0.0	−6523.6	−4610.4	25425.9	24008.2
郑州煤电	0.0	−656151.9	0.0	−13806.8	−410.0	111599.8	98074.7

从表 2 可以看出，19 家需要冗余调整的上市公司的投入指标冗余率差异较为明显，出现资产冗余、营业成本冗余、销售费用冗余、管理费用冗余、财务费用冗余的公司分别有 6 家、14 家、3 家、13 家、10 家。该行业需要采取改善经营环境，提高技术生产率，降低生产成本等措施来降低投入冗余，提高经营效率。出现销售费用冗余的公司只有三家，整个行业的销售费用支出较为合理。因此，相关公司应该注意提高资产利用率，加强内部管理，进行可行的成本控制，在可能的范围内尽量削减与经营无关的期间费用。

3.4 经营效率影响因素分析

很多学者利用因子分析等方法结合财务指标评价公司的经营效率，通常认为公司的盈利能力、偿债能力、资本运营能力、发展能力是评价公司绩效的主要影响因素。本文尝试将 DEA 经营效率值与公司的财务能力进行联系，分析 DEA 效率值受哪些因素的影响以及影响的程度，涉及到的指标如表 3。

表 3 财务指标简况表

财务指标	经营效率	盈利能力		发展能力				偿债能力		资本运营能力	
		总资产净利润	营业净利率	每股收益增长率	净利润增长率	营业总收入增长率	净资产收益率增长率	流动比率	速动比率	总资产周转率	存货周转天数
代码	Y	X_0	X_1	X_2	X_3	X_4	X_5	X_6	X_7	X_8	X_9

本文采用被 Coelli 等人(1998)称为“两阶段法”的方法。即第一步通过 DEA 算出效率值，第二步做效率值对各影响因素的回归，并由解释变量的系数判断影响因素对效率值的影响方向与影响强度。由于 DEA 分析中计算的经营效率大于 0，相当于删去了小于 0 的值，因此不能用普通最小二乘法建立回归模型，必须选用考虑了“删失”问题的托宾 Tobit 模型。由于自变量数目较多，不知道哪些指标对效率值有影响，故本文采用逐步提出的回归方法筛选对效率值有影响的指标。计算结果如表 4 所示。

表 4 Tobit 模型回归结果

变量	Coefficient	Std. Error	z—Statistic	Prob.
X_1(营业净利率)	0.027453	0.003325	8.255516	0.0000
X_5(净资产收益率增长率)	0.002591	0.000950	2.727110	0.0064
X_8(总资产周转率)	0.157009	0.067775	2.316635	0.0205
C	0.080997	0.097400	0.831585	0.4056

模型拟合结果可以看出,营业净利率、净资产收益率增长率、总资产周转率对经营效率有显著影响,其他财务指标在模型中均不显著,故剔除。营业净利润、净资产收益率增长率、总资产周转率对经营效率均具有正的影响,提高这些财务指标能够提高企业的经营效率。总资产周转率的系数最大,总资产周转率每增加一个单位将使经营效率增加 0.157 个单位。入选的指标分别代表的是公司的盈利能力、发展能力、资本运营能力,而偿债能力的两个指标对经营效率的影响均不显著,这也表明 DEA 测评的效率是从企业的盈利能力、发展能力及资本运营能力为出发点对经营绩效的衡量,而公司债权人等利益相关者更关注企业的偿债能力,但这些从利益相关者出发的评价对企业经营效率的影响并不明显。因此,企业在保证一定的偿债能力的基础上要更加注重盈利能力、发展能力和资本营运能力的提升。

4. 结论与建议

本文通过对 26 家煤炭上市公司进行经营效率评价,发现大多上市公司的经营效率处于非 DEA 有效状态,无论是标杆分析还是冗余调整分析,整个行业的经营效率都有待进一步改进。

有 5 家上市公司的经营效率达到 DEA 有效状态,处于规模报酬不变阶段,是行业中其他公司的学习标杆,这些公司在我国煤炭行业发挥着举足轻重的作用。潞安能源、阳泉煤业、平煤股份等处于规模报酬递减阶段,存在过度的投入导致生产的扩张超越了该企业的规模承受能力,此类公司可根据实际情况,适当的收缩资本,调整资本结构,加强内部管理,提高投入产出效率,将生产调整至最佳状态。对于大多处于规模收益递增阶段的公司及具有较大的扩张增产潜力,适当的资源的投入将会促使产值较大比例的提高,具有更好的发展空间。投入过度和产出不足都会降低企业经营效率,冗余分析显示了各个非 DEA 有效企业在投入和产出方面的改进潜力,也为企业的发展和改善提供了方向。Tobit 模型刻画了经营效率与企业的财务能力之间的影响关系,企业可据此改善财务指标以达到提高经营效率的目的,从而提高企业在行业中的地位和影响力。

参考文献

[1] 吕传红,王树德 . EVA 在我国煤炭上市公司业绩评价中应用的必要性[J]. 财税纵横,2010(1).

[2] Robert. S. Kaplan, David Gorton. The Balanced Scorecard——Measures that Drive Performance[J]. Harvard Business Review, 1992, (11).

[3] Charnes A, Cooper w. w, phodes E. Measuring the Efficiency of DMU[J]. European Journal of Operational Research, 1978, (2).

[4] 程晓娟,全春光. 基于DEA的煤炭行业上市公司的经营效率评价[J]. 矿业工程研究,2010(1).

[5] 李忠卫,王立杰,周大鹏. 基于因子分析方法的煤炭上市公司绩效评价[J]. 中国矿业,2008(2).

[6] 刘克,杨雪,邹婧. 我国煤炭行业上市公司业绩评价[J]. 现代交际,2010(11).

[7] 王景波,刘立娟. 基于平衡计分卡的煤炭企业绩效评价研究[J]. 价值工程,2011(10).

[8] 梅海红,赵向琴,洪燕平. 基于EVA的企业绩效评价研究——以我国煤炭上市公司为例[J]. 黑龙江科技信息,2011(12).

[9] 陈立宁,杨昌明. 基于熵值法的我国煤炭行业上市公司财务绩效评价[J]. 中国矿业研究,2010(1).

[10] 魏晓平,王立宝. 基于DEA模型的煤炭行业上市公司经营效率评价[J]. 统计与决策,2005(24).

[11] 郗永勤. DEA方法在煤炭企业有效性评价中的应用研究(上)[J]. 煤炭经济研究,1994(1)

[12] 郝清民,赵国杰,孙利红. 我国煤炭上市公司经济效益数据包络分析[J]. 中国地质大学学报(社会科学版),2003(2)

[13] 高建华. 基于DEA的上市煤炭企业经营有效性评价. 今日科苑,2008(2)

[14] 杨力,王舒鸿,吴杰. 基于集成超效率DEA模型的煤炭企业生产效率分析[J]. 中国软科学,2011(3)

人民币升值对汽车产品进出口的影响

叶　茜

（武汉理工大学经济学院金融专业2011级硕士研究生，武汉 430070）

摘　要：本文通过VAR模型将人民币汇率与汽车产品进出口作为一个整体经济系统，利用2006年1月到2010年12月汇率变动值和汽车产品进出口额数据实证分析发现：人民币升值对汽车产品进出口的影响主要有升值预期影响和实际升值影响两种。人民币升值对汽车产品进出口均以促进作用为主。就出口而言，升值预期的正向促进作用超过实际升值抑制作用。在对进口的影响中，人民币实际升值对汽车产品进口的促进作用超过了升值预期的抑制作用。因此，为促进汽车产品进口的健康发展，政府应该保持人民币汇率稳定或缓慢升值，科学地引导汽车产品进出口商对人民币的未来升值预期，鼓励国内汽车企业强强联合，提高国内汽车的制造技术和水平，而汽车进出口企业本身应增强汇率风险意识，灵活利用各种金融工具，规避风险。

关键词：人民币汇率；汽车产品进口；汽车产品出口；VAR模型

1. 选题背景及研究意义

2005年7月21日，人民币汇率机制的调整是我国汇率体制改革历史上的一个里程碑，人民币重新进入了有管理的浮动汇率制度的轨道，人民币升值在此轨道中愈演愈烈。即使是2010年6月人民币汇率机制重新启动似乎也没有给出口企业带来好消息。2005年7月以来，人民币对美元单边加速升值，中间价的波幅明显加大，出双向波动逐渐替代单边升值，截止到2010年12月份，美元对人民币汇率的中间价为6.6227元，短短五年时间，人民币对美元名义汇率的升值近达24%。人民币的大幅升值对中国外向型产业是一次很大的冲击，各外贸行业的经济效益下滑，出口萎缩，汽车行业这一进口替代性较高的行业也不可避免的受到影响。

汽车行业分为汽车整车制造业和汽车零部件行业两个子行业，虽然汽车工业的核心是汽车整车制造业，但是汽车零部件行业作为汽车工业的基础，也起着不可或缺的作用，推动着我国汽车行业稳健的发展。就总体的国民经济意义来说，汽车产业是我国国民经济发展的支柱产业，2009年汽车工业总产值31749.2亿元，占全国工业总产值的5.8%。2010年，我国GDP新增量中有近16%由汽车产业提供,并且由于其行业很强的产业关联性和规模性,在带动上游产业需求增加的同时创造了大量的直接和间接就业岗位:据统计,2010 年我国汽车产业就业人口 230.2 万人,占全国劳动就业人口的 3.6%。同年我国汽车销售将超过 1,760 万辆,继 2009 年首度超越美国成为全球第一大汽车产销国后,中国已然成为全球最大的汽车市场。在汽车进出口贸易方面,自从 2003 年开始,汽车产品出口增速尤为迅猛,2005 年汽车整车产品第一次实现进出口贸易的顺差,而后随着国际形势的不断变换,汽车产品在国家进口贸易中所占的比例也不断的提高。即使是在全球金融危机和人民币大幅升值的压力之下,2010 年,我国汽车产品进出口总额仍达到 1085.31 亿美元,创下首次超过千亿美元的记录,同比增长 55.22%,其中进口金额 566.94 亿美元,同比增长 71.24%;出口金额 518.37 亿美元,同比增长 40.82%。但随着人民币升值幅度加大,汽车进出口也逐渐受到一些消极影响。首先,人民币的大幅度升值使得汽车出口企业的利润降低;我国汽车出口的主要国家是美国、日本、俄罗斯等国家,其结算货币主要以美元为主,人民币升值直接减少了出口企业 10%左右的账面收入。其次,人民币的升值减弱了出口企业的国际竞争力,这一影响主要表现在生产成本上。劳动力成本低,而并非技术、品牌、资本实力等优势,人民币升值后,我国劳动力相对以前来说不再具有价格优势,企业的利润空间被压缩。再者,人民币的升值导致出口利润降低,从而使汽车出口企业一部分销量转向国内市场,再加上进口汽车对国内市场的冲击,加剧了国内汽车市场的竞争,进一步地消减了汽车进出口企业的利润。本文将依据进出口数据,对人民币升值对汽车产品进出口影响这一课题进行实证分析,从而得出相关结论并针对分析结论提出政策建议,笔者相信在汽车行业日益发挥其重要意义和人民币不断升值的经济环境下,实证分析人民币升值对汽车产品进出口的影响,对于稳定国内汽车产品市场、继续让我国汽车产品在国际上站稳脚跟及积极促进国民经济发展具有十分重要的意义。

2. 相关文献综述

许多学者对此课题有较为深入的研究;国外很多学者在不同条件下都得出了汇率变动的相关结论,代表性的有 Gvlfason 和 Edwards(1985)、Kamin 和 Rogers(2000)等。在国内,李未无(2005)发现人民币实际汇率变动与国内生产总值存在一定的长期均衡关系。就汽车进出口方面,王祖德(2010)在对 2010 年一季度我国汽车产品出口分析中指出,由于人民币升值和劳动力成本高的上升对中国汽车产品出口产生了不利影响,明显表现为第一季度的汽车进口增速远高于出口。任志新、王春艳(2008)在《人民币升值对我国汽车出口的影响》中提到,人民币升值使得我国汽车出口企业的利润降低,并大大减弱了出口企业的国际竞争力,同时,人民币的升值也加剧了国内汽车业的竞争，从而进一步削减了汽车企业的利润。赵娜(2009)在其发表的《人民币汇率变动对中国纺织服装_钢铁和汽车行业影响研究》中通过计量经济模型分析了人民币汇率变动对各类型行业的经济运行存在着显著负面影响，并且对不同行业的不同经济变量在不同时间的影响存在差异；汽车产品进口富于弹性，其短期弹性大于长期弹性，出口长期弹性很大，汽车行业对人民币升值的敏感度很高，受到汇率变动冲击的风险较大。高一超(2011)在人民币汇率上升的经济环境下对汽车行业的发展提出了相关对策，其认为应该鼓励国内汽车企业强强联合提高国内汽车制造水平，建立自己的汽车品牌，同时加快海外并购的步伐，在海外建厂生产。

目前国内学者关于人民币升值对汽车品进出口影响的分析以理论分析为主，实证分析人民币升值对汽车产品进出口影响的文章不多，且少有的实证文章中也没有综合考虑人民币实际升值与升值预期对汽车产品进出口的不同影响。本文通过VAR模型将人民币汇率与汽车产品进出口额作为一个整体经济系统，不区分外生与内生，综合分析三变量之间可能存在的各种影响关系。为此，本文利用2006年1月一2010年12月人民币汇率与汽车品进出口额走势的月度数据，基于计量经济学模型总体设定的“经济主体动力学关系导向”的原则，从人民币升值预期和实际升值对农产品进出口不同影响的角度，按单位根检验、互相关检验、格兰杰因果分析，建立VAR模型，用脉冲响应分析的步骤进行实证分析，找出近5年来人民币汇率升值和汽车产品进出口额变动之间的关系，并针对问题和实证结果提出相关的建议。

3. 相关理论简述

3.1　汇率变动对进出口的影响

我国人口众多，劳动要素丰富，劳动力价格低廉，从而劳动密集型产业产品的生产成本低，因此产品在国际市场的相对价格低，具有价格优势。当汇率发生变动时，国际贸易的格局也会随之发生变化。以人民币升值为例，一方面，劳动密集型产品以人民币计价的国内价格不会改变，但通过汇率传导以外币计价的国际价格上升，这就导致我国产品在国际市场上的价格竞争力下降，失去拥有的价格优势，从而使得出口受挫；出口企业就业减少，利润降低，甚至出现经营困境。另一个方面，以外币表示的外国进口商品变得比以前便宜，从而促进了商品流入国内，进口增加。总体来说，人民币的升值抑制产品的出口，鼓励了进口，拉大产品的贸易逆差。

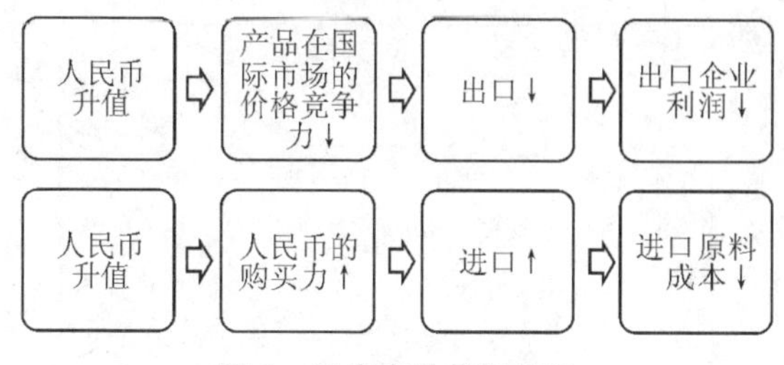

图 1　汇率变动传导机制

3.2　汇率上升对汽车产品进出口的影响渠道

我国汽车进出口企业属于进口替代性高的行业，其在国际上的竞争力主要依赖国内低廉的劳动力成本，并非技术、品牌和资本实力，因此，人民币升值后使得我国汽车产品在国际上不再具有价格优势，对汽车出口企业来说是一个很大挑战。由于外币对人民币的贬值降低了进口汽车零件和原材料的采购成本，有利于进口汽车及引进国外先进技术。人民币升值对汽车产品进出口的影响主要包括两个渠道，一个是升值预期对汽车产品进出口的影响，在政府干预和市场调节的共同作用下，人民币未来升值预期与当期人民币升值幅度有密切关系，当期人民币升值幅度越大，未来的升值预期就越强，进出口商会推迟进口，扩大出口，导致当期进口减少，出口增加。另一个渠道是人民币实际升值对汽车产品进出口的影响，包括当期影响和滞后影响两种，人民币实际升值会直接降低汽车产品的进口成本，提高出口产品的出口价格，导致汽车产品的进口增加而出口减少。目前，从研究方法的角度看，围绕着人民币升值对汽车产品进出口的影响主要有两条研究思路：一是定性研究人民币升值对汽车产品进出口的影响机制和渠道；二是实证分析人民币升值对汽车产品进出口的影响程度。本文将以此为实证研究的重点，通过实证结果分析在人民币对汽车产品进出口影响中升值预期和人民币实际升值是如何作用的。

4. 实证研究分析

4.1　数据说明

本研究涉及的变量和数据资料主要包括汽车商品进口额，汽车商品出口额和人民币汇率三个方面。汽车进出口额的数据资料，选取 2006 年 1 月至 2010 年 12 月，海关每月统计的进出口总金额，本文所提及的汽车产品包括整车，挂车及半挂车，发动机整机和汽车零部件。汇率选自中国人民银行统计并公布的 2006 年 1 月—2010 年 12 月，每月人民币平均汇率(1 美元所兑人民币的数额)。图 2 和图 3 共同现实了我国汽车产品进出口额和人民币汇率的变化趋势。

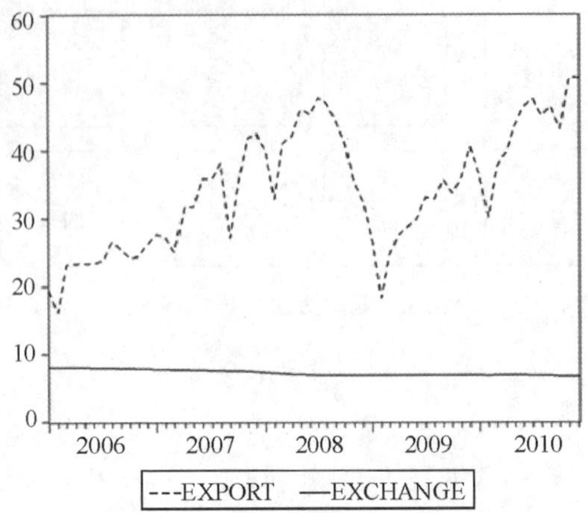

图 2　2006 年 1 月—2010 年 12 月人民币汇率与汽车产品出口额走势

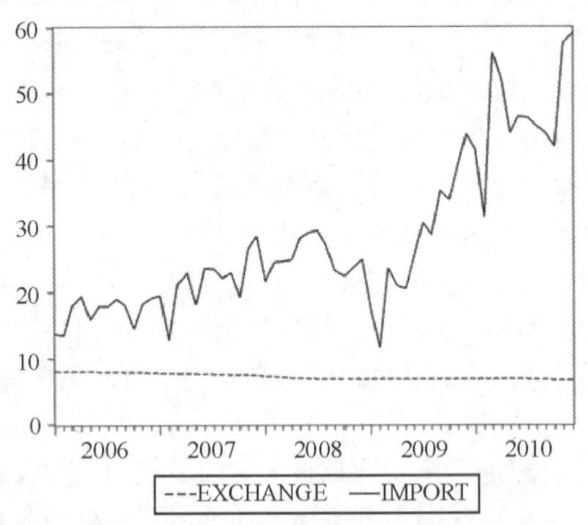

图 3　2006 年 1 月—2010 年 12 月人民币汇率与汽车进口额走势

资料来源：中国人民银行网，汽车协会网

4.2　实证分析方法的说明

为了避免模型出现为回归的现象，在本研究中首先将利用 Dickey 和 Fuller (1981)提出的考虑残差序列相关的 ADF 及 PP 单位根检验法，检验变量的平稳性，若变量为非平稳的，则对其进行差分处理使变量数据成为平稳时间序列。利用相关函数法，检验两个时间序列之间在任意两个不同时刻的取值之间的相关程度，将人民币汇率作为“信号输入”，将汽车产品进出口作为“信号输出”，通过检验得出人民币汇率与汽车产品进出口相关程度的相关系数。为了明确人民币汇率升值与汽车产品进出口之间的关系，采取格兰杰因果关系检验(Granger Causality Test)对人民币汇率和汽车产品的进出口额进行两两检验；格兰杰因果检验的基本思路是用当前的 Y 对 Y 的若干期滞后及 X 的若干期滞后回归，然后检验 X 的这些滞后变量作为一个整体是否改善了回归结果，如果回答是肯定的，则 X 被称为 Y 的格兰杰原因(X Granger causes Y). 最后建立 VAR 模型，并在此基础上进行脉冲响应分析衡量来自扰动项的一个标准差冲击对内生变量当前和对未来取值的影响。

4.3　实证运行结果分析

4.3.1　平稳性检验

本研究利用 Eviews6.0 软件，根据 ADF 和 PP 单位根检验方法对汇率、汽车产品进口额、出口额进行了单位根检验，以确定变量的平稳性。检验结果如表 1 所示：汇率原始数据在 5%的置信度下不能拒绝单位根假设，将其进行一阶差分，根据 PP 检验结果，汇率经过一阶差分后是平稳的时间序列，但 ADF 检验结果无法在 5%的置信度下拒绝单位根假设；经过二阶差分后，ADF 和 PP 检验结果均能再 5%的置信度下显著拒绝单位根假设；汽车产品的进口数据序列在 5%的置信度下不能拒绝单位根检验，则进行一阶差分，结果一阶平稳；汽车出口数据序列同样经过一阶差分后通过 ADF 和 PP 检验，证明其是一阶差分后的平稳的时间序列。

表 1　各变量单位根检验结果(2006 年 1 月—2010 年 12 月)

变量名称	变量符号	滞后阶数	ADF 值	显著水平(零界值)	PP 值	显著水平(零界值)
汇率	EXCHANGE	0	−1.48747	1%(−4.12734)	−0.86479	1%(−4.12130)
			(0.8225)	5%(−3.49067)	(0.9529)	5%(−3.48785)
		1	−2.5776	1%(−4.12734)	−4.40157	1%(−4.12427)
			(0.2917)	5%(−3.49067)	(0.0046)	5%(−3.48923)
		2	−13.0025	1%(−4.12734)		
			(0.0000)	5%(−3.49067)		
汽车产品进口	IMPORT	0	−1.09305	1%(−4.12734)	−2.98310	1%(−4.12130)
			(0.9212)	5%(−3.49067)	(0.1456)	5%(−3.48785)
		1	−9.37732	1%(−4.12427)	−11.6654	1%(−4.12427)
			(0.0000)	5%(−3.49067)	(0.0000)	5%(−3.48923)
汽车产品出口	EXCHANGE	0	−2.34483	1%(−4.12130)	−2.32809	1%(−4.12130)
			(0.4039)	5%(−3.48785)	(0.4126)	5%(−3.48785)
		1	−8.297723	1%(−4.12427)	−8.34905	1%(−4.12427)
			(0.0000)	5%(−3.48923)	(0.0000)	5%(−3.48923)

注：考虑到汽车产品贸易会因季节不同而有所差异，ADF 单位根检验的最大滞后期均选择 12；滞后期的自动选择方法为"Schw arz Info Criter".

在长期外向型的经济发展战略下，我国人民币市场汇率和购买力长期存在一定的差别，2005 年 7 月的汇改后，市场对人民币有着很强烈的升值预期。这样一来，对汽车产品进出口产生影响的不是人民币是否会升值，而是人民币升值的速度。本文将根据对数列平稳性检验的结果，基于汽车产品进出口的一阶差分即增长量和汇率的二阶差分即人民币升值的速度进行实证分析。

4.3.2 互相关分析

为了探究人民币升值对汽车进出口影响的渠道，本文利用互相关函数法，将人民币汇率的升值速度即汇率的二阶差分和汽车产品进出口的增长额两两进行检验，表2显示的是滞后期从－12(lag)到＋12(lead)之间人民币汇率和汽车产品进出口之间的互相关系数。

表2 人民币汇率与汽车产品进出口互相关图

IMPORT(－1) EXCHANGE (－2－i)	i	Lag	lead	EXPORT(－1) EXCHANGE (－2－i)	i	lag	Lead
	0	0.06507	0.06507		0	0.08237	0.08237
	1	－0.06189	0.05816		1	0.07189	－0.02816
	2	0.06021	－0.15457		2	0.07021	－0.10457
	3	－0.05959	－0.10045		3	－0.05759	0.08045
	4	－0.05754	－0.14597		4	0.05754	－0.04597
	5	0.01621	0.04111		5	0.07621	0.14191
	6	－0.05496	－0.23587		6	－0.08496	－0.26587
	7	0.02239	－0.10150		7	0.02239	0.10150
	8	－0.15380	0.02548		8	－0.14380	0.04548
	9	0.05177	－0.11790		9	0.07177	－0.21790
	10	－0.10125	－0.12506		10	－0.11825	－0.02506
	11	0.05094	－0.10059		11	0.07094	－0.02059
	12	－0.05060	0.02522		12	－0.07060	0.02589

在很多就汇率对进出口的影响进行分析的文章中提到：人民币升值对商品进出口的影响包括两个方面，现在就汽车产品进出口来细说。人民币升值对汽车产品进出口的影响主要包括两个渠道，一是升值预期对汽车产品进出口的影响。在

市场调节和政府干预的共同作用下，人民币未来升值预期和当期人民币升值幅度即速度有密不可分的关系，当期人民币升值的速度越快幅度越大，那么进出口商对未来升值预期就越强，从而会增加出口，推迟进口，导致当期的出口增加而进口减少。另一个渠道是人民币实际升值对汽车产品进出口的影响，这里包括当期影响和滞后影响，人民币的升值会直接提高汽车产品出口的价格，而使得汽车产品的进口成本下降，这便导致汽车产品出口的减少，进口的增加。但是由于人民币升值预期和实际升值对汽车产品进出口会因不同时间和情况产生不同的影响，在两者共同作用下，人民币升值对汽车进出口的影响幅度和方向会因两个渠道影响力度的增减而有所变化。

根据表 2 分析的结果中相关系数的正负方向和绝对值大小，在升值预期和实际升值的共同作用下，人民币升值的幅度和后 2 个月的汽车产品出口增长额呈现负相关关系，系数是－0.02816，这说明当期人民币升值的速度越快，幅度越大，2 个月后的出口增加额就会有所增长，升值预期的促进作用占主导；但汇率和汽车出口的相关系数在第 3 个月呈正值，系数为 0.08045，即当期人民币升值幅度越大，第 3 个月的出口增长额越小，人民币实际升值的滞后影响占主导。在进口方面，人民币升值速度与第 1 个月的进口增长额之间呈现正相关关系，及当期人民币升值速度越快幅度越大，则这个月里的进口增加额越小，升值的预期占主导，而接下来的 3 个月里，相关系数逐渐呈现负相关关系，即实际升值的促进作用开始扩大对汽车进口增长额的影响。总体来说，在升值预期和实际升值的不同影响下，人民币升值对汽车产品进出口的影响总体呈现一定的交替性，但从当期来看，人民币升值对当期汽车产品进出口均有一定的抑制作用，互相关系数分别为 0.06507 和 0.08237，即当期人民币升值速度越快幅度越大，当期汽车产品进出口的增加额越少。就当期而言，实际升值对汽车出口的影响作用占主导，升值预期对汽车进口的影响作用占主导。

4.3.3　Granger 检验

人民币汇率和汽车产品进出口之间存在着一定的相互影响关系，本文为明确人民币汇率升值与汽车产品进出口之间的具体关系，对人民币汇率、汽车产品的进口、汽车产品出口进行了两两格兰杰因果检验。根据检验的结果，在 5％的置信度下，人民币汇率的波动是汽车产品进口的格兰杰原因，临界 P 值为 2.24％；并且在 10％的置信度下，人民币汇率的波动同样是汽车产品出口的格兰杰因果原因，其临界 P 值为 6.63％；说明在滞后 12 个月的情况下，人民币汇率的升值速度对我国汽车产品进出口的增长率具有显著的影响关系。但我国汽车产品进口增长率和出口增长率相互间没有显著的关系，近年来，国际汽车市场较不稳定，特别是几个汽车出口大国，相继出现经济危机和政治风波，因此我国汽车进出口间没有显现出显著的影响关系。

4.3.4 脉冲响应分析

在国际贸易市场上，汇率变动的原因一部分来源于外汇市场的供求关系，但也会受到产品进出口的影响，就我国的汽车进出口而言，由于其进出口额占总进出口额的比重较低，因此对人民币汇率波动的影响会很小；同时，不仅是人民币汇率波动对汽车产品进出口产生一定影响，汽车产品的进出口之间也存在一定的影响关系。为了实证分析人民币升值对汽车产品进出口的影响，本文将基于平稳序列构造 VAR 模型。首先，根据 LR（sequential modified LR test statistic 序列调整的 LR 检验统计量）、FPE（Final prediction 最后预测误差）、AIC（Akaike information criterion 赤池信息准则）、HQ（Hannan－Quinn information criterion 汉南－奎因信息准则）四种判别准则的判断结果，决定选取 3 阶滞后构造 VAR 模型即决定的最优滞后期是 3。

表 3 VAR 模型结果（Vector Autoregression Estimates）

	EXCHANGE	EXPORT	IMPORT
EXCHANGE(－1)	1.243344	－52.17076	－57.62790
	(0.14671)	(22.5541)	(28.3261)
	[8.47487]	[－2.31313]	[－2.03445]
EXCHANGE(－2)	－0.006595	15.60988	26.11459
	(0.25358)	(38.9833)	(48.9597)
	[－0.02601]	[0.40042]	[0.53339]
EXCHANGE(－3)	－0.260858	34.00344	26.33440
	(0.15635)	(24.0368)	(30.1882)
	[－1.66838]	[1.41464]	[0.87234]
EXPORT(－4)	－0.001572	0.605063	－0.031208
	(0.00105)	(0.16104)	(0.20225)
	[－1.50116]	[3.75731]	[－0.15430]
EXPORT(－2)	0.001057	0.010905	－0.404532
	(0.00122)	(－.18763)	(－.23564)
	[0.86601]	[0.05812]	[－1.71671]
EXPORT(－3)	－0.000757	－0.108664	－0.040662

续表

	(0.00099)	(0.15223)	(0.19118)
	[−0.76491]	[−0.71383]	[−0.21269]
IMPORT(−1)	0.000294	0.153263	0.507504
	(0.00078)	(0.11959)	(0.15020)
	[0.37734]	[1.28153]	[3.37885]
IMPORT(−2)	−0.000590	−0.−045323	0.118259
	(0.00088)	(0.13558)	(0.17027)
	[−0.66928]	[−0.33430]	[0.69453]
IMPORT(−3)	0.000451	0.132135	0.550172
	(0.00079)	(0.12069)	(0.15158)
	[0.57500]	[1.09483]	[3.62968]
C	0.202217	27.32393	48.26115
	(0.09922)	(15.2532)	(19.1567)
	[2.03810]	[1.79136]	[2.51929]
R−squared	0.997717	0.837901	0.867952
Adj. R−squared	0.997280	0.806861	0.842666
Sum sq. resids	0.027784	656.6464	1035.743
S. E. equation	0.024314	3.737807	4.694367
F−statistic	2282.451	26.99413	34.32565
Log likelihood	136.4714	−150.5362	−163.5244
Akaike AIC	−4.437592	5.632849	6.088577
Schwarz SC	−4.079162	5.991279	6.447007
Mean dependent	7.181977	35.16439	28.46018
S. D. dependent	0.466201	8.505155	11.83493
Determinant resid covariance(dof adj.)		0.124684	
Determinant resid covariance		0.069900	
Log likelihood		−166.8090	
Akaike information criterion		6.905579	
Schwarz criterion		7.980869	

VAR建立后，本文将通过脉冲响应函数分析人民币汇率波动对汽车产品进出口的影响。由于VAR模型因变量顺序变化会给冲击反应函数带来敏感性，因此要审慎地进行变量排序，排序的一般规则是：第一个变量不会同时受到所有他变量的影响，但对第一个变量冲击将影响其他变量；第二个变量同时影响剩余的其他变量，但不会同时受到这些变量的影响，其余类推。根据这种判别规则，结合GRANGER因果检验结果，本文对变量做一下排列：汇率、汽车产品出口、汽车产品进口。

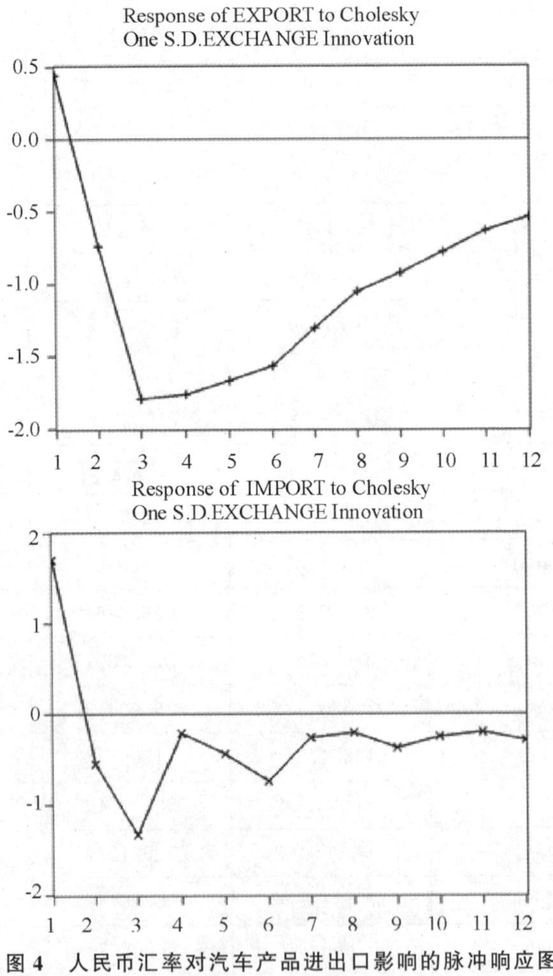

图4　人民币汇率对汽车产品进出口影响的脉冲响应图

a. 人民币升值对汽车产品出口的影响分析

由图4可知，在人民币实际升值和升值预期当期和滞后的影响下，人民币升值对汽车产品进出口影响呈现出一定的交替性，总体上来说是以促进作用为主，抑制作用为辅。对于人民币汇率1个标准差的冲击，汽车产品出口对汇率冲击的累积响应呈现从正值开始下降到低点－1.81，然后开始缓慢上升，但仍为负值，即以人民币的升值预期对产品出口的促进作用为主。汽车进口对汇率冲击的累积响应则呈现从正值开始下降，到第 3 个月处于低点－1.46，然后上升，在－0.3 左右波动徘徊。

从图 4 中可以看到，对于人民币汇率 1 个标准差的冲击，汽车产品出口响应系数的绝对值从第 1 个月到第 3 个月逐渐增加，从正值 0.49 变化到－1.81，到第 4 个月时，汽车产品的累积响应系数为－1.79，从此其响应系数的绝对值开始减小直到第 12 个月的－0.47。人民币实际升值将推动汽车产品国际出口价格上升，从而对汽车产品的出口有抑制作用，但人民币升值的预期对汽车产品的出口有着促进作用，因为汽车产品出口商若预期未来人民币将继续升值，则经销商会加大当期的出口力度和出口规模。从图中所呈现的趋势可以看出，人民币升值预期对汽车产品出口的促进作用总体上强于人民币实际升值的抑制作用，人民币升值第 1 个月的响应系数为正值，即人民币升值让出口商措手不及，出口商不愿以低价卖出产品，所以表现出的是人民币实际升值对汽车产品出口的抑制作用，但从第 2 个月到第 3 个月，系数下降为负值，且其绝对值逐渐增大，即人民币升值开始对汽车出口产生促进作用，且这种促进作用是逐渐加强的；而促进作用来源于出口商对人民币升值的预期，出口商越是认为人民币未来还会继续大幅度升值，他们就越会加快其产品出口的速度和出口的规模。而从第 4 个月开始，累积的正向促进作用有所调整变化，响应系数的绝对值逐渐减小，一直持续到第 12 个月。而这一趋势变化的主要原因是，升值预期的正向促进作用超过实际升值抑制作用的幅度开始缩小，出口商逐渐意识到升值的必然性和趋势，因此对未来升值进行观察和调整，同时持有一个较为稳定的出口态度。从总体上看，人民币升值对汽车产品出口具有促进作用，而这种促进作用的大小随着出口商升值预期的波动而波动。

b. 人民币升值对汽车产品进口的影响

对于人民币汇率 1 个标准差的冲击，汽车产品进口在第 1 个月的响应系数为 1.78，在第 2 个月的累积响应系数为－0.62，其系数绝对继续增大，到第 3 个月为－1.46，即人民币升值对汽车产品进口的影响从第 1 个月的抑制作用变化为第 2 个月的促进作用，且其促进作用在不断强化，第 3 个月达到最大值，3 月到 4 月响应系数绝对值上升，从第 4 个月到第 6 个月响应系数做小幅调整，绝对值下降，而后响应系数的绝对值呈现在－0.3 左右波动的现象，一直到第 12 个月（－0.34）。人民币升值预期会使得进口商推迟进口，因为随着人民币升值幅度的加大，推迟进口会减少他们的进口商品的价格，然而人民币的实际升值会使得进口汽车价格下降，从而对汽车进口产生促进作用。前 3 个月响应系数的逐渐下降说明人民币实际升值的影响慢慢主导了进口商的决策，这与图 4 中人民币在前期对汽车进口的影响以升值预期为主是基本一致的。第 3 个月以后，进口商逐渐考虑人民未来升值的幅度大小,因此,汽车产品进口商对人民币升值预期开始有所强化,实际升值的正向促进作用超过升值预期抑制作用的幅度开始缩小,导致汽车进口对人民币汇率冲击的累积响应系数出现绝对值缩小的态势,到第12个月时,汽车进口的累积响应系数为-0.34,人民币升值对汽车进口仍然呈现出累积促进作用,因此,总体上看来,在人民币缓慢升值的态势之下,人民币实际升值对汽车产品进口的促进作用超过了升值预期的抑制作用,总体呈现出较为明显的促进作用,由图可以看出,汽车进口对人民币汇率冲击的响应呈现出一定的波动性,这与人民币升值预期和实际升值对汽车进口的影响力度的时效性是密切相关的。

5. 分析结论

随着经济全球化和全球经济一体化的推进,我国汽车进出口规模逐步扩大,在劳动力仍为我国主要要素的约束条件下,我国汽车能否在国际舞台上站稳脚跟,在此次大幅度人民币升值的冲击下,汽车行业又会经历怎样的改革?根据本文实证分析的结果,在5%的置信度下,人民币升值对汽车产品进口有显著影响,10%的置信度下,汇率也是汽车产品出口的格兰杰原因。根据脉冲响应图可以看出,在人民币汇率冲击下,前3个月内汽车产品商因其对人民币升值的预期而扩大的出口规模与因实际升值而减少的出口规模的差是逐渐扩大的,但从第4个月开始,响应系数的绝对值开始减小,升值预期的正向促进作用超过实际升值的抑制作用的幅度减小。就汽车产品的出口而言,在人民币汇率的冲击之下,前3个月,汽车产品进口对人民币汇率冲击的累积响应呈现促进作用,即实际升值的促进作用;但第3个月到第4个月响应系数绝对值缩小,说明升值预期的影响逐渐变大,而4个月后的绝对值呈现横向波动,即升值预期的影响和实际升值的效应之间相互交替。综合人民币实际升值和升值预期的影响,人民币升值对汽车产品进出口均以促进为主,但影响随汽车产品进出口商对未来人民币升值预期的变化而波动。为保障汽车产品进出口的健康有益发展,从人民币汇率和汽车行业本身建设两个方面出发,特提出以下建议:

5.1 政府应采取有力的宏观调控政策,保持人民币汇率相对稳定升降,防止大起大落

在全球金融风暴的后危机时代,国际贸易环境变得越来越严峻,各国贸易摩擦不断,西方国家对人民币升值抱以迫切期望,人民币承受着很大的升值压力,为了缓解国际摩擦,人民币升值波动幅度逐渐加大,这直接影响了我国进出口贸易,不仅减弱了我国的出口企业的国际竞争力,也影响了我国贸易市场的稳定。其影响遍及汽车行业在内的所有国民经济产业。于政府来说,为了保持我国进出口贸易的持续快速发展,应该综合采取行政和市场调节的手段,保持人民币相对稳定或缓慢升值的态势，即采取小幅渐进的方式，增强汇率弹性的同时采取人民币汇率浮动区间调节机制等应对措施，保持人民币稳定或缓慢升值的态势，给汽车进出口商足够的时间以做相应的调整，并且在此过程中提高各项政策措施的透明度，稳定市场对人民币升值的预期。同时，采取出口退税率调整和配额管理的贸易政策，淘汰落后的产能，促进贸易结构的升级。

5.2 科学引导汽车产品进出口商对未来人民币的升值预期，合理安排汽车产品进出口，充分发挥汽车产品进出口的市场调节作用

人民币升值预期起着强化其实际升值的作用，特别是人民币汇率进入升值的轨道之后，人民币汇率持续大幅度的升值会不断强化汽车进出口商的升值预期，这样便会导致汽车进出口商推迟进口，提前出口，影响国内市场的稳定。因此，政府应该科学合理地引导汽车产品进出口商对未来人民币的升值预期，防止汽车产品进出口商因对人民币汇率波动预期的突然转变而引起汽车进出口市场的剧烈波动，从而发挥汽车进出口市场的自我调节作用，稳定国内的物价，保证国内市场的稳定有效。

5.3 鼓励国内汽车企业强强联合，提高国内汽车的制造技术和水平

人民币连续升值，让出口企业应接不暇，无从应对，从而造成企业的出口萎缩，利润下滑。这从侧面也反映了我国出口企业的实力不强，抵御汇率风险的能力弱的缺点。我国汽车在国际市场上以较低的价格作为其主要的优势，技术方面和美国、德国、日本等汽车制造大国的水平相去甚远。面对这来势汹汹的进口汽车，国内的汽车企业应该反思并采取相应的措施以应对国际市场的挑战。进口汽车的特点是其技术相对于国内较为先进，汽车的性能好质量佳，但是受限于关税和成本，销售量不会太高。但人民币的升值使得进口汽车的价格下降，进口汽车逐渐占领优势，对此，国内的汽车企业可通过强强联合，技术融通的方式共同应对进口汽车的威胁。

5.4 企业应增强汇率风险意识，灵活利用各种金融工具以规避风险

关注人民币的汇率变动是出口企业经营管理中的重要任务，企业对于这个方面要高度的重视，组织专门的力量，密切地跟踪人民币汇率的变化和走势，尤其要关注人民币兑美元、欧元、日元等国际主要币种的变动情况，深入的研究人民币升值对其进出口企业的影响，以制定出有效的汇率风险控制手段，从而不断的提高应对汇率风险的能力。就交易过程来说，企业可以采取灵活的结算方式和有效的金融工具，比如可以运用多币种结算等手段转嫁汇率风险，或是采用外汇远期买卖、外汇期权买卖及套期保值等方式锁定汇率风险，还可通过美元贷款来降低汇差的损失和利息的支出。除此之外，出口企业要加快出口变现，尽量减少应收外汇账款的占用。

5.5 企业本身及时调整外海战略，善于抓住机遇

人民币升值和金融危机在某种意义上也是我国汽车出口企业的一次机遇，人

民币升值降低了我国出口企业在外直接投资的成本，这样更有利于企业实施“走出去”的战略，选择直接投资的方式在出口目标市场与当地汽车厂商/零部件厂商建立更为广泛的合作，或是直接在条件成熟的消费市场选择独资方式进行投资，从而最大程度地降低人民币升值所带来的出口负面影响。同时，进口企业可以利用对外升值这一契机，大量进口国内先进生产线，积极引进外国技术，同时提高企业的资源优化配置能力，增强我国汽车企业的国际竞争力。

参考文献

[1] Boyd, Deriek, CaPorale, Gugielmo and Smith, Ron. Real exehange rate effects on the balance of trade: cointergration and the Marshall－Lerner condition[J]. Japan the World Economy, 2009, 21(2): 161－171.

[2] Dickey D. A & Fuller W. A. 1981, Likelihood ratio statistics for Autoregressive Time series with a unit root, In*Econometrica*, (4).

[3] Chua, Soo and Sharma, Subhash. An Investigation of the Effects of Prices and Exchange Rates on Trade Flows in East Asia[J]. Asian Economic Journal 1998(12): 253－271.

[4] Ewards, S.. Exchange rates in multi－coun try econometric models[J]. Paul DeGrauwe and Theo Peeters, 1984: 287－298.

[5] Ewards, S. , Are Devaluations Contractionary? [J]. Review of Economics and Statistics, 1989(68): 501－508.

[6] Irandoust, Manuchehr. Exchange Rate Pass－Throughin the Automobile Industry[J]. International Trade Journal, 2000, 14(1): 37－51.

[7] 李圣军，孔祥智．人民币升值对农产品进出口的影响[J](2005 年－2009 年)，经济理论与经济管理，2010(12).

[8] 高一超．人民币汇率上升对汽车行业的影响分析与对策，现代商业，2011(1)

[9] 王祖德．全球金融危机对中国汽车产品出口影响已渐消－2010 年一季度中国汽车产品出口分析，产业经济，2010(24).

[10] 任志新，王春艳．人民币升值对我国汽车出口的影响，经济论坛，2008(13).

[11] 戴祖祥．我国贸易收支的弹性分析 1981－1995[J]. 财经研究，1997(7).

[12] 李未无．实际汇率与经济增长：来自中国的证据[J]. 管理世界，2005(2).

[13] 毕玉江，朱钟棣．人民币汇率变动与出口价格：一个分析框架和实证检验．世界经济研究，2007(1).

[14] 王晋斌，李南．中国汇率传递效应的实证分析．经济研究，2009(4).

[15] 欧元明，王少平．汇率与中国对外出口关系的实证研究[J]，国际贸易问题，2005(9).

[16] 夏友富．世界性经济危机条件下促进出口发展的思路与建议[A]；《国际贸易》‘新形势下对外贸易发展的作用、意义及促进之策’专题研讨会论文集[C]，2009.

[17] 傅冠岚．人民币汇率变动与我国进出口贸易弱相关性的原因分析[J]. 浙江教育学院学报，2008(1).

政府主导背景下农村文化产品供给问题及对策研究：基于治理理论视阈

汪　超

（华中师范大学管理学院行政管理专业2011级硕士研究生，武汉 430079）

摘　要：本文以湖北咸宁农村的调研数据为基础，采用实证性与规范性分析方法，对供给问题进行概括性描绘，进而对供给主体单一是供给问题的深层次原因进行多元分析。从因子分析的角度论证了政府与其他供给主体并存，第三部门、私营部门、农民的方差贡献率并不低于政府；从微观经济学角度论证了政府主导供给市场会带来供给福利损失；从规范性分析的角度进一步论证了政府主导供给会带来供给缺位错位问题。基于多元论证的结论，本文提出针对性的治理建议，重新界定该模式下各行动主体的职责及优化主体行为。

关键词：政府主导模式；农村文化产品；供给主体

农村文化建设作为社会主义新农村建设的重要战略基点，社会主义新农村要取得重大进展，就须重视城乡文化协调发展，着力丰富农村文化活动，就必须健全农村文化产品供给体系，培育多元供给主体。从学理上来讲，对农村文化产品供给模式的相关问题予以研究，对于丰富和完善新农村建设中文化建设的研究，弥补我国在农村文化建设研究方面的不足，突破传统理论认识和研究的局限都具有重要的理论意义；从实践上看，加强对农村文化产品供给的研究，对丰富农民的文化生活，提高农民的思想道德素质和科学文化素质，搞好农村文化建设，发展农村文化事业，对于落实党的全民文化服务体系的构建、促进农村地区的团结与稳定，促进农村经济社会的全面进步，具有重要的现实意义。

1. 农村文化产品层面有关问题的理论分析

1.1　农村文化产品的界定

基于研究路径、视角、方法的不同，国内外学术界对于农村文化产品没有统一的界定，但对涉及到农村文化产品展开的相关研究主要从两个方面进行：一是农村公共文化服务。邓克龙、鲁洋（2007）认为，公共文化服务应是一切文化服务体系的总和，主要包括先进文化理论研究服务体系、文化精品创作服务体系、文化知识传授服务体系、文化传播服务体系、文化娱乐服务体系等;陈坚良(2007)认为,公共文化服务是指与经营性文化产业相对应,主要着眼于社会效益、以非盈利性为目的,为全社会提供非竞争性的公共文化产品和服务的文化领域;二是农村公共文化设施。徐学庆(2008)认为要繁荣农村文化事业,不断满足农民群众日益增长的精神文化需求,就必须切实加强农村文化设施建设,完善农村文化设施。他根据文化活动的内容、性质和文化设施的作用,将农村文化设施分为艺术表演设施、学习阅览设施、文化娱乐设施和体育运动设施四类。

根据我农村经济发展水平和农村社会状况,本次研究将其定义为:在社会多元化背景下为满足农村居民日益增长的物质文化需求,以政府为供给主体向农村居民提供的具有文化渗透性的各种非完全公共性质的文化产品和服务。

1.2 农村文化产品供给理论

从公益性的角度,农村文化产品供给就涉及到两种形式:一种是以商品形式,另一种是以无偿提供的非商品形式。本文研究的农村文化产品属于以上两类范畴的综合,因此其供给采取两种方式的结合,从而研究的理论应与公共产品和私人产品供给理论都有相关性,治理理论正挈合本次研究需要。

对治理理论的关注,是随着全球化进程的发展和新公共管理不能有效解释当代公共决策的更加复杂和动态的过程而不断向前的。两个最早的表现是20世纪80年代初的“地方治理”和产生于80年代后期的“公司治理”运动。截至20世纪90年代,这些不同的概念整合成一个更广泛的概念“公共治理”,它把单独的公共机构的公司治理与政策网络联系起来,通常涵括了公共部门的各个层级。在众多的有关治理的定义中,联合国全球治理委员会的定义具有很大代表性和权威性,该委员发表的一篇题为《我们的全球伙伴关系》(1995)的研究报告认为,“治理是个人和公关或私人机构管理其公共事务的诸多方式的总和。它是使相互冲突的或不同的利益得以调和并且采取联合行动的持续的过程。它既包括有权使人服从的正式制度和规则,也包括人民和机构同意的或以为符合其利益的各种非正式的制度安排。”

1.3 农村文化产品供给模式

从学理上推论,过渡转型模式正是现阶段咸宁农村中盛行的理论模式,该模式以国家供给为主,动员社会力量参与,实行国家和市场双重主导,尽可能地保障广大农民群众的文化享有权。再从咸宁农村经济发展水平,“政府主导”模式就是过渡转型模式在实践中的具体体现。“政府主导”模式在咸宁农村中文化产品供给中得到最广泛的应用,这一模式注重政府在资金、政策、管理等方面的主导作用,政府组织各种文化活动,建设各种文化设施满足农村居民的文化需求,但吴业苗、刘学平(2006)认为在该模式下农村文化产品供给主体存在缺位、责任划分不明确和政府供给能力弱化等问题。

2. 政府主导背景下农村文化产品供给现状概论

在构建社会主义和谐社会的进程中，农村是否和谐是一个关系全局的问题，这使得构建和谐社会过程中要突出政府的公共服务职能，因而随着国家政策向农村倾斜，以及对农村文化建设的逐步重视，农村文化产品供给状况也得到了很大的改善，主要体现在文化基础设施建设得到改善，民俗文化得到传承与弘扬，居民文化生活逐渐丰富等方面。

尽管如此，"政府主导"模式下政府在供给上处于越位状态，而在供给资金上又处于缺位状态，导致农村文化产品供给在不同程度上被削弱了。其供给缺失可以从三个方面概论：一、文化事业经费投入严重不足。在文化资金偏少的情况下，投入农村文化事业尤其是农村文化事业经费所占的比例更低，主要表现在地区投入差距大和城乡投入差距大两方面；二、文化消费资源不足与质量不高。广大农民群众看戏难、看书难、看电影难的问题在农村仍很突出，一些农民几乎一年都看不到一场电影，更不用说能看到报纸、杂志了。这些突出问题可以概括为农村居民的文化消费资源较少，农村文化生活十分单调；三、文化工作队伍建设薄弱。文化产品供给中也包括文化人才的培训与供给，一支优秀的农村文化工作队伍是文化基础设施健康运行、农民文化生活日益丰富的根本保证。然而农村文化精英外流和农村文化优秀人才的匮乏，是当前农村文化建设陷入困境的一个重要原因。

3. 政府主导背景下农村文化产品供给问题的原因分析

对于咸宁农村存在的文化产品供给问题，本文从因子分析、微观经济学、规范性分析的角度推理论证供给问题的深层次原因。从因子分析的角度论证了政府与其他供给主体并存，第三部门、私营部门、农民的方差贡献率并不低于政府；从微观经济学角度论证了尽管第三部门、私营部门、农民的方差贡献率并不低于政府，政府主导的供给市场会带来供给福利损失；从规范性分析的角度进一步论证了政府主导供给会带来供给服务意识缺失和供给结构错位。从多元论证的结果可以推知供给问题的深层次原因在于供给主体单一，供给主体单一进而带来农村居民文化消费支出水平低，文化事业经费投入严重不足，文化消费资源不足与质量不高，文化工作队伍建设薄弱等主要供给问题。

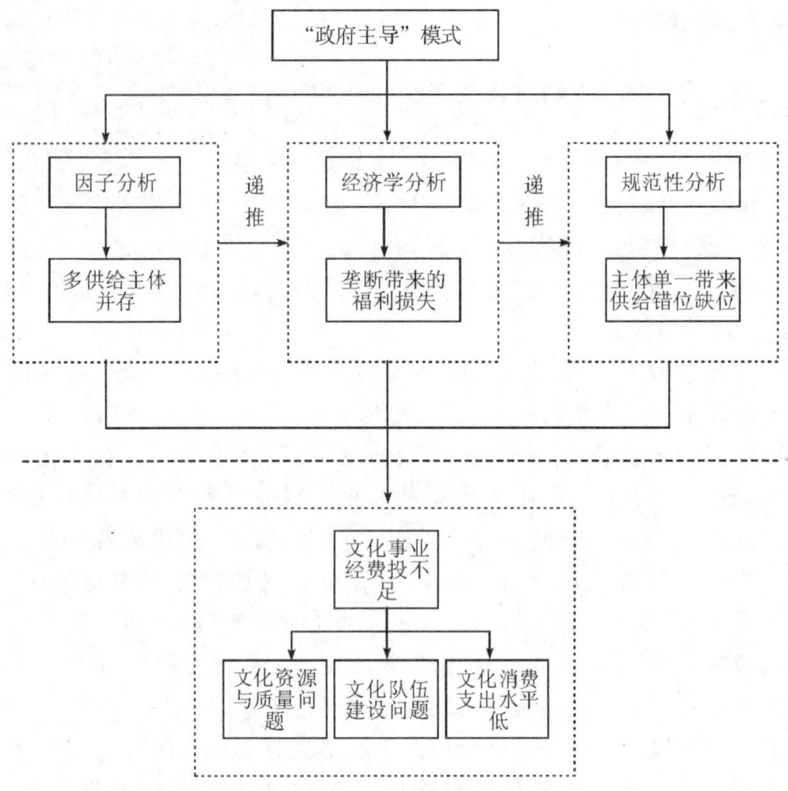

图1 供给问题的原因分析示意图

3.1 实证结论:现实农村文化产品供给过程中多供给主体并存

为了研究供给问题的深层次原因,本次研究选取咸宁红旗村双丘村的基层干部和普通村民为调查对象。本次研究采用因子分析进行论证,由于因子分析并不是研究的重点,在研究过程中不做过多描叙调研的具体细节,仅介绍克朗巴哈系数以说明问卷的可信度。在问卷总体数据的克朗巴哈系数为0.782的情况下,说明了可信度较高可进行因子的相关分析。

第一,政府与其他供给主体并存。在"政府主导"模式下,政府是农村文化产品最重要的生产者和供给者,然而在现实的供给过程中供给主体并不单一,存在着其他供给主体。

3.1.1 巴特利特球度检验和KMO检验

在进行因子分析时就需要对因子分析的条件,即影响农村文化产品供给变量是否相关进行研究,这里采用巴特利特球度检验和KMO检验方法。由表1可知,巴特利特球度检验统计量的观测值为414.742,相应的概率P-值接近于0。如果显著水平a为0.05,又有P-值为0,明显小于显著水平a,则应拒绝原假设,认为原有变量之间具有相关性。在 KMO 值为 0.795 时,根据 KMO 度量标准可知原有变量适合进行因子分析。

表 1 KMO 和 Bartlett 的检验

取样足够度的 Kaiser－Meyer－Olkin 度量。		.795
Bartlett 的球形度检验	近似卡方	414.742
	df	120
	Sig.	.000

3.1.2 提取因子

将影响农村文化产品供给变量中综合出少数具有代表性的因子正是本次因子分析的核心。采用主成分分析法提取因子并选取特征根值大于 1 的特征值,横坐标为因子数,纵坐标为特征根,可以看到:第 1 个因子的特征根值很高,对解释原有变量的贡献最大;第 5 个以后的因子特征根值都较小,对原有变量的贡献很小,已经成为可以被忽略的“高山脚下的碎石”,因此提取四个因子是合适的。

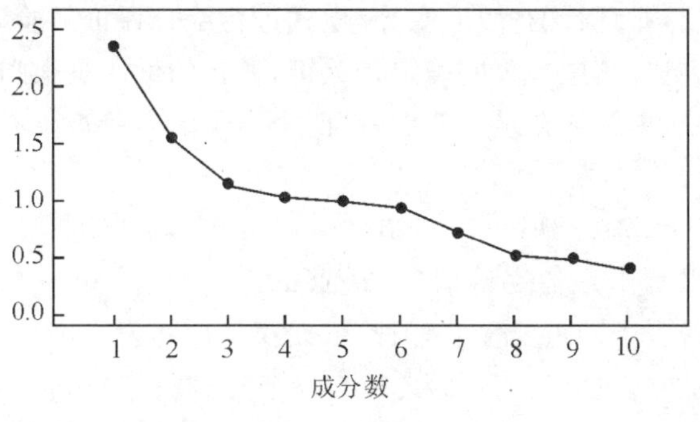

图 2 碎石图

3.1.3 因子命名解释

采用方差最大法对因子载荷矩阵实行正交旋转以使因子具有命名解释性,由表可知:农村民俗文化、农家书屋、农户收入在第 1 个因子上有较高的载荷,第 1 个因子主要解释了这几个变量,并可以解释为农民的职责;村干部的文化参与意识、政府政策资金支持、村级网络建设在第 2 个因子上有较高的载荷,第 2 个因子主要解释了这几个变量,并可以解释为政府部门的责任;文化骨干队伍、文化下乡活动在第 3 个因子上有较高的载荷,第 3 个因子主要解释了这几个变量,并可以解释为第三部门的责任;网络传媒在第 4 个因子上有较高的载荷,第 4 个因子主要解释了这个变量,并可以解释为私营部门的责任。

表 2 旋转成份矩阵

	成份			
	1	2	3	4
农村民俗文化	.756	−.200	.339	.248
农家书屋	.752	.157	.093	−.121
农户收入	.472	.453	−.256	.106
政府政策资金支持	.138	.865	−.003	−.138
村干部的文化参与意识	−.175	.618	.369	.220
村级网络建设	.389	.404	.065	.199
文化骨干队伍建设	.069	.018	.794	.121
文化下乡活动	.170	.102	.778	−.153
网络传媒	.078	.056	−.015	.958

第二,其他供给主体在供给过程中的作用并不低于政府。因子得分是因子分析的最终结果体现,对现行的“政府主导”模式进行综合评价与验证,可以采用计算因子加权总分的方法,其中权重的确定是关键,通常的做法是根据实际问题由专家研究确定,这里仅从单纯的数量上考虑,以四个因子的方差贡献率为权数,于是,得到计算公式:

$$F=17.788F_1+17.523F_2+17.408F_3+12.782F_4$$

因子得分可以看作是各变量值的加权($w_{j1},w_{j2},w_{j3},\cdots\cdots,w_{jp}$)总和,权数的大小表示了变量对因子的重要程度,因此根据权重计算公式,农民、政府部门、第三部门、私营部门的方差贡献率依次为:17.788、17.523、17.408、12.782,说明农民、第三部门、私营部门在农村文化产品市场中的方差贡献率不低于政府。

表 3 解释的总方差

成份	初始特征值			提取平方和载入			旋转平方和载入		
	合计	方差的%	累积%	合计	方差的%	累积%	合计	方差的%	累积%
1	2.255	25.052	25.052	2.255	25.052	25.052	1.601	17.788	17.788
2	1.397	15.518	40.570	1.397	15.518	40.570	1.577	17.523	35.311
3	1.196	13.290	53.860	1.196	13.290	53.860	1.567	17.408	52.720
4	1.048	11.641	65.501	1.048	11.641	65.501	1.150	12.782	65.501
5	.924	10.270	75.772						
6	.825	9.165	84.937						

续表

7	.571	6.341	91.278						
8	.421	4.680	95.959						
9	.364	4.041	100.000						

从因子分析的角度论证了政府与其他多元供给主体并存，第三部门、私营部门、农民的方差贡献率并不低于政府，然而在实际中，其他供给主体的行为及作用受到政府的抑制。

3.2 经济效果分析：其他供给主体的作用受到政府的抑制

第一，在政府主导的农村文化产品市场中政府会排斥其他供给主体。在“政府主导”模式下，政府部门垄断文化产品供给职能，这就导致非完全竞争的农村文化产品供给市场，不是依靠市场机制来调节文化产品的供给，而是依靠行政命令调节供给，这无疑会使政府抑制其他供给主体在此过程中的供给作用，滞缓农村文化产品市场的构建，也就难以满足农村中存在的多层次、多样化的需求。

第二，非完全竞争的产品市场会带来社会福利的损失，在“政府主导”模式下，农村文化产品市场是非完全竞争的，无疑会带来供给福利的损失。微观经济学的一个最基本的发现是竞争性的均衡是帕累托最优的，这就说明在非完全竞争的市场中会带来非完全竞争的福利损失。在政府主导的市场下，政府利润极大化产量为边际收益等于边际成本的 Q_M，而市场价格将高达 P_M。如果是一个完全竞争市场，那么长期供给线 LS 就是边际成本线 MC，均衡产量和价格将分别是 Q_C 和 P_C，相应的农村居民的消费剩余为三角形 AP_CC 的面积。相比之下，在政府主导的市场下，农村居民只有三角形 AP_MB 的面积，即消费福利损失了梯形 P_MBCP_C 的面积。当然政府的福利较完全竞争市场得到了上升，表现为图中 P_MBEP_C，从宏观上看，两方面相抵消后，垄断带了供给福利的净损失，这便是三角形 BEC 的面积①。

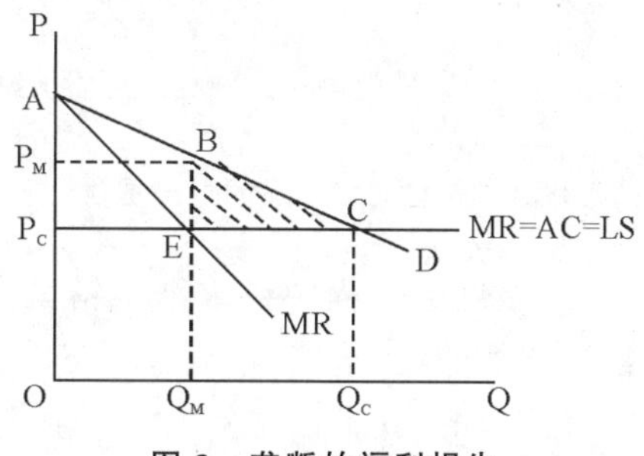

图 3 垄断的福利损失

① 黄亚钧．微观经济学[M]．北京：高等教育出版社，2005.5：307－308

以上是从实证的角度论证了在“政府主导”模式下，政府作为单一供给主体是农村文化产品供给问题的深层次原因，我们可以进一步从以下两方面规范性论证这结论。

3.3 规范性研究推论：供给主体单一所带来的供给缺位错位问题

第一，农村文化产品供给过程中服务意识缺失。从政府主导的农村文化产品供给现状看，虽然农村文化工作得到了作为单一供给主体的各级政府领导的重视和支持，然而由于财政资金的限制，明显感到重视的力度不够，抓得不够紧，服务意识不强。这方面的缺失主要体现为传统的“重经济、轻文化”的发展思路与重视“送文化”而轻视“种文化”文化发展观。

第二，农村文化产品供给过程中供求结构错位。农村文化需求与满足之间的矛盾，不单是由农村文化缺乏造成的，还是文化供给过剩与供给不足的结构性矛盾运动的结果，而供给结构性矛盾又是由于作为单一供给主体所带来的结果。

从实践上讲，文化供给过剩的主要原因，是上个世纪80年代地方各级政府为了争当“文化示范县”、“文化示范乡”，尽量追求预算最大化，投入大量文化资金。由于那是拿政府的钱办文化，所以不管这些文化设施在农村用不用得上，就“统一购买，统一配置，统一发放”，结果造成“文化过剩”，显然这种行为导致了社会福利的损失，损失则是图4中的三角形EFG的面积；而文化供给不足的原因，也是由于政府上述的“三统一”，本来农村文化设施的配置是根据农民对文化的需求倾向和需求量来配备的，但是实际却是需要的没有配备，不需要的却大量给予，造成文化配置的结构的严重失衡，从而远离帕累托最优。

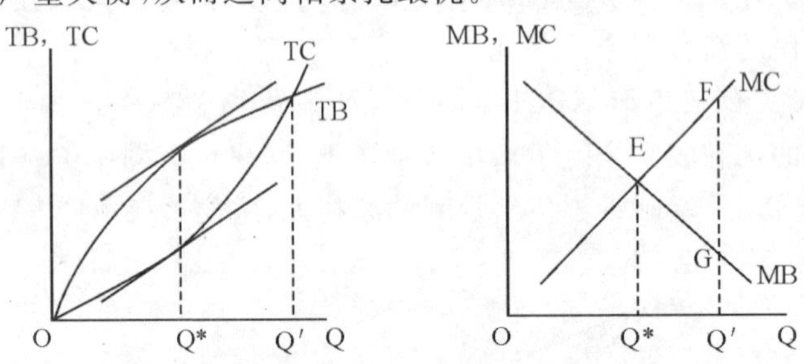

图4　农村文化产品的过度提供

从学理上讲，农村文化产品供给过程中供求结构错位主要原因在于信息的不对称。农村市场的有效运行依靠的是“价格”这只看不见的手，然而，价格调节要带来这样供给平衡的局面是有前提的，其中最重要的一个前提就是充分的信息，即农村居民和政府拥有一切做出正确决策所需要的信息。然而，一方面，完全充分的信息只是一种理想的假设，农村居民和政府无法预测到供给变动的情况。另一方面，出于信息的不对称，政府难以观测到农村居民的行为，或是无法完全获得农村居民的信息，究其原因是基层组织运行制度不够健全，在决策过程中实行一言堂，民情民意难以在决策中得以体现从而导致民主萎缩。

4. 结论与建议

4.1 研究结论

第一，从已得出的权重计算公式分析，在农村文化产品供给过程中存在着农民、政府部门、第三部门、私营部门四个主体，四个主体的方差贡献率依次为17.788、17.523、17.408、12.782，可以明确得出其他主体在供给过程中的作用并不低于政府部门，这个结论就明显与传统理论对“政府主导”型模式中政府在供给中的作用认识相悖；从微观经济学的角度分析，政府主导的农村文化产品供给市场是一个不完全的竞争市场，这个不完全竞争市场会带来供给福利的损失；从规范性分析的角度进一步论证了供给主体单一所带来的服务意识缺失、供求结构错位问题。多元的分析论证说明需要根据实际重新界定“政府主导”型模式中的供给主体及其作用。

第二，从供给主体的方差贡献率分析，其他供给主体在供给中的方差贡献率并不低于政府，进一步说明我国农村市场建设取得初步的成效，一个健全的市场不仅要拓宽准入，还要有多元的市场主体。但必须看到现行的政府主导的农村文化产品供给模式严重滞缓了农村文化产品市场的建设，钳制了多元主体应有的活力。方差贡献率也反映咸宁农村已初步或即将步入公共发展模式阶段，该模式作为一种预设的理想模式，必须借助国家宏观政策途径，调动国家公共资源并引导社会资源参与，整合各种社会力量才能实现。这就需要重新界定农村文化产品供给中的主体以及供给主体在供给过程中的地位与作用，以加速农村文化商品市场的建设，培育多元供给主体来活跃市场，来满足农村日益丰富的文化需求。

第三，从咸宁农村文化建设阶段分析，构建农村文化产品的多元供给格局是一个复杂的问题，它需要经历从计划控制模式、过渡转型模式向公共发展模式层次递进，形成非政府供给为主、政府供给为辅的局面。依据咸宁农村已经或是即将步入公共发展模式阶段的现实情况，应明确各供给主体的职责范围，逐步实现政府职责的转变，尽快建立以政府为主导的，多元参与互动的模式，即由政府创造一个利益共享、责任共担的机制，通过法律的形式确定多元主体共同分担社会公共服务职责，以确保农村文化产品的有效供给。

4.2 治理建议

在培育多元化的农村公共产品供给主体中，首先要明确各个供给主体的职责，在此基础上建立好供给主体多元化的制度安排，最后营造一种有利于多元化的政策和制度环境，以最终实现多元化供给。具体来讲就是，在价值取向上，要在汲取新公共管理理论关于效率有益做法的基础上，通过协同和整合的方式为农村居民提供无缝的供给服务，实现供给服务的公平和正义；在供给方式上，要建立多元主体的伙伴合作关系，联合提供无缝隙供给服务。②

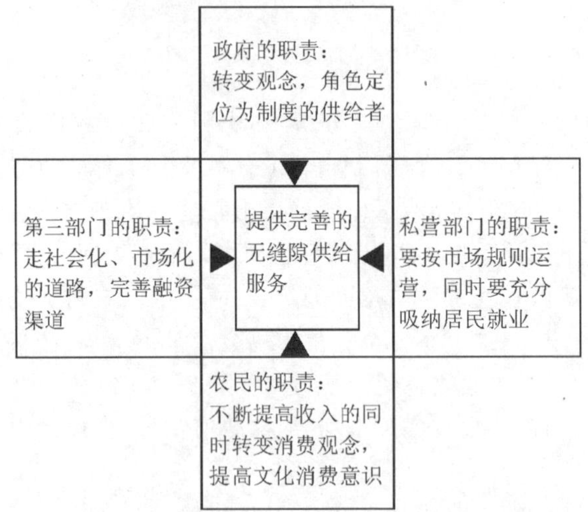

图 5 多元主体提供无缝隙供给服务模型

4.2.1 政府部门的职责

培育农村多元供给主体是为了寻求更为有效的文化产品供给机制，并不是对传统政府职责的否定，只是政府履行责任的方式发生了变化。多元供给主体体系与单一供给主体存在本质的差别，政府的职能也应当相应的进行转变。

一方面，搞好农村文化事业的第一推动力来源于各级政府，他们对农村文化建设的支持程度，直接影响和决定文化工作的开展情况。首先，加强政府在基层文化建设中的主导作用，彻底改变传统的"重经济、轻文化"的发展思路，彻底改变传统的"重物轻人"的文化建设思想。其次，确保"五个纳入"，即：要把农村文化纳入当地国民经济和社会发展的总体规划；纳入各级党委、政府的重要议事日程；纳入各级部门目标责任制和政绩考核体系；农村文化事业所需经费纳入各级政府财政预算，加大知识形态的"文化资源"向农村倾斜；农村公共文化基础设施建设纳入城乡建设的总体规划。③

另一方面，政府角色定位应由公共产品供给者转为制度供给者。首先，政府要制定各种法规制度。要毫不动摇的支持不同所有制文化事业的发展，拓宽非公有

② 张立荣．当代西方"整体政府"公共服务模型及价值借鉴[J]．中国行政管理，2008(7)：108—111

③ 汪超等．探索新形势下农村文化服务体系的建设[J]．金融经济，2010(1)：139－140

制力量的准入范围，培育多元行动主体；其次，要规范市场秩序和社会秩序，营造有利于多元化的环境。创建以政府为主体的制度化机制、以社会组织为载体的协商对话机制、社情民意收集反馈机制多种利益表达机制，使个体需求汇集为集体需求。只有建立健全民主通畅的需求表达机制，才能真实的反映农民偏好，使公共支出的社会效益更容易达到最优化；最后，要提高政府的决策机制的效能，引导农村文化建设的正确方向与合理的消费方式，为第三部门和私营部门的正常运作提供良好的制度环境。

4.2.2　第三部门的职责

美国著名管理学家彼得·杜拉克曾经指出，第三部门的特点使它在一些功能上能够代替政府很快解决许多社会问题，同时在社会管理与发展的一些空白领域和一些传统上由政府从事活动的领域里，第三部门常常比政府做得更好更有效。第三部门在向社会提供公共产品和公共服务方面有自己独特的优势，如创新优势、信息优势、灵活优势、效率优势。中国第三部门的发展可以分担政府的责任，促进社会公平稳定，对社会资源进行公正合理和高效配置。而中国的第三部门要想走社会化、市场化、非营利化、产业化道路，就必须健全投融资体制，打破垄断，引进竞争，打破对政府投入的单一依赖，以投资多元化、服务社会化、发展产业化、运营市场化为导向，对凡可以借助的力量加快发展的，大胆引进资金。④

鼓励第三部门加入农村文化供给主体，是由于不同区域的农村对文化产品的需求有很大差别，同一村庄的农民在不同时间也有不同的文化需求，由第三方参与农村文化产品的供给，决定供给的种类、数量、顺序、供给时间、供给进度等，更贴近农民的现实状况，从而供给更趋于公平和高效率。为了更好发挥第三部门在农村文化生活中的作用，第三部门要解决好资金问题才能向农村提供更多更好的文化产品与服务，丰富农村文化产品的供给，提高农村居民的文化生活质量。

4.2.3　私营部门的责任

私营部门参与农村文化产品的供给，是指营利性经济组织以获取利润为目的，供给教育、培训等准公共文化产品，或开发文化资源，再以收费方式补偿其成本支出。由私营部门参与文化产品供给，是基于三大原因：一是政府失灵。关于这一点公共选择理论给出了较好的理论解释；⑤二是市场优势。私营部门参与农村文化产品的供给，优势表现于市场竞争上所带来的敏捷的市场反应及回应能力、分散决策、服务的效率、成本节约及要素的聚积；三是政府资金短缺。一方面，县乡财政困难导致农村文化产品供给缺乏稳定的经费保障机制的支撑。另一方面，在乡镇机

④　陈振明．公共管理学[M]．北京：中国人民大学出版社，2005：234

⑤　[美]詹姆斯．M．布坎南．自由、市场和国家[M]．吴良健等译．北京：北京经济学院出版社，1988：18—20

构改革和农村税费改革中，由于文化机构被撤并和乡镇可支配收入减少等因素，农村文化产品供给不同程度被削弱。再加上农民与第三部门主体因受资金的制约，这就需要发挥私营部门在资金上的优势，推动农村文化建设。基于私营部门的优越性，可以激励其参与具体的文化产品的生产环节以提高供给的效率水平。

正是由于私营部门在农村文化产品供给过程中重要性。文化资源的开发、文化产业的经营及相应的广告宣传等需要引入市场机制，使投资主体、资金投入等方面都按照市场经济的规则行事，并依照“谁投资、谁获利”的原则进行生产经营，确保私营部门的合法权益，提高私营部门参与的积极性，与此同时，私营部门不仅要自觉遵守相关的法律法规，公平公正的交易，维护农村文化市场秩序，为农民提供健康向上的文化产品与活动，还要充分吸纳本地居民就业，为农民提高文化消费水平提供经济保障。

4.2.4 农民的责任

农民是农村文化建设的生力军，是农村文化建设的实践者和受益者。只有充分发挥农民群众的主体作用，让群众自娱自乐，只有把农村文化建设变成农民自觉追求，积极参与和支持的行为，农村文化建设才有可能充满活力。只有农村经济发展了，农民致富了，有了文化消费的基础，丰富农村文化生活才有保障，为农村文化建设提供财政支持。由于农村经济发展和农民致富并不是本次研究的重点，本次研究将农民的责任主要集中在农民的文化消费意识上。提高农民的文化消费意识主要体现在两方面：

首先，先富起来的农民积极投资农村文化建设。以咸宁崇阳县为例，上世纪90年代，白霓乌土山肢残人刘细谷的家庭文化室，华陂洪桥村陈瑞阳的家庭电影院，青山吴大华的家庭剧团等文化中心户曾名噪一时。新世纪之初，沙坪文化站下岗职工朱卫星的家庭管弦乐队，白霓峡山村农妇王斌菊的家庭剧团，天城镇退休职工徐正义的家庭博物馆，均以不同的形式，满足了当地群众不同的文化需求。他们的做法表明，农民的广泛参与改革了单纯依靠政府投入办文化的单一体制，建立了文化产品投入的多元新机制。其次，农民文化参与意识还表现在自觉组建各种农村文体队伍，传承优秀乡土文化方面。

4.3 研究局限及未来研究取向

治理理论是基于多元主体的相互依存，然而相互依存关系也是一把双刃剑。农村文化供给主体的多元化，可以促进农村文化产品供给不断走向社会化、市场化。另一方面，由于多元主体的相互依存，势必会影响治理的能力和绩效。治理研究局限就主要体现在供给主体的合法性问题、有效供给问题、供给职责以及行动优化等问题。

本次研究主要通过规范性和实证性的分析方法验证了农村文化产品供给中政

府与其他供给主体并存,而且私营部门、第三部门、农民的方差贡献率并不低于政府,但这些仅从实体文化产品的供给上进行验证,对制度安排设计等验证性研究没有涉及到。为了更好的完善“政府主导”型模式,界定和协调好各主体在供给过程中发挥的作用,丰富农村文化商品市场的建设以及本次研究的局限性必然会成为未来的研究着力点。

参考文献

[1] 薛薇 . 统计分析与 spss 的应用[M]. 北京:中国人民大学出版社,2007

[2] 陈振明 . 公共管理学[M]. 北京:中国人民大学出版社,2005

[3] 中共中央办公厅国务院办公厅关于进一步加强农村文化建设的意见[M]. 北京:人民出版社,2005

[4] 丁煌 . 西方行政学说史[M]. 武汉:武汉大学出版社,2004(12)

[5] 张军,蒋维 . 改革后中国农村公共品的供给理论与经验研究[J]. 经济学研究,1998(1)

[6] 叶兴庆 . 论农村公共产品供给体制的改革[J]. 经济研究,1997(6)

[7] 熊巍 . 我国农村公共品供给分析与模式选择[J]. 中国农村经济,2002(7)

[8] 曹志来 . 发展农村公共文化事业应以政府为主导[J]. 东北财经大学学报,2006(9):58～60

[9] 楚永生,张蕴萍 . 农村公共物品供给制度缺陷及化解对策—基于乡村治理视角分析[J]. 理论学刊,2006(12)

经济增长、城乡收入差距对居民消费影响实证分析

江　珊

（中南财经政法大学统计与数学学院统计学专业2009级硕士研究生，武汉 430073）

摘　要：本文通过建立VAR模型研究了经济增长、城乡收入差距和居民消费之间的相互关系，进一步运用Granger因果检验研究三者之间的因果关系，运用脉冲响应和方差分解观察经济增长、城乡收入差距对居民消费支出的影响程度。研究结果表明经济增长对居民消费有显著影响，并且城乡收入差距和经济增长的联合作用对居民消费有显著影响。

关键词：VAR模型；Granger因果检验；脉冲响应；方差分解

1. 引言

根据2011年的最新统计数据，2010年中国GDP赶超日本成为世界第二大经济体，中国GDP总值达到近40万亿元。而与此同时我国的居民消费需求严重不足、城乡收入差距扩大，成为制约我国经济长期稳定发展的瓶颈。经济增长有"三驾马车"，即扩大国内投资、刺激国内消费和扩大外贸出口。目前，我国消费需求不足在一定程度上制约了经济的发展。特别是在金融危机以后，受国际金融危机的影响，我国出口下降，原有的经济发展模式越来越难以为继，投资、消费、出口持续失衡，势必影响我国国民经济稳定健康发展。为保证总需求的相对稳定，实现经济平稳较快的发展，国家提出"扩大内需"的方针政策。而缩小收入差距、扩大消费需求是"十二五"规划的重要内容，规划提出把缩小城乡、地区差距作为扩大内需特别是消费需求的着力点。居民消费是我国最终消费的主要组成部分，刺激国内消费需求的关键是刺激居民消费。

2. 文献综述

主流经济文献中认为一国经济的长期增长前景一般是由一国长期供给的潜力决定，市场需求及其制约仅仅作为短期影响而不考虑。但也有许多学者认为需求也是经济增长的重要原因。Walker和Vatter(1999)通过分析美国第二次世界大

战后经济发展，认为忽略需求因素的经济增长理论无法解释美国自20世纪60年代以后生产力的大幅下降，而需求的影响在标准生产函数中扮演着重要的角色。在我国，目前有关消费需求和经济增长之间研究的成果相对较多，孟昊(2005)[1]通过比较消费与投资对中国经济增长的贡献，指出消费与投资都对经济增长具有重要作用，而且二者具有联动效应。袁晓玲、杨万平(2008)[2]运用协整、格兰杰因果检验和向量自回归模型，利用1978－2006年的年度经济数据对我国政府消费、居民消费和经济增长的关系进行层次递进的实证分析，结果表明我国居民消费、政府消费和经济增长之间存在长期均衡关系，居民消费增长是经济增长的因果原因。李占风、袁知英(2009)[3]通过建立VAR模型来研究消费、投资、净出口和经济增长之间的关系，结果也表明经济增长与居民消费之间存在相互影响。仲云云、仲伟周(2010)[4]基于协整理论，利用1978－2007年的时间序列数据，从城镇居民和农村居民人均消费支出角度，通过构建四变量VAR模型，分析了经济增长及宏观调控对我国居民消费的效应。研究结果表明:居民收入是影响居民消费的主要因素，经济增长对我国居民消费产生正向效应，但影响不明显。刘东皇、孟范昆(2011)[5]基于VAR模型实证分析了我国居民消费的经济增长效应，研究结果表明居民消费、政府消费和出口与经济增长之间存在长期稳定的均衡关系，而且经济增长对居民消费和出口的变动相对敏感，居民消费需求的整张对经济增长的作用最大。

对我国近年来消费需求不振的原因，学者们提出了各种解释，有一种观点认为:收入差距特别是城乡居民的收入差距的拉大，制约消费需求的增加。理论方面陈南岳(2001)[6]认为，城乡收入差距过大对消费需求将引起供求总量的失衡、降息刺激消费作用下降。王实(2002)[7]认为城乡收入差距较大会从消费结构上制约消费需求，制约了总消费的增加。国民经济的增长对农村市场依赖性加强，而农村消费需求不足制约了国民经济。贺靖雯等(2002)[8]认为我国城乡居民收入差距对扩大消费需求构成严重制约表现在两个方面，一是产生城乡二元消费结构;二是有效需求不足引起供求总量的失衡。实证方面朱汉雄、冯晓莉(2009)[9]分析比较了城乡居民在收入和消费方面的差别，并对收入差距对消费的影响进行了实证分析，结果表明我国城乡居民在收入和消费方面存在着较大差距，并且城乡居民消费差距随着收入差距的扩大有进一步扩大的趋势。彭晓莲(2009)[10]对我国2002—2007年的城乡居民的收入差距与消费倾向之间的关系进行实证分析，结果表明消费倾向与城乡收入差距具有明显的负相关关系，说明收入差距扩大是导致居民消费倾向下降、消费需求增长缓慢的重要原因。杨巍、刘宇(2011)[11]利用中国31个地区2000－2007年的面板数据分析了影响居民消费的决定因素，结果表明居民收入和社会保障水平对消费有显著正影响，收入差距和支出预期对消费有显著负影响。余官胜(2011)[12]研究在不同经济发展水平下城乡收入差距对居民消费需求的影响，发现当经济发展水平较低时，城乡收入差距的扩大会增加居民消费需求；而当经济发展水平达到一定程度后城乡收入差距的扩大则会减少居民消费需求。

归纳上述文献发现，虽然国内外学者对城乡收入差距、经济增长、居民消费研究较多，由于研究的角度，选取的数据不同，得到的结论也不尽相同。本文在前人研究的基础上，通过建立VAR模型，将经济增长、城乡收入差距、居民消费三者结合起来，并通过Granger因果检验、脉冲响应函数、方差分解进一步研究三者之间的关系。

3. 实证分析

向量自回归(VAR)是基于数据的统计性质建立模型，它把系统中每个内生变量作为系统中所有内生变量的滞后值的函数来构造模型，从而将单变量自回归模型推广到由多元时间序列变量组成的"向量"自回归模型。1980年西姆斯(C. A. Sims)将VAR模型引入到经济学中，推动了经济系统动态性分析的广泛应用。VAR模型常用于预测相互联系的时间序列系统及分析随机扰动对变量系统的动态冲击，从而揭示各种经济冲击对经济变量形成的影响。

3.1 数据选取与处理

本文选取1990——2009年的国内生产总值、居民消费支出、城乡居民收入差距的年度数据为样本。其中居民消费支出包括农村居民最终消费和城镇居民最终消费。为消除通货膨胀的因素，用以1978年为基期的CPI对国内生产总值、居民消费支出进行调整，得到实际值，而城乡居民收入差距用城镇居民家庭人均可支配收入与农村居民家庭人均纯收入的比值来衡量。数据来源于1990——2010年各期中国统计年鉴。

3.2 平稳性检验

对国内生产总值、居民消费支出作对数处理，以减小异方差性的影响及实现非线性关系的线性化处理。记lngdp为国内生产总值的对数，lnjmxf为居民消费的对数，cj城乡居民收入差距。在宏观经济中，大多数时间序列数据是非平稳的，在分析前对各变量做平稳性检验。本文采用ADF单位根检验对时间序列进行平稳性检验，检验结果如表1：

表1 ADF单位根检验结果

变量	检验类型(C,T,K)	ADF统计量	MacKinnon临界值(10%)	P值	结论
lngdp	(C,T,1)	−3.278764	−3.286909	0.1014	不平稳
Dlngdp	(C,T,4)	−2.672391	−2.666593	0.0990	平稳

续表

lnjmxf	(C,T,4)	－2.520227	－3.324976	0.3151	不平稳
Dlnjmxf	(C,N,0)	－2.977950	－2.660551	0.0562	平稳
cj	(C,T,4)	－4.192154	－3.324976	0.0245	平稳

注:(C,T,K)分别表示所设定的检验方程有截距项、时间趋势及自动选择的滞后项数。N表示不含截距项或者时间趋势。

由表1的检验结果看出,国内生产总值和居民消费支出是非平稳的时间序列,但一阶差分后的数据都是平稳的,因此这两个变量是一阶单整的。城乡居民收入差距序列本身就是一列平稳数据,直接引入到模型中。

3.3 VAR模型及结果分析

由于国内生产总值的对数差分(Dlngdp)、居民消费支出的对数差分(Dlnjmxf)、城乡居民收入差距(cj)三个时间序列为平稳序列,因此直接对以上三个变量建立VAR模型。同时,对数差分项近似表示该变量的增长率,具有明确的经济意义。

VAR模型中的一个重要问题是滞后阶数的确定。在选择滞后阶数K时,一方面想使滞后阶数足够大,以便能完整反映所构造的模型的动态特征。但是另一方面,滞后阶数越大需要有足够数目的滞后项,又要有足够数目的自由度,使它少于反映模型动态特征性所应有的理想数目。常用的确定滞后期的方法有似然比检验(LR)、赤池信息准则(AIC)、施瓦茨准则(SC)以及FPE准则和汉南——奎因准则。由于本文数据较少,选择的最大滞后阶数为3,5种滞后期选择的判别准则一致选择滞后期数为3。检验结果如表2:

表2 5种方法选择的滞后阶数

滞后阶数	LogL	LR	FPE	AIC	SC	HQ
0	86.35430	NA	5.99e－09	－10.41929	－10.27443	－10.41187
1	110.1801	35.73872	9.70e－10	－12.27251	－11.69307	－12.24284
2	127.6020	19.59962	3.96e－10	－13.32525	－12.31123	－13.27332
3	150.7937	17.39376 *	1.06e－10 *	－15.09921 *	－13.65060 *	－15.02503 *

注:“*”表示从每一列标准中选的滞后阶数。

建立以Dlngdp、Dlnjmxf、cj为变量的三元结构VAR(3)模型,并对模型进行稳定性检验。只有稳定的VAR模型不会由于受到冲击而长久改变自己的值。如果被估计的VAR模型所有根模的倒数小于1,即位于单位圆内,则其是稳定的。从图1中可以看出VAR(3)模型对应的特征方程的所有根均在单位圆以内,所以建立的模型是比较稳定的，表示该系统稳定。

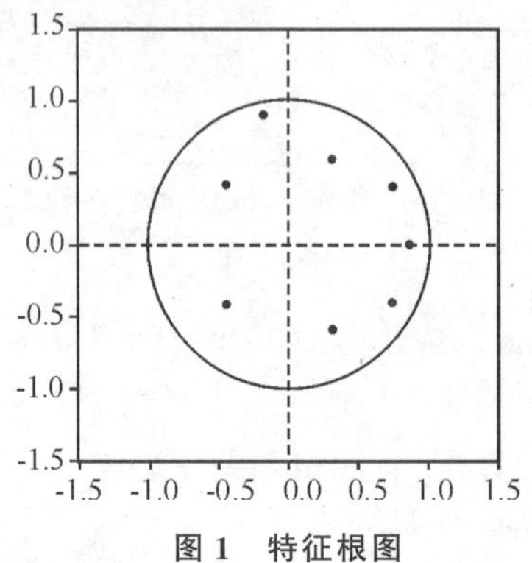

图 1　特征根图

对残差项进行检验，结果表明，在 5％的显著性水平下，各方程的回归残差项均满足正态性，不存在自相关性和异方差现象。

3.4　Granger 因果检验

VAR 模型的另一个重要的应用是分析经济时间序列变量之间的因果关系。Granger 因果关系检验实质是检验一个变量的滞后变量是否可以引入到其他变量方程中。一个变量如果受到其他变量的滞后影响，则称它们具有 Granger 因果关系。为了更好的观察国内生产总值、居民消费支出、城乡收入差距的动态关系，对以上三个变量进行 Granger 因果检验，检验结果如下：

表 3　Granger 因果检验结果

	原假设	χ^2 统计量	自由度	P 值
Dlngdp	cj 不能 Granger 引起 Dlngdp	1.352157	3	0.7168
	Dlnjmxf 不能 Granger 引起 Dlngdp	2.900284	3	0.4073
	Cj、Dlnjmxf 不能同时 Granger 引起 Dlngdp	9.043727	6	0.1711
Dlnjmxf	cj 不能 Granger 引起 Dlnjmxf	2.725679	3	0.4359
	Dlngdp 不能 Granger 引起 Dlnjmxf	8.525276	3	0.0363
	cj、Dlngdp 不能同时 Granger 引起 Dlnjmxf	17.90875	6	0.0065
cj	Dlngdp 不能 Granger 引起 cj	28.92028	3	0.0000
	Dlnjmxf 不能 Granger 引起 cj	11.83093	3	0.0080
	Dlngdp、Dlnjmxf 不能同时 Granger 引起 cj	41.81184	6	0.0000

从表 3 的结果可以看到：在 5％显著性水平下，城乡居民收入差距、居民消费支

出增长率都不是引起 GDP 增长的原因。而且两者的联合检验也不能拒绝原假设，表明居民的消费支出还远远没有达到影响经济发展的程度。正是我国居民消费能力堪低，国家才提出扩大内需的经济政策。城乡居民收入差距不是引起居民消费支出变化的原因，而经济增长的变化是居民消费支出变化的原因，同时两者的联合检验，拒绝原假设，即说明两者共同变化可引起居民消费支出的变化。经济增长和居民消费支出均是引起城乡收入差距的原因。

3.5 脉冲响应和方差分解

为了更好的观察经济增长、城乡居民收入差距对居民消费支出的影响，可以从脉冲响应函数和方差分解上来考察。所谓的脉冲响应是指一个内生变量对标准单位误差的反应，即为在随机误差项上加一个标准差大小的冲击，看冲击对内生变量的当前值和未来值的变化。本文建立 3 个变量的 VAR(3)模型，采用广义脉冲方法得到关于居民消费支出变化的脉冲响应函数图。在图 2 和图 3 中，横轴表示冲击作用的滞后期数(单位：年度)，纵轴表示居民消费支出变化的脉冲响应(%)，实线表示脉冲响应函数，虚线表示正负两倍标准差偏离带。

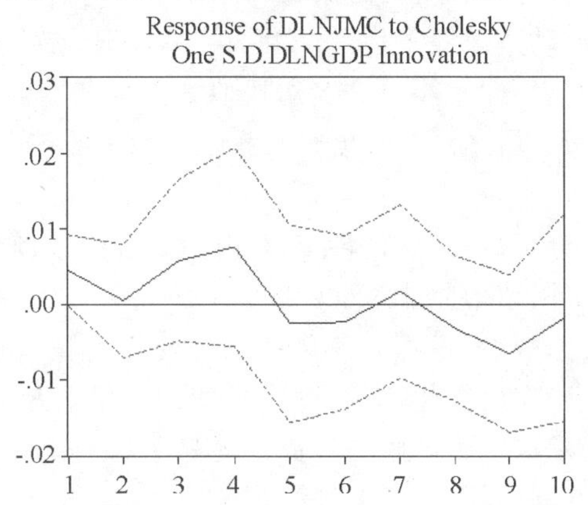

图 2 经济增长冲击引起居民消费支出的响应函数

从图 2 可以看出，本期给经济增长速度一个正的冲击后，居民消费支出有一个震荡增加的过程，然后慢慢震荡减弱到 0。第 1 期居民消费增加后，紧接着在一个周期内增加速度下降，第 2 期以后又继续增加，在第 4 期达到最大值，居民消费支出增加 0.4117%，第 5 期居民消费呈现收缩的趋势，呈现一个上下波动逐渐回归到 0 的过程，在第 10 期时达到一个较小的水平，居民消费支出仅减少 0.0835%。GDP 增长对居民消费支出的影响随着时间的推移慢慢减小。经济增长短期内会促进居民消费，但长期对居民消费产生影响较小。

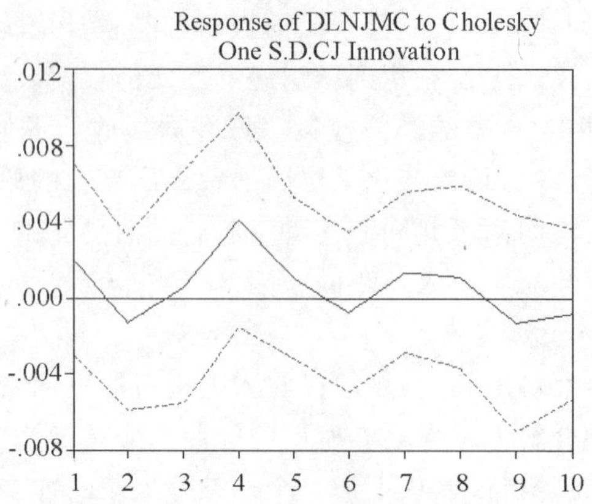

图 3 城乡居民收入差距冲击引起居民消费支出的响应函数

从图 3 可以看出，居民收入差距增加初始会给居民消费支出一个正向冲击，但仅接着就出现下降趋势，到第 2 期时，居民消费支出减少 0.053%，而后又开始慢慢增加，到第 4 期时达到最大值，居民消费支出增加 0.7599%，第 4 期以后居民消费支出开始下降，震荡波动直至慢慢趋于 0。到第 10 期时，城乡居民收入差距扩大对居民消费支出的影响已经非常小。城乡居民收入差距扩大，初期会增加居民消费支出，但是长期内会减少居民消费支出。城乡收入差距的扩大，不利于我国经济的长期稳定。

方差分解是通过分析每一个结构冲击对内生变量变化(通常用方差来度量)的贡献度，进一步评价不同结构冲击的重要性。从方差分解中，我们能更清楚的解释这些经济变量的波动原因，考察不同变量对某一变量预测方差的贡献率。图 4 表示其他变量对居民消费支出变化率的影响，各图中横轴表示冲击作用的滞后期数(单位：年度)，纵轴表示该变量对居民消费支出变化率的贡献率(%)。

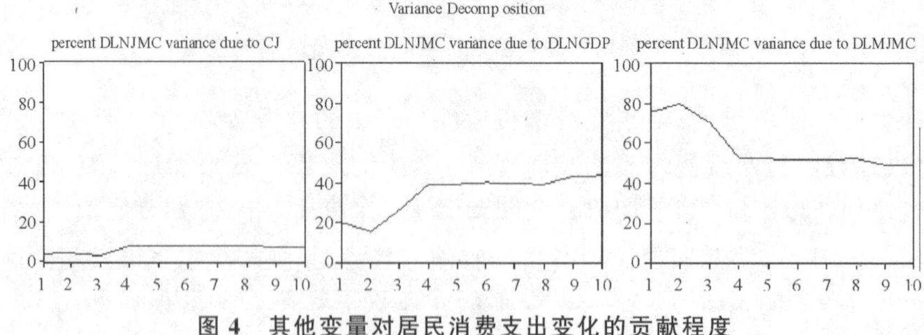

图 4 其他变量对居民消费支出变化的贡献程度

从图 4 看出，城乡居民收入差距对居民消费支出的影响很小，影响程度在 4%—8.5%之间，而经济增长对居民消费支出的影响很大，在 15%到 44%之间，而居民消费支出自身的影响程度是最大的，在 48%到 80%之间。

4. 结论与启示

本文通过建立VAR模型研究了经济增长、城乡收入差距和居民消费之间的相互关系，得到如下结论：

4.1　经济增长是居民消费变化的Granger原因，它在短期内会促进居民消费，但长期不对居民消费产生影响；城乡居民收入差距不是引起居民消费变化的Granger原因，城乡居民收入差距扩大，短期内会增加居民消费支出，但是长期内会减少居民消费支出。居民消费对经济增长的敏感程度大于对收入差距变化的敏感程度。

4.2　城乡收入差距的扩大对居民消费需求的影响不显著，但是这一因素与经济增长因素结合起来，两者的联合作用共同制约我国居民消费需求。我国政府制定"十二五"规划提出的"缩小城乡、地区差距"就是在经济稳定较快发展的基础上扩大内需的必要手段。

4.3　城乡收入差距、居民消费两个因素的变化并不能带来经济的增长，这一结论与主流经济文献中认为一国经济的长期增长前景一般是由一国长期供给的潜力决定，而不是市场需求决定相符合。那么，依赖扩大内需，特别是扩大居民消费需求只能在短时期内促进我国经济的增长，但是从长期来看，我国经济的增长应依靠调整供给结构和经济结构。

综合以上的结论，我国的经济增长应以调整供给结构和经济结构为根本方法。在我国经济稳定高速增长的同时，贯彻执行"缩小城乡、地区差距"对扩大内需增长具有重要意义。

参考文献

[1] 孟昊. 消费与投资对中国经济增长贡献的比较分析[J]. 生产力研究，2006(11).

[2] 袁晓玲，杨万平. 政府、居民消费与中国经济增长的因果关系[J]. 当代经济科学，2008(9).

[3] 李占风，袁知英. 我国消费、投资、净出口与经济增长[J]. 统计研究，2009(2).

[4] 仲云云，仲伟周. 经济增长及宏观调控对我国居民消费的效应分析[J]. 当代财经，2010(4).

[5] 刘东皇，孟范昆. 金融危机背景下我国居民消费的经济增长效应研究[J]. 统计与决策，2011(1).

[6] 陈南岳. 城乡居民收入差距过大对消费需求的负面效应及消除对策[J]. 经济问题探索，2001(3).

[7] 王实. 城乡收入差距对消费需求的制约[J]. 财经问题研究，2002(12).

[8] 贺靖雯，张浩，梁洁毅，胡波. 城乡居民收入差距对我国消费需求的制约及化解对策[J].

当代财经,2002(8).

[9] 朱汉雄,冯晓莉.我国城乡居民收入差距对消费需求影响的分析[J].武汉理工大学学报,2009(12).

[10] 彭晓莲.我国城乡居民收入差距与消费需求关系的实证研究[J].生产力研究,2009(12).

[11] 杨巍,刘宇.对影响居民消费需求主因的研究[J].调研世界,2011(4).

[12] 余官胜.城乡收入差距、经济发展水平和居民消费需求——基于省际面板协整的实证研究[J].湘潭大学学报,2011(1).

人民币国际化问题研究

——基于金融市场建设的角度

张童凌

（暨南大学经济学院金融系2011级硕士研究生，广州510632）

摘　要：伴随中国经济对外开放程度不断提高，人民币国际影响力不断扩大，人民币国际化进入关键时期。我国金融市场作为人民币国际化的重要支撑，其发展程度直接影响人民币国际化进程。本文从金融市场与货币国际化的关系出发，分析了完善金融市场对人民币国际化的重大意义和当前我国金融市场制约人民币国际化的诸多问题，最后有针对性地提出了加快金融市场建设使其满足人民币国际化要求相关政策建议。

关键词：国际货币；金融市场；人民币国际化

近年来，随着中国经济高速增长，人民币在国际上的地位和接受程度也显著提高，人民币国际化趋势渐显。2009年上海、广州、深圳、珠海、东莞启动跨境贸易人民币结算试点，标志着人民币国际化进入了加速发展的快车道。2010年中国名义GDP达到6.04万亿美元，超过日本成为全球第二大经济体，人民币国际化迎来了前所未有的历史机遇。但同时也应该认识到，我国金融市场作为人民币发行和流通的主要平台，仍处于发展阶段，金融衍生产品种类匮乏、资本项目尚未完全放开，以及利率与汇率的市场化机制尚未完全建立等诸多瓶颈，在一定程度上制约着人民币国际化的步伐。

本文首先分析金融市场与货币国际化的相关关系和两者之间的相互作用，得出人民币国际化必须加强金融市场建设的观点，结合当前人民币国际化所面临的金融市场制约因素，参考发达国家经验，有针对性地提出促进人民币国际化的政策建议。

1. 相关概念界定与研究成果简述

1.1　货币国际化与人民币国际化

1.1.1　货币国际化的定义

根据国际货币基金组织的相关定义，货币国际化是指一国货币被广泛用于国际贸易的计价、结算与支付;用于国际信贷及各种金融产品计价和交易;被其他国家居民作为投资或储蓄资产;被其他国家或地区当局作为外汇储备及其稳定汇率的货币锚。它是一个随着国际贸易和国际资本流动的发展而成的动态过程。

1.1.2 人民币国际化的含义

巴曙松(2007)参考日本财政部公布的《面向21世纪的日元国际化》中对日元国际化的定义,将现阶段人民币国际化定位为:“提高海外交易及国际融资中人民币使用的比例,提高非居民持有的以人民币计价的资产的比例,特别是提高人民币在国际货币制度中的作用以及提高人民币在经常交易、资本交易和外汇储备中的地位”。

1.1.3 货币国际化的基本条件

综合众多学者对货币国际化的条件的研究,货币国际化的条件主要包括以下几个方面:1、经济实力强大,宏观经济稳定并持续增长;2、国内政治稳定,具有较高的国际影响力;3、国际贸易发达,国际收支结构合理,有充足的国际清偿手段;4、货币价值稳定合理,汇率制度成熟;5、金融体系健全,金融市场自由开放,并具有一定的深度和广度。

就人民币具体而言:中国经济经过数年高速发展,已经成为全球第二大经济体,且发展势头仍将延续;国内政治和谐稳定,在成功应对了国际金融危机后我国的国际影响力进一步提高;2010年中国外贸进出口总值达到29727.6亿美元,已恢复到金融危机前的水平,且收支结构更趋于合理,外汇储备余额达到2.8万亿美元,稳居世界第一,国际清偿手段充足;人民币币值保持稳定,在独立自主的前提下,缓慢而有节奏的升值,汇率调控手段也日渐丰富。可见,我国金融市场的发展程度必将成为决定人民币国际化水平的关键因素。

1.2 金融市场和人民币国际化研究现状

1.2.1 金融市场的含义和分类

狭义上,金融市场是指资金供应者和资金需求者双方通过信用工具进行交易而融通资金的市场;广义上,货币借贷和资金融通、各种票据业务和有价证券交易活动都属于金融市场的范畴。

从交易品种上,金融市场可细分为货币市场、资本市场、外汇市场、保险市场、金融衍生品市场和黄金等投资品市场。

1.2.2 国内外针对货币国际化与金融市场关系的研究

国外对于货币国际化的问题研究起步较早。伯格斯滕(1975)认为,国际货币的条件应包括政治和经济两方面因素,并指出发达的金融市场是货币国际化的重要基础。凯南(1988)指出,货币国际化需要有令人满意的货币供给条件,只有资本的自由流动才能创造货币国际化所需的广度和深度,因此金融市场自由化程度是决定货币国际化程度的关键性因素。杜威和洛锡安(2002)通过考察国际货币的历史,认为国际货币有五个关键特征,其中包括发行国拥有发达的金融市场。

随着人民币国际化步伐加快,国内专家也做了大量研究。巴曙松(2007)分析了人民币国际化与金融市场的互动影响,提出人民币国际化实现过程中与金融业实现良性互动是一个必要条件。李扬(2009)提出应优先实现人民币可兑换,并以此为基础建立发达的人民币货币市场,吸引境外非居民持有以人民币定价的资产。按照先人民币存款业务,再人民币贷款业务、货币市场、固定收益产品市场,最后人民币股票市场的顺序,逐渐放开,提高人民币的流动性。

2. 金融市场和货币国际化关系分析

2.1 金融市场与货币国际化的关联性分析

2.1.1 我国与发达国家金融市场整体对比

美元、欧元、英镑和日元是当今国际化程度最高的几种货币。为了分析货币国际化与本国金融市场发达程度之间的相互关系,分别选择了美国、德国(欧元区代表国家)、英国和日本的股票市场、债券市场的总量份额,以及市值规模占国民生产总值的比重,作为其金融市场发达程度的指标。

从金融市场的整体来看,我国金融市场产品中股票和债券占比很高,故可用股市市值与债市规模之和近似作为金融市场总规模,进而用“金融市场规模/GDP”反映经济金融化的程度。2009 年,我国金融市场规模与 GDP 的比例为 1.09,大大低于美国的 3.30、英国的 3.53、日本的 3.15 以及世界平均水平的 2.34。此外,发达国家的金融市场产品较为丰富,其金融市场发展真实水平要高于本指标反映的情况,我国与发达经济体金融市场成熟度之间的差距较大。

2.1.2 金融市场与货币国际化正相关

通过柱状图可以明显看出,货币国际化与母国金融市场的发达程度存在显著的正相关关系。欧元区由于国家之间经济发展水平状况不一,相对落后国家虽未拥有达到货币国际化条件的金融市场,也被动进行了货币国际化,不具有代表性。国际化程度较

表 1 2009 年主要经济体金融市场指标

指标 \ 经济体		日本	德国	英国	美国	中国	世界
GDP(10 亿美元)	总量	5069	3339	2179	14119	4985	57843
	份额%	8.76	5.77	3.77	24.41	8.62	100
	人均(美元)	39731	40875	35334	46381	3678	

续表

股市市值(10 亿美元)	总量		4070	1597	3004	14903	2804	45000
	份额%		9.04	3.51	6.68	33.12	6.23	100
债市规模(10 亿美元)	国内	总量	11522	2807	1549	24965	2565	63439
		份额%	18.16	4.42	2.44	39.35	4.04	100
	国际	总量	399	2935	3142	6701	48	26989
		份额%	1.48	10.87	11.64	24.83	0.18	100
	国际/国内		0.03	1.05	2.03	0.27	0.02	0.43
	合计	总量	11921	5742	4691	31666	2613	90428
		份额%	13.18	6.35	5.19	35.02	2.89	100
债市规模/GDP			2.35	1.72	2.15	2.24	0.52	1.56
股市市值/GDP			0.80	0.48	1.38	1.06	0.56	0.78
金融市场规模/GDP			3.15	2.20	3.53	3.30	1.09	2.34

资料来源:IMF、WFE、BIS

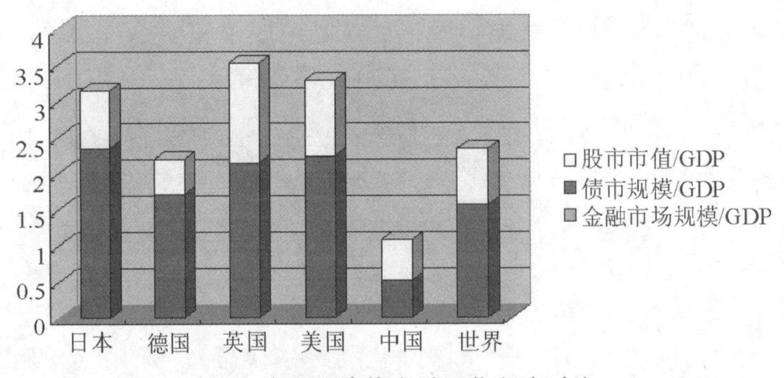

图 1　主要经济体金融深化程度对比

资料来源:表 1 数据

高的美元、英镑和日元,其所在国家金融市场规模都超过 GDP 总量 3 倍之多,表明其金融市场相当发达;特别是债市规模都达到 GDP 总量的 2 倍,表明其债券市场的规模和深度都处于领先地位,与其货币国际化程度相符。

2.2　金融市场建设对货币国际化重要意义

2.2.1　自由开放的金融市场是货币国际化的前提

一国货币的国际化进程,主要是通过投资和贸易两个渠道来推动。在此过程中,当该国货币在更大范围内被使用时,交易额和交易量同步增加,进而通过该货币自身的强化机制形成良性循环,才初步具备了成为国际货币的条件。发达开放的货币发行国金融市场，使该国直接投资渠道保持畅通，资本成本降低，间接促进国际贸易的发展。因此，一国金融市场的发展程度直接决定了金融市场的开放程度，进而成为货币国际化进程的前提要件。

2.2.2 健全完善的金融市场是货币国际化的运行载体

一国货币国际化后，在国际市场上流通的货币量将大大增加，这对其发挥交换和支付的职能的主要平台——母国金融市场提出了更高的要求。只有健全完善金融市场的支持，货币媒介、储备和计价职能实现有了充分保障，才可能在全球范围内无障碍地顺畅流动。若国内金融体系的健全性远远不能适应本币国际化的要求，也没有规范化的市场秩序和国际化的运营规则与之配套，盲目实施本币国际化的方针，就容易引发金融泡沫膨胀和经济衰退的恶果。

2.2.3 产品丰富的金融市场为货币国际化提供给物质保障

一国货币国际化后，其金融市场将为非居民的货币持有者提供储藏保值和投资增值的渠道。该国的金融市场，必须能够提供品种繁多、流动性强且容量巨大的本币计价金融产品，才能增强非居民持有本国货币的意愿；相反地，如果非居民大量持有本国货币却缺乏必要的使用渠道，资产保值增值的途径受限，那么该国货币最终会被国际市场所抛弃。比如：上世纪八九十年代，美国在进行金融创新和金融自由化的过程中，创造了品种繁多的金融衍生产品，吸引众多资本投机者。

2.3 货币国际化对金融市场的反作用

2.3.1 货币国际化对金融市场宏观影响

首先，货币国际化有助于金融市场深化。货币国际化后，国际流通量大大增加，境外货币交易和结算，必然对母国金融市场运作效率和服务水平提出更高的要求，对其金融市场的深化形成倒逼。此外，境外货币需求将促进母国金融市场加快金融创新的步伐，开发更细分的金融产品组合，使金融市场朝着深入化、精细化的方向发展。

其次，货币国际化能推动金融市场主体走向国际化。由美元国际化历程可以看出，来自国际货币发行母国的金融机构在国际化扩张时具有禀赋优势。母国金融机构可以借此机会走出国门，吸收国际先进经验，走国际化发展的道路，带动母国金融市场参与者整体的进步。

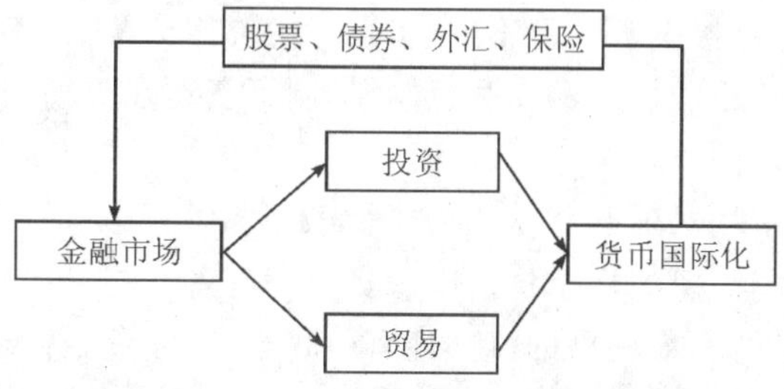

图 2 金融市场和货币国际化相互关系

再次，货币国际化可促进离岸金融市场的形成与发展。随着货币国际化的深入，海外对本币的需求必然增加，导致为非居民进行本币投资或筹资提供服务的离岸市场形成和壮大。同时，一国货币利用离岸市场这一平台，一定程度上摆脱了国内金融市场的种种限制，有利于实现国际化的跨越式发展。

2.3.2　人民币国际化对我国金融市场具体影响

第一，从对我国股票市场的影响看，人民币国际化会吸引资金从海外市场流入。资本流通的成本降低，不仅使海外资金进入中国股票市场寻找投资机会变得更加容易，也会促使原本在海外上市的我国绩优企业回归国内股票市场。

第二，人民币国际化促进外汇交易的活跃和外汇市场功能的拓展。随着人民币国际化程度提高和我国外贸出口产业结构转型完成，我国外汇市场参与主体将更加多元化，外汇交易产品将得到极大丰富，产品交易规模将进一步扩展。针对外汇交易的各项限制将逐步取消，各类市场主体各取所需，有效使用外汇市场工具进行规避风险、投资保值和获取收益，有利于外汇市场各项功能的充分发挥。

第三，在债券市场上，人民币国际化将提升人民币计价债券所占份额。人民币国际化使人民币汇率形成机制更加合理，波动性减小，并促进人民币的跨境流通，提升人民币债券在国际市场发行时的接受度。此外，债券市场作为金融市场的重要组成部分，其国际化水平的提高有助于我国建立有效的基准利率体系及成熟的债券风险管理机制。

3. 我国金融市场对人民币国际化制约因素的分析

3.1　我国金融市场对人民币国际化制约因素的宏观分析

3.1.1　我国金融市场发育不成熟

一是我国金融市场规模较小。由表1可知，2009年我国股市市值和债市规模占世界总量的比例分别为6.23%和2.89%，不仅与美国30%左右的水平差距很大，而且尚未达到我国GDP占世界的比例8.62%，说明我国金融市场规模落后与我国经济发展水平不能为人民币国际化提供足够的市场容量支持。

二是我国金融市场结构不合理，存在市场分割。商业银行仍居于绝对主导地位，导致间接融资与直接融资发展不平衡，直接融资比例偏低，资本市场发展缓慢。市场之间缺乏有效的联动机制和套利机制，抑制了资本在市场间的流动，降低了我国金融市场资源配置的效率。

三是我国金融市场对外开放水平较低。我国资本项目尚未完全开放，国际主体参与我国金融市场需要严格审批。国际资金拥有者不能自由直接投资于我国金融市场，导致对大量持有人民币的流动性有所顾虑；国际资金需求者也无法在国内市场顺利融资，人民币流入国际市场途径受阻。

3.1.2　利率和汇率市场化程度低

利率是资金的使用价格，汇率则是货币间的交换价格，理论上两者应分别由资金市场和外汇市场的供求关系决定。我国正处于经济转型阶段，利率、汇率市场化形成机制受到金融机构风险管理能力、政府宏观调控能力、国际收支状况等诸多因素的制约，导致我国金融市场利率和汇率不能完全的反映市场真实供需，资源配置功能无法正常实现，从而导致整体经济发展的扭曲。

当前，人民币回流机制尚未完全建立，利率的非市场化将进一步阻碍其顺畅运行，从而对于金融市场尤其是债券市场的健康发展产生不利影响。目前汇率缺乏弹性则使人民币面临巨大的升值压力，央行在外汇市场资源配置的有效性也受到制约，成为人民币国际化的另一隐忧。

3.1.3　金融风险防控的体系不完善

随着人民币国际化不断深入，中国经济与世界经济联系更加紧密，我国金融市场也由一个相对独立封闭的系统转为与国际市场接轨的市场，国际市场的任何风吹草动都容易对国内脆弱的金融市场造成冲击。再加上我国金融市场参与者并不成熟，恐慌心理导致非理性行为，更容易放大风险。这都对我国金融机构风险管理水平提出更高的要求，金融行业监管难度也随之增加。

反观我国金融机构，普遍存在风险管理意识薄弱，技术手段落后，风险管理方面专业人才储备不足等问题；在风险评测方面，存在严重的信息不对称，全国范围内缺少独立的值得信赖的信用评级机构，对国外依赖严重；在金融监管方面，监管主体监管职权的规定过于原则和宽泛化，监管权力的运作缺乏有效监督，在一定程度上不能对金融市场风险进行全面有力的监管，管理手段缺乏实用性和有效性；金融领域立法严重滞后于人民币国际化发展现状，法规杂乱笼统和操作性不强，不能提供制度保障和政策依据。

3.2　细分金融市场对人民币国际化制约因素的分析

3.2.1　我国股票市场对人民币国际化的制约

由表1可知，2009年，我国股票市值占世界总量的比例达到了6.23%。据世界交易所联合会统计，截至2010年末沪深两个证券交易所总市值为40279亿美元，占全球股票市场市值的7.3%，超过日本，位列全球第二。

单从股票市场市值来看，我国股票市场经过近年来高速发展，似乎与发达股票市场差距在缩小。但是，市值并不是股市的全部，中国股市与世界成熟股市比较无论在制度建设、监管力度，投资者回报方面都相去甚远。

以投资者收益为例，如图3所示，2007年股权分置改革以来，除了2009年因为暂停IPO半年导致融资额偏低以外，其余年份分红总额与融资总额比例均在30%左右。相关统计资料显示，A股20年间累计现金分红总额为16050亿元，累计融

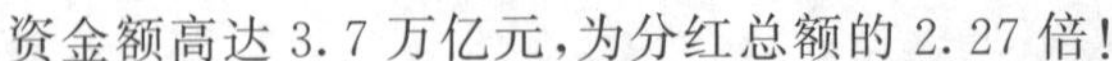
资金额高达 3.7 万亿元，为分红总额的 2.27 倍！

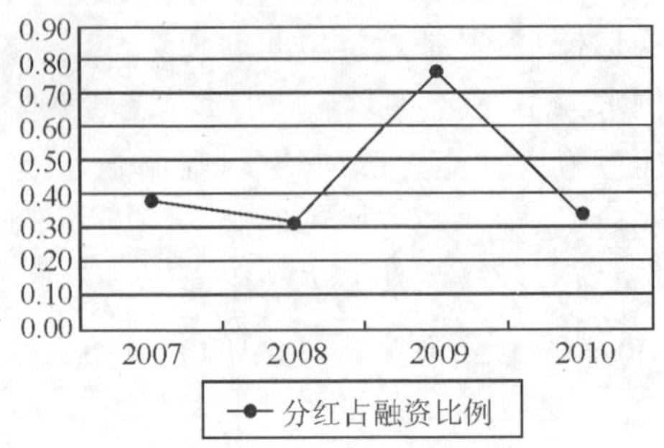

图 3　2007－2010 年中国 A 股市场分红额占融资额比例

资料来源：中国上海证券交易所、国研网数据中心

投资回报率低降低了我国股票市场的吸引力，减弱了境外人民币保值增值的能力，无法体现股票市场对人民币国际化的推动作用。而美国股票市场分红比例维持在 40％至 50％，全世界的投资者争相进入美国市场，为美元在全世界范围内流通创造了得天独厚的条件。

3.2.2　我国债券市场对人民币国际化的制约

从债券市场来看，中国的情况更加不容乐观。分析表 1 可知，2009 年美国、德国、英国和日本债市规模分别占全世界总量的 35.02％、6.35％、5.19％和 13.18％，而同期我国的比例仅为 2.89％，与其他主要经济体的差距很大。

在金融市场的所有细分市场中，债券市场作为境外货币流和投资主要的渠道，其发达程度与货币国际化关系尤为密切。特别是国债市场，已成为货币国际化的坚实基础。美国的货币国际化程度最高，很大因素上得益于美国国债成为全球普遍接受的投资产品。2009 年其债券市场规模超过 31 万亿美元，是美国 GDP 的 2.24 倍；其他发达经济体“债市规模/GDP”的数值也都在 1.5 以上。与之形成鲜明对比，2009 年我国债券市场规模为 2.6 万亿美元，仅是我国 GDP 的 1/2。

再从我国债券发行状况来看：2010 年，债券市场累计发行人民币债券 5.1 万亿元，其中财政部通过银行间债券市场发行债券 1.7 万亿元，三大政策性银行发行债券 1.3 万亿元，国债和政策性银行债占比达 60％，居于垄断地位；信用债券如金融债券、企业债券和短期融资券等却占比偏低，产品品种匮乏；债券衍生品交易方面，远期交易的成交量和成交额双双下降，人民币利率互换市场虽较为活跃，但 Shibor 的参考率却下降。此外，我国债券市场发行国际化程度较低，直至 2010 年才批准少量外资法人银行发行金融债券，债券市场主体封闭性削弱人民币成为国际债券计价币种的境外机构支持。

表 2 2010 年人民币债券发行情况(不含央行票据)

品种	发行数额(亿人民币)
国债	17000
政策性银行债券	13000
汇金公司债券	1090
短期融资券	6742
中期票据	4924
企业债券	3627
公司债券	512
超短期融资券	150
其他	3955
合计	51000

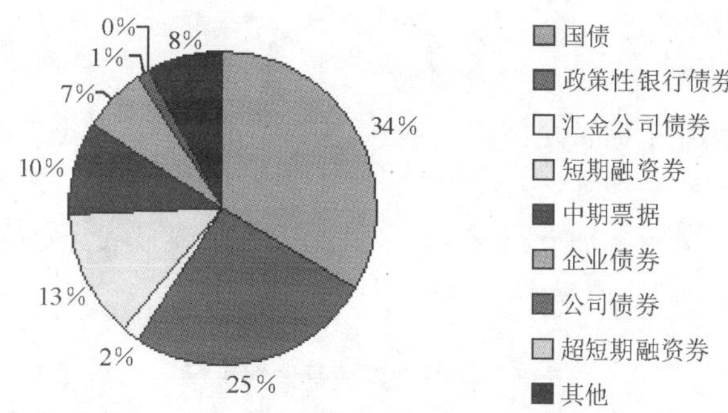

图 4 2010 年各种债券发行份额占比

图 5 近年来银行间债券市场主要债券品种发行量变化情况

资料来源:中国债券信息网《2010 年金融市场运行情况》

总之,规模小、品种少、开放度低的债券市场不利于吸引境外资金投资,我国债券市场的发展状况远不能满足人民币国际化的需求。

3.2.3 我国外汇市场对人民币国际化的制约

我国2005年进行汇率制度改革后,中国外汇市场取得了明显的进步,但整体而言还处于起步阶段,外汇市场的广度、深度和弹性明显不足,主要表现在以下几个方面:

一是参与主体有限,产品结构单一。目前银行间外汇市场交易工具只有人民币对美元、日元、港币和欧元的买卖;交易品种也以即期交易为主,掉期交易仅占很小的比例,而美元、欧元和英镑等货币均以活跃的掉期交易为主。

二是中国外汇市场的交易规模有限,人民币在国际外汇市场交易中市场份额极低。2007年,在传统外汇市场上我国的日均交易量占国际外汇市场比重仅为0.2%;在远期交易市场上,这个比例为0.6%,几乎可以忽略不计。2010年,人民币在国际外汇市场交易使用率仅为0.9%,与俄国卢布、印度卢比同列第12位,与美元85%的使用率可以说是天壤之别。

三是结售汇和外汇储备之间的"棘轮效应"日益严重。由于近年来国际收支持续顺差以及境外热钱的流入,我国外汇储备快速增长,中央银行为回收不断增长的外汇而投放大量人民币。如此,现行结售汇制度在一定程度上绑架了中央银行的货币政策,使得宏观调控效果大打折扣。

表3 外汇市场交易币种结构

Table 3: The trading currency structure of foreign exchange market in 2010

币种	比例(%)
美元	84.9
欧元	39.1
日元	19.0
英镑	12.9
澳大利亚元	7.6
瑞士法郎	6.4
加拿大元	5.3
港元	2.4
瑞典克朗	2.2
韩国元	1.5
新加坡元	1.4

续表

人民币元	0.9
俄国卢布	0.9
印度卢比	0.9
巴西雷亚尔	0.7
土耳其里拉	0.7
其他	13.2
合计	200

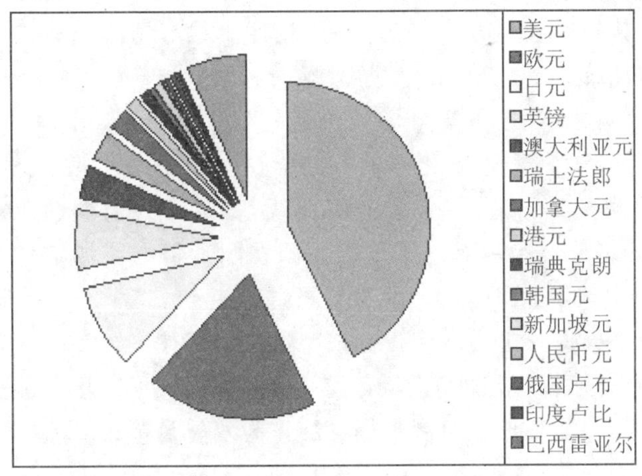

图 6 外汇市场交易币种对比

资料来源：中国人民银行《2010 国际金融市场报告》

4. 加强金融市场建设推动人民币国际化的政策建议

4.1 完善金融市场体系和优化金融市场结构

4.1.1 深化股票市场改革

一方面要继续完善相关制度建设，积极推动上市公司分红制度改革。此举既提高了股市投资回报率，鼓励投资者长期持有股票，吸引更多境外投资者进入我国股票市场，又促使上市公司不断提高经营水平，带动我国股票市场整体质量的进步。

另一方面，在股票市场实施“走出去，引进来”战略。积极探索境外企业在境内上市(即国际板)的制度安排，做好全面的准备工作。与此同时，大力推动股市国际化，包括股市经营机构的国际化、股市投资者的国际化、股市管理制度的国际化和股市运行监管的国际化，为人民币国际化构造重要的市场基础。

4.1.2　推动债券市场发展和利率市场化进程

债券市场作为直接融资的重要平台，融资便利，收益稳定，完善债券市场建设对于优化我国金融市场结构，加速人民币计价产品发展意义深远。

一方面要继续扩大我国债券市场规模：第一积极推进市场主体多元化，扩大债券市场发债主体，允许金融机构之外的境外企业和机构在银行间债券市场发行人民币债券；同时稳步拓展银行间债券市场境外投资主体范围，使合格境外机构投资者成为中坚力量；第二，将债券衍生类金融产品作为金融创新的发展方向，进一步丰富和发展人民币计价债券的品种，适时推出利率衍生产品；此外，逐步提高信用债券比重，继续扶持企业债券市场的发展，改善债券市场内部结构，为境内外人民币构建交易和投资的“资产池”，吸引境外融资者和投资者。

另一方面要继续推进利率市场化进程，扩大 Shibor 在国际市场的影响力。Shibor 的产生是我国利率市场化方的有益尝试。要进一步拓展 Shibor 的应用范围，以国债利率为基础，形成国债收益率曲线，将其作为中长期债券定价的基础。国内债券市场的定价经验也有助于增强我国在国际债券市场定价中的话语权，更好地维护我国的国际经济利益。

4.1.3　稳步推进外汇市场建设和汇率形成市场化

我国外汇市场建设应把外汇市场交易更加活跃、外汇市场功能更加丰富、外汇市场运行更加高效、汇率形成机制更加灵活作为发展目标，在渐进可控的原则下稳步推进。

一是推动汇率形成市场化，逐步放开汇率管制，坚持人民币汇率的自主定价权。人民币汇率的形成机制问题是外汇市场运行的核心问题，灵活的汇率形成机制可以调节外汇供求。我国应进一步提高汇率形成机制的市场化程度，适度放宽银行间市场汇率浮动区间；央行在坚持独立自主决定人民币汇率的同时，应利用巨额外汇储备的优势，改进对外汇市场的干预方式，通过吞吐储备货币实现市场化的汇率调控机制。

二是逐步放开结售汇制度，释放合理的外汇需求。给予银行、企业和个人适当的结售汇自由度，满足各经济体根据汇率预期自行保留外汇的需要；同时严密监控投机热钱流入我国，控制不合理的供给，减少市场的失衡。

三是丰富外汇市场功能，提高外汇交易活跃度。在交易品种方面，加快推进外汇衍生品市场发展，适时推出外汇期货，不断完善外汇市场价格发现、资源配置和避险服务的功能。在交易主体方面，引入更多的非银行金融机构和非金融企业进入银行间外汇市场，培育货币经纪公司，促进外汇供求结构的多元化。在交易方式上,坚持场内交易和场外交易并举。在交易技术手段上,应不断更新网络通讯技术从而进一步提高外汇市场运行效率。

4.2 加强金融市场基础设施建设

4.2.1 实现中国金融市场托管清算结算系统的功能整合

支付清算体系作为金融基础设施的核心组成部分,是国民经济和社会资金流动的大动脉。随着人民币国际化日益深入,我国应建立统一高效的结算服务体系,整合银行间市场和交易所市场的金融交易结算平台,推动场外金融产品和衍生产品市场的集中结算机制的形成,最终使中国金融市场运行效率和资本流动安全性符合人民币国际化的要求。

4.2.2 建立健全金融法律法规体系

我国应按照国际惯例和市场原则,充分发挥后发优势,加快法律制度建设和更新,深化和完善与银行业、证券业、保险业、金融衍生产品等相关法律细则,形成一个健全清晰透明的法律框架,为金融市场进一步对外开放提供有力法律保障。

4.2.3 建立有效的市场约机制和强力的监管体系

首先,金融机构自身要强化风险管理意识,合理使用先进的技术手段进行风险压力测试。同时交易机构要加强信息披露机制建设,提高市场交易透明度,保证市场参与者能及时了解相关风险状况;各监管机构之间要加强信息沟通,实施无缝监管。另外,注重发挥金融行业组织的自律管理作用,努力实现外部监管和自律管理的有机结合,保障金融市场平稳健康运行。

4.3 积极稳妥推进资本项目可兑换和离岸金融市场建设

4.3.1 积极稳妥地推进资本项目有序开放

货币国际化程度提高,境外流通货币量达到一定规模时会促使母国资本项目开放。随着我国跨境贸易人民币结算和境外直接投资人民币结算试点工作的推进,人民币国际化步入正轨,人民币资本项目可兑换势在必行。

我国应根据国家经济金融发展的整体战略需要,在充分考虑金融体系的承受能力的前提下,有选择、分步骤放宽对跨境资本交易活动的限制,从开放境内居民到境外发行外币债券、非居民在境内发行人民币债券开始,有序拓宽对外投资渠道。同时,高度重视防范跨境资本流动冲击,加大对热钱的监测分析,构建完善的监测预警体系和处置机制,提升对跨境资本流动的风险管理能力,维护国家经济金融安全。

4.3.2 支持香港成为人民币离岸市场

香港作为自由开放的国际金融中心,金融制度较内地更为成熟。同时,香港作为我国特别行政区,与内地的经济、社会、政治联系紧密。香港成为人民币离岸市场,既有利于巩固和提升香港国际金融中心的地位,又有利于人民币走向国际市场。今后要继续支持香港人民币市场稳步健康发展，推出更多的人民币计价金融产品。在我国大陆资本市场尚未完全开放时，先通过离岸市场建立起制度化人民币境外流通和回流渠道，为境外投资者持有境内金融资产创造条件。

参考文献

[1] 李文浩，张宁．论人民币国际化的问题及对策一金融市场角度[J]．武汉金融，2010(11)：63－65．

[2] 刘金柱．金融市场建设对人民币国际化的作用分析[J]．财经界(学术版)，2010(01)：30－31．

[3] 巴曙松，吴博．人民币国际化对中国金融业发展的影响[J]．西部金融，2008(04)：4－8．

[4] 巴曙松，赵勇，郭云钊．债券市场改革与人民币国际化的互动[J]．西部论丛，2010(09)：50－52．

[5] 曹向华．人民币国际化给我国外汇市场带来的机遇和挑战[J]．银行家，2010(02)：76－78．

[6] 马正欣．金融全球化条件下我国金融基础设施建设与完善[J]．内蒙古农业大学学报(社会科学版)，2007，05(9)：108－110．

[7] 巴曙松．人民币国际化与中国金融市场的互动影响[N]．中国证券报，2007(06)：15．

[8] 李扬．应加速推进人民币国际化[N]．证券时报，2010(12)：18．

[9] 朱堃．人民币国际化的条件分析[J]．中国市场，2010(1)：63－64．

[10] 张清惠．我国金融市场发展现状及政策建议[J]．中国商界(上半月)，2010(07)：31．

[11] 李军睿．人民币国际化路径研究[D]．吉林大学，2009(12)：75－79．

[12] 李楠．人民币国际化的进程与条件研究[D]．吉林大学，2010(04)：29－31．

[13] 胥良．人民币国际化问题研究[D]．华东师范大学，2009(09)：55－60．

[14] 巴曙松．中国金融市场发展路径研究[M]．上海财经大学出版社，2009：170－171．

[15] 哈耶克．货币的非国家化[M]．新星出版社，2007．

[16] 宋鸿兵．货币战争[M]．中信出版社，2009：35－38．

[17] 中国人民银行上海总部国际金融市场分析小组．2010年国际金融市场报告[R]．2010年国际金融市场报告，2011(03)：96－112．

[18] 中国人民银行．2010年金融市场运行情况[R]．2010年金融市场运行情况，2011(02)：1－4．

[19] Wyplosz C. European Monetary Union：the Dark Sides of a Major Success[J]. Economic Policy，2006，21(46)：207－261．

[20] BIS. BIS Quarterly Review[R]. Quarterly Review March 2011，2011，03：108－110．

金融发展支持武汉市经济增长问题实证研究

裘超楠

（武汉理工大学经济学院金融专业 2008 级本科生，武汉 430070）

摘　要：结合研究问题简述金融发展与经济增长理论演进的脉络，并将其与武汉市经济发展的实际情况相结合，建立了一个相对科学的指标体系，通过对 1986—2009 年的样本数据的实证检验，说明武汉金融发展与经济增长之间存在积极和紧密的联系。文章最后依据实证分析结果，对如何加强武汉市金融发展对经济增长的支持作用提出了必要的观点。

关键词：经济增长；金融发展；协整检验

1. 引言

近年来许多研究证明，一个能够有效提供金融服务的金融体系对区域经济乃至国家的经济发展存在巨大的影响，培育成熟完善的金融体系已经成为各地区深化金融改革与制订经济发展战略的重要目标。随着金融体系的发展，对于区域金融与区域经济发展之间的关系也愈来愈受到关注，各地政府纷纷加强对金融体系的建设，寄希望于通过金融体系的优化来促进经济的发展。地处经济腹地中心的武汉市，为谋求长远持续而健康的发展，需依赖于功能完备、高效运行的金融支持体系，因此，研究金融发展对武汉市经济增长问题对武汉市的长足发展有重要意义。

改革开放以来，武汉经济由 80 年代末的调整中发展转变为发展中调整，并在 90 年代中期成功实现“软着陆”。2007 年、2009 年分别实现了 GDP 总值 3000 亿元和 4000 亿元跨越。2009 年年末，GDP 总量升至 4560.62 亿元。与此同时，武汉市正为建立完善的金融体系做出努力。2010 年 11 月 3 日，以“深化科技金融创新，服务自主创新战略”为主题的 2010 中国·武汉金融博览会暨中国中部（湖北）创业投资大会在武汉正式开幕，旨在加快推进武汉区域金融中心建设。

本文将从武汉市的具体实践出发，以金融发展与经济增长的相关理论为指导，并根据实证分析结果，针对武汉经济增长的实际情况，提出经济增长过程中，金融发展对其支持作用的建议与观点。

下半年投融资平台贷款增速明显放缓。可见,武汉市融资结构不断多样化。

2　相关指标和数据说明

考虑到指标的科学性与适应性,为了对武汉金融发展和经济增长的关系进行实证分析,本文选取两组指标,一组反映经济增长的状况,另一组反映金融发展状况。

经济增长的状况:用武汉市人均 GDP 来表示。指 RGDP—人均生产总值指数,选取人均生产总值指数 RGDP 作为衡量经济增长的指标。(以上年=100 为基准,计算指数)。

金融发展状况的指标:用三个指标来表示。FIR.—金融相关比率。用以衡量武汉金融机构的发展水平即:FIR=(FS+FL)/2/GDP(FS 代表全部金融机构存款余额,FL 代表全部金融机构贷款余额)。FLM 表示金融系统效率,选用金融机构的贷款余额与金融机构的存款余额之比。即:FLM 来反映金融系统配置资金资源的效率。M—金融业增加值,衡量近年武汉金融发展的总体情况。

本文分析所使用的数据均来源于武汉统计年鉴(1986 年—2010 年)及武汉市统计信息网。为了减少变量的波动及消除异方差性,对所选指标数据外均取自然对数变换,消除可能存在的异方差问题,数据分析处理采用 Eviews6.0 计量软件。变换后的变量分别记作 LNRGDP、LNFIR、LNFLM、LNM。

3　武汉市金融发展与经济增长之间关系的实证分析

本文首先运用相关系数分析变量间的相关关系,然后用 Eviews6.0 软件进行 VAR 模型实证检验,分析武汉市金融发展与经济发展的关系。

3.1　变量平稳性检验

由于现实生活中,大对数的金融数据表现出时间序列的非平稳性质。如若不进行检验序列的平稳性直接 OLS 容易导致伪回归。因此,本文首先对所选变量的平稳性进行检验,采用 ADF 的检验形式,检验结果见表 1。

表 1　各变量的单位根检验

变量名	数据类型	T 检验	1%水平	5%水平	10%水平	结论
LNRGDP	原数据	−0.5125	−3.6892	−2.9719	−2.6251	不平稳
	一阶差分	−3.0364	−3.6892	−2.9719	−2.6251	平稳
LNIY	原数据	−3.0364	−3.6892	−2.9719	−2.6251	不平稳
	一阶差分	−3.8319	−3.6999	−2.9763	−2.6274	平稳

续表

LNY	原数据	−1.4148	−3.6892	−2.9719	−2.6251	不平稳
	一阶差分	−3.3234	−3.6892	−2.9719	−2.6251	平稳
LNFIR	原数据	−0.526	−3.7529	−2.9981	−2.6388	不平稳
	一阶差分	−4.8949	−3.7696	−3.0049	−2.6422	平稳
LNFLM	原数据	−2.7577	−3.788	−3.0124	−2.6461	不平稳
	一阶差分	−3.3091	−3.788	−3.0124	−2.6461	平稳
LNM	原数据	−0.1039	−3.7696	−3.0049	−2.6422	不平稳
	一阶差分	−13.2074	−3.7696	−3.0049	−2.6422	平稳

表1表明，在1%、5%、10%显著水平下，LNRGDP、LNIY、LNY、LNFIR、LNY、LNFIR、LNFL/FS、FNM均是不平稳的，而在取为一阶差分后，分别在%5、10%显著水平下达到平稳，说明均为一阶差分平稳时间序列，服从I(1)单位根过程。

3.2 协整检验

协整是用来表示两个或两个以上的序列之间的平稳关系。经过ADF单位根检验，LNRGDP和LNM都是一阶差分平稳时间序列，服从I(1)单位根过程，需要通过协整检验来判定两者是否具有长期的均衡关系。本文采用先做两变量之间的回归，然后检验回归残差的平稳性。

利用Eviews5.0软件得到武汉市人均GDP(RGDP)、农村金融发展(FIR)、金融系统效率(FLM)和M—金融业增加值这四个变量间存在协整关系，结果如表2所示。

表2 协整检验结果

变量	最大特征值	迹检验统计量		5%的显著水平的临界值		P值	
None *	0.884577	86.13791	45.34218	47.85613	27.58434	0.0000	0.0001
Atmost 1 *	0.721308	40.79573	26.83058	29.79707	21.13162	0.0018	0.0071
At most 2	0.484657	13.96516	13.92138	15.49471	14.26460	0.0839	0.0566
At most 3	0.002082	0.043775	0.043775	3.841466	3.841466	0.8342	0.8342

从协整检验表中，可以看到，这个四个变量有2个存在协整关系，其中一个是

$$\log(RGDP)=0.387\log(FIR)+1.523\log(FLM)-0.647\log(M)$$

$s.e$ 0.129 0.112

3.3　格兰杰检验

格兰杰因果检验主要用来分析两国序列间的因果关系是否存在。主要看当期因变量能在多大程度上被以前的自变量所解释,以及加上自变量的滞后期,是否会提高对因变量的解释程度。检验思路是,用当前的 Y 对 X 的若干期滞后及 Y 的若干期滞后回归,然后检验 X 的这些滞后变量作为一个整体是否改善了回归结果,如果结果是肯定的,则称 X 被称为 Y 的格兰杰原因。一般,这种因果关系往往是双向的,X 是 Y 的格兰杰原因,Y 是 X 的格兰杰原因。

格兰杰回归方程:

$$Y_t=\sum_{i=1}^{m}a_iX_{t-i}+\sum_{i=1}^{m}b_iy_{t-i}+u_{1t}$$

$$X_t=\sum_{i=1}^{m}l_iY_{t-i}+\sum_{i=1}^{m}d_iY_{t-i}+u_{2t}$$

格兰杰假设过程:

原假设　　$H_0: a_1=a_2=\cdots=a_m=0$

备择假设　　$H_1: a_1,a_2,\cdots,a_m$ 不全为零

接受原假设 H_0 表明 X 不是 Y 的格兰杰原因,而拒绝原假设(即接受备择假设 H_1)则表明 X 是 Y 的格兰杰原因。

利用 Eviews 软件得到武汉市人均 GDP(RGDP)、农村金融发展(FIR)、金融系统效率(FLM)和 M—金融业增加值这四个变量格兰杰原因

表 3　格兰杰检验结果

零假设	最优滞后期(df)	目标数	值	P 值	结论
FIR 不是 RGDP 格兰杰原因	2	22	6.966487	0.0307	拒绝
RGDP 不是 FIR 格兰杰原因	2	22	4.908647	0.0859	接受
FLM 不是 RGDP 格兰杰原因	2	22	8.537888	0.0140	拒绝
RGDP 不是 FLM 格兰杰原因	2	22	3.042913	0.2184	接受
M 不是 RGDP 格兰杰原因	2	22	10.71494	0.0047	拒绝
RGDP 不是 M 格兰杰原因	2	22	0.777937	0.6778	接受

从表可知,这四个变量之间存在格兰杰原因:农村金融发展(FIR)、金融系统效率(FLM)和金融业增加值(M)都是武汉市人均 GDP(RGDP)格兰杰原因,但反过来不是的。这说明以 FIR、FLM、M 指标衡量的金融发展水平对以 RGDP 指标衡量的经济发展水平存在格兰杰原因。

3.4　VAR 模型

VAR(向量自回归)模型是由多元时间序列变量组成的,是向量自回归移动平

均模型的简化，即系统内每个方程都有包含有相同的内生变量的滞后期。VAR模型是Sims在1980年提出的，该模型采用多方程联立的方式，且不以经济理论为基础，便于分析全部内生变量的动态关系。由于人均GDP不止与单一因素相关，利用VAR模型能很好的分析武汉市金融发展与经济发展之间的关系。

表4　VAR模型结果

变量	LOG(RGDP)	LOG(FIR)	LOG(FLM)	LOG(M)
LOG(RGDP(－1))	0.946424	－0.659673	－0.223209	－0.602024
se	(0.24586)	(0.29847)	(0.15788)	(0.87793)
T	[3.84946]	[－2.21017]	[－1.41383]	[－0.68573]
LOG(RGDP(－2))	－0.249164	0.506249	0.122788	0.316937
se	(0.19594)	(0.23787)	(0.12582)	(0.69967)
T	[－1.27165]	[2.12828]	[0.97591]	[0.45298]
LOG(FIR(－1))	0.102924	0.311959	－0.187341	－0.645265
se	(0.18844)	(0.22877)	(0.12101)	(0.67291)
T	[0.54618]	[1.36364]	[－1.54819]	[－0.95892]
LOG(FIR(－2))	0.240877	0.172611	0.050829	1.777057
se	(0.17182)	(0.20859)	(0.11033)	(0.61354)
T	[1.40192]	[0.82752]	[0.46069]	[2.89639]
LOG(FLM(－1))	－0.581438	0.275967	1.440098	－0.535969
se	(0.20176)	(0.24493)	(0.12955)	(0.72044)
T	[－2.88189]	[1.12672]	[11.1157]	[－0.74395]
LOG(FLM(－2))	0.401974	－0.728667	－0.785935	0.749695
se	(0.24863)	(0.30183)	(0.15965)	(0.88782)
T	[1.61676]	[－2.41413]	[－4.92274]	[0.84442]
LOG(M(－1))	0.184293	0.097754	0.131741	1.069558
se	(0.05868)	(0.07123)	(0.03768)	(0.20953)
T	[3.14075]	[1.37227]	[3.49636]	[5.10455]
LOG(M(－2))	－0.007613	0.031121	－0.072917	0.017430
se	(0.02085)	(0.02531)	(0.01339)	(0.07444)
T	[－0.36520]	[1.22974]	[－5.44727]	[0.23416]

续表

C	1.952509	1.562398	0.839641	1.544257
se	(0.69089)	(0.83873)	(0.44364)	(2.46705)
T	[2.82609]	[1.86281]	[1.89260]	[0.62595]
Adj. R－squared	0.997464	0.932363	0.984243	0.972398
Akaike AIC	－2.942577	－2.554747	－3.828486	－0.396971
Schwarz SC	－2.496241	－2.108412	－3.38215	0.049365

从表 4 的结果来看，在 VAR 模型中 4 个变量修正 R^2 达到 90％以上，说明模型拟合程度较高。武汉市金融相关比率(FIR)对武汉经济的发展(RGDP)有正面影响，滞后一期和两期金融相关比率(FIR)对武汉经济的发展(RGDP)的系数分别是 0.103 和 0.241，这说明金融相关比率对武汉经济的发展的影响在减少。金融系统效率(FLM)对武汉经济的发展有负的效应；金融业增加值(M)对武汉经济的发展有正的效应。

3.4.1 脉冲响应函数分析

脉冲响应函数(IRF)分析方法是用来描述一个内生变量对由误差项所带来的冲击的反应，即在随机误差项上施加一个标准差大小的冲击后，对内生变量的当期值和未来值所产生的影响。

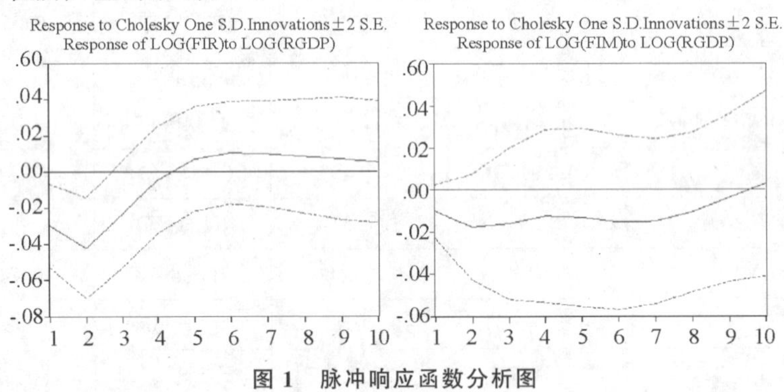

图 1 脉冲响应函数分析图

从图 1 分析得到：当在本期给武汉市金融发展水平(FIR)、一个负的冲击后，武汉市人均 GDP(RGDP)在第二期达到最低点，然后开始增长。这表明从长期来看，武汉市金融发展水平(FIR)对人均 GDP 有很大的拉升作用。对武汉市金融系统效率(FLM)一个正的冲击后，对人均 GDP 的拉升作用先缓慢上升的，后来上升速度加快，这表明武汉市金融效率的提高对武汉市经济发展水平的影响是深远的。对武汉市金融业增加值(M)一个负的冲击后，武汉市人均 GDP 呈负方向反应，并在第 5 期达到最低点，之后是正的方向反应，这说明武汉市金融业的增加值对人均 GDP 的增长有促进作用。从脉冲响应函数分析得到，武汉市金融发展促进武汉市经济水平的发展。

3.4.2 方差分解分析

方差分解用来研究 VAR 模型的动态特征，通过分析每个结构冲击对内生变量变化产生的影响的程度来评价不同机构冲击的重要性。

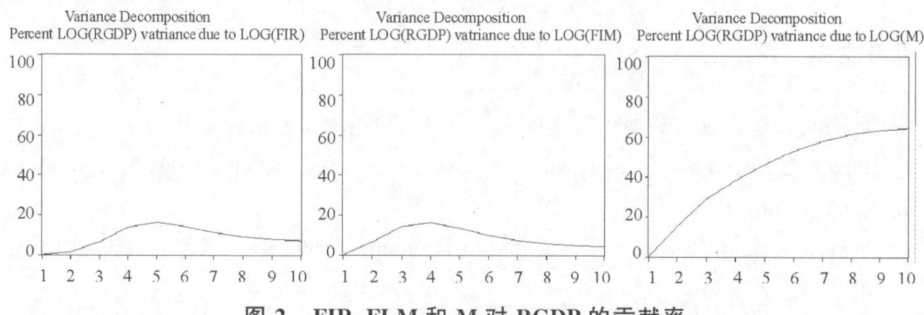

图 2 FIR、FLM 和 M 对 RGDP 的贡献率

从方差分解分析图形可知，武汉市金融发展水平（FIR）对武汉市人的均 GDP 贡献率达到 10%以上，武汉市金融系统效率（FLM）对武汉市人均 GDP 的贡献率也达到 10%以上，对武汉市金融业增加值（M）对人均 GDP 的贡献率达到 60%。这表明武汉市金融发展促进武汉市经济发展。

4. 结论与建议

从实证分析的结果可知武汉市金融发展对经济增长有较大的支持作用。由协整检验可知，武汉市金融发展和经济增长之间存在长期均衡关系，并且，协整方程中正的弹性系数（0.002175）表明，武汉金融发展的速度相对较慢，与武汉作为区域金融中心的特点不相符，有较大的发展空间。

发展武汉金融业，使之成为华中区域性金融中心进而服务区域经济发展是一个复杂的系统工程。需要政府、管理部门、金融机构和社会各个方面形成合力，使武汉的金融业在服务地区经济中获得发展，在发展中确立武汉金融的区域中心地位。针对上述实证结果，结合武汉的实际，本文给出金融支持方面的建议与对策：

1. 优化金融生存环境。良好的金融生存环境有利于构建经济与金融协调发展的关系，通过不断健全金融担保体系，净化信用环境，畅通金融支持地方经济增长的梗阻来不断发展武汉城市圈，扩大对进金融发展的相关政策支持。

2. 加强金融体系的建设，充分利用区域内金融资源。从金融机构集聚的服务功能看，需要不断增加武汉金融机构法人数量，丰富金融机构业务种类，提高开拓创新业务的能力。从金融市场体系建设情况看，要加强对期货交易市场，货币市场与资本市场的建设，不断丰富金融产品，提高金融电子化程度。从金融改革情况看，加强对中小企业贷款现状问题的解决力度，增加金融机构抵御风险的能力。从金融发展环境看，不断引进金融人才尤其是国际金融业务的精英与管理人才。

3. 在发展金融规模结构和效率的基础上，联系地方经济的发展，积极搭建金融与经济对接融合平台，加强金融发展在经济增长中的角色的优化，逐步发展供给引导型金融，即以金融发展来引领经济的增长。

参考文献

[1] 谈儒勇.金融发展理论与中国金融发展[M].北京：中国经济出版社，2000.

[2] Ronald I. McKinnon. Money and Capital in Economic Development[M]. Washington: Brookings Institution，1973.

[3] Edward S. Shaw. Financial Deepening in Economic Development[M]. Oxford University Press，1973

[4] King R. G and Levine R. Finance，Entrepreneurship，and Growth：Theory and Evidence. Journal of Monetary Economics，1993

[5] 韩廷春.金融发展与经济增长：经验模型与政策分析[J].世界经济，2001(6)

[6] 林毅夫，章奇，刘明兴.金融结构与经济增长：以制造业为例世界经济[J]，2003(1)

[7] 滕西鹏，王振华.秦津晋桂黑赣六省市经济与金融的发展比较[J].西部金融，2010(7)

[8] 周立.中国各地区金融发展与经济增长 1978－2000[M].清华大学，2005(10)

[9] 杨飞虎.我国金融发展与经济增长的关联性探析[J].金融与经济，2007(3)

[10] 庞加兰，方建武，王天然.欠发达地区金融发展与经济增长关系的实证分析[J].金融理论与实践，2009(9)

[11] 张大维，刘博，刘琪.Eviews 数据统计与分析教程[M].北京：清华大学出版社，2010(6)

[12] 王仁祥，孙亚超.武汉金融竞争力的实证分析与现状考察.武汉理工大学学报(社会科学版)，2006(12)

[13] Cheng－Min Chuang，Chi－Pin Lin. Social Capital and Cross－selling within Financial Holding Companies in an Emerging Economy[J]. Asia Pacific JManage，2008(25)：71－91

[14] Tadassee，S. ()：Financial Architecture and Economic Performance：International Evidence，working paper，University of South Carolina，2000.

[15] 郑小婧，姜宁.金融发展对区域经济增长的作用—以长三角地区为背景的考察[J].南京邮电大学学报(社会科学版)，2010(9)

[16] 杨飞虎.我国金融发展与经济增长的关联性探析[J].金融与经济，2007(3)

[17] 孙力学.中国金融发展与经济增长关系的理论和实证分析[D].复旦大学博士学位论文，2007.

[18] 张莹.青岛市金融发展与经济增长关系的实证研究[D].青岛大学，2008.

[19] 鹿新华，海蓓，陈震.金融发展和经济增长的实证研究—以山东为例[J].生产力研究，2010(9)

[20] 杨强.南京金融发展与经济增长关系的实证分析[J].金融纵横,2010(10)

[21] 惠晓峰,沈静.东北三省金融发展与产业结构升级关系的实证研究与比较[J].哈尔滨工业大学学报(社会科学版),2006(3)

内需不足的结构性根源研究

李毅君

（武汉理工大学经济学院金融学专业2009级本科生，武汉 430070）

摘　要：后金融危机时期，扩大内需已经成为亟待解决的问题。但当前我国内需很难简单地论断为不足，内需在结构上存在很多不平衡。首先，投资需求过热而消费需求不足。其次，投资需求内部第三产业投资不足，民间投资得不到很好的解决；消费需求结构内部，居民消费需求比重持续下降，农村居民消费需求受消费能力制约较大。我国内需结构性失衡问题，难以单纯采用具有普遍意义的财政政策、货币政策来进行调整。

关键词：内需不足；结构；根源

1. 研究背景

1.1　国际市场需求持续薄弱

2008年下半年，受美国次贷危机引发的全球金融危机的影响，世界经济出现明显下滑趋势。目前，各国政府出台的救市措施效果初现，但全球经济复苏依然缓慢，欧洲主权债务危机前景尚不明朗，标普下调美国信用评级，实现世界经济全面复苏将是一个缓慢而复杂的过程。

进入后金融危机时期，国际市场需求仍旧薄弱，对我国经济持续快速增长形成巨大压力。英国全球贸易预警处发布的数据显示，自2008年11月二十国集团峰会召开至今年1月，共有61个贸易伙伴对中国实施了160项贸易保护主义措施，另有111项贸易保护措施正计划或准备对中国实施，三项指标均为世界首位。我国已成为新一轮贸易保护主义的最大受害者。

1.2　国内市场需求失衡

改革开放以来，我国的内需水平有了很大的提高。统计数据显示，2009年中国的居民消费水平为9098元，而1978年仅184元，按不变价格计算约相当于1978年的10倍，居民消费年平均增长7.12%。“十一五”计划期间，中国不少商品和服务的消费增长都是世界名列前茅的。根据统计资料显示，2009年，中国汽车销量达1364万辆，同比增长46.2%，首次超过美国成为全球最大的汽车市场。据英国石油(BP)的《世界能源统计年鉴》显示,去年,中国超过美国成为世界上最大的能源消费国,中国能源消费量占全球的20.3%。在过去30年时间内保持这样增长速度的国家,几乎是绝无仅有的。另一方面,今年以来,为了抑制房地产投资过热,各大城市纷纷出台旨在抑制购房需求的住房"限购令"。可见,当前我国内需很难简单地论断为不足,内需在结构上存在很多不平衡。内部需求的总体不足与个别领域需求过剩的矛盾日渐明显,给刺激经济计划的制定和扩大内需问题的解决造成了很大的困扰[13]。后危机时期,结合中国国情,明确我国内需不足的结构性根源刻不容缓。

2. 内需与内需结构

用支出法考察国内生产总值及其增长,其基本动力可分内需和外需。内需是指一个经济体内部全部需求的总和。按照需求的类别划分,内部需求可以分为投资需求和消费需求,其中投资需求是引致性需求,消费需求是最终需求。投资需求扩大的结果是带来产出,市场上的商品供给量增加;这些新的供给只有不断地被新的需求所吸收,才能推动经济持续增长。消费需求作为经济运行的最终环节和最终实现形式,是拉动经济长期增长的根本动力和决定性力量。

同时,受不同主体、不同地区、不同产业间投资需求与消费需求差异的影响,我国投资需求与消费需求又有其不同的内在结构形式。尤其是受市场经济转轨进程、外向型经济发展模式、城乡二元制经济结构等因素的影响,消费需求内部与投资需求内部结构更呈现出多元化的形态。

3. 我国内需结构存在的问题

3.1 投资需求大大高于消费需求,造成结构失衡

(1)纵向比较

改革开放以来,随着我国社会生产力的不断解放,国民经济呈现出前所未有的活力和持续快速增长。GDP由1978年的3605.6亿元增加到2009年的345023.6亿元,年平均增长率9.77%。其中,消费需求和投资需求对国民经济增长的贡献和拉动出现明显不同的变化。

表1　我国投资需求和消费需求对GDP的贡献率和拉动

年份	消费需求		投资需求	
	贡献率(%)	拉动(百分点)	贡献率(%)	拉动(百分点)
1979	87.3	6.6	15.4	1.2
1980	71.8	5.6	26.4	2.1
1985	85.5	11.5	80.9	10.9
1990	47.8	1.8	1.8	0.1
1995	44.7	4.9	55.0	6.0
2000	65.1	5.5	22.4	1.9
2001	50.2	4.2	49.9	4.1
2002	43.9	4.0	48.5	4.4
2003	35.8	3.6	63.2	6.3
2004	39.5	4.0	54.5	5.5
2005	37.9	4.3	39.0	4.4
2006	40.0	5.1	43.9	5.6
2007	39.2	5.6	42.7	6.1
2008	43.5	4.2	47.5	4.6
2009	45.4	4.1	95.2	8.7
2010	37.3	3.9	54.8	5.6

数据来源:根据历年《中国统计年鉴》按照当年价格计算而得(除2010年数据);2010年部分来自中国国家统计局网站。

从表1中可以看出,1979—2010年间我国投资贡献率和投资拉动经济增长百分点总体上呈上升趋势,投资贡献率由1979年的15.4%上升到2010年的54.8%;而消费贡献率和消费拉动经济增长百分点却基本呈下降趋势,消费贡献率由1979年的87.3%下降到2010年的37.3%。投资需求对经济的贡献率在大多数年份高于消费需求,尤其是2001年以后,投资需求对国民经济增长的拉动作用始终大于消费需求,其中在2003年和2009年,投资需求的拉动比消费需求分别高出了2.7个百分点和4.6个百分点。由此可见,投资已经成为拉动我国经济增长的第一推动力。

(2)横向比较

诺奖经济学得主西蒙·库兹涅茨曾以翔实的材料证明,在先行工业化国家的现代经济增长中,增长主要不是靠投资拉动而是靠效率提高实现的。根据发达国家的发展经验和整个世界的经济发展情况来看,最终的消费需求才是经济运行效率提高的原动力。

表 2 世界平均水平、发达国家与中国的投资率消费率比较(单位:%)

区域	投资率 消费率	1980	1985	1990	1995	2000	2005	1980—2005
世界	投资率	24.0	21.7	23.5	22.6	22.3	21.0	22.5
	消费率	76.1	77.7	76.8	77.0	77.6	78.8	77.3
发达国家	投资率	23.8	24.2	22.2	23.2	21.8	19.9	22.5
	消费率	71.6	72.8	71.5	73.4	76.9	80.4	77.4
中国	投资率	34.8	38.1	34.9	40.3	35.3	42.7	37.7
	消费率	65.5	66.0	62.5	58.1	62.3	51.8	61.0

数据来源:国际部分根据国家统计局网站公布的国际统计资料计算整理而得;国内部分根据历年《中国统计年鉴》按照当年价格计算而得。

表 2 的数据显示,1978—2005 年间,世界范围的投资率呈下降趋势,消费率呈上升趋势,且变化较为平稳。其中发达国家的消费率上升较大,上升约 9 个百分点。而我国的投资率与消费率变化呈现出完全相反的态势。此外,25 年间我国的平均消费率为 61.0%,较世界平均水平低 16.3 个百分点,也远远低于发达国家水平;平均投资率却高出了世界平均投资率 15.2 个百分点。这表明,相比世界上其他经济体,我国国民经济的快速增长,从内部来看主要依靠投资需求的拉动,消费需求的作用相对较小。投资需求过热,消费需求不足,内需结构严重偏离世界合理增长模式。

投资需求和消费需求作为拉动国民经济增长的两架马车,两者相互依存、相互促进。扩大投资的最终目的是满足消费需求,消费的提高有赖于投资的增长和供给的改善。就目前而言,扩大消费对经济增长具有更根本性的意义[9]。在经济发展的主要矛盾从投资约束转向消费约束、经济增长的主要支持因素从投资扩张转向消费拉动的情况下,调整平衡内需结构,着力扩大消费需求就成为促进我国经济发展的基本立足点。

3.2 投资需求内部结构失衡

(1)投资产业结构失衡

经济发展实际上就是产业结构不断变换升级的动态发展过程,而实现产业结构升级换代的最主要制约因素就是投资结构。投资产业结构是改变产业结构状况的源头,合理的投资产业结构有利于资源的优化配置和合理使用,促进生产力的发展。

表 3　我国固定资产投资在三次产业中的分布(单位:%)

年份	第一产业		第二产业		第三产业	
	比重	增速	比重	增速	比重	增速
1990	2.91		57.37		39.72	
1995	2.48	26.66	40.87	14.76	56.38	18.48
2000	3.46	20.76	29.25	0.30	67.29	4.50
2001	2.92	20.76	32.61	7.80	64.47	17.60
2002	3.42	37.0	33.77	21.0	62.81	13.9
2003	2.97	11.1	38.43	45.3	58.60	19.2
2004	2.68	14.4	40.78	34.6	56.54	22.4
2005	2.62	22.9	43.75	35.1	53.63	19.5
2006	2.50	18.3	44.07	24.8	53.43	23.4
2007	2.48	23.8	44.53	26.1	52.99	23.8
2008	2.93	48.8	44.53	25.8	52.54	24.8
2009	3.07	36.1	42.85	25.1	54.08	33.8

数据来源:根据历年《中国固定资产投资统计年鉴》按照当年价格计算而得(空格部分数据缺失)。

建国以来,由于我国确立了以发展重工业为战略重点的产业投资政策,致使产业投资结构“虚拟高度化”。改革开放后,国家调整了投资结构,逐步加大了对第一产业和第三产业的投资额[8]。从表 3 中可以看出,20 世纪 90 年代以后,第二产业投资所占比重由 1990 年的 57.35%急剧下降到 2000 年的 29.25%;同时,第三产业投资的比重达到 67.29%,上升了 27.57 个百分点。我国的投资产业结构趋于好转,但同期 GDP 产业结构却始终没有大的改善,第二产业占 GDP 的比重不断小幅上升最终到达 50%,第三产业则一直维持在 30%左右。这样投资结构变动就与产出结构变动形成了鲜明的对照[1]。

进入 21 世纪以后,第一产业投资比重仍较为稳定,而第二产业投资比重却不断上升,第三产业投资比重则不断下降。第二产业投资增速始终居首位,虽在金融危机发生以后增速有所下降,但仍旧保持在 25%以上的水平。2005 年和 2008 年第三产业的投资增速居于末位,投资产业结构明显失衡。

我国当前投资产业结构不合理,一方面造成了我国工业低水平重复建设现象严重,环境污染和资源浪费;另一方面使关乎民生的服务业发展缓慢,人民生活达不到与工业发展相适应的水平。第三产业投资需求拉动经济增长的效率不高,成为制约发展和稳定的重要问题[3]。

(2)投资主体结构失衡

投资需求的主体不同，表明投资资金的来源与用途不同，进而导致资金利用效率的差异，具体包括国有投资需求和民间投资需求两大部分。其中，国有投资需求由政府主导，以追求社会的、长远的、综合的、全民的社会福利为目标，主要投资于公共产品及关系到国计民生的基础设施建设领域；而民间投资需求来源于私营企业与个人，以追求利润最大化为根本目标，起到了增强经济活力，促进经济发展的作用。

表 4 我国国有投资和民间投资的比重和增速比较(单位:%)

年份	国有投资		民间投资	
	比重	增速	比重	增速
1981	69.46	－10.51	30.54	77.88
1985	66.08	41.79	33.92	33.19
1990	66.11	6.34	33.89	－4.46
1995	54.44	13.34	34.43	24.88
2000	50.14	3.49	41.94	22.67
2001	47.31	6.68	44.63	20.29
2002	43.40	7.22	48.67	27.48
2003	38.98	14.75	52.18	36.96
2004	35.51	15.54	54.60	32.71
2005	33.42	18.54	57.09	31.70
2006	29.97	11.11	60.16	30.57
2007	28.19	17.42	62.09	28.84
2008	28.18	25.83	62.90	27.51
2009	31.03	43.09	62.07	28.24

(数据来源:根据历年《中国统计年鉴》按照当年价格计算而得。)

从表 4 中可以看出，1981 年，国有投资和民间投资占全社会投资的比重分别为 69.46%和 30.54%；到 2002 年，二者的比重分别变为 43.40%和 48.67%，20 年的时间国有投资占全社会投资的比重下降一半，民间投资则超过了国有投资成为支撑我国经济增长的重要力量。但是 2003 年以来，我国民间投资增速明显放慢下滑，国有投资的增速则从 2003 年的 14.75%上升到了 2009 年的 43.09%。这主要是由于金融危机对我国实体经济造成巨大冲击，作为实体经济重要组成部分的民间投资受到的冲击尤为严重。

在市场经济条件下，由于投资主体的多元化和投资领域的广泛化，社会范围的投资布局要求唤起各方面的投资积极性。当前我国民间投资需求得不到很好的解决，一方面使中小企业融资难问题在后金融危机时代愈加严重，江浙等地出现中小企业倒闭潮现象;另一方面,居民投资渠道较少,很多投资领域私人无法进入,致使我国居民储蓄率居高不下。投资需求主体结构向公共投资需求倾斜,导致民间资金不能充分发挥作用,不能实现市场机制与政府调控的有效结合,因而难以保证投资主体对产业项目投资选择的科学性,使经济增长缺乏长期、稳定、持续的推动力。

3.3 消费需求内部结构失衡

(1)消费主体结构失衡

政府和居民是一个经济体中最主要的两个消费主体,两者消费率的对比能够反映出一国消费需求结构是否合理。我国的政府消费,是指政府部门为社会提供公共服务的消费,主要包括国防、行政管理、科教文卫以及向住户以免费或低价方式提供的货物或服务方面的开支。适度的政府需求开支是政府履行公共管理职能,维护社会经济正常运转的必要条件。而居民消费水平在很大程度上反映了居民生活水平,是构建社会主义和谐社会不能忽视的重大问题。

表5 我国居民消费与政府消费的消费率和增长率比较(单位:%)

年份	居民消费		政府消费	
	消费率	增长率	消费率	增长率
1980	50.8	15.89	14.7	8.76
1985	51.6	25.26	14.3	17.62
1990	48.8	7.24	13.6	12.25
1995	44.9	29.87	13.3	13.25
2000	46.4	9.38	15.9	14.18
2001	45.2	7.81	16.2	11.73
2002	43.7	7.32	15.9	7.21
2003	41.7	8.66	15.1	6.80
2004	39.8	13.13	14.5	11.47
2005	37.7	11.40	14.1	18.20
2006	36.2	13.01	13.7	15.64
2007	35.4	16.45	13.3	17.60
2008	34.7	15.67	13.3	16.30
2009	35.6	9.53	13.0	6.33

(数据来源:根据历年《中国统计年鉴》按照当年价格计算而得)

1980——2009年间,我国居民消费率由最高峰的52.5%(1981年)下降到34.7%(2008),最大差接近10%,而政府消费率变化都较为平稳,基本一直保持在14%左右。在增长率方面,大多数年份居民消费小于政府消费。这表明,我国的居民消费与政府消费之比逐渐下降，居民消费需求增长滞后于政府消费需求增长，且其对国民经济增长的贡献率呈明显下降趋势。一国消费率的高低主要取决于居民消费率的高低，而我国居民消费率持续下降，使得我国经济中总消费需求下降明显。从收入分配上看，这是由于我国政府在收入分配中所得份额越来越大，而劳动报酬所占比例逐渐减少导致的。

根据货币学派的观点，政府开支与私人消费之间存在着某种竞争性、对抗性的关系，政府开支的增加，将会对私人消费产生挤出效应。我国居民消费率持续下降表明政府消费对居民消费产生了一定程度上的挤出[4]，导致居民消费和政府消费比例关系失调。居民消费需求不足，是我国扩大内需的一大障碍，也不利于居民生活水平的提高，和我国更高水平的小康社会的建设。

(2)消费城乡结构失衡

受城乡二元结构制约，农村经济发展长期落后于城市且差距逐年拉大。以居民可支配收入为例，“十一五”期间，我国城镇居民家庭人均可支配收入由2005年的10493元提高到2010年的19109元，年平均实际增长9.7%。农村居民人均纯收入由2005年的3255元提高到2010年的5919元，年平均实际增长8.9%。农村居民的消费需求受消费能力约束较大，造成了城乡居民消费结构失衡。

表6　我国城乡居民消费比例和增长率的比较(单位:%)

年份	城市居民消费		农村居民消费	
	消费比重	增长率	消费比重	增长率
1980	39.5	21.30	60.5	12.62
1985	40.1	31.32	59.9	21.52
1990	50.4	11.74	49.6	3.02
1995	60.3	31.84	39.7	27.00
2000	67.0	12.33	33.0	3.86
2001	68.1	9.57	31.9	4.25
2002	69.3	9.33	30.7	3.04
2003	71.7	12.39	28.3	0.21
2004	72.9	14.96	27.1	8.49
2005	73.3	12.10	26.7	9.51
2006	74.1	14.19	25.9	9.75
2007	74.8	17.50	25.2	13.45
2008	75.1	16.24	24.9	13.98
2009	76.2	11.07	23.8	4.87

(数据来源:根据历年《中国统计年鉴》按照当年价格计算而得)

由表6可知，30年来我国城市居民消费支出占居民消费总额比重上升了36.7

个百分点，而农村居民的消费需求占居民消费总额比重呈持续下降趋势。城乡居民之间的消费差距逐渐拉大。进入21世纪以来，城市居民的消费需求增长率始终大于农村，且增速差距有拉大趋势。2009年，城市居民的消费需求增长率为11.07%，比农村居民高出了6.2个百分点。另有研究数据表明，直至2000年城市居民消费需求的经济增长贡献率一直呈上升态势，随后受到我国内需结构性失衡的影响开始下滑，但是我国农村居民消费需求的经济增长贡献率自1997年起就严重下滑。

我国城市居民与农村居民消费需求的结构性失衡，在很大程度上反映了我国农村发展长期滞后于城市的情况。农村的消费需求潜力长期不能发挥[10]，制约着我国国内需求的扩大，影响着产业结构的升级，也是区域经济发展不协调的重要原因。

4. 结论分析

上述研究表明，目前我国出现的内需不足问题根源在于内需结构的失衡。投资需求过热而消费需求不足，造成我国经济过热，通货膨胀严重，经济增长缺乏持续稳定的动力，这是内需结构失衡的第一层。进一步深入内需结构失衡的第二层：一方面，在投资需求结构内部第三产业投资需求不足，民间投资难以撬动，导致我国产业结构不合理，经济恢复后劲不足；另一方面，在消费需求内部居民消费需求下降，农村消费能力严重受到制约，对居民生活水平的提高和我国的城市化建设产生阻碍作用。第二层次的投资需求和消费需求内部结构失衡作用在第一层次的内需结构失衡上，使我国内需呈现总体不足，不同主体、不同产业、不同地域内部需求参差不齐的局面。因此在进行宏观经济调控时，不能照搬凯恩斯主义经济学中有关宏观调控的理论，而是应该针对我国的现实情况，从宏观经济政策调控目标、导向等方面设计宏观调控的长期整体思路。

5. 内需调整措施

2011年3月公布的《中共中央关于制定国民经济和社会发展第十二个五年规划的建议》，令人瞩目地将“坚持扩大内需战略，保持经济平稳较快发展”作为独立一章进行了具体论述，并提出了加强和改善宏观调控，建立扩大消费需求的长效机制，调整优化投资结构三条详尽措施[12]。按照加快经济发展方式转变的要求，适应调整经济结构的需要，针对内需结构第一、二层失衡的具体表现，本文从财政政策和货币政策两方面考虑，提出了如下政策建议：

5.1 适当控制投资规模

由于我国实行以政府投资为主导模式的投资体制，完善财政投融资体系显得尤为重要。在继续支持经济结构调整和技术进步的前提下，要抵御低水平盲目和重复建设，提高财政投融资的投资效益，将资金重点投资于农业、科技进步、区域发展、环境保护等过去忽视的范围和领域。

5.2 提高第三产业生产率

我国第三产业的相对生产率与第二产业存在较大差距，缩小这一差距才能促进投资产业变化合理化。因而，我国应提高第三产业的开放程度，引进竞争机制，鼓励外国资本和民间资本的进入。同时，应优化第三产业内部投资结构，加大对金融保险业、科研、信息咨询业和各类技术服务业等新兴行业的投资。从根本上看，提高第三产业生产率的内在动因是技术进步，当前要着力发挥财政科研投入的主要作用，利用政策导向促进企业建立创新机制，推进企业的科技进步，把科技创新与扩内需、促增长、调结构、上水平紧密结合起来。

5.3 加强对民营企业的财政金融支持力度

民营企业资金不足是阻碍其发展最重要的问题，这也在一定程度上限制了民间投资。我国应增加财政对民营企业发展的资金融通援救力度，为民营企业尤其是中小企业贷款提供信用担保和财政贴息，并规范和修正对中小企业的税收政策。同时，应完善中小企业金融服务体系，帮助其拓宽融资渠道，解除对民营企业融资的歧视。除了大银行要建立针对民营中小企业信贷机构外，还应注意发展各类中小银行尤其是地方性的中小银行，以切实解决金融体系尚不能完全覆盖中小企业和非国有经济的问题，以及由此导致现行货币政策的作用面不能全面覆盖整个国民经济从而使其效力打折扣的问题。

5.4 调整国民收入分配格局

面对贫富差距不断拉大的局面，政府应建立具有收入分配调节机制的税收体系，完善个人所得税和财产税制度，提高低收入者的消费能力。此外，我国居民消费需求在很大程度上受消费预期不确定的制约，因此完善社会保障体系，扩大社会保障覆盖面，将起到稳定消费预期，提高居民消费需求的作用。

5.5 持续支持"三农"建设

促进农民增收是提高农村消费能力的最直接有效的渠道。政府应完善财政支农政策，加大财政支农资金的投放力度，实施反周期粮食补贴增加农民收入。推动建立农业保险制度，利用财政资金对农业保险予以补贴，降低农业生产所面临的风险。此外，我国农村金融市场尚未形成一个完整的长期的低息的农村信贷体系，金融需求得不到满足，资金短缺现象严重。为此，应尽快改善农村金融服务，深化农村金融体制改革。

一个国家经济发展的进程，不仅体现为总量的增长，更为重要的是经济结构的合理化与高级化。促进经济增长质量提高的根本动力在于科技进步和高、精、尖产业的开辟,在这整个过程中,内需结构的优化是经济结构优化与迅速升级的重要保证。"十二五"时期,中国仍将处于重要战略机遇期。机遇前所未有,挑战也前所未有,机遇大于挑战。我们应抓住国内外发展环境重大变化的历史机遇,扭转我国投资需求和消费需求比率失调的局面解决投资需求和消费需求内部结构问题,化解宏观经济风险,改善民生问题,保障社会和谐发展。

参考文献

[1] 刘立峰.投资结构与产业增长效率[J].开放导报,1999(9).

[2] 齐丽红,张新霞.论后金融危机时代民间投资的发展环境[J].前沿,2001(1).

[3] 李杰.中国投资产业结构的偏差及其调整[J].经济学家,2002(1).

[4] 吴洪鹏,刘璐.挤出还是挤入:公共投资对民间投资的影响[J].世界经济,2007(2).

[5] 杨秀芝,尚庆为,唐小旭.投资结构与产业结构优化研究[J].商业经济,2007(2).

[6] 丁蔚.我国内需不足的成因及对策研究[J].科技和产业,2009(3).

[7] 高寅.我国内需结构变迁路径及展望研究[J].安徽工业大学学报,2009(6).

[8] 雷辉.我国固定资产投资结构的实证研究[J].江苏商论,2009(7).

[9] 何晓英.调整内需结构扩大消费需求[J].宏观经济管理,2009(8).

[10] 谢振忠,张子荣.金融危机背景下我国居民消费结构的调整[J].农业现代化研究,2010(1).

[11] 张蓓芳.现实经济中的总需求不足的分析——基于凯恩斯消费理论的探讨[J].生产力研究,2010(4).

[12] 李克强.关于调整经济结构促进持续发展的几个问题[J].求是,2010(6).

[13] 康珂,周幼曼.内需不足的成因和"十二五"期间对策[J].成都行政学院学报,2010(6).

[14] 杨晶文.扩大内需促进经济又好又快发展[J].集体经济,2011(7).

咖啡馆顾客体验与购买性行为

郭　辰

（武汉理工大学管理学院企业管理专业2011级硕士研究生，武汉 430070）

摘　要：本论文从咖啡馆的顾客体验视角出发，讨论咖啡馆的特色体验与大学生消费需求的联系性，并将顾客体验与重复购买行为倾向进行了实证性探索，构建出影响大学生顾客产生重复购买行为倾向的体验因子模型，然后进行统计分析。探索影响消费者对于咖啡馆体验消费感知差异主要因素。为商家经营及管理提供具有针对性和实用性的参考建议。

关键词：顾客体验；顾客购买行为倾向；感知差异

1. 绪论

咖啡馆这一饱含西式传统文化特色的场所，在中国尚处于市场发展的初期。咖啡馆本身并不只有咖啡，它还代表了悠久的咖啡文化历史及精神，形成了独特的魅力。再加上西方影视作品、文学作品对它的描绘与宣扬，后人对它的文化塑造，越发受到世界各国大众的追捧。发展至今日，咖啡馆成为不同于餐馆、茶馆等的另类休闲空间。每家咖啡馆都有其特色性的文化，不仅仅是咖啡迷人，而且对于文化精神的追求与体验也吸引人们走进咖啡馆。文化交流、享受自由、崇尚美感、追求个性等都属于人们去咖啡馆的原因。咖啡作为舶来品，在中国还属于一种新兴、潮流性的消费事物，中国人对于咖啡的消费也远低于世界其它国家。随着中国经济发展，人们生活节奏加快及精神文化日益丰富，对于休闲消费的需求正在高涨，咖啡馆在中国拥有广阔的发展前景。

1.1　研究目的和意义

笔者结合社会实践经验的切身感受，从实际中发现了高校学生消费需求与咖啡馆体验消费之间存在的关系，高校学生钟情于体验咖啡馆氛围和独特情调，他们关注于文化需求、精神享受，并且对于咖啡馆的文化、氛围、服务等从认知到满意，通过充分体验才能形成特定购买行为，例如出现重复性购买行为。因此，造成重复性购买行为的关键因素与顾客体验息息相关，这取决于消费者对体验效果的满意程度。探寻这些关键因素便成为本次研究的重点。

本次研究的目的就在于,立足于高校学生对于咖啡馆体验消费的视角,证实咖啡馆体验因素与消费者购买行为倾向之间的关联性,探寻顾客体验层面上影响顾客购买行为倾向的关键因子。

其意义在两方面,理论层面上,将顾客体验问题结合实际深入研究,讨论顾客的咖啡馆店内体验与顾客重复性购买行为倾向(顾客忠诚)的关系,其实质是揭示影响顾客忠诚的关键因子。实际层面上,为咖啡馆经营者提供开拓高校消费市场的科学性建议,并详细分析该目标群体的购买需求及特征,以便制定对应的咖啡馆营销及管理策略。开发并培养高校学生消费群体对于咖啡馆的消费偏好和忠诚,有助于咖啡文化在中国市场的开拓。

1.2 研究内容及方法

本文具体的研究内容主要分为两部分:

(1)文献研究部分

概念界定层面,具体为"高校学生消费者""咖啡馆顾客体验"通过理论认知进行界定,同时对于高校学生心理及行为特点,顾客体验,顾客购买倾向等问题进行归纳和阐述,作为理论依据和参考。

关系探究层面,将高校学生消费需求中的咖啡馆体验需求进行提炼,与顾客体验各维度进行对应,建立针对咖啡馆体验的维度划分。并探讨顾客体验与购买行为之间的理论关系,作为假设的理论前提。

(2)实证研究部分

实证研究过程,包括了问卷调查及结果统计、数据分析、假设检验和结果分析。主要研究①参照体验三维度模型,提出针对咖啡馆体验消费的因子模型,并设计问卷。②对于咖啡馆的大学生体验消费倾向性调查问卷进行统计分析,检验假设。③不同群体的购买倾向差异化分析。通过 T 检验,对比不同群体的购买选择倾向,以此来分析消费者购买倾向上存在的差异,找出关键性因子。

(3)研究结论与建议

根据实证研究结果,结合实际状况,对咖啡馆体验营销提出建议。研究方法是以消费者心理及行为学理论、顾客体验理论以及声场营销学为理论基础,按照"提出问题—建立模型—收集数据—提出假设并检验—确定结果"的实证研究思路开展本次研究。论文中主要采用的方法是文献研究法,访谈法及实证研究法。

1.3 国内外文献综述

1.3.1 大学生消费心理与行为

作为本次研究,笔者关注于前人对高校学生消费的行为、心理特征性共性的研究成果。

对于消费者的研究，主要从人类学、历史学、社会学等不同领域探究。美国Eric Arnold(2003)等人认为心理学是对营销最具影响力的社会学科，包括从心理学角度分析需求、人格等的研究核心都是直指消费者行为。[1]因此研究高校学生消费心理有助于探讨消费行为。刘祥伟(2006)认为大学生所受教育的经历和所处的特殊校园环境，使得他们成为社会上一个比较特殊的消费群体。大学生是大众文化及消费的排头兵，研究和分析他们的消费心理和消费行为有助于认识青年一代乃至整个社会的消费趋势。[2]

高校学生消费者，即是通俗意义上的大学生，在理论界没有统一性及权威性的界定。在此笔者认可彭慧蓉(2004)对大学生消费行为进行界定："大学生消费时指普通高等院校本科、专科学生对物质产品和精神产品的消耗活动。大学生消费行为是指大学生在一定消费观念影响下为满足自身物质生活和精神生活需要而采取的消费行动。"[3]研究大学生消费行为并对其开展营销活动，首先需要从其需求出发，充分了解物质生活和精神生活的双方面需求相关偏好及需求。

而中国高校学生消费心理，国内有诸多研究探讨。对于高校学生的消费现状，除了消费心理及行为方面的研究文献，还有许多消费现状调查中也包含高校学生消费特征方面的研究结果。具有一定参考价值。

卢思锋(2003)认为高校学生消费行为的特征是：物质消费水平提高、精神文化消费呈现多样化、校园文化主导文化消费投向、品牌意识、价格意识强。但是大学生消费行为中也存在不少值得重视的问题：奢侈之风日盛，浪费现象严重；过分依赖他人，缺乏自强自立；诚信意识淡薄，道德品质不良等。[4]李巍(2006)认为，影响大学生消费行为的因素可以分为内部因素和外部因素：内部因素指大学生心理因素，即自我概念、性格特征和消费态度等；外部因素指：大众传媒、消费主义、家庭因素和参照群体因素等。[5]

对于消费行为的概念，从营销学角度来讲，消费者行为学是研究个体、群体和组织为满足需要而如何选择、获取、使用、处置产品、服务、体验和想法，以及由此对消费者和社会产生的影响[1]。这个定义从更为广义的层面诠释了消费者从购前到购后的所有直接及间接活动的研究。同时，消费者行为是一个复杂的、多层面的过程。消费者行为分析是形成市场营销策略的基础，消费者对整体产品的反应，决定策略的成败[6]。对消费者行为要全面细致地从三方面理解，一是消费行为是满足需要或欲望的手段性行为。二是消费行为是心理活动的产物，消费者对于市场中的商品选择，只会寻求市场上产品中满足需求和心理欲望的一种或几种产品。三是消费行为是一个过程。按照消费行为的六个阶段解读，分为①知晓阶段：发现产品的存在；②了解阶段：了解产品的效用；③喜欢阶段：对产品产生良好印象；④偏好阶段：对产品的良好印象扩大到其它方面；⑤确信阶段：由于偏好而产生购买愿望,认为购买是明智的选择;⑥购买阶段:由态度转变为实际行动。

另外,针对目前的高校学生群体,有关这个群体的成长过程、时代背景特征等也拥有众多参考文献,张恩碧(2009)认为青年出于从少年到成年的过渡阶段,生理机能的成熟影响心理以及行为,表现出追求个性,表现自我;注重情感,冲动性强;追求时尚,表现时代;超前消费,追逐新潮的特征。青少年是体验消费的积极践行者。[7]目前的高校学生群体,是80后人群聚集的大学时代。对于80后人群的消费特征,也有众学者的研究。王勤在《走向前台的80后:解读80年代生人》中提到消费对他们来说已经不是生存需求,同时也是一种生活方式和精神要求。在一个物质日趋丰富的时代,从他们诞生开始就生活在中国社会现代化高速发展的时期,这样环境中长大的一代人,更多地关心自我,习惯于从家庭与社会中获得什么,追求时尚、享受生活。[8]

近十年来,国内不少研究学者都对高校学生的消费心理、行为等众多方面进行研究,主要侧重于社会心理学、教育学以及市场营销学的角度。各类研究结果及相关调研结果存在一定共性认识,不过目前没有出现较为权威的定性研究。到后期对于高校学生研究逐渐走向专业化和深入化,尤其是对于具体性的、行业针对性的大学生消费行为研究越来越广泛,也有人格特征与行为方式、购物观念等精细化研究,并能提出相应指导建议。本次论文的研究也将具有行业针对性及精细化视角特征。

1.3.2 顾客体验

而对体验经济及消费的概念则可追溯到70年代。因此体验消费的概念由来已久。B·约瑟夫·派恩和詹姆斯·H·吉尔墨在《体验经济》中从营销学角度提出,随着经济形态由产品演进到服务经济再到体验经济,经济提供物也相应地不断变化,有低价值的提供物到高价值的提供物演进。那么营销的需求满足角度说,交换的重点也会改变,也就产生了体验营销。然而对于体验营销,是十年前出现的新概念。把体验当做营销体系研究的第一人——美国学者 Bernd H·Schmitt 就从心理角度探讨体验营销,将体验视为一种心理现象以及感情领域的事情,体验是发生与您对某些刺激回应的个别化感受,包含整个生活本质。[9]他们对感官、心与思维引发刺激。如果反应积极,就会使顾客认可产品或服务的价值。

我国的研究学者也进一步对顾客体验进行深层次的解析,例如汪涛、崔国华、范秀成等为代表的体验理论,强调体验的情感性,认为消费过程中会产生的美妙而深刻的感觉。还有另一种解析是张亦梅、黄爱光等人的刺激——反映论,强调体验来源于刺激,顾客对某些刺激会产生独特感受。张恩碧(2009)基于前人文献研究,提出了体验消费的内涵、三要素及基本特征。体验消费定义有四个内涵,一是体验消费是一种特殊的消费方式,消费与体验消费是属种关系。二是体验消费主题是消费者,目的在于从消费对象中获得某种消费体验。三是体验消费的关键在于体验,体验消费的过程是消费者亲身体验和感受的过程,其本质属性是新奇刺激性。四是任何体验消费都是在一定社会经济条件之下的。[10]

综合而言,对于体验营销及顾客体验层面的研究,尚处于较为新兴的阶段,概念理解及内涵划分上还没有形成统一认识,理论研究尚且不成熟。不过也有相关研究将顾客体验与实际问题结合探讨,例如结合到餐饮业探讨顾客体验维度及顾客忠诚问题,为本次研究提供了参考。

2. 咖啡馆顾客体验与购买行为的相关理论基础

2.1 咖啡馆顾客体验的维度

在探讨顾客体验维度之前,必须弄清需求与体验的关系问题。Carbone 和 Haechel(1994)提出了以下观点:消费者是理性和感性的结合体,在消费服务时,不仅仅是为了满足生理需要,解决基本问题,更重要的是为了满足心理需要和社会归属感的需要。生理需要或解决基本问题的需要要求服务提供功能上的利益,心理需要要求服务提供情感上的利益,社会归属感的需要则要求服务提供身份、象征上的利益。[11]基于该论点,李建州、范秀成(2006)结合中国餐馆业的服务特性以及消费文化,对于顾客体验进行科学而系统的实证分析,提出了三维度体验概念。认为顾客的体验与其需求息息相关,这些需求包括顾客对咖啡馆功能体验需求、情感体验需求及社会体验需求。[12]

从这三个方面需求的满足出发,李建州,范秀成针对于餐馆行业提出了服务体验的三维度模块。并通过实证研究证实了顾客体验与三维度(功能体验、情感体验及社会体验)及三维度各项的二阶影响因子的相关性。对于本次咖啡馆体验维度的研究,具有很大参考价值。

表 1 三维度服务体验表

维度	功能体验维度	情感体验维度	社会体验维度
特征	更多的认知成份 有形产品表现更明显 功能性利益 强调结果、目的 解决问题 客观	更多的情感成份 服务业表现更明显情 感性利益 强调享乐、快乐 享受的投入 主观	更多的社会属性 有形产品和服务业 社会性利益 强调关系 关系的紧密程度 主观或客观

(文献来源:三维度服务体验实证研究(李建州,范秀成))

目前的文献研究中,没有针对于咖啡馆的顾客体验的专门性研究,但是咖啡馆属于餐饮行业范畴之中,咖啡馆消费,也作为一种服务行业中的休闲娱乐性消费层面,可以引用对于服务体验、休闲体验等顾客体验方面的研究结果,借用其共同的规律和机制。本文也结合以上研究思路,从高校学生的需求角度出发,探讨咖啡馆顾客体验维度。

2.1.1 高校学生需求特征

根据刘志伟(2002)的研究发现,在校大学生消费心理主要表现为:需求与购买行为具有较强的自主性和独立性;求实、求廉、求便与求新、求美、求名心理在大学生消费中并存;大学生易于接受新事物,在购买商品时比较喜欢追求新颖和时髦、热衷于追随时代潮流,他们往往是新产品、新品牌、新消费时尚的追求者、尝试者和推广者。需求、购买动机与行为既具有从众化的一面,又具有个性化的一面;大学生消费动机与行为兼有冲动和理智的成分;大学生消费奢俭并举。[13]闫缨(2004)概括大学生的消费心理为"趋同"心理,即由于大学生生活的社会化,使他们的消费心理在社会环境和社会群体的影响和压力下产生着相互影响,并且出现趋同现象。另外,高校学生由于受主观及客观因素影响,存在一定的消费行为特征。并且认为高校学生消费与媒体诱导、社会环境相关,易产生模仿心理。一些中国低收入消费者争相仿效高收入的物质消费方式,产生享乐主义生活方式。特别是发达国家的文化渗透,(如国外电影、国外电视剧)。对于青少年影响深远,大学生的消费心理不可避免会对享乐消费、高档消费产生的渴望与追求。[14]

结合前人文献研究,笔者对高校学生消费心理及需求特征总结为以下几点:

(1)趋同性与求异性并存。大学生由于受到特殊群体环境的影响,在消费中表现出趋同性,脱离不了校园文化对其精神消费的影响,例如对于文化产品、知识产品等的消费。另外求异性主要是注重自我价值实现、个性的展现,喜欢结合自己的个性特点和心理倾向选择满足需求的某类商品。

(2)对于休闲、文化等精神消费,求新、求美、求名心理突出表现。尤其是对新兴文化事物,以及超前的精神文化享受较为热衷。例如大学生喜爱时尚新颖的产品及品牌,或是尝试从没有购买的东西。这主要来自于求新、求美心理。还有对于超出一定消费能力的产品或是逾越社会层次的消费也有浓厚兴趣,如高价格的名牌、休闲享受等,这是求名心态反映。

(3)随着校园文化及时代文化逐渐丰富,大学生越发追求于文化消费、休闲消费,同时这些文化、休闲市场的日益丰富也刺激其精神层面的需求增长。从校园周边各色的休闲类消费场所可以看出,例如各个种类的桌游吧、旅游团、个性化饮品店、书吧等等逐渐涌现。

1.1.2 高校学生对咖啡馆体验维度

咖啡馆这一种传统又新兴的休闲场所,能够长久存在于人们生活当中,其实它反映了人们物质与精神生活的双重需求。这既是一种物质层面的饮食需求,也更是一种精神层面的消费需求。笔者认为,无论是作为西方咖啡馆历史背景下的传统生活方式,还是中国当代新兴的时尚消费,咖啡馆消费都反映出一种现代生活文明的体验需求,人们去咖啡馆追求并体验的不仅仅是咖啡与美食本身,更多地,会追求于咖啡馆的休闲、享受、情趣、社交等精神生活体验。并且咖啡馆所展现的人文关怀、小资情调,实际上是对顾客情感的维系,使其获得精神的体验满足。基于该理解,并结合高校学生的实际需求,将高校学生对咖啡馆的体验需求归类于以下层面:

(1)环境需求:包括对环境的布局、氛围的体验需求

(2)社交需求:结识朋友、维系友情、了解社会的一个途径。体现大学生自身的社会价值。

(3)休闲需求:审美、享受、情趣等方面的休闲类需求,以追求课外生活的情趣。

(4)情感需求:积极情感或消极情感的表达需求。

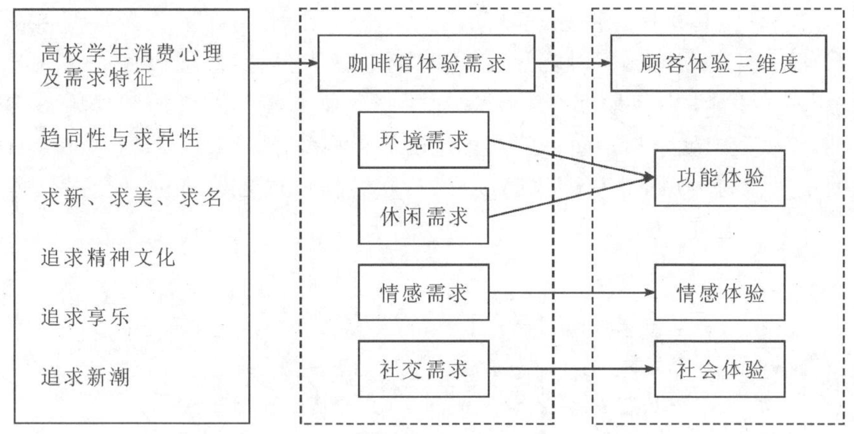

图1　高校学生消费心理及需求特征与顾客体验关系图

对于休闲体验的研究,一些国外文献提出了休闲体验中的情感体验因素,值得参考。Bitner(1992)认为在顾客为了休闲娱乐而花很多时间在观赏、体验服务环境的情况下,实体环境对顾客情感反映的影响更为显著。并且 Bitner(1994)在之后又提出,休闲消费是为了从服务体验中获得愉悦或情感上的满足,而不是功能上的效用。[15] Mano&Oliver(1993)更近一步提出,像歌剧院、运动等休闲服务行业的消费者通常是为了追求情感上的共鸣或愉悦,而这种情感上的共鸣或愉悦有利于增强顾客对于服务体验的评价。从这些研究中,可以看出,休闲消费与环境体验、情感体验都有密切的联系,咖啡馆是集中体现优良环境、休闲享受、情感交流等特征的综合场所,研究情感体验、情感共鸣有利于咖啡馆消费现象的深入理解。[16]

2.2　咖啡馆顾客的体验与重复购买行为的关系

行为倾向(behavioral intention)是一个社会心理学概念,其内涵是对态度对象

所表现出来的行为准备状态或反应倾向。当态度对象表现为某种消费产品或服务时,便产生所谓购买倾向或购买意愿,这是消费者对产品或服务做出的某种反映的意向,是购买行为中采取行动前的一种准备状态。

根据营销学的角度,研究学者 Bitta,Monroe 和 McGinnis,Dodds 和 Gerewal 等多位学者定义,将购买倾向定义为愿意购买某项产品的可能性,购买倾向越高即表示购买的可能性越大,购买行为适合使用预测实际购买行为。在本次研究中,将要研究大学生消费者的积极购买倾向,即是咖啡馆消费体验过程中,能够促使大学生消费者产生积极主动的购买意愿或重复购买可能的相关因素。[17][18]

在行为倾向层面,将顾客的购买行为分为:①首次购买倾向,②重复购买倾向。对于重购行为意向,即是顾客重复性购买某一产品或服务的行为倾向。在理论界认为重复购买行为属于顾客忠诚的行为体现,也是测量顾客忠诚的维度之一。对于顾客体验与顾客忠诚的关系,众多研究表明了直接作用影响,如 Wakefifeld (1999)对消费体验和重复性惠顾之间的关系进行了实证分析,认为二者存在正相关关系。Jones 等(2000)将顾客忠诚看做"对企业人员、产品或服务的一种归属感或情感"。[19]我国学者杨晓东(2007)构建了服务业顾客体验对顾客忠诚影响的概念模型,该模型中就包括消费情感对忠诚度的影响路径,实证表明情感体验对顾客忠诚的正向影响。[20]因此从理论角度而言,顾客体验的各维度因素会对顾客重复购买行为造成正向影响。

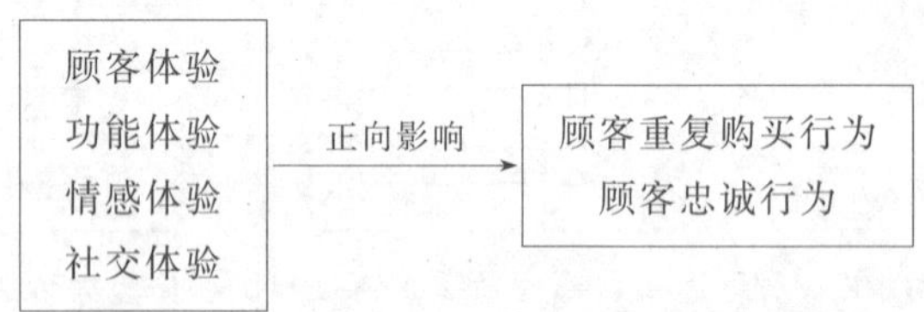

图 2 顾客体验与重复购买行为体验关系

3. 影响高校学生购买行为的咖啡馆体验因素实证研究设计

3.1 研究假设的提出

根据前一章对于相关理论基础的探讨研究,笔者发现了咖啡馆体验因素对于高校学生重复购买行为的关系。另外,笔者通过实地走访探寻武汉多家校园周边的咖啡馆,主要的有连锁经营型的星巴克咖啡、参差咖啡馆等,独立经营型的戈雅咖啡、书与咖啡、韦琳咖啡汇、隐形人咖啡馆等。与各咖啡馆的高校学生群体进行8人次的个体深入访谈,访谈对象都是常泡咖啡馆的学生,属于重复购买意愿和行为强烈的顾客群体。与他们深入交谈,发现呈现出以下共性特征:①常泡咖啡馆的学生总会定期光顾。他们常常用某一段周末时间,或是下课闲余,在咖啡馆学习或聚会。②普遍认为咖啡馆的独特氛围深深吸引他们,泡咖啡馆渐渐成为休闲生活习惯和方式之一。③泡咖啡馆的学生,多数不是喜欢咖啡产品,而是偏爱店内环境体验和社交体验。④长期泡咖啡馆的学生,会在咖啡馆建立自己的社交圈,咖啡馆成为彼此联系和维系的场所。

基于前文的理论研究和实际访谈研究结果,在此对于影响高校学生购买行为的体验因素提出假设:

(1)直接作用假设

H1a:咖啡馆功能体验对于高校学生购买行为倾向存在正向影响

H1b:咖啡馆情感体验对于高校学生购买行为倾向存在正向影响

H1c:咖啡馆社会体验对于高校学生购买行为倾向存在正向影响

然后,我们也想探究这三个维度中,在顾客购买次数上的差别,以及停留时间的长短方面,顾客的购买倾向存在作用差异。提出下列研究假设:

(2)对比研究假设

H2:顾客购买频数不同情况下,咖啡馆体验三个维度的特征对高校学生顾客购买倾向影响程度不同。

H3:停留时间不同情况下,咖啡馆体验三个维度的特征对高校学生顾客购买倾向影响程度不同。

3.2 影响高校学生购买行为的因子模型构建

对于影响顾客重复购买行为的因素研究,实际上要抓住顾客对于各项体验因子的偏好程度及满意程度,即是讨论各项体验因子中,对于顾客购买倾向能够产生积极性作用的因子有哪些。顾客在参与咖啡馆体验活动中,会对咖啡馆整体体验内容进行考量,评价内心满意程度,我们得到以下假设模型:

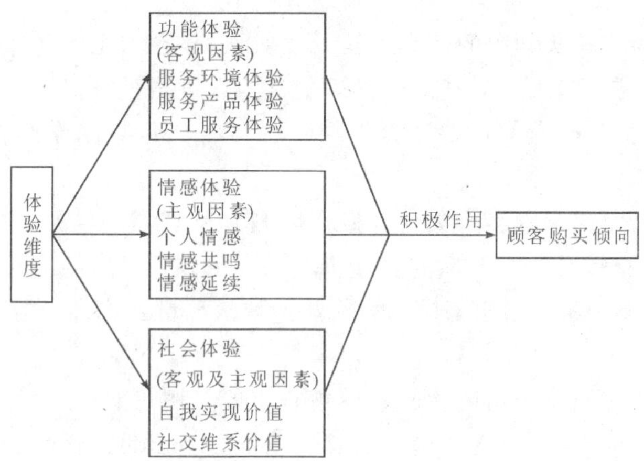

图3 高校学生对于咖啡馆体验消费购买倾向假设模型

3.3 问卷设计

笔者在对高校学生顾客体验咖啡馆消费过程中，结合前人研究文献，将大学生需求与服务体验的研究相结合，并结合深度访谈，提出顾客体验购买倾向性的假设因子。事实上大学生在咖啡馆消费时，已经不再单纯以生理需求，即是饮食需求为主，他们更为关注的是物质层面以及精神层面的需要的满足，这里包括了对于客观条件的需求以及心理需求、社交需求以及个人实现需求等层面。

3.3.1 问卷设计流程

本研究的问卷设计流程如表所示，首先，搜索相关实证研究中有关本研究的结构变量及量表。采取多题设项以及五级量表方式，尽可能援引已有的量表项目，或者根据访谈法新增题项。然后根据已有文献资料和访谈结果，设计问卷草稿，与导师进行沟通，探讨并修正问卷。最后再正式发放问卷，回收、统计、检测量表信息。

表 2 问卷设计流程表

步骤	内容
1	确定研究变量定义
2	搜寻现有研究变量
3	整理与增修，通过深度访谈
4	设计问卷初稿，与导师沟通、修改问卷
5	正式发放问卷
6	问卷结果统计、分析

3.3.2 问卷设计方法

目前对于顾客购买倾向的研究方法及工具研究较少，也多数集中于对品牌倾向的研究，调查顾客对于某类产品或品牌的满意程度或选择倾向。并且多数采用实证研究方法，提出研究假设并结合里克特((Likert)量表制作调查问卷，对消费者体验感知进行测量。

董大海，杨毅等在《顾客购买行为倾向的测量及其管理意涵》中对顾客购买行为倾向提出相关测量方法，包括的直接询问法、Gensch 提出的 Choice Based 模型等，并在前人基础上提出改进，加入情感成分，修改测量公式，以完善顾客购买行为倾向测量方法。[21]

对于高校学生对咖啡馆体验因素的探查主要采用焦点小组访谈、个体深度访谈，探查的目的在于了解消费者内心的真实情况，发掘论点，而且为问卷调查提供合理的题项参考。

(1)焦点小组访谈。焦点小组访谈法一般有 8－12 人组成，在一名主持人引导下对于某项主题或概念进行深入讨论。焦点小组是项调研活动，其目的在于了解和理解人们心中的想法及其成因。调研的关键是调查对象的选择要确切符合研究主题，并使得参与者对主题进行充分和详尽的讨论。本次对大学生消费者的探查于 2011 年 3 月 4 日进行，随机选取了武汉某咖啡馆中的 8 位在校大学生（4 男 4 女），对其在咖啡馆消费的产品、个人消费观念、咖啡馆体验消费的感受及想法进行讨论，也讨论了各类咖啡馆的特色及看法等。以此来了解咖啡馆体验与其生活需求、行为特征的契合情况。具体的访谈提纲如下：

①您的基本情况，包括性别、学位、月收入范围、去咖啡馆的频数。

②去咖啡馆的主要目的是什么，最青睐咖啡馆的什么，最念念不忘的是什么。

③在咖啡馆里都做些什么事情，体验到些什么，心情状况如何。具体举例说近期的一两件在咖啡馆发生的趣事，或难忘的体验。

④对于咖啡馆消费的态度如何，觉得在这里的消费价位是否合理。

⑤总结访谈结论，并与大家共同讨论，听取建议。

(2)深入访谈。深度访谈在原意上是相对无限制的一对一的会谈，相对而言，笔者对这项访谈存在一定的难点，主要是①一般谈者在刺探和诱导问题方面需经过严格训练，有时需要专业心理学家来担任面谈者。②需要对访谈内容有效的归纳整理。而笔者可以与深度访谈对象保持持续性地融洽沟通，但仍存在一定能力限制。笔者对此次访谈抓住两点目的：①确保建立适当的研究模型。②为调查问卷提供设计题项的参考。

结合之前的小组访谈结论，在深入访谈中，笔者与两名访谈对象进行了深入的沟通，从而进一步明确了研究方向与题项设计。访谈结果主要有：

①去咖啡馆的主要目的方面，包括满足环境需求、社交需求、休闲需求、情感需求等，普遍访者最青睐的咖啡馆体验，可能会因为在咖啡馆停留的时间性因素（去咖啡馆的频数和在咖啡馆停留时间）影响而出现差异，去咖啡馆频数和停留时间约越多的人，越青睐于咖啡产品、服务，而去的次数较少的人，越青睐于特色氛围体验。

②多数人在咖啡馆喜欢与朋友交谈，无论是熟人还是陌生人，也有很多人喜欢安静地一个人做事，他们普遍认为咖啡馆为他们提供了超出学校生活环境的高质量环境，在这里交流、思考、休息是最常做的事。另外的一些体验事例中，还包括新奇感体验、表现自我的体验、共鸣情感体验。

③对于消费价格的感知，大家会受到个人生活费状况、咖啡馆的整体功能及停留时间的影响。生活费较高的人（基本在 2000 元/月左右）对咖啡馆的消费价格容易接受，而生活费较低的人（1000 元/月甚至以下）对咖啡馆的消费要适咖啡馆客观条件、功能价值影响判断，不一定容易接受。

3.3.3　问卷结构设计

问卷的第一部分为个人基本情况调查，主要是对受调查者的性别、学位、生活费状况进行了解，掌握受调查者的结构。甄别属于研究对象及研究范围的调查者，并可以根据不同属性将样本进行归类分析。

第二部分是咖啡馆消费状况调查，了解去咖啡馆的频数和停留时间，以及心目中最有购买意愿的方面。这一部分可以分类统计，为对比研究提供帮助，并且也能直观了解受调查者的意愿情况。

第三部分即是此次调查的核心，对于受调查者的三维度体验的态度测量，从而明确会积极影响他们选择的倾向性的因素。对于量表设计问题在下面有详细介绍。

3.3.4 顾客购买行为倾向测量题项设计

整个问卷设计过程中笔者采用多个研究方法，结合前文文献总结的二手资料研究，以及访谈法等一手资料分析，综合收集了实证研究的相关论据、论点，在此对方法做出介绍。

李建州、范秀成对于餐馆行业实证分析中，对餐馆行业提出了一项三维度体验量表，从功能体验、情感体验、社会体验三个角度出发，认为不同的消费目的决定了顾客的服务体验是一个多维的概念，并在餐馆行业做实证分析。

(1)功能体验。包括服务产品体验、服务环境体验和员工服务体验。这一维度对于情感卷入非常少，而对于认知、思考及评价的理性成分非常多。顾客更强调结果质量，能够解决实际需求。

(2)情感体验。是指顾客在消费的过程中被引发的情感、情绪或心情是影响顾客消费行为的重要因素。消费者的情感是微妙而复杂的，在此划分为积极情感与消极情感，积极情感包括高兴、快乐、满意、惊喜等，消极情感包括悲伤、厌烦、不满意、愤怒、孤独等。由于情绪的多变性，会受消费氛围、情景、个体性格特征等多方面的影响，研究起来较有难度。

(3)社会体验。顾客消费的目标上升至高层次需求，即是对于归属感、尊重和自我实现等的需求，顾客不仅仅消费使用价值，更重要的是一种联系价值，消费是为了建立一种社会关系，寻求社会归属感和认同感，标明自己的人生观、消费观和价值观，定位自己的社会身份。消费者选择服务场所体验，这实际上是建立社会关系的重要手段。

对于三维度体验概念，已在前文中有了详尽的介绍，但是在运用于本次研究中，笔者只对于三维度概念进行保留和借鉴，而具体细分各个维度的因子项目，笔者结合了研究对象的实际状况，进行相应的调整以适用于本研究。

对于倾向性问题的设计，笔者参考了前人对于消费者购买倾向性问题的研究量表设计，较有参考价值的研究是 Dodds，Grewal and Monroe 等学者开发出的测量购买倾向量表，其中指出了几种基本题项，并都以量表形式，从程度高至低的评价值进行测量(非常大—非常低；非常同意—非常不同意；非常高—非常低)：

①购买产品的可能性

②如果要购买该产品，我将考虑从某价位上购买该产品

③在这个价位上我会考虑购买该产品

④我考虑购买某产品的可能性是：非常大一非常低

⑤我购买某产品的意愿是：非常高一非常低。

借鉴他们的研究结果，运用在本次购买行为倾向测量量表中，并在实际访谈过程中对相关因子的提问进行了修改补充。最终与老师进行商谈修改，将测量量表确立如下，并与相关因子进行对应：

表3 咖啡馆顾客购买行为倾向测量量表

<table>
<tr><th></th><th>倾向性测量问题
（五级量表数值的评分含义为：
1完全不符 2较为不符 3一般 4较为符合
5非常符合）</th><th>问题对应的相关因子</th></tr>
<tr><td rowspan="6">功能体验</td><td>1. 我通常青睐于咖啡馆独特的氛围</td><td rowspan="3">服务环境体验：
①气氛独特性
②有形物质布局及审美
③有形设施便利性
（前两条参考李建州、范秀成；第三为作者访谈结果）</td></tr>
<tr><td>2. 咖啡馆的灯光、装饰、空间等布置符合我的审美情趣</td></tr>
<tr><td>3. 我青睐于咖啡馆的便利性功能设施（如免费图书、游戏棋牌、无线上网等）</td></tr>
<tr><td>4. 我认为在咖啡馆的消费合理</td><td rowspan="2">服务产品体验：
①价格标准
②附加服务产品体验
（参考李建州、范秀成）</td></tr>
<tr><td>5. 我喜欢咖啡馆的特色文化活动（例如免费电影、咖啡学堂、读书交流、联谊活动等等）</td></tr>
<tr><td>6. 我来到咖啡馆，主要受其优质的服务的吸引</td><td>员工服务体验：服务水平及质量
（参考李建州、范秀成；第二条为作者访谈结果）</td></tr>
<tr><td rowspan="6">情感体验</td><td>1. 我去咖啡馆主要因为这能让我的心情变得愉快</td><td>个人情感：个人基本情绪</td></tr>
<tr><td>2. 咖啡馆的氛围很符合我的情感需求</td><td rowspan="2">情感共鸣：
①情感满足 ②情绪共鸣</td></tr>
<tr><td>3. 我的情绪会受到咖啡馆的氛围影响</td></tr>
<tr><td>4. 我会为想念咖啡馆的朋友而光顾这里</td><td rowspan="3">情感延续：
①朋友 ②氛围 ③新奇体验</td></tr>
<tr><td>5. 我会为怀念咖啡馆的氛围而光顾这里</td></tr>
<tr><td>6. 我会为寻求新鲜而独特的体验而光顾这里</td></tr>
</table>

续表

社会体验	1. 我喜欢去一些很有名气的咖啡馆	自我实现价值： ①自尊感 ②归属感 ③自我表达与提升
	2. 咖啡馆能够体现我的独特品味	
	3. 在咖啡馆我时常能获得一种归属感	
	4. 参与咖啡馆的特色活动，能够展示自我个性魅力	
	5. 通过与人交流，能有所收获和提升，令我满足	
	6. 我去咖啡馆是为了和朋友充分交谈、维系感情	社交维系价值（参考李建州、范秀成）

3.4 问卷效度及信度分析

3.4.1 问卷的效度分析结果

对于本次研究涉及到的三个维度体验的测量，在量表中都有不同问题进行对应，根据问卷中客观数据统计，将量表进行效度分析，因子分析所得的结果如下：

因子分析前对问卷样本进行 KMO 指数和巴特勒球形检验（Bartlett's Test of Sphericity），要求 KMO 接近于 0.8 并且能够有显著的球形检验结果时，才说明该样本适合做因子分析。因子分析主要通过凯泽标准特征根大于 1。选取题目的因素负载荷标准为 0.5，若对应题目的因子负载荷低于 0.5，则将因子剔除。因子分析过程中所选用的方法主要是主成分分析法（principal components analysis）以及最大方差旋转法（varimax rotation），以得出旋转矩阵（rotated components matrix），根据模型设计选取对应的因子。

表 4 咖啡馆体验量表的 KMO 测度结果

	Kaiser－Meyer－Olkin Measure of Sampling Adequacy.	.834
Bartlett's Test of Sphericity	Approx. Chi－Square	883.639
	Df	91
	Sig.	.000

可以看出功能体验的 KMO 值大于 0.8，显著性为 0.000，可见该问题比较适用于做因子分析。通过因子分析，各因子的载荷情况如下，并从中归纳出对应因子。

表 5 咖啡馆体验因子的旋转矩阵结果

序列	因子名称	Component			
		1	2	3	4
因子 1	氛围体验情感	.760		.139	.330
	友情情感	.728	.347		
	情绪共鸣	.620	.328		.179
	个人基本情绪	.602	.479		.269
	员工服务体验	.572	.208	.415	−.126
	价格标准	.519	.132	.499	.136
因子 2	归属感	.274	.843		.106
	自我表达(品味)	.237	.812	.195	.240
	自我表达(个性)	.276	.727	.275	
因子 3	附加服务产品体验	.229	.107	.750	
	有形设施便利性			.724	.263
	自尊感		.453	.579	
因子 4	有形布局及审美		.234	.229	.860
	气氛独特性	.334			.817

通过因子的主成分分析法,并经过多次剔除和旋转矩阵分析,保留以上的 14 项因子结果,因子载荷量都在 0.5 以上,并由系统归为四个因子类别。“情感满足”“新奇体验情感”“自我提升”“社交维系价值”4 项因子由于在分析中不符合要求,予以剔除。最终对四项因子进行命名。

因子 1:情感体验因素

情感体验是消费者对于咖啡馆体验的主观影响因素,包括个人情感因素、情感共鸣及情感的延续。共鸣体现在受到咖啡馆氛围影响下的情感变化,延续体现在因为某些特定情感因素(如对朋友、氛围的怀念等)而再次光顾。其中对于员工服务体验归类为情感体验,解释为员工与顾客间的关系表现为情感关系,价格标准归为情感体验解释为顾客对咖啡馆的情感体验所产生的附加价值,使其对价格的合理性的感知产生变化。因此都归因为咖啡馆的情感体验维度。

因子 2:社会体验因素

社会体验方面体现在归属感的获得,自我表达品味及个性,是一种自我实现价值的体现,需要在客观的咖啡馆交际环境中得以体现。因此属于社会性体验。

因子 3:功能体验因素——服务体验因子

咖啡馆的体验过程中,客观状态下的服务产品、人员服务质量及水平、便利设施提供给人的体验享受,因而使顾客获得品味及地位方面的自尊表达,都属于咖啡馆的功能体验中服务体验的作用效果。因此归类为服务体验因素。

因子4:功能体验因素——环境体验因子

咖啡馆的氛围及客观环境布局属于咖啡馆的环境条件,通过分析发现了这两者归为一类,也会对顾客造成影响。因此命名为环境体验因素,从属于功能体验的范畴。

3.4.2 问卷信度分析结果

对于因子信度的分析,主要是计算信度α系数(Cronbach Alpha)检验,表示量表的可靠性以及稳定性。对于α系数值界于0～1之间,α系数究竟多大才会有较高的信度,学术界没有统一的看法,根据学者Nunnally(1978)认为的α系数值等于0.70是一个较低,但可以接受的量表边界值。而界于0.80～0.90之间非常好。以下是本次量表的可靠性分析结果,可看出量表归类后的前两个因子α系数都在0.80以上,功能体验的环境体验因子在0.7以上,功能体验的服务体验因子也在0.6以上。可见量表有非常好的信度。

表6 体验因子的信度α系数结果表

因子名称	α系数
情感体验因素	.825
社会体验因素	.853
功能体验因素——服务体验因子	.611
功能体验因素——环境体验因子	.783

3.5 调研样本描述

本次调查为了充分了解高校学生消费群体的选择倾向,对于调查对象的选取采用随机抽样,针对武汉市地区的三所学校以及三家咖啡馆中的大学生消费者进行调查。其中三所学校主要是:武汉大学、华中师范大学以及武汉理工大学,分别做了30份。三家咖啡馆中包括两家私营型咖啡馆和一家连锁型咖啡馆,分别是武汉珞狮路韦琳咖啡馆,珞珈山戈雅咖啡馆和群光广场的星巴克咖啡馆,也分别发放了30份。

在2011年5月份期间笔者发出问卷进行调查,本次调查共发出问卷180份,实际回收问卷为150份,通过筛选保留有效问卷148份。并对本次样本结构进行统计:

表7 正式调研样本基本情况统计

项目	统计结果		
性别(人次)	男性:79	女性:69	
学历(人次)	大学本科:101	研究生:42	博士生:5
生活费收入状况(元/月)	1000以下:86	1000～2000:50	2000以上:12

表 8　正式调研样本咖啡馆消费情况统计

项目	统计结果
1、去咖啡馆频数	一次:64　去过 3—5 次:34　去过 5 次以上:50
2、在咖啡馆停留时长	半小时:15　1～2 小时:101　两小时以上:32
3、最青睐的事物(%)	咖啡产品:18　店面环境及氛围:104 合理的价格:13　优良服务:13
4、最喜欢在咖啡馆做的事(%)	与熟悉的朋友聊天:83.1%　独立学习和思考:43.2% 结识新朋友:18.2%　交流收获新见闻:25.7% 自由表现自我:10.8%　其他:12.8%

对于顾客在咖啡馆最青睐的事物的条形统计图:

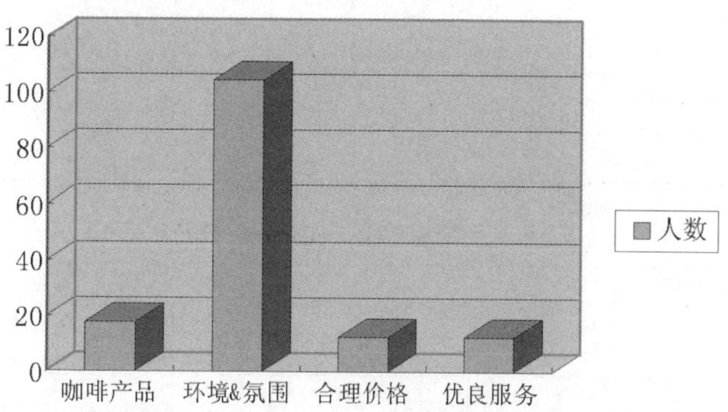

图 4　顾客对于咖啡馆消费事物选择倾向统计图

对于顾客在咖啡馆最喜欢做的事的条形统计图:

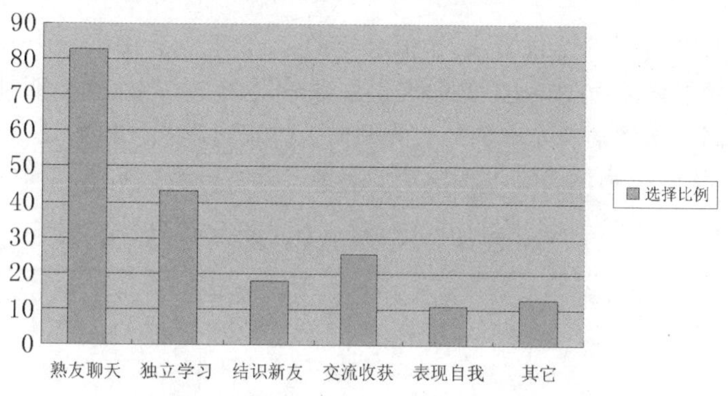

图 5　顾客对于在咖啡馆活动状况统计图

4. 假设模型的检验结果及分析

4.1 直接作用假设检验结果

对于该问题的检验采用的是多元回归分析法，具体采用逐步回归法。通过顺向选择将自变量逐一进入回归模式，并且对于自变量的标准化回归系数显著性检验的F值有一定要求，符合要求的变量才会进入模式中，并通过反向剔除法，根据模式贡献最小的预测变量移除，直到所有自变量均达到标准为止。以下便是分析结果：

(1)咖啡馆的功能体验对于高校学生消费者购买行为倾向有正向影响

表9 ANOVA结果分析表

模型	平方和	df	Mean Square	F	Sig.
Regression	11.723	2	5.862	8.472	.000[b]
Residual	98.934	143	692		
Total	110.658	145			

表10 功能体验的Coefficients分析表

Model	Unstandardized Coefficients		Standardized Coefficients		
	B	Std. Error	Beta	t	Sig.
常量	1.124	.231		4.858	.000
功能体验	.232	.066	.282	3.533	.001

逐步回归法所得的结果看出，F值对应的sig.都小于0.05，表明模型的统计意义。对于功能体验方面，因子的标准化系数分别为0.282。这表明，咖啡馆的功能体验对于高校学生消费者在购买行为倾向上的正向影响。即假设H1a成立。

(2)咖啡馆的情感体验对于高校学生消费者购买行为倾向有正向影响

表11 ANOVA结果分析表

模型	平方和	df	Mean Square	F	Sig.
Regression	5.266	1	5.266	7.195	.008
Residual	105.392	144	.732		
Total	110.658	145			

表 12 情感体验的 Coefficients 分析表

Model	Unstandardized Coefficients		Standardized Coefficients		
	B	Std. Error	Beta	t	Sig.
常量	1.400	.201		6.971	.000
情感体验	.149	.056	.218	2.682	.008

从所得的结果中看出，F 值对应的 sig. 为 0.008，小于 0.05，表明模型具有统计意义。对于情感体验方面，因子进入逐步回归模型，它的标准化系数为 0.218。这表明，咖啡馆情感能体验对于高校学生消费者在购买行为倾向有正向影响。即假设 H1b 成立。

（3）咖啡馆的社会体验对于大学生消费者购买行为倾向有正向影响

表 13 ANOVA 结果分析表

模型	平方和	df	Mean Square	F	Sig.
Regression	4.665	1	4.665	6.338	.013
R esidual	105.992	144	.736		
Total	110.658	145			

表 14 社会体验的 Coefficients 分析表

Model	Unstandardized Coefficients		Standardized Coefficients		
	B	Std. Error	Beta	t	Sig.
常量	1.453	.193		7.532	.000
社会体验	.150	.060	.205	2.518	.013

从所得的数据分析看出，F 值对应的 sig. 为 0.013，小于 0.05，表明模型具有统计意义。对于社会体验方面，因子进入回归模型，它的标准化系数为 0.205。这表明，咖啡馆的社会体验对于高校学生消费者在购买行为倾向上存在向影响。即假设 H1c 成立。

4.2 群体间对比假设检验结果

另外，笔者采用独立样本 T 检验的方法，探讨不同类群的消费者在购买过程中的倾向差异，主要从购买频数（即去咖啡馆的次数）、停留时间（即单次在咖啡馆的消耗时长）两方面进行划分，探讨对应关系。通过假设检验，能够有效了解大学生顾客在购买频数和时长上的体验倾向显著差异，从而能够更清楚的了解其购买行为。

(1)购买频数与咖啡馆体验倾向研究。

根据问卷的统计结果，笔者将购买频数划分为购买一至五次，购买五次以上两类群体。购买次数在一次的群体与购买多次的群体，对于咖啡馆体验感知存在不同。以下便是检验结果。

表 15 对于购买频数类别下的 T 检验结果表

因子	组别	N 样本数	Mean 平均数	Std Deviation 标准差	Std. Error Mean	T 值
气氛独特性	＞＝3.00	49	4.4694	.89214	.12745	3.110**
	＜3.00	97	3.9588	1.01978	.10354	
有形布局及审美	＞＝3.00	49	4.2653	.88448	.12635	2.737**
	＜3.00	97	3.8351	.92060	.09347	
有形设施便利性	＞＝3.00	49	3.6327	1.26974	.18139	−.079
	＜3.00	97	3.6495	1.19060	.12089	
价格标准	＞＝3.00	49	3.7551	1.03139	.14734	3.330**
	＜3.00	97	3.1546	1.02409	.10398	
附加服务产品体验	＞＝3.00	49	3.6531	1.18235	.16891	1.284
	＜3.00	97	3.3918	1.15069	.11684	
员工服务体验	＞＝3.00	49	3.5306	1.02270	.14610	.795
	＜3.00	97	3.3814	1.09395	.11107	
个人基本情绪	＞＝3.00	49	3.9592	1.04002	.14857	2.698**
	＜3.00	97	3.4639	1.06127	.10776	
情绪共鸣	＞＝3.00	49	3.3265	1.28108	.18301	.034
	＜3.00	97	3.3196	1.12311	.11403	
氛围体验情感	＞＝3.00	49	3.7755	1.14137	.16305	1.553
	＜3.00	97	3.4639	1.14621	.11638	
自尊感	＞＝3.00	49	3.2857	1.33853	.19122	1.887
	＜3.00	97	2.8866	1.13538	.11528	

续表

自我表达（品味）	>=3.00	49	3.2857	1.27475	.18211	1.963
	<3.00	97	2.8866	1.09807	.11149	
归属感	>=3.00	49	3.4082	1.28968	.18424	2.859＊＊
	<3.00	97	2.7938	1.08913	.11058	
自我表达（个性）	>=3.00	49	3.1224	1.33280	.19040	2.403＊
	<3.00	97	2.5876	1.13425	.11517	
友情情感	>=3.00	49	3.7755	1.10426	.15775	2.904＊＊
	<3.00	97	3.1753	1.31506	.13352	

（表中＊P<0.05，＊＊P<0.01）

从表中可见，T值显著性强的因子（P小于0.05）表示了该项在特定类别下的差异性明显。首次体验咖啡馆的大学生与重复体验的学生在选择倾向上有多处不同：

①功能体验方面：体现在环境体验感知的显著差异。气氛独特性、有形布局及审美有显著不同，说明重复多次体验的顾客对于咖啡馆的环境体验满意更强。

②情感体验方面：个人基本情绪、友情情感、价格标准感知存在显著不同，这主要是重复到咖啡馆体验的学生中，多数人都会因怀念咖啡馆的朋友而再次光顾，说明咖啡馆体验中情感体验对于顾客的维系作用，高校学生多次光临咖啡馆与情感满足、情感延续有关，并且对于价格的满意度情况也更高。

③社会体验方面：归属感的感知、自我个性表达存在显著不同，重复体验的学生对于咖啡馆归属感的感知明显强烈于首次体验者，并且也存在自我个性表达的体验需要。可见常去咖啡馆的学生对于归属感的满足选择倾向性强。

综上，笔者证明了先前的点假设成立即是：

顾客购买频数不同情况下，咖啡馆体验三个维度的特征对高校学生顾客购买倾向影响程度不同。

（2）停留时间与咖啡馆体验倾向研究

按顾客在咖啡馆停留时间的长短，将样本群进行划分，分为停留时间在一小时以内和一小时以上的顾客，同样通过T检验，分析出该两类群体在咖啡馆体验倾向上的不同，以下是检验结果：

表 16　对于购买频数类别下的 T 检验结果表

因子	组别	N 样本数	Mean 平均数	Std Deviation 标准差	Std. Error Mean	T 值
气氛独特性	>＝3.00	49	4.4694	.89214	.12745	2.761＊＊
	＜3.00	97	3.9588	1.01978	.10354	
有形布局及审美	>＝3.00	49	4.2653	.88448	.12635	1.284
	＜3.00	97	3.8351	.92060	.09347	
有形设施便利性	>＝3.00	49	3.6327	1.26974	.18139	－.407
	＜3.00	97	3.6495	1.19060	.12089	
价格标准	>＝3.00	49	3.7551	1.03139	.14734	4.014＊＊
	＜3.00	97	3.1546	1.02409	.10398	
附加服务产品体验	>＝3.00	49	3.6531	1.18235	.16891	1.547
	＜3.00	97	3.3918	1.15069	.11684	
员工服务体验	>＝3.00	49	3.5306	1.02270	.14610	1.107
	＜3.00	97	3.3814	1.09395	.11107	
个人基本情绪	>＝3.00	49	3.9592	1.04002	.14857	1.837
	＜3.00	97	3.4639	1.06127	.10776	
情绪共鸣	>＝3.00	49	3.3265	1.28108	.18301	.594
	＜3.00	97	3.3196	1.12311	.11403	
氛围体验情感	>＝3.00	49	3.7755	1.14137	.16305	4.294＊＊
	＜3.00	97	3.4639	1.14621	.11638	
自尊感	>＝3.00	49	3.2857	1.33853	.19122	.013
	＜3.00	97	2.8866	1.13538	.11528	
自我表达（品味）	>＝3.00	49	3.2857	1.27475	.18211	.747
	＜3.00	97	2.8866	1.09807	.11149	
归属感	>＝3.00	49	3.4082	1.28968	.18424	1.303
	＜3.00	97	2.7938	1.08913	.11058	
自我表达（个性）	>＝3.00	49	3.1224	1.33280	.19040	1.217
	＜3.00	97	2.5876	1.13425	.11517	
友情情感	>＝3.00	49	3.7755	1.10426	.15775	3.530＊＊
	＜3.00	97	3.1753	1.31506	.13352	

（表中＊P＜0.05）

从表中可见,T 值显著性强的因子(sig. 小于 0.05)表示了该项在特定类别下的差异性明显。首次体验咖啡馆的高校学生与重复体验的学生在选择倾向上有多处不同:

功能体验方面:气氛独特性是存在显著性差异最强的项目,会随着顾客在店内停留时间越长,而越显示出满意倾向。可见顾客对于咖啡馆的体验消费,需要长时间感受环境中无形性的氛围体验,

情感体验方面:氛围体验情感、友情情感最有显著性差异,说明停留时间越长,对于咖啡馆氛围情感、友情维系越影响体验效果。能够从情感上建立顾客的体验价值。而对于价格的接受程度也有显著性差异,会随体验时间变长而易于接受。即停留越久的顾客,体验到情感上的附加值越高,就越认同在咖啡馆消费合理。

综上可以看出在咖啡馆停留时间的长短,对于体验中的功能体验维度、情感体验维度会造成影响,而对于社会体验维度没有显著影响。

5. 对咖啡馆体验营销的相关建议

(1)提高咖啡馆店内的有形布局及审美,营造轻松自如的店内氛围。在环境布局上进行加强,并通过建立友情、情感沟通才能与学生消费者建立长期关系。许多学生在咖啡馆会选择与朋友聊天沟通情感,或是阅读学习等,这是个人的社交维系,并且他们也欣赏于优雅的咖啡馆环境,这是个人审美品位。因此良好的环境建设是咖啡馆必须关注和加强的地方,尽力满足这一需求,才能使得顾客更青睐于咖啡馆。

(2)丰富顾客的体验内容,增加其附加心理价值。顾客对于体验的感知会随着次数的增多而加强,并且由于体验内容在情感、友情建立(可能是与服务员、店内常客的友情建立等)、服务等方面的丰富,使其体验过程更为丰富,产生例如归属感的新的体验情感、这使他们对于价格的接受状况就有所提升。这要求咖啡馆经营者稳定一个合理的咖啡馆消费标准,并通过顾客长时间体验来增强顾客心中的附加价值,让其接受该价格。同时也能有效促进他们的重复光顾。

(3)与高校学生顾客建立长期关系。咖啡馆对于高校学生市场进行开发,要培养学生消费者对咖啡馆的重复购买行为倾向,功能体验因素、情感体验因素及社会体验因素都会造成正向影响。然而加深他们的体验及心理附加价值,则需要延长顾客体验时间。停留时间越短的人,情感体验因素、环境体验因素对他们的影响则相对较弱,随体验时间变长,顾客对于体验感知以及满意度也会逐渐提升。

参考文献

[1] Eric Arnold Lind,Linda Price,George Zink Han 等著,陈智凯译.消费者行为(第二版)[M]台北:McGrawHill Companies(台湾分公司),2003:26

[2] 刘祥伟.大学生消费心理分析[J].市场贸易,2006(8):36-47

[3] 彭慧蓉.大学生消费者行为研究[D].硕士学位论文,2004(11):18-19

[4] 卢思锋等.大学生消费行为的分析与引导[J].北京工商大学学报(社会科学版),2003(3):22-32

[5] 李巍.当代大学生消费结构与消费行为探析[J].重庆社会科学,2006(01):57-64

[6] 张千群.大学生消费行为的研究[D].硕士学位论文,2004(5):29-31

[7] [10]张恩碧.体验消费论纲[D].西南财经大学博士学位论文,2009(5):33-46

[8] 王勤.走向前台的 80 后:解读 80 年代生人[J].中国青年研究,2004(5):29-38

[9] Schmitt,B. H.,Experiential marketing[J]. Journal of MarketingManagement.(1999)(1):53-67.

[11] Carbone L. P.,Haechel,S. H.,Engineering Customer Exp erience[J]. Marketing Management,1994,3(3):8-19.

[12] 李建州,范秀成.三维度服务体验实证研究[J].2006(20):54-59

[13] 刘志伟.当代大学生的消费心理特点及企业营销策略[J].商业研究,2002(2):23-33

[14] 闫缨等.大学生的消费心理引导分析[J].昆明大学学报,2004(1):14-30

[15] Bitner,M. J. Servicescapes:The Impact ofPhysical Surroundings On Customers and Employees[J]. Journal of Marketing,1992,56(2):57-71.

[16] Mano,H. &Oliver,R. L. Assessing the dimensionality and structure of the consumption experience:Evaluation,feeling,and satisgaction[J]. Journal of Consumer Research,1993,20(3):451-466

[17] Bitta J. D.,Monroe K. B and McGinnis J. M.,Consumer Perceptions of Comparative Price Advertisements[J]. Journal of Marketing Research,1981,18:416-427

[18] Dodds W. B.,Monroe K. B.,Grewal D.,Effects of Price,Brand and Store Information on Buyer Product Evaluations[J]. Journal of Marketing Research,1991,28:307-319

[19] Jones,M. Entertaining shopping experience:An exploratory investigation[J]. Journal of Retailing and Consumer Services,1999(6):129-139

[20] 杨晓东.从顾客体验看轿车售后服务品牌建设[J].企业研究,2006(10):1-2

[21] 董大海,杨毅等.顾客购买行为倾向的测量及其管理意涵[J].预测,2005(3):2-3.

中国消费者对汽车零部件再制造产品的购买意向和购买行为研究

郭奕茜

（北京交通大学经济管理学院金融专业 2008 级本科生，北京 100044）

摘　要：本文基于消费者计划行为理论（TPB），结合我国再制造产业的特殊现状及中国消费者的消费心理，以汽车零部件再制造业为例，提出新的关于再制造产业的研究角度，通过实地问卷调查研究，探索对于中国消费者对汽车零部件再制造产品购买意向和购买行为的研究方法，并对研究结果作出分析，并为今后的研究提供建议和方向。

关键词：再制造工程；消费者计划行为理论；汽车零部件再制造；消费者意向

1. 引言

20 世纪全球经济高速发展。与此同时，人类对自然资源的任意开发和对环境的无偿利用，造成了全球生态破坏、资源浪费和短缺、环境污染等重大问题。21 世纪我国作为世界制造业大国已经成为不争的事实。制造业不仅是最大的资源使用者，也是最大的环境污染源之一。据统计，造成全球环境污染的 70％以上的排放物来自制造业，每年约产生 55 亿吨无害废物和 7 亿吨有害废物。然而，我国石油、天然气人均储量不足世界平均水平的 10％，煤炭的人均储量也不及世界人均储量的 40％。资源相对短缺、环境承载能力低是我国的基本国情。

再制造工程是解决资源浪费、环境污染和废旧装备翻新的最佳方法和途径，是符合我国可持续发展战略的一项绿色系统工程。再制造产品以废旧产品的整体回收为特点，采用先进的再制造技术，能够大量的保存废旧产品的附加值。相对于制造新品而言，其成本仅为新品的 50％左右，节能 60％左右，节材 70％以上。国外学者认为，再制造产品可以被定义为“绿色产品”，他们不仅能够为购买者提供高性能，同时可以节省材料能源，同时降低环境污染。再制造产业有利于减少原生资源的开采，减轻我国人均资源匮乏的压力，同时满足循环经济发展的需要。作为一个新兴产业，再制造不仅能够提升传统产业的竞争力，而且还能为社会提供大量的就业机会，是发展循环经济、建设资源节约型、环境友好型社会的重要途径。

目前国外在各个行业开展了多种形式的再制造研究。再制造产品的范围已覆盖汽车零部件、机床、工程机械、铁路装备、医疗设备以及部分电子类产品。其中，汽车零部件再制造无论从技术成熟性、经济性还是从产业规模来看，都更具优势。近年来，我国一些科研单位和企业也积极开展了再制造方面的实践。在有关部门的支持下，我国再制造技术研发和攻关取得了重大进展，已基本掌握了再制造基础理论和关键技术。再制造产业在中国已经步入一个良好的发展轨道。

汽车零部件再制造产业是我国再制造产业中发展相对较快的产业之一。2009年，汽车协会专家委员会公布了汽车零部件再制造试点企业名单，包括：汽车整车生产企业3家：中国第一汽车集团公司、安徽江淮汽车集团有限公司、奇瑞汽车有限公司；零部件再制造试点企业11家：上海大众联合发展有限公司（上海大众汽车有限公司授权）、潍柴动力（潍坊）再制造有限公司（潍柴动力股份有限公司授权）、武汉东风鸿泰控股集团有限公司（东风汽车公司授权）、广州市花都全球自动变速箱有限公司（东风悦达起亚汽车有限公司等授权）、济南复强动力有限公司（中国重型汽车集团有限公司授权）、广西玉柴机器股份有限公司、东风康明斯发动机有限公司、柏科（常熟）电机有限公司、陕西法士特汽车传动集团有限责任公司、浙江万里扬变速器有限公司、中国人民解放军第六四五六工厂。

据中国汽车工业协会统计的数据显示：2010年我国再制造发动机约有11万台，再制造变速器约6万台，再制造发电机、起动机100万台左右；产值也才不到25亿元。相比再制造发达国家如美国，差距甚远。几年前美国汽车零部件再制造年产值已经达到500亿美元，形成了一个产业。我国再制造业的年产值仅3亿多美元。无论从市场需求，还是缩小与发达国家的差距，发展汽车零部件再制造产业大有可为。

再制造产业在我国平稳发展的背后，也受到不少阻碍。国内学者在分析制约我国再制造产业发展的制约因素时，普遍认同政策性、技术性及社会意识性因素为制约我国再制造产业发展的主要因素。其中，政策性、技术性因素为客观因素，社会意识性因素作为消费者的主观因素相比客观因素而言更加难以控制和改进。但政策性、技术性因素的改进和完善只能在产业初期萌芽阶段起宏观调控作用，在市场经济条件下，再制造产业的发展最终还是要以市场为主导，而消费者意识是产业发展壮大的引航灯。消费者购买意向和购买行为的研究对产业的发展和企业的生产都有重要的指导意义。

近年来，我国学者对于再制造产品消费者意识研究较少，下文将在文献综述中详细陈述。本文以汽车零部件再制造产业作为调查研究对象，尝试探讨对于消费者购买意向和购买行为研究的研究途径，并对调查结果进行分析。

2. 文献综述及评价

国内对于再制造产业的研究多停留在宏观层面，关注于再制造的概念、产业发展现状以及存在问题、产业未来发展方向等。徐建中等(2009)提出，再制造的概念可以分为三个方面：循环利用、节约资源和减轻环境污染的目的。陈海威(2007)认为，我国再制造产业发展的主要问题有：基础薄弱，产业发展长期滞后；骨干企业少，行业整体缺乏竞争力；产业体系不完整，产业政策不健全；行业共性技术未普及，产业进入壁垒高。此类宏观层面的分析研究为我国再制造产业未来的发展提供了指导，但是宏观层面的分析不能提供产业问题的具体解决方法，也不能为产业内企业的发展提供具体信息，对于解决实际问题有很大的局限性。

国内学者关于再制造产业的实证性研究分析较少。其中，刘宏蛟等(2009)利用在校大学生对再制造产品购买意向的实际调查数据，运用描述性统计分析和Logistic计量模型分析，分析了大学生消费者对于再制造产品的认知程度及购买行为，并分别从消费者和产品两个角度对影响消费者购买行为的因素进行研究。这是国内为数不多的对再制造产品的实证分析论文，探究了消费者对于再制造产品的购买行为和购买意向，为再制造产业的研究方向提供了全新的思路。然而文章的不足也显而易见，大学生消费者明显不能成为再制造产品的消费主力，只针对大学生的调查，其研究结果的准确性值得商榷。

国外学者对于消费者对再制造产品购买行为和购买意向的分析比较国内而言成熟的多。此类国外文献多从计划行为理论(TPB)及技术接受模型(TAM)角度对消费者购买行为和购买意向进行分析。Michele Tonglet(2004)在一个针对Brixworth，UK的回收意向调查案例中采用TPB模型设计问卷并对数据进行计量分析得出影响公众回收意向的主要因素。Ming－ChiLee(2009)则在一个关于台湾网上贸易的购买意向和购买行为的调查中应用了TPB及TAM模型并对最终得到的数据进行计量分析。此类分析的优越性体现在研究完全从消费者而非生产商的角度入手，所提供的研究结果能够真实地反映再制造产品的市场需求情况，为再制造企业的决策提供了准确可靠的信息。目前国外对于消费者购买意向和购买行为研究倾向于理论结合实证分析，本文在借鉴此类分析方法的同时，结合我国再制造产业的特殊现状及中国消费者的消费心理，以汽车零部件再制造业为例，探索对于中国消费者对汽车零部件再制造产品购买意向和购买行为的研究方法，并对研究结果作出分析。

3. 理论框架

消费意向反映了市场潜在的消费行为，为企业制定发展战略、调整发展方向提供了思考,具有较高的市场价值和参考价值。研究消费者购买意向对制定市场营销策略具有重要意义。计划行为理论(Theory of Planned Behavior,TPB)被认为是社会心理学中最著名的态度行为关系理论,在国外已广泛应用于多个行为领域的研究,并被证实能显著提高研究对行为的预测力和解释力。

消费者计划行为理论总共包括三个层次:第一个层次是消费者的消费意向,直接决定了消费者如何采取消费行为;第二个层次是影响消费意向的因素,包括:消费者对产品的态度(行为态度)、他人对消费者消费行为的看法(社会规范);消费者对自身控制消费行为程度的判断(知觉行为控制)。这三个因素与消费意向呈正相关,消费者对产品态度越积极、他人对消费行为越鼓励、消费者越趋向于判断自己可以控制针对该产品的消费行为,其购买该产品的意向就越强烈。第三个层次是对第二个层次的因素分析。具体而言,态度由消费行为给消费者带来的总利益所决定,某一消费行为给消费者带来的总利益越多,采取该行为的态度就越强烈;他人对产品的主观评价越积极,就越偏向于促进消费者购买该产品;对消费行为可控程度的判断由消费者的信心所决定,越相信自己能够实现某一消费行为,就越感觉对消费行为具有控制权,从而购买该产品的可能性越大。该理论的具体内容图示如下:

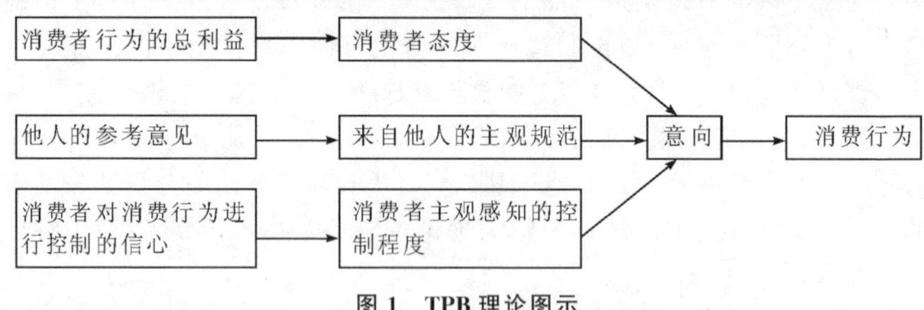

图 1 TPB 理论图示

下面对消费者对于汽车零部件再制造产品的购买意向和购买行为在 TPB 模型各模块中的具体应用进行分析:

3.1 消费者行为的总利益

消费者行为的总利益来自于消费者消费产品所带来的感知收益。再制造产品的消费者感知收益主要来自于两个部分,一个部分是消费者感知社会相关收益,另一个部分是感知个人相关收益。

3.1.1 感知社会相关收益

感知社会相关收益是指个人感觉到购买再制造产品能带来社会利益的程度。相比普通制造产品消费者的感知社会相关受益而言,再制造产品消费者的感知社会相关收益主要来自两个方面:自然资源(如材料、能源)的优化高效利用和环境污染的预防和控制。

(1)自然资源的优化高效利用

再制造产品相对于制造新品而言，无论从成本及耗能上都具有明显优势。例如对发动机如果采用再制造循环，则能够回收其中85%的价值。而如果只是对发动机采取以材料回收为主的再循环，则只能回收所有价值的3%。由此可见再制造产品对节约自然资源以及提高资源利用率贡献显著。

(2)环境污染的预防和控制：

机电产品制造业不仅是最大的资源使用者，也是最大的环境污染源之一。整个人类的生存环境面临日益增长的机电产品废弃物的压力。再制造产业可以更新废旧机电产品延长其使用寿命，机械部件的回收再利用可以减少土壤污染及大气污染，帮助缓解环境压力。美国曾对钢铁材料的废旧产品进行再生产的环境效益分析，其中能够节约能源47%～74%，减少大气污染86%，减水污染76%，减少固体废物97%，节约用水量40%。

消费者倾向于购买环保产品。欧洲一项最新的研究证实：百分之六十的受调查者表示环保商标对他们的购买起重要的影响作用(Eurobarometer，2009)。这说明消费者的购买行为在很大程度上受影响于他们感知到的购买产品的社会相关收益——特别是在环境保护方面。

3.1.2　感知个人相关收益

感知个人相关收益是指个人感觉到购买再制造产品能带给自身利益的程度。相比普通制造产品消费者的感知社会相关受益而言，再制造产品消费者的感知社会相关收益主要来自于较低的购买价格及高质量的产品。

(1)和新品比较起来价格更低

再制造产品的价位通常比新品低。当再制造产品在原有产品基础上改进了性能，消费者将获得更多收益。以年再制造5万台斯太尔发动机为例，再制造发动机可减少再用金属3825万吨，节电7250万度，可以节省购机费14.5亿元(再制造发动机的价格是新机价格的1/2)，回收附加值16.15亿元。与制造新品相比，再制造不仅可利用机器各部件使用寿命不同的特点实现资源的反复使用，还将因制造过程中采用的先进技术，使再制造产品获得高附加值。所以，再制造产品的价格仅是新品的50%～60%，价格优势十分明显。

(2)再制造产品性能和质量恢复到原有新品水平，同时在销售、质保等环节均按同等型号的新品要求进行。

再制造是在整个产品报废后，对报废的产品通过先进技术手段进行再制造形成新的产品。再制造过程不但能提高产品的使用寿命，而且可以影响产品的设计，最终达到产品的全寿命周期费用最小，保证产品创造最大的效益。此外，再制造虽然与传统的回收利用有类似的环保目标，但回收利用只是重新利用它的材料，往往消耗大量能源并污染环境，而且产生的是低级材料。再制造技术是一种从部件中获取最高价值的方法，通常可以获得更高性能的再制造产品。再制造是对产品的第二次投资，更是使产品升值的重要举措。消费者购买再制造产品，可以以较低的价格获得同性能、质量或者更高性能、高质量的产品，同时获得与新品相同的销售、质保服务。

3.2　消费者对消费行为的感知风险

从 1960 年起，感知风险理论就被应用于解释消费者行为。感知风险即消费者主观预感消费中可能产生的损失。再制造产品相比于普通产品而言，其消费者所感知的主要风险主要来自于再制造技术风险、再制造产品的信任风险和其他风险。

3.2.1　再制造技术风险

再制造技术风险是指消费者对再制造技术的可行性和可靠性存在疑虑。对于我国消费者来说，再制造技术风险一部分来自于对再制造技术本身的疑虑及对我国再制造技术发展水平的疑虑。消费者在购买再制造产品时，通常会考虑国外再制造产品与国内再制造产品在技术上的差异，同时会关注不同地区不同产品的价格和性价比。不同消费者对于再制造产品的价格和技术保证的重视程度也是不同的。

3.2.2　再制造产品信任风险

消费者对再制造产品的信任风险的感知主要来自于再制造产品相对于新品存在的不足或缺失的方面。消费者所感知的再制造产品信任风险主要有安全风险、性能风险、售后服务风险等。消费者常常担心汽车零部件再制造产品质量不如新品，存在安全隐患，造成经济损失，而再制造产品的售后服务也是消费者购买再制造产品时所考虑的重要因素。

3.2.3　其他风险

在再制造技术风险及再制造产品信任风险之外，消费者常常还会考虑到自身对于再制造产品的控制信心。比如消费者自我对再制造理念的了解程度；对于再制造产品的性能、特点、特殊标志的了解程度；对再制造产品的价格行情和售后保障的了解程度。有时候外界对于消费者购买行为的评价也会成为消费者购买行为的感知风险。这些因素共同构成了消费者对再制造产品的感知风险。

3.3　他人的参考意见

他人的参考意见对于消费者购买行为具有重要的影响力。本文在考虑他人参考意见对消费者购买意向和购买行为影响时，主要从三个方面进行：消费者周围同事、朋友（平级）在购买再制造上的意向和行为；对消费者有重要影响的人（比如上司、老师等）在消费者购买再制造产品时的意见和支持程度；消费者生活中重要的人（比如亲属）在消费者购买再制造产品时的意见和支持程度。这三个方面是对消费者比较有典型意义的参考意见。

3.4 受调查者基本信息

为了更好地对所得调研结果进行分析，本文在 TPB 模型之上加入被调研者的基本信息统计。基本信息主要包括对再制造产品的了解程度（是否听说过再制造产品、是否购买过再制造产品）、性别、年龄、收入、受教育程度以及职业。

4. 实证分析

4.1 预调研与问卷修订

预调研与问卷修订步骤如表 1 所示：

表 1 调研步骤

<table>
<tr><td colspan="4">调研</td></tr>
<tr><td>调研方法</td><td>预调研</td><td colspan="2">大规模发放问卷</td></tr>
<tr><td>调研目的</td><td>获取我国汽车零部件再制造试点企业现状及基本信息。</td><td>选择合适的调研地点，修订初始问卷。</td><td>发放问卷</td></tr>
</table>

问卷中所有初始题项均以 TPB 理论模型分析和现有文献为基础，初始调研问卷编制完成后，选取我国汽车零部件再制造试点企业、出租车车队、商业区及图书大厦作为预调研地点进行预调研，确定合理的调研地点以获取更多的有效问卷，然后对预调研的结果进行项目分析和因子分析，剔除不合理的题项。最后，对保留下来的题项进行语义上的修正和表达上的简洁化处理，修订成为包含 32 个题项的正式问卷。

正式问卷主要由基本信息、再制造产品的产品知识、消费者个人及社会相关收益、购买态度、感知风险、主观规范、知觉行为控制、购买意向及国外再制造产品的进入八大变量，采用 7 级量度进行测量，每个变量从“完全不同意”到“完全同意”分别赋值 1—7 分。

4.2 调研结果

大规模发放问卷阶段共获得 207 份问卷，筛选掉有大量缺失以及占整个问卷 80%以上的项均是相同得分的无效问卷后，整理得最终的有效问卷为 182 份，有效回收率为 87.9%，其中调查对象的统计变量如表 3 所示：

表 2 调查对象情况统计表

<table>
<tr><td colspan="4">调查对象情况统计表</td></tr>
<tr><td colspan="2">统计变量</td><td>频次</td><td>百分比</td></tr>
<tr><td rowspan="2">是否听说过再制造产品</td><td>是</td><td>119</td><td>65.40%</td></tr>
<tr><td>否</td><td>63</td><td>34.60%</td></tr>
</table>

续表

是否购买过再制造产品	是	33	18.10%
	否	149	81.90%
性别	男	102	56.00%
	女	80	44.00%
年龄	20 以下	4	2.20%
	20—29	82	45.10%
	30—39	41	22.50%
	40—49	34	18.70%
	50—59	17	9.30%
	60 以上	4	2.20%
每月可支配月收入	1000 以下	40	22.00%
	1001—2000	29	15.90%
	2001—4000	49	26.90%
	4001—6000	30	16.50%
	6000 以上	34	18.70%
受教育程度	初中及以下	2	1.10%
	高中(高职)	20	11.00%
	大专	23	12.60%
	本科	59	32.40%
	硕士及以上	78	42.90%
职业	学生	60	33.00%
	服务业	20	11.00%
	农业	0	0.00%
	工业	26	14.30%
	商业	15	8.20%
	公职	34	18.70%
	已退休	2	1.10%
	其他	25	13.70%

注:本文均采用 IBM SPSS19.0 进行数据处理

4.3 效度检验

(1)KMO 及 Bartlett'检验。

如表 4 所示,显示 KMO 及 Bartlett'检验结果。

表 3 KMO 和 Bartlett 的检验

取样足够度的 Kaiser－Meyer－Olkin 度量。		0.855
Bartlett 的球形度检验	近似卡方	5015.831
	df	496
	Sig.	0

KMO 是 Kaiser－Meyer－Olkin 的取样适当性量数,当 KMO 值愈大时,表示变量间的共同因素愈多,愈适合进行因素分析,根据专家 Kaiser(1974)观点,如果 KMO 的值小于 0.5 时,较不宜进行因素分析,此处的 KMO 值为 0.885,表示适合因素分析。

此外,从 Bartlett's 球形检验的值为 5015.831,自由度为 496,达到显著,代表母群体的相关矩阵间有共同因素存在,适合进行因素分析。

(2)探索性因子分析

在效度检验基础上,对总体量表进行了探索性因子分析,因子的测度指标载荷系数均在 0.5 以上,累计方差解释量达到 75.13%,显示出问卷具有较好的整体结构效度,因子分析可以很好的应用于本研究结果的分析。具体结果如表 5 所示:

表 4 总体量表探索性因子分析

总体量表探索性因子分析							
变量与测试题项	因子载荷系数						
	1	2	3	4	5	6	7
购买态度 2	1.389						
购买态度 1	1.354						
购买态度 3	1.327						
购买态度 4	1.259						
购买意向 2	1.036						
相关利益 2	0.737						
相关利益 3	0.637						
感知风险 3		1.73					

续表

感知风险 2		1.635					
感知风险 1		1.66					
感知风险 4		1.576					
感知风险 5		1.199					
产品知识 3			1.71				
产品知识 4			1.687				
产品知识 2			1.537				
产品知识 5			1.607				
主观规范 2				1.189			
主观规范 1				1.233			
主管规范 3				1.099			
国外进入 5				1.08			
国外进入 3				1.114			
国外进入 2				0.834			
购买意向 3				0.801			
行为控制 2					1.23		
行为控制 1					1.078		
行为控制 3					1.122		
购买意向 1					1.009		
国外进入 4						1.28	
国外进入 1						1.242	
产品知识 1							1.513
感知风险 6							−1.053
相关利益 1							0.623

根据分析结果显示，基于 TPB 模型的关于消费者对汽车零部件再制造产品的购买意向和购买行为的研究合理且有效。

5. 总结

5.1 调研结果总结

(1)消费者计划行为理论可以很好地适用于消费者对于再制造产品的购买意向和购买行为的调查研究。

(2)我国汽车零部件再制造试点企业发展缓慢

在进行调研之前,作者查阅了我国汽车零部件再制造市场和试点企业的发展情况介绍。通过实地调查,可以发现我国汽车零部件再制造市场几乎没有发展开来,与介绍中的发展情况极不相符。作者实际调研了试点企业中位于北京市的销售中心和维修中心,发现大部分再制造产品试点企业的低层管理人员和中层管理人员对于汽车零部件再制造产品几乎一无所知,并且对再制造概念的理解存在很大偏差。一位试点企业的中层管理人员告诉作者:即使该企业成为试点企业,实际上再制造产品根本没有流通到市场上来。可见我国汽车零部件再制造市场实际上还处于未开发阶段。这种缓慢的发展一部分是由于政策原因导致,另一部分是由于企业和消费者对于再制造产业的误区和盲区导致。

(3)我国对于再制造产业的理解有较大偏差

国外对于再制造产品没有统一的定义,国外再制造学者们比较认同的一种定义方法为:以剩余寿命的报废设备及其零部件作为再制造毛坯,采用先进的再制造技术,对报废设备及其零部件进行批量化修复、改造及性能升级而制造出的产品。本文作者在问卷调查和论文写作中发现,我国学界部分学者及再制造产品的潜在消费者对于再制造产品的理解均偏离了再制造产品的真实概念。我国学界部分学者夸大了再制造技术的优越性,声称再制造产品不仅与新品在质量上无差异,并且在性能上优于新品,造成了大众对再制造技术的错误理解。而在调查过程中发现,部分再制造产品的潜在消费者普遍对再制造产品持消极的态度,将再制造产品与翻新产品的概念混淆。并且这种错误的理解不仅存在于消费者,同时存在于再制造企业中。

5.2 对未来研究的建议

(1)未来的研究方向可以根据调查结果建立消费者对再制造产品购买意向和购买行为建立结构方程模型,并将调查数据的方差协方差矩阵与假设模型进行拟合来验证模型的有效性,为再制造企业决策提供模型理论基础。

(2)在调研消费者购买意向和购买行为时,一定要注意调查问卷的发放地点的选择。只有来自于潜在消费者的问卷所得出的数据才具有参考价值。对于汽车零部件再制造产品的调研来说,汽车零部件再制造产品的潜在消费者都有哪些人群,需要研究者在研究前进行仔细的分析。

(3)在对消费者进行调研时,问卷设计要从消费者的角度出发设定,而非从企业的角度出发进行设定。这对于消费者的真实购买意向的获得具有重要意义。

参考文献

[1] 刘宏蛟,梁樑,张海明,李伟.消费者对再制造产品的认知程度及购买行为分析[J].运筹与管理,2009,4(8):159—163

[2] 徐建中,张金萍,那保国.循环经济视角下我国再制造产业发展现状及模式研究[J].科技进步与对策,2009,24(12):64—66

[3] 陈海威.再制造产业:概念、问题与发展对策[J].经济理论与经济管理,2007(6):57—60

[4] 刘润本.再制造产业化发展趋势[J].再生资源与循环经济,2010,3(3):30—34

[5] 徐滨士,马世宁等.21世纪的再制造工程[J].中国机械工程,2000,1—2(2):36—39

[6] 姚巨坤,时小军.再制造工程——末端产品最佳资源化方式[J].再生资源研究,2007(2):30—33

[7] 冯志卿.再制造:千亿美元的新战场[J].市场分析:27—29

[8] 储江伟,张铜柱等.中国汽车再制造产业发展模式分析[J].中国科技论坛,2010(1):33—37

[9] MicheleTonglet,Paul S. Phillips,Adam D. Read. Using the Theory of Planned Behaviour to investigate the determinants of recycling behaviour. A case study from Brixworth,UK[J]. Resources,Conservation and Recycling 41,2004:191—214

[10] Ming—Chi Lee. Predicting and explaining the adoption of online trading:An empirical study in Taiwan[J]. Decision Support Systems 47,2009:133—142

[11] Iris Vermeir,Wim Verbeke. Sustainable food consumption among young adults in Belgium:Theory of planned behaviour and the role of confidence and values[J]. Ecological Economics 64,2008:542—553

[12] Yaobin Lu,Tao Zhou,Bin Wang. Exploring Chinese users' acceptance of instant messaging using the theory of planned behavior. the technology acceptance model,and the flow theory[J]. Computers in Human Behavior 25,2009:29—39

附表4 调查问卷问题设置表

产品知识	
产品知识1	我了解再制造的理念
产品知识2	我对汽车零部件再制造产品的性能和特点很了解
产品知识3	我对汽车零部件再制造产品的价格行情很了解
产品知识4	我对汽车零部件再制造产品的售后保障很了解

续表

产品知识 5	我对汽车零部件再制造产品的标志很了解
个人及社会相关利益	
相关利益 1	购买汽车零部件再制造产品可以降低购买时的花费
相关利益 2	购买汽车零部件再制造产品能使废旧品重新利用
相关利益 3	购买汽车零部件再制造产品可以降低废旧品对环境的不良影响
购买态度	
购买态度 1	我觉得购买汽车零部件再制造产品是一个很好的选择
购买态度 2	我觉得购买汽车零部件再制造产品是一个明智的决定
购买态度 3	我喜欢购买汽车零部件再制造产品
购买态度 4	购买汽车零部件再制造产品让我感到很高兴
感知风险	
感知风险 1	我担心汽车零部件再制造产品的质量不如新品,存在安全隐患
感知风险 2	我担心汽车零部件再制造产品的使用性能和安全性能不如新品
感知风险 3	我担心汽车零部件再制造产品的质量和性能方面的问题会造成我的损失
感知风险 4	我担心汽车零部件再制造产品的售后服务和质量保证不如新品,在产品维修、退换货方面过多浪费我的时间
感知风险 5	我担心汽车零部件再制造产品市场不规范,我但是不法厂家会用假冒伪劣商品充当再制造产品
感知风险 6	我担心购买汽车零部件再制造产品会遭到别人的嘲笑
主观规范	
主观规范 1	我周围的同事、朋友在购买汽车零部件再制造产品
主观规范 2	那些对我有重要影响的人(上司、老师等)认为我应该购买汽车零部件再制造产品
主观规范 3	对我很重要的人(如家人)赞同我购买汽车零部件再制造产品
知觉行为控制	
行为控制 1	我很了解汽车零部件再制造产品的销售渠道
行为控制 2	我能很容易地识别汽车零部件再制造产品
行为控制 3	我可以很方便的购买到想要的汽车零部件再制造产品

续表

购买意向	
购买意向1	我会在未来经常购买汽车零部件再制造产品
购买意向2	我会鼓励亲朋好友购买汽车零部件再制造产品
购买意向3	近期我会购买汽车零部件再制造产品
国外再制造产品的进入	
国外进入1	国外再制造产品质量有保证,在同等条件下我更愿意购买国外的再制造产品
国外进入2	同等条件下我更愿意购买国货
国外进入3	在购买汽车零部件再制造产品时,我只看重价格,不关注产地
国外进入4	不管在何种情况下,我更愿意购买国外再制造产品
国外进入5	无论何种情况,我更愿意购买国货

影响武汉市房价因素的实证研究

黄古博

（武汉理工大学经济学院金融专业 2008 级本科生，武汉 430070）

摘　要：通过对 B 公司应收账款余额、账龄、客户状况等现状的实证分析，对形成应收账款现状的原因做了全面系统的剖析；并结合应收账款管理的基础理论以及公司的实际情况，对公司应收账款管理提出了相应对策建议。剖析应收账款信用风险的现状及其成因，提出了应收账款信用风险控制，重点揭示了签约前、签约中、签约后风险控制的三个重点。

关键词：应收账款；信用风险；风险防范

1. 绪论

1.1　研究目的及意义

随着全球经济一体化的不断深入，市场竞争愈演愈烈。企业要想在激烈的竞争浪潮中不被打倒，保持强而有力的竞争优势，实现可持续发展，就要不断的推出新产品，与市场上的同类产品形成差异化，同时制定和采取新的销售策略。在目前大多数商品供过于求的市场形势下，企业纷纷采取分期收款的赊销方式作为吸引客户、扩大销售的一种手段。这些优惠政策在大部分情况下，都能起到较好的促销作用，充分挖掘和利用了企业的现有生产能力扩大了销售量，增加了产品的市场份额，提高了企业的市场竞争力，增加了企业的利润。然而，实践当中应收账款管理的问题却被人们忽视了。而今，绝大多数企业都面临“销售难、收款更难”的双重困境。一方面，在买方市场条件下，为争取客户订单，信用交易（赊销）已经成为企业获得客户的必要手段和方式；另一方面，客户拖欠账款，甚至产生大量呆帐、坏帐，发生严重经营亏损，企业面临巨大的商业风险。

正因为应收账款的特殊性以及对企业产生的深远影响，所以企业对应收账款的管理及风险防范研究，旨在引起企业管理层高度重视。企业在制定信用政策时，必须进行成本——效益分析，并根据内外环境变化，及时调整信用政策，做到可持续发展。

重视赊销过程中应收账款及其风险防范与管理研究，从理论和实务上都具有现实意义。信用管理的必要性至少体现在以下几方面：

(1)信用管理可以保证合理的现金流。信用管理可帮助企业防范因信用赊销产生的坏账风险，提高应收账款管理，加快应收账款周转速度，降低企业产品销售费用和管理费用，保证企业正常运行的合理的现金流量。一些企业尽管销售有一定的成果，但货款回收困难，缺少现金流量，没有资金支付材料和发放工资，更谈不上技术改造和新产品的开发，最后使企业失去发展的动力。

(2)信用管理有助于提高企业竞争力，扩大市场占有率。信用销售的关键性因素是企业产品的竞争力和客户信用。这种机制会把那些管理不善、质量低下、靠投机取巧和坑蒙拐骗的企业淘汰出局。只有那些产品竞争力强，资金充足且得到银行支持，资源逐渐得到集中的管理水平高的企业方才会在市场竞争中取胜。从这个意义上说，信用管理水平和信用政策是企业综合管理水平和竞争能力的反映。一些企业认为实施信用管理会失去客户，减少销售，这是竞争力不强的表现，是企业对自己产品竞争力缺乏信心的反映，不是信用管理本身的问题。

(3)信用管理有助于改善企业销售管理体系。很多企业迫于市场竞争压力，采取赊销承包制的销售管理体系，销售业绩与回款额挂钩的考核办法，兼顾销售和实现利润目标。同时，客户信息垄断在销售人员中，企业销售和信用决策信息丧失。信用管理通过以客户资料调查评估为内容的事先控制，以交易信用决策为目标的事中控制，以应收账款专业化监控为核心的事后控制，分离赊销和信用管理的不同职能，使客户信息得以共享，建立有效的销售管理体系。企业赊销的目标是给客户带来比竞争对手所能给予的更大的利益，销售管理体制要以满足客户利益为目标。

(4)信用管理有助于与国际市场接轨。我国加入世界贸易组织后，国内企业融入全球经济的进程加快。国内外竞争日益加剧，买方市场遍及各行各业。我国的企业已经不由自主的遇到了信用经济的门槛。一方面迫切要求企业像国外企业一样遵守贸易规则和惯例，而另一方面，我国的信用体系建设滞后以及企业的信用管理状况和能力极不适应。信用缺失的不良效应还在蔓延，这种现象不仅存在于内资企业，连外资企业也感受到了巨大的信用风险。

1.2 研究内容及方法

本文通过参考国内应收账款风险管理发展的历程和各种风险管理模型的适用性分析，以及借鉴我国学者关于建立企业信用管理模式的框架，结合我国企业的特点和应收账款风险管理的现状，提出了建立适合我国商业企业应收账款风险管理措施的基本思路：即制定规范的应收账款风险管理流程，设置独立的信用风险管理人员，重新设定信用风险管理部门在企业组织结构中的定位等。而后，通对一个具体案例的实证分析并对其应收账款的风险管理模式进行了有针对性的改造。

本文主要采用规范研究方法及案例分析法。在大量阅读整理国内现有的应收账款风险防范与管理的文献资料的基础上，运用历史与逻辑、比较、归纳、演绎、引用和类比等手段，对应收账款风险防范与管理历史发展规律和研究现状展开深入全面的研究，搭建了一个比较合理的应收账款风险防范与管理的理论框架。文章的各个部分既相互独立又相互联系，可以自成体系也互为支撑，形成一个内容较为完整、逻辑严密的系统。

2. 应收账款信用风险现状及其成因

2.1 应收账款对企业的影响

2.1.1 正面影响

应收账款的正面影响即功能，是指它在生产经营过程中的作用，主要有以下两个方面：

(1)减少库存，降低存货成本。企业产品销售后，可以减少产成库存，降低存货的管理费、仓储费和保险费等支出，因此当企业产成品存货较多时，为节约存活成本，就往往采取较为优惠的信用条件进行赊销，使存货转化为应收账款，减少库存，降低存货成本。

(2)扩大销售，增强企业竞争力。在市场竞争日益激烈的今天，企业为了谋得自身的生存和发展，千方百计地开展促销活动，扩大自己产品的销售规模和市场份额。在目前企业资金普遍匮乏的情况下，赊销的促销作用是非常明显的，它为企业争取了客户订单，扩大了销售，增强了企业的竞争力。赊销实际上是向顾客提供两项交易：一是向顾客销售产品，二是在一个有限的时期向顾客提供资金。

2.1.2 负面影响

对于企业的应收账款来说，过高的应收账款占用将对企业产生诸多不利的影响，常言道：任何事情都有个度，过犹不及。主要表现在：

(1)坏账几率增大，导致企业资产损失。为了抢占市场，扩大销售，一些企业在产品进入市场之初，为了尽快地打开销路，在事先未对付款人资信度作深入调查，对应收账款风险进行正确评估的情况下，大量的采取与客户签订短期的，一定赊销额度的销售合同来吸引客户，扩大市场份额。在这个赊销过程中，部分企业缺乏有效的风险管理意识，内部控制制度不健全，对客户的信用了解不够透彻，这就容易导致应收账款失控，相当比例的应收账款无法收回时就直接成为坏账。不能带来收益的应收账款就不能再视为企业的资产，应当视为企业资产的损失，从而减少企业的净收益和净资产。

(2)核算差错概率增加，导致管理成本上升。应收账款过多增加了会计人员出错概率，给企业带来额外损失，最终增加应收账款管理成本。在资金管理中企业为了往来账款的明晰，一般都建立了庞杂的应收账款账户，会计的工作量在这种情况下确实不小，日常核算中一旦有差错往往难以及时发现，而且应收账款的合同、合约、承诺、审批手续等资料管理不善或者一旦散落、遗失的话会直接导致企业已经发生的应收账款由于资料不全而影响收回，直至最终形成企业单位资产的损失。而要杜绝以上问题就需要增加人员或者加强检查核对力度，但这样会导致管理成本的上升，从而最终导致企业净收益和净资产的减少。

(3)资金使用效率降低。企业正常生产经营赊销其实并未真正增加企业现金流入，相反，会使企业不得不运用有限的流动资金来垫付各种税金和费用，从而加速了企业现金的流出。并且应收账款过多增加了会计人员出错概率，给企业带来额外损失，最终增加应收账款管理成本，使大量的流动资金沉淀在非生产环节上，致使企业出现现金短缺，影响了企业正常的生产经营。

(4)营业周期延长，影响企业资金循环。营业周期即从取得存货到销售存货，并收回现金为止的这段时间。过多的应收账款的存在，使营业周期延长影响了企业资金循环，使大量的流动资金沉淀在非生产环节上，致使企业现金短缺，严重时会影响工资的发放和原材料的购买，破坏了企业正常的生产经营。

(5)虚增经营成果，致使利润增长与现金流量严重脱节。在权责发生制的要求下，没有货款回笼的销售收入仍需要确认，这势必产生没有现金流入的账上利润的增加，无形中就夸大了营业利润，并最终产生销售税金上缴及年内所得税的预缴。导致利润增长与现金流量规模、速度严重脱节，陷入资金捉襟见肘的窘境。

(6)收益和成本严重失衡，隐含潜在的财务危机。一方面是：企业为扩大市场占有率，在产品功能、质量、售价和售后服务大致相同的情况下，通过赊销来扩大销售份额。而现行企业会计制度规定，在权责发生制下，只要商品已经发出，赊销合同办理完备，就应该确认收入。同时，我国税法也规定了，只要确认取得了所取债权的凭证，就应该确认纳税义务的发生，并且在规定的时间内，交纳营业税、城建税、所得税等税款。当现金不足以支付这些税费时，就必然要依靠银行贷款来解决，从而，使企业背上沉重的利息费用，应收账款的账龄越长，其坏账损失也随之上升。长久以往，应收账款占用资金超过一定期限，那么这项交易所带来的收益可能会不足以抵消其所增加的成本费用。另一方面，则是由于交易方可能存在恶意拖欠账款等人为因素，再加上目前我国企业应收账款的回收工作基本上是靠企业自行催收，从而导致销货方的业务招待费居高不下。现行税务制度规定，销售额在1500万以下的，只可抵扣5‰，超过1500万的抵扣3‰，超过部分纳入企业成本核算，从而再次增加了企业的成本费用。

综合以上问题，我们不难看出：赊销带来应收账款的出现是必然的，但是如果任其无限制地发展，就会成为经营活动中“饮鸩止渴”的败笔。长期下来不但不会提高利润率,反而还会阻碍企业正常经营和发展。所以必须对应收账款进行科学有效的管理才能真正发挥它的效用,实现企业效益最大程度的提高。

2.2 应收账款信用风险的现状

根据有关部门的统计,我国企业应收账款占用资金居高不下,很多企业应收账款占流动资金的比重达50%以上,远远高于发达国家20%的水平。越贫困的地方越严重,导致企业之间相互拖欠货款现象严重,造成许多企业应收账款长期挂账,难以回收,已成为制约企业资金流动性及可持续发展的一个重要问题。这其中大部分应收账款已经逾期,据专业机构统计分析,在发达市场经济中,企业逾期应收账款总额一般不高于15%,而在我们辖区所属企业中,这一比率高达60%以上,如此高额的逾期应收账款,大部分已形成实际的呆账、坏账,却长期得不到处理,已经严重影响了企业的经济效益,成为企业发展和当地经济运行中的一大顽症。

目前,在西方一些发达国家应收账款风险防范机制比较好,他们主要依托于信用制度的良好实施与维护以及企业的先进管理制度,而我国在这方面却显得苍白,这主要因为我国的市场经济起步晚,各方面管理设施还有待于进一步完善和规范。虽然不少企业已经认识到建立应收账款防范机制的重要性,也都采取了一定的措施并取得一定成效,但还不尽如人意,逾期账款及坏账所占流动资金比例仍然很大。

2.2 应收账款信用风险现状的成因

我国企业应收账款占用的资金量之所以居高不下,是由于受到一些因素的影响,我们把这些影响因素称作应收账款风险因素。应收账款风险因素归纳起来主要有三方面:宏观环境因素、企业自身因素、客户方面的因素等。

2.2.1 宏观环境因素

目前我国信用管理体系尚在探索和建立之中,信用管理体系存在基础研究薄弱,缺乏理论支撑;评价指标和评价标准的确定缺乏科学依据;评价技术落后;评价数据来源存在缺陷;分析角度狭隘;分析内容片面;信用信息数据的市场开放度低,缺少统一的行业规范等问题。所以,现在绝大多数企业仍没有建立起完善的信用管理体制。而且社会信用意识也较薄弱,不少企业不重视自身的信用,恶意拖欠账款,形成恶性循环,造成信用危机。赊销是商业信用的一种,在信用环境不良的情况下,由于赊销产生的应收账款会因缺乏回收保障而产生风险。

2.2.2 企业自身因素

企业追求片面的竞争,缺乏风险防范意识。在现代社会激烈的竞争机制下,企业为了能提高市场占有率,不但要在产品成本、价格、售后服务、广告等上面下一番功夫,而且需要大量地运用商业信用促销。同等的商品价格,类似的质量水平,同样的售后服务,实行赊销的商品的销售额必定大于现金销售的销售额。但是,某些企业的风险防范意识不强，为了扩大销售，在事先未对客户资信情况作出深入调查、对应收账款进行正确评估的情况下，盲目地采用赊销策略去争夺市场，采用较宽松的信用政策，只重视账面的高利润，忽视了大量被客户拖欠占用的流动资金能否及时收回的问题，从而成为应收账款风险加大的主要原因。

(1)企业内部管理机制不健全。从企业内部信用风险管理上来看，一方面企业未设立专门的信用管理部门，缺乏规避风险的自动预警机制及财产保全机制。现有的业务部门和财务部门信用管理的职责不分明，应收账款管理不力，导致不必要的损失；另一方面企业没有建立健全客户的信用档案，没有系统完整的客户历史信用记录，从而使企业的信用管理缺乏基础。

(2)内部激励机制缺陷。在一些企业中，为了调动销售人员的积极性，往往只将工资报酬与销售量联系在一起，忽略了产生坏账的可能性，未将应收账款纳入考核体系。因此销售人员为了自身利益，只关心销售任务的完成，导致大量应收账款的产生。而对这部分应收账款，企业没有采取有效措施要求有关部门和销售人员全权负责追款，财务部门不及时与业务部门核对，销售与核算脱节，问题不能及时暴露，应收账款大量沉积下来，给企业背上了沉重的包袱。

2.2.3 客户方面的因素

来自客户方面的原因，是应收账款风险产生的直接原因。这主要表现在：

客户信用缺失。由于我国目前社会信用程度普遍较低，相当数量的企业或单位不能严格信守合同契约，恶意拖欠账款，由此导致的应收账款风险很大。

客户的支付能力有限。一些客户信誉良好，但是由于暂时性资金周转困难，无法在规定的信用期内偿还欠款，造成了账款的拖欠，严重的话则会影响公司的正常经营。

3. 应收账款信用风险控制

3.1 签约前风险的控制

签约前风险的控制侧重于客户选择。业务人员在开发客户和争取定单的过程中，往往基于开发业务，扩大市场的考虑，忽视对客户的全面考察，在缺乏对客户信用了解的情况下贸然签约，或迫于竞争压力和开拓市场的急切心理，与信用不良的客户签约。这种由于客户选择不当造成的不良应收账款占了企业逾期应收账款的绝大部分，因此，签约前的风险控制是多数企业的控制重点。企业需要建立专门的信用管理机构，建立客户信用评定制度，根据信用政策评定客户的信用等级。

3.1.1 客户信息质量的把握

企业在签约前应从以下几个原则把握客户信息：

(1)信息的真实性。进行客户信息管理工作，应充分利用各种客户信息来源，收集有价值的客户信息，但必须保证客户信息真实和可靠。对从不同渠道取得的同类信息进行核查，对相关信息进行跟踪与监控，确保信息渠道的可靠与真实。

(2)信息的完整性。为了全面反映客户的各种特性，必须坚持客户信息管理工作的完整性。这就要求信用管理人员在对信息特征的选择、信息内容的分类上要齐全、完整，使客户的信息成为一个有机整体，系统地反映客户的情况。同时在进行上述信息的收集工作时尽量做到全面、细致。对能够反映客户情况的所有信息都要加以关注。

(3)信息的时效性。为了防止在激烈的市场竞争条件下客户的信用风险，必须坚持客户信息管理工作的实效性。也就是说客户信息管理必须具有“实效”的意识，以适应市场竞争和客户情况的不断变化。及时更新客户信息，随时反映客户的动态信息，避免由于客户信息陈旧、过时所带来的信用风险和欺诈。

3.1.2 制定合理的信用政策

信息的制度化。有关客户的信息是大量且分散存在的，为了有效、全面地收集这些信息，就要靠企业的销售等有关人员主动地、有意识地去收集这些信息，同时要求企业必须将客户信息管理工作制度化，建立和维护易检索的客户档案。信用政策是企业销售部门向客户发放信用的唯一依据，包括信用审批条件和权限，信用标准，信用条件。一定程度上讲，企业指定合理的信用政策是加速现金流回收，降低风险损失的基础保障。因此从这些方面加强企业信用政策的制定势在必行。

(1)确定适当的信用标准。一般来说，信用标准是企业决定授予客户信用所要求的最低标准，也是企业对于可以接受风险提供的一个基本判别。如果客户达不到信用标准，便不能享受企业的信用或只能享受较低的信用优惠。

企业确定信用标准要力争在增强市场竞争力，扩大销售与降低违约风险、收账费用这二者之间做出一个双赢选择，调试应收账款的风险、收益与成本的对称性关系，应着重考虑三个基本因素：

一是同行业竞争对手情况。面对市场竞争，企业要知己知彼，根据对手实力状况，相应采取宽或严的信用标准，以在竞争中把握主动，争取优势地位。二是企业承担失信违约风险的能力。企业风险承担能力的强弱也可影响信用标准高低的选择。企业承担风险的能力强，就可以以较低的信用标准争取客户，扩大业务。反之，如果企业承担风险的能力薄弱，就只能执行严格的信用标准，以最大限度的降低违约风险。三是客户的资信程度。企业要在对市场用户资信程度的调查分析基础上判定客户的信用等级，然后以此决定是否给予信用优惠。企业在设定某一顾客的信用标准时，往往先要评估它赖账的可能性。按照国际惯例可以通过“五 C”系统来进行。在信用标准的决策过程中，要注意这样一个问题：放宽信用标准会扩大销售，可以增加销售收入，但是平均收账期会延长，从而增加时间价值成本及机会成本,坏账成本也会由此增加。也就是说,企业在制定信用标准的决策应综合考虑这些因素的影响,一般可以将不同方案的新增销售收入,扣除由此增加的机会成本、坏账成本、管理成本,力求利润最大为最优方案,而且最优方案应该建立在"成本与效益"分析的模型之上。

(2)确定合适的信用条件。信用条件涵盖信用期限、折扣期限及现金折扣。信用期限是企业为客户规定的最长付款时间,或者说是企业允许顾客从购货到付款之间的时间。例如,若某企业允许顾客在购货后的60天内付款,则信用期为60天。信用期过短,不足以吸引顾客,在竞争中会使销售额下降;信用期过长,对销售额增加固然有利,但只顾及销售增长而盲目放宽信用期,所得的收益有时会被增长的费用抵消,甚至造成利润减少。因此,企业必须慎重研究,确定出恰当的信用期。信用期的确定主要是分析改变现行信用期对收入和成本的影响。延长信用期,会使销售额增加,产生有利影响;与此同时,应收账款、收账费用和坏账损失增加,会产生不利影响。当前者大于后者时,可以延长信用期,否则不宜延长。如果缩短信用期,情况与此相反。现金折扣主要目的是吸引客户为享受优惠而提前付款,缩短平均收款期限。

另外,现金折扣还能招揽一些视折扣为减价出售的顾客前来购货,借此扩大销售。折扣通常采用如6/10、4/20、n/30这样一些符号形式。这三种符号的含义为:6/10表示10天内付款,可享受6%的价格优惠,即只需要支付原价的94%,如原价为1000元,只要支付940元;4/20表示20天内付款,可享受4%的价格优惠,即只需要支付原价的96%,若原价为1000元,只需要支付960元;n/30表示付款的最后期限为30天,此时付款就没有优惠,要照原价付款。企业采用什么程度的现金折扣,要与信用期间结合起来考虑。比如,要求顾客最迟不超过30天付款,若希望顾客20天、10天付款,能给予多大的折扣?或者给予6%,4%的折扣,能吸引顾客在多少天内付款?不论是信用期间还是现金折扣,都可能给企业带来收益,但成本也会增加。现金折扣对企业来说实际上是企业为控制信用风险而事先付出的成本。当企业给予顾客某种现金折扣时,应当考虑折扣所能带来的收益与成本孰高孰低,权衡利弊,抉择决断。因为现金折扣是与信用期间结合使用的,所以确定折扣程度的方法和程序实际上与前述确定信用期间的方法和程序是一样的,只是要把所提供的延期付款时间和折扣综合起来,看各方案的延期与折扣能否取得收益的增加,再计算各方案带来的成本变化,最终决定最佳方案。

(3)控制适当的信用额度。企业根据客户的偿债能力和信用等级给予客户的最大赊销额是信用额度,但其实际上也是企业愿意对某一客户承担的最大风险额。确定恰当的信用额度,能有效的防止由于过度赊销超过客户的实际支付能力而使企业蒙受损失。在市场情况及客户信用情况出现变化的情况下,企业应对其进行必要的调整,使其始终保持在所能够承担的风险范围内。通过信用管理机构依照信用政策评定的信用等级对客户初步筛选,排除交易价值不大和风险明显较大的客户,选择有潜力的客户和风险不确定的客户进行资信调查。

3.2 签约风险的控制

签约风险的控制应侧重于科学管理决策,现在许多企业的信用销售往往是凭感觉或经验做出的,没有一个充分的决策依据和科学的决策程序,重要交易的决策通常凭借高层决策者的一支笔。这样既没有发挥经理人员和各级员工的责任感和积极性,又使决策的风险和难度加大,高层领导陷入到具体的交易决策时间过多。或者,有的企业让业务人员完全承担交易风险,这样往往会出现失控的应收账款或业务人员无力承担风险。正确的方法是:基于业务人员的销售建议和收集到的信息,基于外部渠道对客户的资信调查结论,由专门的部门和人员对客户信用进行分析,得出结论和信用销售决策意见,交给经理或主管部门审批。

首先,应有明确的客户信用审批程序。针对不同类型客户和不同情况的信用政策,利用计算机系统上的自动信用评估模型,使评估分析和信用决策能够较快的做出,并实现与客户信息库和日常控制工作的集成。为了确定客户的信用风险,往往需要使用数学模型对客户进行信用分析。如:Z评分模型、巴萨利模型、营运资产分析模型、特征分析模型等。对客户的信用风险和信用价值进行量化分析,主要目的有两个:一个是要决定客户风险的大小,设置授信的门槛;一个是要科学的确定授信额度。

其次,应不断完善自己的标准合同文本。要对合同的质量、数量、标的、交货期、付款方式、交货地点及违约责任进行认真评审,并决定是否接受订单,以此来使企业的经营行为规范化、精细化。使其漏洞和条款风险尽量减少,非标准合同文本要经过严格的评审,避免合同条款风险和履约风险。

再者,加强销售业务处理过程的管理。应收账款控制的关键是对收款、开具提货单、发货、结算等环节的管理。财务部门收到客户的货款,应及时入账或作查询手续,并进行账务处理;开具提货单要对照合同和客户要求,并送交运输人员或客户签收;运输部门根据提货单组组织发货,确保货物的型号,规格,数量正确无误;发货后根据提货单等及时向客户开具发票,办理货款结算。

最后,企业应尽可能地对自身有利的结算方式和先进的结算手段(如网上银行、电汇),加速资金回笼,减少资金在途时间。企业也可在合同约定购买方必须带款提货,确保货款及时回笼。例如:采用商业汇票方式结算,将付款期与金额以书面承诺的形式确定下来,且银行承兑汇票比商业承兑汇票更有利,这样即使在汇票到期前企业急需资金的情况下,也可以将其贴现成现款。采用异地托收承付结算方式,这样只要企业把握好产品质量、数量关等,购货方就无理拒付,该方式手段较其他方式严密，便于银行监督，有利于保证销货方的利益。

3.3　履约风险的控制

履约风险的控制应侧重于加强监控力度，应收账款发生后，企业应采取各种措施，尽量争取按期收回款项，否则会因拖欠时间过长而发生坏账，使企业蒙受损失。这些措施包括对应收账款回收情况的监督，对坏账损失的事先准备和制定适当的收账政策。

(1)加强企业内部机制的执行力度

一是加强企业内部激励制度，完善绩效考核体系，奖罚分明，尤其是销售部门，不仅要鼓励销售人员提高销售业绩，还应将应收账款纳入考评体系，销售人员要对自己负责的应收账款积极催收，充分发挥绩效考核制度的激励作用；二是加强企业内部控制制度的管理，做到权责分明，各司其职，规范员工的行为，对越权及未按流程处理形成的应收账款和坏账，要明确责任；三是加强企业应收账款的催收力度，应收账款产生后，应采取各种措施，尽量争取按期收回款项。而对于逾期的应收账款，通过分析，确定优先收账的对象，尽量在发生欠款初期就采取有效的收账措施。

(2)建立内部审计及加强其监察力度

企业的内部审计对应收账款的监督作用是不可估量、十分重要的。内部审计对应收账款的审计主要应用在销货和收款流程，在销货流程应核查销售业务适当的职责分离、正确的授权审批、充分的凭证和记录、凭证的预先编号、按月寄出对账单等方面；在收款流程主要应检查收款记录的合理性、核对应收账款、分析账款账龄、并向债务人函证等方面。

(3)适时采用法律手段

对于债务人无理拖欠或企业破产或债务人死亡等情况发生，应适时向人民法院提出诉讼，以减少坏账带来的损失。现阶段国民素质偏低，法律意识不强，对这部分故意拖欠货款的债务人，企业应当果断利用法律手段，及时收回应收款项，以保护自己的合法权益，以免造成不必要的损失。

(4)提高业务人员的追款技巧

当赊销业务发生后，接下来的追款环节也是不可忽视的。比如一般的施工企业的项目管理中，执行人员在成功追收账款方面扮演着很重要的角色，在日常工作中，要加强这些人员在追款技巧方面的培训：运用常识，追讨函件，丰富完善的客户资料档案，让对方写下支付欠款的承诺函件并加盖公章，与负责人直接接触，录音，丰富自己财务、银行等方面的知识。

4. 应收账款风险防范及管理案例分析

4.1　B公司的基本情况

B公司建立于1990年元月，是由某市国有化工厂改制而成的一家民营工业企业。公司地处该市新区吉庄工业园内,现有固定资产60余亿元,占地面积1570亩,拥有员工3260人,其中专业技术人员350多人。公司是某省人民政府支持的重点高新技术企业。公司主要产品为高纯电解金属锰、金属锰粉、金属锰锭系列产品。其中高纯电解金属锰年产100万吨、金属锰粉年产60万吨、金属锰锭50万吨。高纯电解金属锰纯度高,产品纯度达到99.95—99.98%,杂质少,是生产不锈钢、高强度低合金钢、铝锰合金等重要合金元素及高纯锰盐不可缺少的原料,新开发的减震合金也需要高纯电解金属锰。广泛应用于冶金、电子、航空等工业领域。公司产品标为"溶江"牌、被该市进出口商品检验检疫局定为二类出口企业。产品畅销国内外,出口到日本、德国、法国等国,在国际市场享有较高的声誉,深受用户好评。产品供不应求,是该市重点自营出口企业之一,市场占有率10%以上份额。公司凭借雄厚的经济技术实力、被同行公认为是技术最先进、质量最优、信誉第一、该地区龙头企业。公司与北京科技大学进行企校联合开发,聘请北科大相关专业专家为公司项目技术顾问。引进北科大高新技术,开发新建年产10万吨高纯度四氧化三锰是制造软磁铁氧体的主要原材料。在电子、电器、电力以及军工等行业中具有广泛的用途。引进中科院专利技术,开发新建年产1万吨的五氧化二矾生产线,中科院专利技术是利用湿法浸出淬取的先进工艺生产五氧化二矾。此技术优点是回收率高、无废气排放,渣料通过石煤炉煅烧后的炉渣是水泥的上佳混合材料。

作为某省50家重点高新技术企业之一,该公司2004年9月被该省科技厅认定为高新技术企业,2005年被该省科技厅认定为高新技术特色产业基地、某市锰铝新材料深加工产业基地重点骨干企业,2003年至2005年被州人民政府评为全州出口创汇先进企业、2004年、2005年分别被市委、市人民政府评为该市文明诚信企业和"过亿超千"重点企业目标管理先进单位。B公司通过ISO9001质量管理体系和ISO14001环保管理体系双项认证。该公司是坚持"质量第一、信誉至上"的经营理念,以人为本,人性化管理,创新进取,高起点地开发锰产品,提高产品附加值,树立以高纯电解金属锰为主导的多元化产品结构,建立现代企业管理制度的民营企业。

4.2 B公司应收账款的状况

自1996年以来,B公司应收账款迅速增加,从1995年的1900万元增长到2003年的近50亿元,应收账款占资产总额的比例从1995年的0.3%上升到2003年的23.3%。2004年,该公司计提坏账准备3.1亿美元,截止2005年第一季度,该公司应收账款为27.75亿元,占资产总额的18.6%。该公司不仅应收账款大幅增加,而且应收账款周转率逐年下降,从1999年的4.6%下降到2005年一季度的1.09%,明显低于同行业其他公司的同期应收账款周转率。巨额应收账款大幅度减少了经营活动产生的现金流量净额,从1999年的30亿元急剧下降到2002年的－30亿元,截止2004年底,其经营活动产生的现金流量净额仅为7.6亿元。

导致该公司巨额亏损的罪魁祸首是其美国的经销商。该公司2003年年报、2004年半年报都显示美国公司拖欠应收账款近40亿元。2004年3月23日,2003年年报披露,截止2003年年末,公司应收账款49.85亿元,其中美国公司的应收账款为44.46亿元。2003年3月25日,2002年年报披露,截止2002年年末,公司应收账款42.2亿元,其中美国公司的应收账款为38.3亿元。两项比较,应收账款不降反升。同时,该公司有存货70多亿,其中库存商品31.2亿,原材料22.56亿,令人迷惑的是,尽管美国公司欠下如此巨额的款项,但是在年报中,无论是监事会报告还是会计师事务所的财务报告,均未对此作出特别提醒。这些数据在该公司2005年第一季度季报中出现了变化,其中公司应收账款减少为45.72亿元,但存货由年初的70亿元增长为78.84亿元,并未出现转机。

事实上,该公司对美国超过1年期的应收账款提取了9000多万元的坏账准备。2003年,该公司主营业务利润3.02亿元,做9000多万元的坏账计提无疑大大侵蚀了公司的盈利能力。应收账款和存款还有存货总计119.9亿元,占总资产的56%和净资产的91%,这将影响到公司的资产质量。由于出口美国之路已被堵死,该公司原计划出口美国市场的产品可能大幅贬值,加上坏账计提,当时依照有关证券人士的预算,该公司2004年度12月31日的坏账准备达到2.6亿元之多。显然,按照该公司的赢利水平,无力支撑这一高额费用。从1995至2003这8年的时间里,该公司的管理层对自己公司财务状况的逐步恶化根本就没有采取措施,一直延续,甚至到了2004年底。应收账款的逐步增大,大大的减少了公司的现金流量,公司为了持续经营,不得不引用外部资金,大量举债。应收账款长期的收不回来,那么银行贷款也会跟着越来越多,财务状况的恶化会导致融资的困难和资金成本的大幅度提高!一个公司没有利润短时间可能不会破产,但是如果没有了现金流那么马上就会破产,所以应收账款在公司的衰落过程中至少占到五成!

4.3 B公司应收账款管理存在的问题及其原因

4.3.1 B公司应收账款管理存在的问题

B公司应收账款的存在是市场经济下的必然现象,现代市场经济的本质就是信用经济,信用关系或信用方式已经构成社会经济运行的主要形式。B公司采用赊销方式,虽然刺激了销售额的快速增长,但是由于我国市场经济秩序的不完整以及传统企业管理方式的落后,使得B公司的应收账款逐渐增加,长期挂账和“三角债”问题严重,从而导致公司资金紧缺。通过所收集的资料具体分析其原因,该公司主要存在以下一些问题:

(1)管理重点偏差

通过综合分析得知，B公司应收账款管理的重点是在“追账”上面，没有把信用管理这个环节贯穿在缔结买卖到完成收款这一始终，而只是当公司内部出现“异态债权”时才耗费大量精力去讨债，这种收账效果最终没有凑效，致使该公司的应收账款越积越多。国内外众多企业的管理经验也表明，这种忽视信用管理前期的资信调查评估及中期债权保障体制建立的做法，无法真正从源头上抵制不良应收账款的产生，不但会给企业带来数倍于正常管理的收账成本的增加，而且发生坏账损失的可能性也较大。

(2)信用政策不妥

该公司不区分顾客信用状况，盲目采用同一种信用政策。对信用条件的确认不合理，没有根据客户的实际情况制定切合实际的信用政策。如：信用期过短或过长，现金折扣的实行与否及折扣率大小的确定不合理。

(3)企业内控不严

该公司对大量的债权资金清理、催收不力，使其成为亏空资金。正确及时清理应收账款，是企业一项繁重任务。财会部门应尽职尽责作好核算工作，正确反映应收账款情况，并管理好应收账款。经过调查，在该公司日常财会工作中普遍存在的问题有：一、一笔经济业务先后发生的款项，在债权债务两边挂账，不做账务调整，造成该收的款项未收回，不该付的款项却付了；二、对债券资金不及时清理，核对、催收，加上记账简化，造成许多款项的业务内容、发生时间、经办人、债务单位不详，使本可以收回的款项成为乱账、呆账；三、将收不回的资金损失和当期费用长期挂在应收账款内不处理，造成虚盈实亏。上述问题给公司带来的危害：一是掩盖了企业经营中的潜亏损失，从而不利于加强公司管理和资产保值增值；二是让人对虚假债权一种错觉，以为当前资金紧张是受“三角债”的困饶，而不去深究；三是扩大资金管理漏洞，导致会计信息失真，严重影响公司领导正确决策，造成恶性循环。

(4)应收账款的风险管理机构缺失

没有专职机构或人员从事应收账款的风险管理主要表现在：没有完整有效的客户档案；没有较专业的资信评级、资信限额和资信控制；没有对坏账风险进行事前、事中的防范与控制。

(5)合同执行上的缺陷

由于相关部门未能严格执行合同导致大量应收账款的拖欠。按照规定公司只会在至少收到货款时才能开增值税专用发票，而实际上，有些业务员为了留住一些老客户或是拉拢新客户，没有付款就开出增值税专用发票，失去了对客户的约束力，造成货款拖欠的问题，同时反映业务员销售过程中在对合同执行缺乏严肃性。

(6)应收账款辅助账设置不健全

该公司仅在财务系统中设置应收账款辅助明细账。虽然有财务与业务的单项接口，并从业务系统中获取有关数据，但应收账款数据基本由手工录入。在这种方式下，应收账款的设置主要是为账务处理服务，只有客户代码、客户名称、发票号、发票时间、摘要信息、金额等信息。利用财务系统中的应收账款辅助明细账管理应收账款是我国大多数企业通行的做法，该公司也是如此。这种方式至少存在的问题：数据缺乏真实性，应收账款数据的变化不能及时准确的反映到财务系统当中；数据不完整，系统没有客户管理模块，缺少客户资料，如联系方式和客户信用等信息，管理不便，无法区分应收账款是否超过客户信用期；信息不及时。从业务完成、开具发票、财务部门进行财务处理，到最终形成明细账，一般都要经过相当长的一段时间；事后管理，只有当应收账款正式形成之后，才进行管理。

4.3.2 B公司应收账款居高不下的原因

通过对公司应收账款管理存在问题的分类、整理，归纳出以下导致公司应收账款居高不下的原因：

(1)忽视信用管理，缺乏风险防范意识

由于目前我国正处在社会主义市场经济初级阶段，社会信用体系尚未建立，法制基础也比较薄弱，再加上地方保护主义的泛滥，使得我国信用短缺现象大量存在。企业之间的资金拖欠、三角债、坑蒙拐骗、呆账坏账等层出不穷。该公司也存在经营者对于社会上出现的信用短缺现象不够重视，在销售上仍存在着侥幸心里，未对客户资信情况做深入调查，就急于想和对方成交。这样做虽然账面上的销售额有所攀升，但反而不会多赚钱，就是因为公司忽视了应收账款不能及时收回所带来的风险。在利润率较低的今天，别说是坏账这个无底洞，就连货款拖延造成的资金成本，也同样能吞噬掉公司几个月的利润。从公司内部信用风险管理上来看，一方面B公司未设立专门的信用管理部门，缺乏规避风险的自动预警机制及财产保全机制。现有的业务部门和财务部门信用管理的职责不分明，应收账款管理不力，导致不必要的损失；另一方面该公司没有建立健全客户的信用档案，没有系统完整的客户历史信用记录，从而使企业的信用管理缺乏基础。

(2)产品竞争乏力，销售被迫让步

当前，该公司在规模、技术、成本的某一方面都不具备绝对优势，无法与同行业其他企业进行抗衡，导致其市场占有份额相对较小，而其生产能力却大于其市场占有份额，这样就产生了供大于求的局面，造成产品的积压。为了解决存货积压问题，公司在销售过程中又不得不做出相应的让步，如产品试用期久一些、货款回款期长一些等等，使产品的应收账款从数量上和时间上“双增”，随之公司应收账款多、回收不顺畅、资金短缺等问题就接踵而至。

(3)内部控制存在缺陷，应收账款严重流失

其一，合同执行上的缺陷。合同之所以成为控制经营风险的手段之一，就在于

它依照合同法以文字的形式明确规定买卖双方的权力义务关系，并受到法律的保护。正因为如此，对合同的管理就应该更加慎重、更加完善。但企业在经营活动中，由于票据传递、记账等可能发生误差及商品交易在销货与收款在时间上的不一致，因此该公司有时不能及时与客户对账，有时即使及时对了账，但不少逾期应收账款的后面缺少完善有效的合同协议，一旦因账款收不回而对簿公堂的时候，又拿不出确凿的证据。

其二，考核制度的缺陷，约束机制不健全。目前公司实行的是销售人员提成工资与销售额挂钩的做法，在业绩考核当中，公司只注重销售额，片面追求账面上的高利润额；销售人员为了个人利益，只关心销售任务的完成，采取赊销手段强销商品，使应收账款大幅度上升。对于这部分应收账款，公司既未要求经销人员全权负责追款，又未明确规定监督账款回收的部门，从而造成高销售额、低经济效益的局面。

其三，内部会计控制的缺陷。《企业会计准则》中明确规定：各种应收账款应当及时清算、催收，定期与对方对账核实。经确定无法收回的应收账款，已提坏账准备金的，应当冲减坏账准备金；未提坏账准备金的，应当作为坏账损失，计入当期损益。而该公司在实际工作当中，并非都严格按照《企业会计准则》的规定办事，对发生的应收账款并未及时清算，如前所述应收账款流失严重。如人事发生调动时，造成资产大量流失，也为经济犯罪提供了方便。应收账款催收工作不力，公司相关的销售人员态度消极，使得应收账款被拖欠时间超长，收回的可能性相应减小。

4.4 B公司应收账款风险防范及管理建议

(1)制定合理信用政策

赊销效果的好坏，依赖于企业的信用政策。制定合理的信用政策可以为企业争得更多的客户，提高企业产品的销售量；相反，则会使企业损失大量的客户，造成产品销量的下降。如若赊销成本的增加大于所得的收益，将会削减企业的利润。因此，B公司应从实际出发，定期计算应收账款周转率、平均收款期、收款占销售额的比例以及坏账损失率等衡量应收账款风险的相关比率，以此估计潜在的风险损失，正确估量应收账款的价值，确定合理的信用期间、现金折扣和信用标准。这对该公司应收账款管理是至关重要的，公司的管理层一定要把握好信用政策的制定。企业在进行信用管理的同时，还可以开展信用保险。在国外，企业为了避免在提供赊销时遭受意外的坏账损失，可以向保险公司投保信用险。而目前，我国大多保险公司尚未开展这项业务。但随着我国保险事业的发展，这项业务一定也会开展起来。在投保时，应在坏账损失和保险费之间进行权衡，以使企业风险最小，收益最大。

(2)增强产品竞争力

产品有其内部属性和其外部表征，所以一个产品的竞争力也是由两部分组成的，用等式表述为："产品竞争力＝产品本身竞争力＋产品市场竞争力"，所以该公司应该从这两方面入手提高企业产品竞争力。

第一、产品本身竞争力。产品本身的竞争力包括性能、质量、成本、交货速度等。产品的本身竞争力可靠企业的内部运营来进行控制的，如企业的技术水平、QC管理、成本控制、生产效率提升等。产品的性能决定其适用的对象及用途。B公司应该针对市场研究和客户需求，依托本企业的技术水平进行产品的开发和改善等。并不是高性能的产品就是高竞争力的产品，低性能的产品不一定就是没有竞争力的产品，只有适合性能的产品才是高竞争力的产品。产品的质量就是产品的生命，是产品能否生存于市场上的基础。所以B公司应该在自己的质量控制体系和每件产品的QC上要做到严格的保证，质量是竞争力的重要保证。成本的控制可以让一个企业在激烈的竞争中得到高于平均水平的利润，反过来讲，自己在成本上占有优势的时候，在价格上就有更多的浮动空间，从而可以使自己的产品得到价格方面的竞争优势。速度决定生命也是现在很多企业提出的口号，速度上的优势可以使自己产品成为市场的最先进入者，从而在一个没有多少竞争对手的情况下抢占市场，这就是相对竞争力的存在。

第二、产品的市场竞争力。产品的市场竞争力包括了品牌、价格、分销渠道、销售终端等，这些属于企业市场运作的管理。一个企业的品牌价值的大小、价格的高低、渠道建设、终端控制、市场营销水平及力度等决定了其产品的市场竞争力。品牌价值大小就是客户对其企业的信任程度以及对其产品的认可程度，品牌的价值高的，产品竞争力也是比较强的。但是品牌建设的特点是高投资、高风险、高回报。价格是产品价值的外在表现，价格的高低与价值相对应，当企业制定的价格与其价值相符，同时给客户以物超所值体验的时候，其价格就是产品竞争力中有效的一部分。分销渠道及终端的控制都是在自己有了相对较强的竞争水平时，让客户更好地得到自己的产品的保证。只有提高产品竞争力，才能有效控制应收账款的数量和金额。

(3)完善公司内部控制

应收账款的全程管理属于综合管理的范畴，不仅与财务管理联系紧密，而且与销售管理、经营管理密切相关。因此，经营部门、销售部门的工作人员应该改变过去认为应收账款的管理只是财务部门的事情，账务不清才是财务部门责任的观念。要加强协作意识和整体观念，制定相关制度，促使职工协调一致地工作，积极采取措施，有效地推动应收账款的全程管理工作。同时要明确分工，建立健全的岗位责任制度，哪个环节、部门出了问题，追究哪个环节、部门的责任，从而做到责任明确、分工具体、各司其职，以此监督、检查、考核应收账款回笼及清理情况。大量的应收账款长期挂账，不但虚增了企业的资产，而且影响了有关部门对企业经营者业绩的考核和评定。企业应当落实内部催收款项的责任，将应收款项的回收与内部各业务部门的绩效考核及其奖惩挂钩，将应收账款周转率指标纳入企业负责人、销售负责人、财务负责人效绩指标考核体系。

对于造成逾期应收账款的业务部门和相关人员，企业应当在内部以恰当的方式予以警示，接受员工的监督。对于造成坏账损失的业务部门和责任人员，应当按照内部管理制度扣减其奖励工资。为防止销售人员为了片面追求完成销售任务而强销盲销，应严格制订资金回款考核制度，以实际收到的货款数作为销售部门的考核指标，每个销售人员必须对每一项销售业务从签订合同到回收资金的全过程负责任。这样可使销售人员明确风险意识，加强货款回收的进程，最大限度减少坏账损失。应收账款发生的时间有长有短，有的刚刚发生，有的已经超过信用期限很长时间。因此必须对应收账款进行细致的核算和严密的监督。

定期编制应收账款账龄分析表，是一种比较有效的方法。应收账款账龄分析表比较直观，通过这个表格，可以看出有多少账处在信用期间内，这部分欠款未到偿还期，是正常的；至于到期能否收回还要再定，但及时的监督仍是必要的。有多少账超过信用期，超出多长时间，超过信用期较短的这部分欠款收回的可能性较大；超过信用期较长的这部分收回的困难较大；超过信用期很长的，这部分发生坏账的可能性较大，应引起高度警惕。当企业通过账龄分析，发现账款被客户拖欠时，首先应当分析现有信用标准及信用审批制度是否存在纰漏；然后对违约的客户重新进行资信等级调查与评价。将信用品质恶劣的客户从信用名单中删除，催收拖欠账款。

为了提高应收账款的催收效果，企业不仅要加强日常的催收工作，把货款回收列入重要的议事日程，制定出营销策略，探索出一条加快货款回收的新路子。企业可以实施承包催收责任制，定出催收目标，派专人催收，划定重点催收对象。针对不同信用风险的客户，采取不同收账程序和方法。对于过期很长的客户，很可能由于客户无法偿还，致使全部或部分账款形成呆账，给企业造成极大的还账损失。这时企业应转化应收账款的形式，减少企业的呆坏账损失。

5. 结论

作为对公司应收账款管理、资金风险控制和提高资金收益，信用管理无疑是承担了相当重要的角色。根据目前我国国情看出，普遍信用意识差、信用管理水平低下是企业（尤其是国有企业）应收账款居高不下的主要原因，它也是企业在流动资金管理和运作上存在的一个突出问题，所以，企业管理当局必须足够重视应收账款的日常管理和控制，尽量减少因过量应收账款引起的企业垫付资金，减少利息支出和其他相关费用,从而进一步提高利润质量,使利润增长与现金流量保持同步。推广和运用本文所述的应收账款信用管理方法,也就是尽快实行信用风险全过程控制法,这对加强企业信用意识和提高其信用管理水平和效益,具有积极的作用。进一步来说,信用是随着社会经济发展的产物,它必然会随人类的前进而不断趋向复杂与成熟。尽管信用管理在我国才刚刚起步,但如今我国正处在全球化转轨阶段,如果我们能综合借鉴西方信用管理的成功经验,并结合国情将企业信用管理模式逐步完善与拓展,相信我国信用管理状况必然会日臻成熟,相信企业应收账款管理也将更加科学,进而促进企业的健康和有序发展,在竞争中占据有利位置。

参考文献

[1] 陈衡华.浅析应收账款的管理与风险防范[J].财会月刊,2006(08)

[2] 魏昭莉.企业应收账款的成本管理与风险防范[J].山东省农业管理干部学院学报,2004(02)

[3] 唐书涛.HTTX公司应收账款管理相关问题探索[D].西南财经大学硕士论文,2007.5

[4] 钟晓曼.加强应收账款管理.促进企业资金周转[J],财务管理,2007(01)

[5] 宋薇.应收账款管理新探[J].中国科技信息,2007(07)

[6] 张秀梅.企业财务管理[M].中国财政经济出版社,2001:29~46

[7] 范益琪.企业理财策略[M].上海立信会计出版社,2005:15~33

[8] 王璞.财务管理咨询实务[M].中信出版社,2004:55~79

[9] 史宁宁.应收账款之我见[J].财会研究,2005(03)

[10] 许晓明.企业教学管理案例精选[M].复旦大学出版社,2011:35~60

[11] 宫兴国.应收账款管理成本的控制分析[J].会计之友,2007(03)

[12] 白晓红,李挽湘,王礼力.应收账款管理的对策浅析[J].西北农林科技大学学报,2007(02)

[13] 宋薇.应收账款管理新探[J].中国科技信息,2007(07)

[14] 张帷.企业应收账款管理与风险防范[J].工业技术经济,2006(03)

[15] 杨基旺.企业应收账款管理研究——华昌公司应收账款分析[D].北京交通大学硕士论文,2007.6

[16] Kirschbaum,Les. A Guide for Credit and Collection for Small Businesse[J]. The National Underwriter.(Property&Casualty Insurance Edition)

[17] Rose,Carol. Extending and Collecting－Exercises in Credit[J](InBusiness. Emmaus－1981,3(2):44

[18] Hingston,Colin. International Trade Credit Policy[J],(Credit Management. Stamford－Nov 1987:p.28)

对日航破产的经济分析

李胜贤[1]　李昕[2]　魏玮[3]

（1.北京交通大学经济管理学院经济学系2008级本科生，北京100044；
2.北京交通大学经济管理学院经济学系2008级本科生，北京100044；
3.北京交通大学经济管理学院经济学系2008级本科生，北京100044）

摘　要：本文主要从探求日航破产重组背后深层次的经济原因这一角度出发，通过对相关有效数据和现象进行搜集整理，运用经济学理论与方法得出了对日航破产的经济原因的合理推论与解释。本文旨在通过对日航这一案例的分析得出对我国相关企业——国有企业以及航空业企业的发展、改革方向具有指导性的建议。

关键字：破产原因；经济分析；发展改革建议

1. 前　　言

1.1　研究背景

作为日本最大的航空公司，世界三大航空公司之一的日本航空公司自成立以来不断开拓国际航线，架起了一座座连接亚洲与世界各地的空中桥梁，经营的国家航线多达34个国家，158个机场。但是，近年来日航业绩低迷、负债累累。2010年1月19日，日本航空公司由于严重财务危机，资不抵债，而走向申请破产重组，并由政府注资进行资产重组，这次重组曾被预计要历经三年之久。

这场发生在2008年美国金融危机之后的，日本历史上最大的破产重组案件，引起了许多专家学者的关注：日航究竟仅仅是因美国金融危机而遭受牵连的众多国际大公司之一，还是其破产主要原因另有所在？究竟是什么原因导致日航面临破产重组的境地，又有哪些深层次的原因导致日航面临日益严重的财务危机？本次报告将力图解答这些问题。

1.2　研究目的

日本航空公司的重组作为日本历史上最大的破产重组案件，对于我国航空业的经营与发展有重大参考意义，甚至在日航发展历程中，日本政府所起的作用对于我国国有企业改革也有一定的借鉴意义。通过对日航发展历程和破产原因的经济分析,寻找经验教训,为我国全体国有企业以及航空运输业的发展提供参考。

1.3 日航公司简介

要理解日航发展过程中存在的问题,首先就要对日航公司的发展历程和经营情况进行简要了解。

1.3.1 日航重大历史回顾

日本航空公司(日文:株式会社日本航空,英文:Japan Airlines Corporation,简称日航或JAL)是日本的一家航空公司,成立于1951年。总部位于日本东京。是日本乃至整个亚洲规模最大的航空公司之一。日航是"寰宇一家"航空联盟成员之一。2010年1月19日,严重亏损的日本航空公司决定申请破产保护,从而进入了由日本政府主导的破产重组程序。

日本航空公司创建于1951年8月,最初以一个私有制公司的形式建立。1953年10月,日本航空公司成为政府所有的航空公司。日本航空最初只开辟国内航线,联络东京和其他一些城市。1954年2月开辟了通往美国圣弗朗西斯科(旧金山)的航线,成为国际性航空公司。

1987年,日本政府将该公司售出,使日本航空公司再次成为个人私有的公司。政府持有34%的股份。自1984年起,日本航空是全球拥有波音747客机最多的航空公司。2002年日本航空公司通过重组并购日本第三大国内线航空公司—日本佳速航空,设立了新日航集团。合并完成后随即更换公司的标志,名为“The Arc of the Sun”。

截止2010年1月19日,日航债务比资产多出93亿美元,资不抵债,已经是真正意义上的破产。2010年1月19日,日本航空公司和旗下两个子公司向东京地方法院申请破产保护,而根据日本《企业再生法》,日航原有的股东将全部被“消灭”,债权人将获得股东资格,并引入新的资本方,从而进入由日本政府主导的破产重组程序。在此次重组中,有政府背景的“企业再生支援机构”(ETIC)被任命为日航的受托人,负责其重组,企业再生支援机构打算削减日航7300亿日元(79亿美元)债务,另外向日航投资3000亿日元(32.5亿美元),以使日航资产得以比债务多出1600亿日元(17亿美元)。这场日本历史上金融业外最大的破产案就此展开,当时预计重组时间将长达3年。在重组期间,日航将正常运营其业务,这样甩掉了债务的包袱后,轻装上阵的日航将会有一个明朗的未来。表1为日航公司重大历史事件表:

表1 日航重大历史事件表

时间	重大历史事件
1951年	日航以私有制公司形式成立

续表

1953 年	成为政府所有的航空公司
1954 年	开辟国际航线
1987 年	再次成为私有制公司
2002 年	并购日本第三大航空公司
2010 年	资不抵债,宣布申请破产保护
至今	刚刚走出破产保护

1.3.2 日航运营状况回顾

为分析日航破产背后的真正原因,除了要对日航的经营历史做必要了解外,还需要对日航整体的经营状况有一个全面的把握,只有定义出问题的方向,才能准确的找出原因。

首先,本次研究需要了解日航的营业利润构成状况,如图 1 所示。

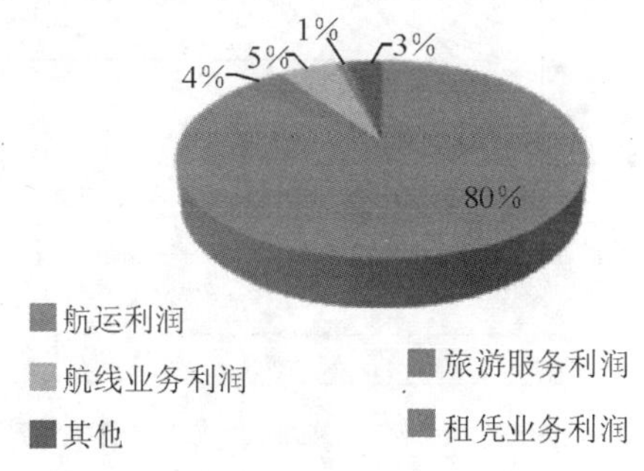

图 1 日航营业利润结构图

从图 1 看出,日航的营业利润有 80%来自航运利润,所以要探讨日航破产的原因,很自然的就想到了日航这些年来在航空运输上的收入和成本变化趋势。而探讨这些趋势时,反应在账面上的原因是我们探讨时最先接触到的原因。表 1—2 是 2005—2009 年日航收入成本的变化情况:

表 2 2005—2009 年日航收入成本一览表

项目	2005 年	2006 年	2007 年	2008 年	2009 年
乘客人数(人)	59448306	58036381	57452081	55272828	52858476
有效座位里程数(千公里)	151902439	148590590	139851350	134213876	128743932

续表

航空运输收入（百万日元）	1701367	1732983	1801520	1826717	1716426
燃油成本(百万日元)	28900	377200	420900	412700	509100
航空运输成本（百万日元）	1659709	1776412	1798901	1748018	1777308

从表2看出，对收入来源起决定作用的旅客人数，在2009年有明显的下滑，因此09年日航的航运收入也出现明显的下滑，但值得注意的是，如果随着旅客人数下降，在其他条件不变的情况下，日航的航运成本会有所下降，但结果却是航运成本反而有小幅上升，如图2所示：

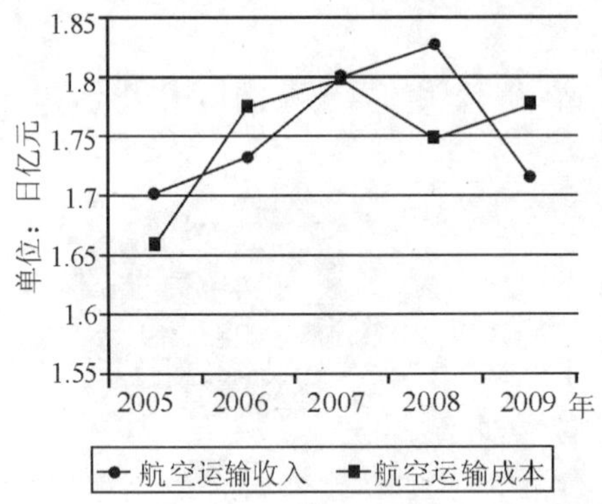

图2 2005—2009年日航航运收入成本趋势图

以上关于日航运营状况的回顾仅仅停留在财务账面上，在第二部分中，我们将对日航破产深层次的原因加以探究。

1.3.3 日航申请破产保护后的后续发展

为了将日航破产这一事件的前后发展过程说明得更为清楚，本文将在这一节对日航申请破产保护之后的情况做简单的介绍。

日本航空公司2011年3月28日宣布，东京地方法院当天决定结束对该公司的破产保护程序。日本航空公司通过裁减三分之一的雇员、强制淘汰飞机、取消国内外航线以及获得各方融资等手段，在得到日本政策投资银行等11家金融机构约2550亿日元（约合205亿元人民币）的注资后，对重组债权等进行了一次性偿还。同时，在各种积极调整手段的效果的带动下，2010年4月至2011年2月日航集团累计实现1749亿日元的营业利润。日航的破产保护程序历时14个月后结束了。

日航的目标是在2013年1月底前重新上市，今后将正式开展重组工作。然而东日本大地震导致航空需求减少，与当初的预期相比，3 月 11 日大地震发生后的国内和国际航线客流量分别减少 28%和 25%，因此，日航 4 月减少了 11 条国际航线的航班数量。由此可见，日航自主经营重组的道路仍不平坦。

2. 日航破产的经济分析

在 2004 至 2008 年期间，如表 3 所示，日航平均资产负债率高达 86.5%，2008 年其资产负债率已接近 90%，已经处于实质性不能偿债困境。高负债是日航申请破产保护的重要原因，或者说是日航申请破产保护的导火索。

表 3　日航历年资产负债率情况

年度	2004	2005	2006	2007	2008	平均
资产负债率	89.8%	91.9%	84.1%	77.8%	88.8%	86.5%

资料来源：根据日航财务报告计算所得

在上述情况下，2010 年 1 月 19 日，日本航空公司申请破产保护。

本次研究综合前人研究成果和本次研究者的观点后，认为日航破产的原因主要有五点，后文将一一进行详细分析。

2.1　航线设置不合理——盈利能力低

日航与日本政府的关系密切，其经营往往会受到来自政府和政客方面的压力，或者会更多地迎合政府和政客的需要。为了提供就业机会、树立政绩以及其他政治目的等，日本各个地方政府在其管辖的一些地域纷纷建立机场。配合机场建设，日航开设了相应的航线。

日本西南部小岛上人口稀少，如大东群岛的多良间岛人口为 1300 人左右，波照间岛人口为 600 人左右，这些地方的旅游业也不发达。但为了政治目的，日航却开设了覆盖西南部大部分岛屿的航线。客源一定或者不足的情况下，设置的航线多，自然会导致每航线、每班次的载客量少、收入少、航线的盈利能力低。

空运业务是日航的主营业务，其中客运业务对其经营业绩影响最大。根据日航年报披露，在 2006 至 2008 年期间，日航开设的国际、国内航线都多于其最大的竞争对手全日空航空公司，但每航线的载客量却小于全日空。

载客量和票价是影响航线收入的两项因素。在票价相同的情况下，载客量多少就决定了航线收入的高低。客运业务收入来自各航线上的每班次收入。在 2006 至 2008 年期间，日航在国际、国内航线上的飞行班次都多于全日空，但每班次载客量小于全日空。带来的不利结果是，日航每班次收入低于全日空。航空公司的飞行成本主要与飞行班次、飞行里程有密切关系，与每班次的载客量有关但并不密切。在每班次飞行成本中，固定飞行成本比例高，而与载客量有关的变动成本小。因此,在日航每航线、每班次收入少的情况下,必然导致其每航线、每班次营业利润低。

表 4 及图 3 是 2004 年至 2008 年日航与全日空航空公司的营业收入净利率的一个比较:

表 4 2004—2008 年日航与全日空的营业收入净利率

年度		2004	2005	2006	2007	2008	平均值
营业收入	日航	1.41%	−2.15%	−0.71%	0.76%	−3.24%	−0.79%
净利率	全日空	2.09%	1.95%	2.19%	4.31%	−0.31%	2.05%

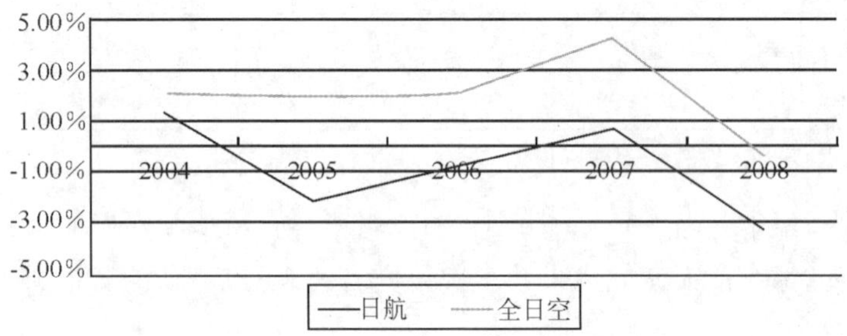

图 3 2004—2008 年日航与全日空营收净利率比较

2.2 运营成本高

2.2.1 人工成本高

日航的劳动力成本是行业内最高的。员工的月薪是其他普通企业同等学历同等年龄人的两倍以上。日航的退休金制度非常优厚,人均退休金是全日空航空公司的 3 倍。高额的工资、奖金、退休金使日航不堪重负。

日航内部不少问题中最突出的一点,就是整个企业拥有八个工会。众多工会为了维护既得利益动辄以罢工为武器与经营者进行对抗,使得日航的人工费总额是其竞争对手"全日空"的两倍。在日航,飞行员不论实际飞行时间多少,每个月都能保证领取飞行 65 个小时的工资。这种近似于"大锅饭"的体制还使得日航的经营决策不够迅速果断。

数年前,日航为节省成本在其下属的子公司临时聘用了一批美籍外国机长。这些美籍机长的年薪只有日航机长的三分之一,也就是 1000 万日元左右。而日航一名乘务长的年薪都在 1500 万日元左右。日航一名乘务长的工资可以雇佣 10 个泰国籍空姐。尽管如此,外籍机长的雇佣,在日航内遭到机长工会的强烈抵制,并最终迫使公司辞退了所有的外籍机长。

2.2.2 燃料成本高

飞机的飞行燃料成本除了与飞行距离有关外,还与飞机的机型有关。一般来说,小型机的飞行燃料成本要小于大型机。

截至2010年1月,日航拥有274架飞机,其中37架波音747等大型飞机,燃油效率低,搭乘率也无法保证。比较日航与全日空的飞机机型结构,可以看到,日航大型机数量及比例都高于全日空,而中小型机数量及比例都小于全日空。日航飞机机型结构决定了日航燃料成本要高于全日空。为了解决机型结构所造成的燃料成本高的问题,日航在2004年中期商务计划中制订了用中小型机逐渐替代大型机,使中小型机成为主力机型的计划。在随后的几年中,日航大型机的比例逐步降低,但2008年日航的客机机队中的大型机比例仍然高于全日空。因此,大型机比例高是日航燃料成本高的一项重要原因。

2.3 国际环境的影响

2.3.1 美国"911"恐怖袭击事件的冲击。

日航与全日空航空公司不同,它的70%的航线是国际线,而全日空的80%的航线是国内线。美国的"911"事件之后,由于担心赴美航线遭到恐怖组织袭击,再加上美国政府对于日本乘客也实行了严格的入境审查制度,使得愿意搭乘日美航班的乘客大减,日本航空公司经营的10多条日美航线因此连续数年宣告赤字。虽然日中航线后来成为最挣钱的航线,但获得的利润依然无法填补整个国际线的亏损。

2.3.2 美国金融危机以及日本经济长期低迷导致旅客数锐减

美国金融危机的爆发导致国内和国际旅客数量锐减,日航的损失尤其严重,因日航国际航线占其总航线的70%。日航以前每天有200多个国际航班,从2008年开始,国际旅客大量减少,国际航线亏损严重。

从图4中可以看出,2002年日航国内旅客数量成倍增长,这一次国内旅客的增长与日本的宏观经济景气循环密切相关。2002年至2007年是日本经济持续景气的阶段,2007年之后,景气结束,国内和国际的业务都出现明显的下滑,再加上美国金融危机的影响,对日航产生了致命的打击。

单位:万人

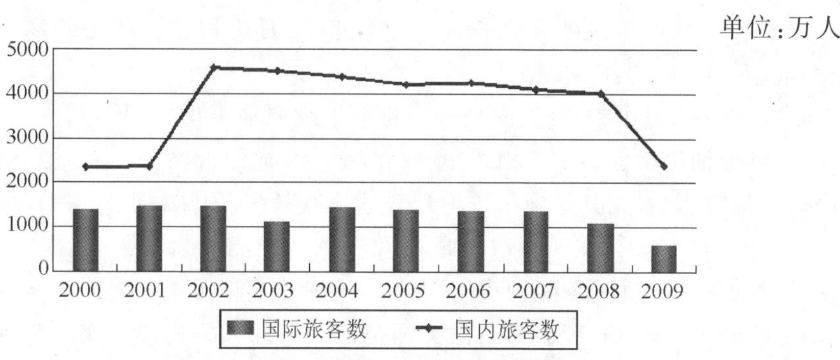

图4 2000—2009年日航国内及国际旅客数量

资料来源:日航历年年度报告

2.3.3 石油价格波动的打击

民航运输业不是一个高盈利行业，在经济形势较景气的年景，效益最好的航空公司盈利也仅10%多一点，一般的航空公司只有2%、3%左右。同时，燃油成本在民航运输业成本中所占比重已由几年前的20%升至40%，成为航空运输业成本的最大构成部分。

飞机动力源于高级煤油，一架飞机每飞行一次，就需要几百吨高级煤油。日本航空公司拥有276架飞机，巨大的耗油量需要一个充裕的燃油储备量，燃油的储备是一个大问题。为了保证燃油的稳定供应，日航是提前8个月购置原油储备额。但是在2007年的石油价格的大波动中，日航在油价上损失惨重。

2007年国际原油价格的走势和波动情况如图5所示：

图5 2007年国际原油价格走势图

资料来源：搜狐网

国际油价2007年保持着强劲的上涨走势，在经历了一月初到中旬下跌至49.87美元/桶的年内最低价格，到2007年11月中旬创出历史新高99.20美元/桶，波幅接近100%。

2007年1月中旬，受俄罗斯与白俄罗斯就原油进出口问题达成一致的利空影响，国际原油价格创出了年内最低49.87美元/桶的价格。其后，受一系列国际地缘政治局势影响，尤其是中东政治局势的持续紧张，国际原油价格一路走高。

2007年8、9月，受美国次贷危机及全球性的能源紧张影响，国际原油价格再次扩大涨幅，同时直接带动了国际现货黄金价格自8月中旬以来的全年最大涨幅。而在11月OPEC增产利空传言、美国精炼油库存大幅增加及100美元/桶的整数关口前的抛售压力等影响，使国际原油价格出现较为大幅的回落，在年底前，国际原油价格亦陷入了区间震荡走势。但在年底的原油需要及供应的特殊背景下，原油价格将很难出现大幅度下跌走势。目前这种区间振荡走势,也将持续一段时间。

因此,伴随油价的地位越来越重要,油价的变动越来越不稳定,日航的收益自然越来越难以维持理想的水平。

2.4 市场环境——竞争激烈

日航是同时面对国内市场、国际市场,同时定位于高、中、低三个市场的航空企业。这种市场定位导致日航在多个方面经受激烈的竞争。在中端市场以及国际业务上,它受到来自全日空航空公司的强烈竞争,和来自其他国际同行的竞争。在低端市场以及国内业务上,受到来自新干线的激烈竞争。

新干线对日航的国内线经营是一个强有力的竞争,日本有新干线的线路不仅飞机票价大幅下降,而且因为机场换乘不便等原因,机票即使与铁路票价相同也缺乏竞争力。且从成本上讲,无论是人力还是维护,高铁都占有绝对优势。

因此整体的市场竞争形势对日航的经营也相当不利。

2.5 政府干涉过多

日航曾是国有公司,1987 年实行民营化后也与政府保持着密切的关系。因而,该公司经营并不完全关注市场,而是过多听政府指令,错综复杂的关系使得经营班子一直难以伸展手脚。

上个世纪 80 年代和 90 年代,航空自由化使航空运输市场真正成为全球市场,竞争愈演愈烈,而日本政府在此时采取的是消极态度。在这关键的 20 年里,日航没有从根本上改变发展思路和经营战略,积极增强企业本身的竞争力,来应对来自国际国内的竞争,却总是依靠政府的援助度过难关。因此,日航错失了发展和转型的良机。

在自民党长期执政时期,日航成为拉动就业的政策工具,增加大量没有盈利的航线,盲目扩大员工数量以增加就业,负担越来越重;同时,赤字航线交给日航,政府高官退休后还可以到日航谋职,形成机构臃肿,人事关系复杂的不利局面。

因而,政府的负面影响在日航的最终破产中也起到了很大的推助作用。

2.6 小结

日本航空公司申请破产保护的深层次原因是其居高不下的负债率,如此高额的负债使得日航走到了实质性不能偿债,继续运行存在很大的困难的地步。而导致日航具有如此高的负债率水平的原因,通过以上分析可以简单的总结为:收入低,成本高。

3. 按运输经济分析框架对日航破产的分析

上文已经就日航的破产情况以常规方法对其进行了多方面的原因分析,本节将按照运输经济学中的两个运输经济分析框架,从另一个角度对日航在运营中存在的不足之处进行分析。

3.1 PRN分析框架的分析

3.1.1 需求角度

对于日航来说,或者对于现下许多国家的航空公司来说,多式联运还并未得到全面发展。日航在运输服务的附加服务上,可以说已经表现的令人比较满意,舒适、安全、可靠等也无可厚非。然而,对于运输服务最核心的要求,即运输产品的完整性上,因为多式联运发展受限,表现的并不令人满意。

可以看得出来,日本新干线对日本航空形成了一定的威胁,不可否认,机场换乘的方便程度不如铁路,再加上日本新干线同样也能提供快捷舒适的服务,因此,凡是和新干线重叠的线路,机票的价格总是比较低。这一切对日航甚至是所有航空公司都提了个醒,实现以市场需求为导向的运输产品完整性和实现高附加服务才能使航空业长久立足。寻求多式联运或者空铁联运才可能使日航在激烈的竞争中更好的生存。

3.1.2 资源角度

一个企业的资源配置应以利润最大化为最终目的,而日航的实际情况则是它更多的听政府指令,日航的航线设置、人力资源的引进更多的是考虑到一个地区甚至是国家的就业等政治战略。可以试想,在全球化的今天,竞争如此激烈,每个公司对于成本、收入可谓锱铢必较,而日航身上却要背负着政治使命,资源的配置不能由市场来调节,最终日航的经营结果可想而知。日航的赤字航线频现,使得日航的核心资源不能被经济的配置,而这些资源不能被高效的加以利用是日航发展的最大瓶颈。

此外,固定交通资源对航空业成本的控制具有十分重要的意义。日航多年来,不管能力是否满足,市场是否需要,一直走扩张式路线,过多投资于机场基础设施建设和飞机的购买和租赁,当然这和上面分析的航线设置过多且不合理有着直接关系。但也可以看出,这势必推动日航运营成本的上升,且不能达到预期的收益,最终使日航的竞争力逐渐丧失。

3.1.3 运输业网络经济角度

这种受政府政策干扰的盲目的投资建设扩张,在受制于实际需求量的现实状况的情况下,使得日航并没有达到所谓的网络经济,反而使日航航班实载率每况愈下,也就是说日航并没有找好规模经济中这个“规模”的平衡点,最后反而变成了一种入不敷出。

其实,对于日航来说,无论是从产品角度、运输资源角度亦或者是网络经济角度来讲,都需要立足于市场,根据市场需求调整公司战略,合理分配运输资源,提升产品服务,最终达到网络经济。倘若日航一味的受制于政府,以上三个维度就不可能很好的配合,也无从谈长远发展。

3.2 TNFS 分析框架的分析

对于日航而言,其破产的过程中出现的运营问题涉及到了运输业网络形态分层分析框架里的各个层次、各个层次之间的关系,以及这四个层次作为一个整体与其外部环境之间的关系。

3.2.1 线网及设施层

在政府的鼓励甚至是要求下,日航在其整个经营过程中一直不断扩展业务、增加航线,并大力投入基础设施建设,这最终成为了日航利润的巨大拖累,使得日航入不敷出,最终导致了日航的破产。虽然在这一层次的不当决策受到了政府的影响,但无疑,日航的破产与其本身的线路及设施层的不合理规划和过分投入是分不开的。

3.2.2 设备及服务层

日航在机型购买选择上对大型、豪华型飞机的偏好无疑也是其成本过高以及收入不足以平衡支出的重要原因。虽然大型飞机存在规模经济,但是由于日航存在为数不少的运力过剩的航线,其初期的机型选择策略是有巨大问题的。同时,在"911 事件"以及金融危机后,日航没有及时调整其安全理念和服务概念,这使得日航的产品对外部环境的变化没能较好的应对,导致其抵抗外部风险的能力不足,深受外部不良影响。综前所述,从设备和服务层也能明显的发现日航经营过程中存在的不足之处。

3.2.3 企业及组织层

在企业及组织层上,由于日航过于冗繁的机构设置、人员配置、线路设置等问题,日航的成本相较同类公司明显偏高,同时这些成本投入并未带来任何收益,这成为了最终拖垮日航的重负中很重要的一个部分。此外,日航在与其他航空公司的竞争中也没有表现出自身明显的特点和优势,既未表现出大企业应有的规模经济,也未表现出国际化企业应有的管理、运营上的先进性,因而相较而言其实际表现其实处于落后地位。因此,在企业及组织层也可以显而易见的发现日航公司的经营实际有不小的缺陷。

3.2.4 政策及体制层

在政策及体制层,日航明显受到了其曾经作为国有公司的影响,常常将政府的意志置于公司的利益之前,时常扮演着政策性公司的角色,协助政府的管理运作,忽视公司和非政府股东的利润最大化要求。这种选择无疑对公司的发展不利,然而这一现象并不完全是日航公司经营管理者本身的责任,问题更多的是来源于政府的政策和政府的相应企业管理体制,日航在其中更多的是一个政策的跟随者,一定意义上也是相关政府政策指令的受害者。但是日航公司的经营管理者仍需要为其在政府的政策要求中的不充分作为负上责任。

3.2.5 不同层级之间的关系

日航的破产事件牵涉到的不仅是各个层面自身存在的问题，还有层面之间的相互作用、彼此加强带来的副作用。如上文所述，日航在企业及组织层中的企业经营上的问题使得其在线路及设施层、设备及服务层都出现了不少的持续的失策；而在政策和体制层对日航经营产生重大影响的政府在政策制定和体制建设上的不当和不经济则使得日航的经营始终与正确的、争取企业最大利润的线路有所偏离，进而加强了日航经营管理层的失策的效应。

3.2.6 运输业网络形态与外部环境的关系

日航作为一家国际化大型航空运输企业，必然与外部环境的变化和发展具有很大联动效应。例如，日本高铁运输的发展很大的影响了航空业的运量和利润，日航的发展也深受其制约。因而，对于外部环境变化和发展的应对应当是日航的经营管理的重要组成部分，而日航在应对外部问题的能力方面的缺失则表现在许多方面。这种应对外部状况的能力在应该有和实际没有之间的冲突使得日航的经营在不断出现的外部变化的冲击下变得难以维继，最终出现危机。

4. 日航破产对中国的启示

作为一个大型国际航空业企业，日本航空公司的经营经验和教训应当也必须被我国民用航空行业所借鉴；同时由于其由国有企业转为民营企业的特殊经历，日航的经验也可以同时为我国所有国有企业的经营、改革所借鉴，因此，日航多年的经营和最后的破产对我国的民航企业和国有企业以及其相关管制者而言均有可以汲取的养分。

4.1 对民航企业及管制者的启示

对于我国民航行业而言，日航由运营到破产的全过程可以起到很大的提示、预警作用。

4.1.1 营运结构必须合理

通过前文的分析，本文认为，为避免在民航和高铁间发生不必要的竞争损失，我国应加大快速运输资源整合力度，打破航空运输与高铁运输竞争的格局，促使航空运输与高铁运输由竞争向合作并最终形成同步发展的过程转变，如宏观上针对运输方向、运输距离等因素进行不同运输方式的运力协调调配等。同时，民航企业自身也可以通过对运输方向、距离的调整避免不必要的竞争。

4.1.2 燃油储备必须充裕

燃油成本对于航空运输企业而言是一笔不可小视的开支，而由前文可知，日航的最终破产也的确受到了油价波动的显著影响。因此，为应对国际燃油市场波动，我国航空行业必须做好以下几点:一,中国航空总公司应增加储油基础设施,在油价大幅下跌时增加油料的储存总量;二,根据成本效益分析,采取恰当的储备方式;三,选择最佳的采购方式和采购时机;四,国内各航空公司可共同出资组建自己的期货公司,通过期货合约对航空燃油进行套期保值,平抑价格波动对航空公司带来的影响,降低经营风险。

4.1.3 机型购置必须谨慎

如本文所述,盲目扩充运力,购买大型、新型飞机是导致日航破产的重要原因,因此,在飞机机型购置的问题上,民航总局应该制订出中长期发展规划,对全国民航企业实施宏观管理。各航空公司应在国力允许的范围之内和国民认同的消费观念之下,适度购置大型飞机或双层客机,切不可一味追求时尚和高消费,不能急于求成,应以务实、求检为主要原则,根据人们的实际需要发展民航业。本文认为,我国民航企业可在干、支线的飞机购置上选择各自合适的不同的机型,并更多的选择购买我国自主研发的飞机。同时,各相关国家部门、企业要致力于增强我国飞机制造企业的研发、生产能力,使得我国民航企业可以平稳、理性投入。

4.1.4 人力资源必须慎重

大量冗员的存在也是日航最终走向破产的重要因素。针对这一教训,我国民航总局和各大民航公司应从中吸取教训,制订切实可行的人力资源计划,定编定岗,裁减冗员,提高企业运营效益。

4.1.5 安全心理必须通晓

为避免各类不安定因素(如"911事件"中涉及的恐怖活动)造成的旅客的不安全感导致的企业收入下降,我国各民航企业必须防患于未然,加强航空运输的安全意识。目前,国际社会的不安定因素依然存在,国内的不安定因素也不容忽视,因此,各民航企业要加强乘客的上机管理,严格防止恶性事件的发生,构建各航班上和谐乘坐、文明乘坐、平安乘坐的良好局面。

4.1.6 财务状况必须密切关注

最后一点,也是最重要的一点,就是我国各民航企业必须对自身的财务状况投入最大重视,进行密切关注。如本文第二部分所述,居高不下的资产负债率是日航破产的直接因素,是其他所有因素的最终体现。因此,我国航空公司必须吸取其教训,时刻关注自身财务运营情况,这样既能起到预防负债率过高、资产流动性过低等问题的作用,也能保证企业在出现经营问题后及时找到原因进行整治,真正使企业在经营的过程中对各类经营问题、经营风险做到防治结合。

4.2 对国有企业及管制者的启示

同样作为一个后起国家,日本的发展经验是值得我国借鉴的。在对发达国家经济赶超的过程中,日本无疑显示了"政府+国有企业"的模式的有效性,其国有企业在反复的国有化——私有化——国有化过程中发挥了不可替代的作用。这是该阶段经济发展对国家力量和强有力的政府对有限资源进行合理调配的需要的结果。

日航事件对中国国有企业的影响应当是深刻的。我国国有企业应吸取其教训，以保障国有经济以及企业的健康发展。国有企业应加强管理，降低成本，改变现阶段国有企业机构重叠、人力资本大量浪费的状况。我国一些国有企业和日航类似，由于有国家资金支持，不用过多参与市场竞争，逐渐丧失了企业竞争力。因此，国有企业应当完全推向市场，实现政企分开，真正成为市场的主体。国家的政策也应当逐步调整，对于国有企业和民营企业应一视同仁，逐步取消对民营企业的一些限制，让国有企业和民营企业处于相同的竞争平台，这对于国有企业的良性健康发展必将起到促进作用。

5. 总结

本文通过对日航破产过程的了解，对日航的破产原因进行了经济分析。在分析的过程中，首先从常规的经济分析角度对日航的经营情况进行了多角度的探讨，并提出了其中对其破产产生重要影响的部分进行概括总结；其后，本文又通过运输经济两个分析框架从运输经济角度对日航的破产进行了分析，找到了一些问题。最后，本文由日航破产的教训提出了对我国民航企业、国有企业及相关管制者在经营、管理方面的建议。

本文认为，日航破产是外因和内因共同作用导致的，虽然外部原因无法控制，但是企业可以通过完善自身的经营管理而预防和控制外来风险，提高自身抗干扰能力；而内部的成本控制、企业管理体系则是日航本身及各级政府部门的共同责任，因而，日航公司应当为其破产负主要责任，而其在经营中的不足则值得我国企业思考。本文提出，为了使企业平稳、健康的经营壮大，民航企业经营过程中必须要严格进行财务监督、成本控制，同时尽一切力量保持稳定收益；而国有企业作为社会经济发展的阶段性产物，必须从管理体制到经营模式上都进行不断的变革以实现其市场主体功能，完善市场经济体制。

如今日航虽已通过各种力量走出了破产保护程序，但是，其未来能否实现更好的发展还要视其经营管理的发展状况而定，本文认为，走出破产程序并不意味着日航真正的走出了危机，如果日航想要彻底的实现翻盘，走出其运营的危机，就必须要在其经营管理的各方面作出重大变革。

参考文献

[1] 关权. 日航破产重组对中国的启示[J]. 人民论坛，2020(3).

[2] 胡德新. 浅谈日航公司破产对我国民航企业的启示[J]. 湖北职业技术学院学报，2010，13(3).

[3] 胡军. 日航破产的启示[J]. 中国民用航空，2010(3).

[4] 胡星斗. 日航破产与国企"断奶"[J]. 人民论坛，2010(3).

[5] 李秉成，时惠. 日航破产那本帐[J]. 公司理财，2010(12).

[6] 李莹. 拯救日航[J]. 财经文摘，2010(2).

[7] 蕊华. 日航申请破产保护[J]. 广东交通，2010(1).

[8] 苏华. 日航"折翅"的启示[J]. 改革与开放，2010(4).

[9] 王佩，徐潇鹤. 解读日本航空破产之谜[J]. 财务与会计，2010(9).

[10] 严圣禾. 导致日航破产的三宗罪[N]. 光明日报，2010(1).

[11] 薛润涛. 日本航空公司：日本的"通用汽车"？[J]. 空运商务，2009(22).

附录 1：日航利润表主要财务数据

单位：百万日元

项目	2005	2006	2007	2008	2009
营业收入：	2129876	2199385	2301915	2230416	1951158
航空运输收入	1701367	1732983	1801520	1826717	1716426
营业成本：	2073727	2226220	2278997	2140403	2002043
航空运输成本	1659709	1776412	1798901	1748018	1777308
营业利润：	56149	－26834	22917	90013	－50884
税前利润	44666	－46440	52055	29832	－59014
净利润	30096	－47243	－16267	16921	－63194

附录 2：日航资产负债表主要数据

单位：百万日元

项目	2005	2006	2007	2008	2009
总资产：	2162654	2161240	2091233	2122784	1750679
流动资产	683174	687319	707311	810315	487029
固定资产	1479403	1473913	1383253	1310534	1262580
负债总额：	1942133	19857324	1759360	1651713	1553907
流动负债	569140	644844	659796	661229	649897
长期负债	1372993	1340879	1099563	990483	904010
所有者权益：	220521	175516	331873	471071	196772

附录 3:日航现金流量表主要数据:

单位:百万日元

项目	2005	2006	2007	2008	2009
经营活动现金流	145275	100984	127748	157331	31755
投资活动现金流	－21456	－99283	－56216	－26229	－105653
筹资活动现金流	－6290	－91384	－53007	36896	－116767
自由活动现金流	27737	－44482	－32435	－44757	－133672

我国外汇储备对货币供应量的影响分析

林嘉豪

（武汉理工大学经济学院国际经济与贸易专业 2008 级本科生，武汉 430070）

摘　要：本文选取我国 2005 年 7 月—2011 年 6 月的月度数据，采用单位根检验、协整分析、格兰杰因果检验，讨论了我国短期内货币供给量、外汇储备和人民币信贷的相互关系。结果表明，三者间存在长期均衡关系。运用误差修正模型分析了三者之间的短期偏离动态调整关系，外汇储备的增加会导致货币供应量的增加，但人民币信贷量对货币供应量更具影响。

关键词：外汇储备；人民币信贷量；货币供应量；协整分析；误差修正模型

1. 引言

在我国，货币供应量(M2)指货币与准货币。由于我国多年来的贸易顺差形成了巨额放入外汇储备以及我国外汇占款的特殊制度，有学者认为我国庞大的外汇储备推高了我国的货币发行。魏义俊(1999)通过对 1985～1998 年我国外汇储备与货币供应量的相关性分析，提出外汇储备激增对货币供给产生重大影响。朱孟楠、黄晓东(2005)通过对 1994—2003 年外汇储备和货币供应量 M_2 的季度数据分析，得出我国外汇储备会导致货币供应量 M_2 增长，且两者间存在长期均衡关系。但在同样具有巨额外汇储备的日本，1960～2005 年日本外汇储备的增加对货币供给量存在影响，但影响较小。(郝雁，杨子江(2009))。外汇储备对货币供应量的影响的原理如下：

(1)

其中：M2 代表货币供给量；m 代表货币乘数；B 代表基础货币(包括流通中的通货和银行在央行的存款准备金)

(1)的原理是央行购买外汇，造成基础货币的发行，而根据一定的货币乘数，影响 M2 的发行。同时，我国对外汇的管制造成央行不断通过发行基础货币回收外汇，这样 M2 的超发是不可避免。而如今我国 3 万亿美元的外汇储备会对 M2 会产生什么影响，是否遏制外汇储备的过快增长就可以控制好 M2？本文对此将进行建立模型探讨。

2. 我国外汇储备、货币供应量变动情况状况

从图①可知，自 2005 年我国汇改以来，2005 年 7 月至 2011 年 6 月中国 M2、外汇储备、金融机构人民币各项贷款总量总体快速增长，趋势基本一致。我国外汇储备从 2005 年 7 月的 7327.33 亿美元增加到 2011 年 6 月的 31974.91 亿美元，增长了 3.37 倍。而同期我国 M2 从 276966.28 亿人民币增加到 780820.85 亿人民币，增长了 1.82 倍。可见，我国外汇储备与货币供应量同期关系明显。

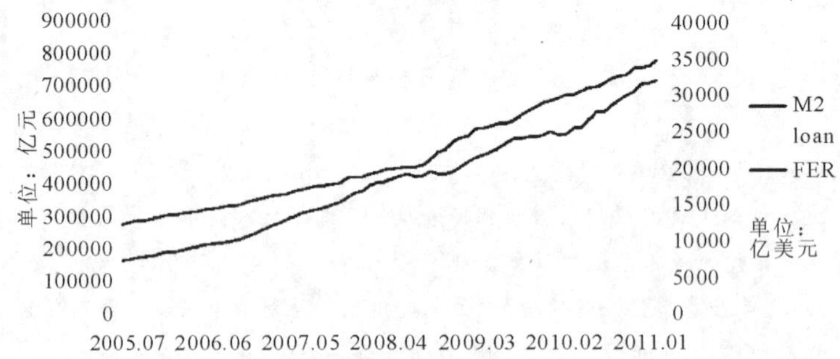

图 1　2005 年 7 月至 2011 年 6 月中国 M2、外汇储备、金融机构人民币各项贷款总量比较

注：LOAN 表示金融机构人民币各项贷款，FER 表示外汇储备

3. 我国外汇储备对货币供应量影响的实证检验

3.1　数据处理与模型建立

当前我国央行主要是抑制信贷规模来抑制货币发行量，因为货币发行量直接包括国内信贷总量。除了选取我国外汇储备作为观测量之外，影响 M2 存量变动的直接因素还包括国内人民币信贷变化，所以这里选取金融机构人民币信贷收支表——各项贷款作为观测量。我国信贷总量对货币发行量有直接影响。本文选取金融机构人民币信贷收支表——各项贷款作为观测量。

同时，政府债券市场交易量，物价指数，外汇汇率，市场利率，对 M2 也有影响，但本文不做单独探讨。

综上，选取外汇储备与信贷总量作为影响 M2 的探讨因素。

2005 年 7 月中国进行了汇率改革，本文选取 2005 年 7 月至 2011 年 6 月的中国货币发行量 M2、金融机构人民币信贷收支表——各项贷款、外汇储备的各个月度数据(共 72 组数据)作为研究数据。各变量说明如表 1 所示。

其中中国货币发行量 M2、金融机构人民币信贷收支表——各项贷款的数据单位为亿元(人民币)，外汇储备的数据单位为亿美元。以上数据均来源于中国人民银行网站(http://www.pbc.gov.cn/)。同时，取以上数据的对数形式，以消除异方差。则 Lnm2＝Ln(M2)，LNFER＝LN(FER)，lnloan＝ln(loan)。

表 1 各选取指标的说明

选取变量	指标	定义及数据来源	单位
中国货币发行量	M2	中国人民银行网站	亿元
金融机构人民币信贷收支表——各项贷款	LOAN	中国人民银行网站	亿元
外汇储备	FER	中国人民银行网站	亿美元

对收集后的数据进行散点图分析，从图二可知，LNM2 与 LNFER、LNLOAN 呈现线性关系，直线向右上方倾斜。所以，本文初步建立一个 LNM2 与 LNFER、LNLOAN 的多变量线性回归模型，即

$$LNM2=\beta_0+\beta_1 LNFER+\beta_2 LNLOAN+\mu_t \quad (2)$$

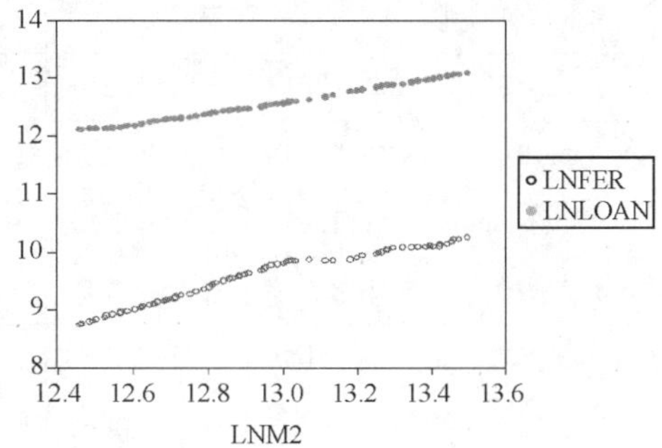

图 2 LNFER、LNLOAN 与 LNM2 散点图

由于 LNM2、LNFER、LNLOAN 是时间序列，会存在平稳性问题。以非平稳时间序列直接进行 OLS 回归会产生伪回归的问题。从图 3 可知，序列存在非平稳性问题，但是要经过单位根检验，才能得出准确结论。

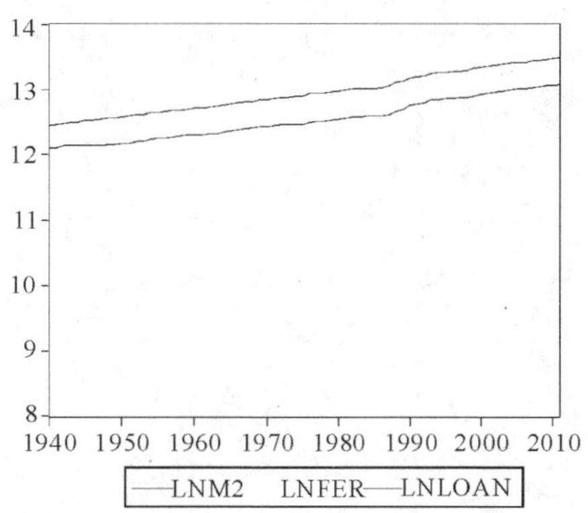

图 3 2005 年 7 月至 2011 年 6 月 LNM2、LNFER、LNLOAN 走势比较

3.2 单位根检验

本文采用 Eviews 软件，以 ADF 单位根检验方法对 LNM2 进行单位根检验。根据表二，检验结果 0.961516 均小于 1% level，5% level，10% level 临界值的绝对值，因此不能否定原假设，存在单位根，LNM2 不平稳。

接着，对 LNM2 的一阶差分进行单位根检验。根据表 2，检验结果 −7.417192 的绝对值均大于 1% level，5% level，10% level 临界值的绝对值，因此否定原假设，不存在单位根，D(LNM2)平稳，LNM2 一阶单整，LNM2～I(1)。

同理，通过表 2，可以看出 LNFER，LNLOAN 不平稳，都是一阶单整，即 LNFER～I(1)，LNLOAN～I(1)。

表 2 LNM2、LNFER 和 LNLOAN 的 ADF 单位根检验结果

变量		ADF 检验值	ADF 临界值(SIC 准则)			单整阶数
			1%	5%	10%	
LNM2	原值	0.961516	−3.525618	−2.902953	−2.588902	I(1)
	一阶差分	−7.417192	−3.527045	−2.903566	−2.589227	
LNFER	原值	−2.503721	−3.525618	−2.902953	−2.588902	I(1)
	一阶差分	−6.110205	−3.527045	−2.903566	−2.589227	
LNLOAN	原值	1.040697	−3.527045	−2.903566	−2.589227	I(1)
	一阶差分	−5.985253	−3.527045	−2.903566	−2.589227	

3.3 协整检验

经过 ADF 单位根检验得到，LNM2～I(1)，LNFER～I(1)与 LNLOAN～I(1)，发现这三个变量同阶单整，可以进一步考察这三个变量是否具有长期均衡的关系即是否协整。

协整检验可以通过检验这三个变量回归后的残差是否平稳来判断。

用 OLS 估计回归模型：

Variable	Coefficient	Std. Error	t-Statisic	Prob.
C	1.260051	0.115218	10.93623	0.0000
LNFER	0.125527	0.011771	10.66405	0.0000
LNLOAN	0.836519	0.017625	47.46244	0.0000

R-squared	0.998745	Mean dependent var	12.95183
Adjusted R-squared	0.998708	S. D. dependent var	0.312271
S. E. of regression	0.011223	Akaike info criterion	−6.100953

续表

Sum squared resid	0.008691	Schwarz criterion	−6.006091
Log likelihood	222.6343	Hannan-Quinn criter.	−6.063188
F-statistic	27449.82	Durbin-Watson stat	0.387336
Prob(F-statistic)	0.000000		

$$LNM2=\beta_0+\beta_1 LNFER+\beta_2 LNLOAN+\mu_t$$

通过得到残差序列 E1(E1＝LNM2－0.1255LNFER－0.8365LNLOAN－1.26),回归结果如图四。

回归方程为:LNM2＝0.1255LNFER＋0.8365LNLOAN＋1.26 (3)

t 值: (10.664) (47.462) (10.936)

$R^2=0.9987$ ad－$R^2=0.9987$ DW＝0.3873 F＝27449.82

直接回归时,查 t 表,在 5%显著水平下,$t_c=1.994$,均小于各个系数的 t 值,各个变量的 t 检验显著。F＝27449.82＞F_c,F 检验显著。拟合度 R^2 与修正决定系数很高,拟合情况很好,但是 DW 的值很低,表明残差可能存在自相关,产生伪回归,需要进行自相关校正,要对残差 E1 进行 ADF 单位根检验。

Augmented Dickey-Fuller Unit Root Test on E1			
Null Hypothesis: E1 has a unit root			
Exogenous: None			
Lag Length: 0(Automatic based on SIC, MAXLAG=11)			
		t-Statistic	Prob.*
Augmented Dickey-Fuller test statistic		−3.286772	0.0013
Test critical values:	1% level	−2.597939	
	5% level	−1.945456	
	10% level	−1.613799	

图 5 残差 E1 的 ADF 的单位根检验结果

根据图 5,检验结果－3.286772 的绝对值均大于 1% level,5% level,10% level 临界值的绝对值,因此否定原假设,残差 E1 不存在单位根,E1 平稳,则 LNM2、LNFER 与 LNLOAN 之间存在着长期均衡关系,货币供应量、外汇储备与融机构人民币信贷收支表——各项贷款各变量之间存在着长期相互作用,存在协整关系。

3.4 格兰杰因果检验

格兰杰因果检验用于分析经济变量之间的因果关系,是检验统计上的时间先后顺序,由于统计意义上的因果关系也是有意义的,对于经济预测等仍然能起很大的作用。在此,检验货币供应量与外汇储备的因果关系。

格兰杰因果检验的变量应是平稳的,由于已经证明 DLNM2(货币供应量的一阶差分)与 DLNFER(外汇储备的一阶差分)是平稳的,所以我们对 DLNM2 与 DLNFER 进行格兰杰因果检验。

Lags:2

Null Hypothesis:	Obs	F-Statistic	Prob.
D(LNFER) does not Granger Cause D(LNM2)	69	1.13415	0.3281
D(LNM2) does not Granger Cause D(LNFER)		0.03847	0.9623

图 6 滞后期为 2 时 DLNM2 与 DLNFER 格兰杰因果检验结果

Lags:6

Null Hypothesis:	Obs	F-Statistic	Prob.
D(LNFER) does not Granger Cause D(LNM2)	65	0.77615	0.5923
D(LNM2) does not Granger Cause D(LNFER)		0.52148	0.7894

图 7 滞后期为 6 时 DLNM2 与 DLNFER 格兰杰因果检验结果

显著性水平表示接受零假设的概率,数字越小,说明越应拒绝零假设。如图 6 中的 0.3281,说明在滞后期为 2 时,67.19%的概率下 DLNFER 是 DLNM2 的格兰杰因,外汇储备一阶差分对货币供应量一阶差分产生影响。

但是在滞后期为 6 时,如图 7,40.77%的概率下 DLNFER 是 DLNM2 的格兰杰因,外汇储备一阶差分对货币供应量一阶差分的影响减少了。

由此可见,短期内我国外汇储备的增加对货币供给产生了压力,但是对长期的影响不断弱化。

3.5 建立误差修正模型

以平稳的时间序列 E1 作为误差修正项,建立误差修正模型,即

(4)

其中,

对误差修正模型进行 OLS 回归,回归结果如图八,图中 D(LNFER)=DLNFER,D(LNLOAN)=LNLOAN。

由此得到误差修正模型:

Variable	Coefficient	Std. Error	t-Statisic	Prob.
D(LNFER)	0.116568	0.039931	2.919217	0.0048
D(LNLOAN)	0.828455	0.059558	13.91005	0.0000
E1(−1)	−0.224567	0.073545	−3.053452	0.0032
R-squared	0.543114	Mean dependent var		0.014585
Adjusted R-squared	0.529676	S. D. dependent var		0.009536
S. E. of regression	0.006540	Akaike info criterion		−7.180461
Sum squared resid	0.002908	Schwarz criterion		−7.084855
Log likelihood	257.9064	Hannan-Quinn criter.		−7.142442
Durbin-Watson stat	1.692875			

t 值：　　(2.919)　　(13.910)　　(−3.053)

$R^2=0.5431$　　$ad-R^2=0.5297$　　DW=1.693

其中，误差修正模型的系数在5%显著水平下都通过检验($t_c=1.994$)。查表，在5%显著水平下，$d_u=1.672$，DW值为1.693，DW>d_u，表明不存在自相关，自相关的现象得到很好的修正，在统计上消除了自相关。在上面的误差修正模型中，差分项反映了短期波动的影响。中国货币供应量的短期变动可以分为两部分：一部分是短期外汇储备和国内金融机构各项人民币贷款波动的影响，一部分是偏离长期均衡的影响。误差修正项的系数的大小反映了对偏离长期均衡的调整力度。误差修正模型表明在短期内，货币供应量M2可能偏离它与外汇储备、国内金融机构各项人民币贷款的长期均衡水平，但它们的关系由短期偏离向长期均衡调整的速度很快。就平均而言，货币供应量M2每年对上一年的非均衡偏离的纠正程度为22.46%即误传修正项的系数为−22.46%，满足反向修正约束。

由(5)可得LNM2、LNFER和LNLOAN的长期均衡关系式是

4. 结果分析

4.1　格兰杰因果检验表明外汇储备的增长是我国货币供应量增长的原因之一，而反向的关系则不能成立，但是对货币供应量的增长影响越来越弱。

4.2　结果分析表明货币供应量M2、外汇储备、国内信贷存在着长期均衡关系。短期来看，2005年7月—2011年6月间，我国外汇储备每增加1%，我国货币供给量增加0.1166%；国内信贷每增加1%，我国货币供给量增加0.8365%。外汇储备的增加推动了我国货币供应量M_2的增加，而国内信贷对推动我国货币供应量M_2的增加更具影响。

4.3　从误差修正模型可以看出，货币供应量 M_2、外汇储备和国内信贷的关系由短期偏离向长期均衡的调整很快，每年对上一期非均衡的偏离的纠正程度为22.46%。这也从另外一个角度证明了这三者之间的长期均衡关系。

4.4　对于当前我国货币供应量超发，本文认为虽然控制外汇储备的增长有一定效果，但是国内信贷对货币供应量的影响更大，尤其是从长期来说，外汇储备的增长对货币供应量的影响减弱，实施好对信贷总量的控制政策更为有效，这对于当前控制货币过度扩张有重要意义。

参考文献

[1] 朱孟楠，黄晓东. 我国外汇储备与 M2 的因果性和协整分析[J]. 广东社会科学，2005(3)

[2] 郑嘉伟，卜正学. 关于货币供给量、外汇储备与人民币汇率关系的实证研究[J]. 商业时代，2010(32)

[3] 赵影，周岳. CPI 与实体经济状况、货币供应量的关系及对 CPI 未来走势的预测[J]. 金融经济(理论版)，2010(5)

[4] 郝雁，杨子江. 1960～2005 年日本外汇储备的宏观经济效应分析[J]. 广东外语外贸大学学报，2009(6)

[5] 李勇. 外汇储备、外汇占款与流动性过剩：基于"三元悖论"的实证分析[J]. 华东经济管理，2007(8)

[6] 陈焕永. 影响中国货币政策几个因素的理论分析[J]. 当代财经，1997(7)

[7] 李津. 货币供应量与进出口贸易的动态相关性研究——基于金融危机前后中国货币政策和进出口贸易的 VAR 实证分析[J]. 中国市场，2010(14)

[8] 梁名双，梁冰. 货币供应量(M2)变动弹性研究——基于中国 2002－2010 年月度数据的计量分析[J]. 西南金融，2010(10)

[9] 魏义俊. 外汇储备变动对货币供应的影响[J]. 华南金融研究，1999(6)

经济结构转型背景下老年人市场消费模型研究

刘梦恒

（华中师范大学经济学院数学经济学专业 2009 级本科生，武汉 430079）

摘　要：分析了当前形势和扩大老年人市场的必要性，介绍了老年人市场的研究状况。在此基础上，探究了老年人的消费倾向及需求的决定因素并指出：老年人的消费主要受其收入影响，而城镇与农村老年人的收入边际消费倾向各有所不同。

关键词：经济转型；老年人；消费；需求

1. 问题的提出

从 1979 年到 2009 年，中国的改革开放取得了举世瞩目的成就。GDP 年平均增长率高达 8.1%，对外贸易额年均增长 15.49%，人民生活水平显著提高，城乡收入水平也在逐渐缩小。理论界把已经过去的三十多年作为中国的第一次改革与转型，并以 2008 年《中共中央关于推进农村改革发展若干重大问题的决定》为标志，作为第二次改革与转型的起点。

经历了 2008 年的金融危机，发达国家"去杠杆化"态势一直在延续着，国民储蓄持续上升，使得我国出口严重受阻，经济发展受到滞碍。这时候，出口转内需的经济结构调整成为转型的最强音。早在 2008 年，政府就出台了四万亿的经济刺激计划，力图扩大内需，保经济增长。2010 年尽管国际经济有所复苏，但中国仍将面临外部需求恶化问题。而且由于国际环境存在很多不确定的因素以及各国为了各自利益而采取贸易保护主义，使得外部需求减少不仅仅是短期现象。但是，一直以来，以中国为代表的发展中国家在经济发展过程中过度依赖出口，在拉动经济的三驾马车中，以出口为主要动力。一旦出口出现问题，其后果是很严重的。背景：改革开放 20 多年，我国经济结构面临转型，减少对外出口经济风险，拉动对内需

---

*（数据来源：中国国家统计局网站数据计算）本文得到了华中师范大学经济研究中心主任、博士生导师曹阳教授和黄冈师范学院刘卫明老师的亲切指导，在此一并表示感谢。

求，才能平衡我国的经济发展。

不可忽视的是，中国国内的消费率长期处于低迷中。改革开放以来，我国居民消费率总体上呈现下降趋势，从1978年的48.8%下降至2007年的35.4%，下降了13.4个百分点。相对而言，我国政府消费率的变化幅度较为平缓且波动不大，1978年与2007年的政府消费率基本持平。与我国的低消费率形成对比的是其他国家以及国际平均消费率之高。

表1 世界重要国家消费率比较(单位:%)

国家和地区	1990	2000	2003	2004	2005	2006
中　　国	60.1	62.5	56.6	54.2	51.2	55.4
韩　　国	63.6	65.8	67.7	65.4	67.6	69.1
南　　非	76.8	81.1	81.2	83.2	83.4	83.8
巴　　西	78.6	83.5	81.3	79	80.4	80.3
俄罗斯联邦	69.7	61.3	67.9	67.1	65.6	66

(数据来源:国家统计局网站)

从表1发现，中国的消费率不仅与西方发达国家有一定差距，即使是与同是发展迅速的金砖国家比较，中国的消费率也很低。中国人即使有钱也不花，这似乎已经成了一种传统。与此同时，中国老龄化时代即将来临。

表2 中国人口发展预测

年度	总人口(亿人)	60岁及以上人口数(亿人)	老年人口比例
2000	12.69	1.32	0.104018913
2005	13.22	1.46	0.110438729
2010	13.77	1.73	0.125635439
2015	14.3	2.15	0.15034965
2020	14.72	2.45	0.166440217
2025	15.04	2.97	0.197473404
2030	15.25	3.55	0.232786885
2035	15.38	3.96	0.257477243
2040	15.44	4.1	0.265544041
2045	15.38	4.19	0.27243173
2050	15.22	4.38	0.287779238

(数据来源:中国人口信息研究中心对中国人口发展的预测http://www.cpirc.org.cn/ljsj/)

从表2发现,中国总人口数和老年人口数在今后一段时间内仍然呈增长趋势,并且老年人口所占比例将逐年递增。这主要是由于中国实行计划生育基本国策,其效果渐渐地凸显出来。将老年人口比例在折线图中表现出来如下:

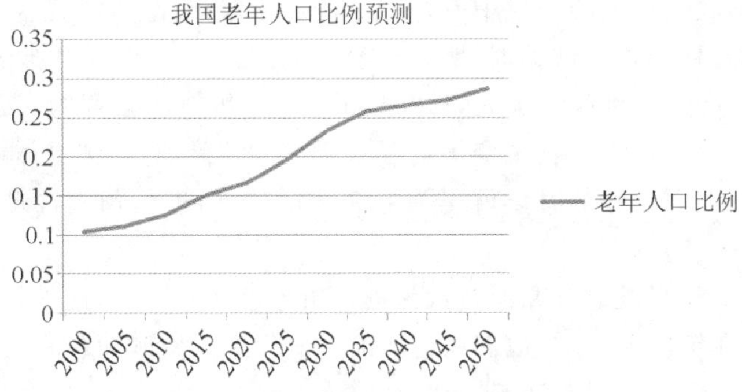

图1 我国老年人口比例预测

(数据来源:同表2)

从图1可以很直观地发现,中国老年人口比例呈上升趋势,至2035年前后开始放缓,而此时中国老年人口比例已经从0.1提高至0.25。越来越多的人将从工作岗位上退休,过着收入少、消费多的日子,这些人是扩大内需的重要推动者。中国实施计划生育基本国策几十年以来,中国家庭的结构也渐渐发生变化,从四世同堂到"四二一"结构,给当代青年人带来很大的抚养赡养压力,同时也促使预防性储蓄的增加。这正是扩大内需的瓶颈,也是本文需要解决的问题。

2. 文献综述

从发达国家经济发展过程来看,经济发展模式存在这样的演变规律:在经济发展的初期,为了保持经济的平稳较快发展,投资和出口通常会被当作拉动经济增长的主要动力;在经济发展到一定程度之后,由于人们对高品质生活的需求,通过政府的引导,将会逐渐实现从投资主导型向消费主导型转型。从全球经济发展的进程看,发达国家的消费主导型模式已经非常明显,也很成熟了。而大多数发展中国家也呈现出向消费主导型模式进行转型。有研究显示,经济发展一旦进入中等发达国家水平,其消费水平会上一个大台阶。消费,一方面能使产品和服务实现价值,另一方面消费需求的增长和消费结构的升级又为生产和经济增长提供了新的空间。所以,消费对经济增长起着很重要的作用。

经济学家阿尔文·费雪建立了一个模型:

$$C_1+\frac{C_2}{1+r}=Y_1+\frac{Y_2}{1+r}$$

式中，C_1 为第一时期的消费，Y_1 为第一时期的收入，C_2 为第二时期的消费，Y_2 为第二时期的收入，r 为利率。这个公式把两个时期的消费与收入联系在一起，它说明了消费是以消费者预期在其一生中所得到的资源为基础进行的。

弗朗科·莫迪利亚尼(1963)在费雪的理论基础上提出了“生命周期假说”。莫迪利亚尼强调，收入在人的一生中有系统地发生变化，储蓄使消费者可以把一生中收入高的时期转移到收入低的时期。从经济学角度分析，老人和孩子是纯粹的消费者，只有 20～60 岁的青壮年人口才是创造收入和制造储蓄的人群。正常情况下，人的一生中发生重大的收入变化是在退休时，人们预期自己退休之后的收入会减少。那么，在他们工作的时候就得为退休后做准备，进行预防性储蓄，这是人们储蓄的动机之一。

上面的模型和假说对研究消费行为具有指导意义。可是，应该注意到，这里的研究对象停留在年轻人，分析他们在退休前边工作边消费和退休后的消费行为，而且退休后的行为完全属于预期，带有持续收入假设。

麻省理工学院的王江和清华大学的廖理等(2010)在《消费金融研究综述》一文中提到，消费的生命周期理论提出后，逐渐被发展和完善。它的核心思想是消费者会根据自己的财富和收入情况及对未来的理性预期，最佳地安排其消费以使得总效用最大化。这个过程可以用下面的数学语言进行描述：

$$MaxE[\sum_{t=0}^{T}\beta^{t}\mu(C_t)+\beta^{T+1}\nu(W_{T+1})]$$

其中，E 代表效用期望，C_t 代表当期消费，μ 为效用函数，β 代表其时间的偏好率，W_{T+1} 指的是生命周期结束时遗留的财富，ν 代表决策者对遗产的效用函数。该模型对老年人的消费行为进行了比较详尽的展示。在这个模型中，老年人在决定自己的消费时已经开始考虑消费结构问题了，如多少用于当期消费，多少用于预防性储蓄，多少用于子女补贴(遗产)等，这是一个很大的突破。我们在研究如何扩大内需时，就应该了解消费者的消费结构偏好，以对应地安排供给结构，以求达到资源的优化配置。

吉林大学何纪周(2004)研究指出，老年人口的消费基本上是处于一个纯消费阶段，并且比低龄人口有着更加漫长的纯消费年数，这是老年消费的时限特征。这给我们一个提示，就是老年人市场前景广阔，我国要扩大内需，需要重视老年人市场。

从生命周期函数中也可以看出，老年人是没有收入的，老年人是纯粹的消费者，他离开人世之前一直在消费他的储蓄以及子女给的赡养费。虽然这只是经济学的假设，但是，事实上老年人的收入少却是事实。当然，也不排除有老年人给下一代留有补贴和遗产。

对于影响老年人消费的因素，南开大学李建民教授分析了如下几点：其一，是一般意义上老年人需求的特点，包括生理变化导致的需求下降，社会角色转变导致的需求下降，健康保健、延年益寿方面的需求将会大大增加、对生活服务的需求增加、老年人精神消费需求以及老年人需求差别；其二，老年人的有效消费需求，其实就是消费的能力。而陈思迪等(2007)则分析了老年人消费的特点。并指出，跟其他的年龄层次的消费群体比较，老年人在生理、心理、经验等方面有着明显的差异，所以，老年市场的消费行为也具有了其自身的与众不同的特点。充分地认识这些特点，是扩大老年市场需求，研究制定营销策略的关键。

本文将在著名的费雪模型和生命周期函数的基础上建立老年人消费模型。该模型将摆脱传统研究以年轻人(有工作收入群体)为主要对象的束缚，以中国退休老年人作为研究对象，分析了老年人消费模型的结构，探究其消费行为受哪些因素影响，包括其物质收入和偏好，并由此提出一些经济结构调整方面的建议，以期提高消费拉动内需。

3. 关于老年人群消费需求的模型分析

计划生育基本国策实行了几十年，可以预见，中国社会正在步入老龄化阶段。而老人的消费观念与年轻人有很大不同，传统的经济学里面对年轻人的消费行为进行过大量分析，却没有比较系统地分析老年人的消费行为。与年轻人比较，老年人没有那么强烈的储蓄动机。莫迪利亚尼的“生命周期假说”提到，如果消费者想使自己消费平稳，他将在工作年份储蓄并积累财富，然后在退休期间有负储蓄并消耗自己的财富。

3.1 模型的建立

马斯洛理论把需求分成生理需求、安全需求、归属与爱的需求、尊重需求和自我实现需求五类，依次由较低层次到较高层次排列。老年人对自我实现的需求比起年轻人会有所下降，与此同时，他们对归属与爱的需求、安全需求和生理需求会持续上升。老年人消费市场主要包括健康养生市场和服务型市场。前者满足老年人安全和生理需求，后者满足他们归属与爱的需求。我们有如下数学表达式：

$$C=C_1+C_2$$

式中，C_1 代表健康养生市场消费，C_2 代表服务型市场消费。

我们知道，生命周期消费函数如下：

$$C=\frac{W+RY}{T}$$

其中，W 代表初始财富，R 代表还能工作多少年，Y 代表平均每年的收入，T 代表还能活多少年。这个模型的研究对象是针对正在工作的青壮年。它研究的是青壮年的长期决策，包括现在的收入，预期收入，寿命预期等等。为了更好地研究好老年人的消费心理和消费行为，我们基于老年人把生命周期函数进行发展改进：

$$C=\frac{W_0}{T}+\alpha Y_1+Y_2$$

W_0 代表退休时的储蓄，由于我们研究的对象是老年人，一旦消费者确定，则它的退休时储蓄也就确定，故这个储蓄是一个外生变量；Y_1 代表退休之后的退休金，α 是退休金收入的边际消费倾向，Y_2 代表子女及亲属给予、其他收入等。在这个模型中，W_0 是外生变量，Y_1 和 Y_2 是决定消费 C 的主要因素。即退休之后的收入是决定老年人消费需求的主要因素。但是，存在这样一个问题，老年人的消费欲望比起年轻人似乎要低一些。农村甚至出现了老年人“零消费”的怪异现象。这里必须考虑一个问题，就是消费倾向，通俗地讲，就是老年人的消费欲望。明显地，消费倾向高的人消费需求自然高。所以，我们在上面模型的基础上引入消费偏好 λ，将老年人消费模型进行二次改进如下：

$$C_1+C_2=\lambda\left(\frac{W_0}{T}+Y_2\right)+\alpha Y_1$$

这里，λ 代表老年人的消费欲望指数，它包括精神消费欲望和生理消费欲望，取决于个人偏好，每个人的性格特点、健康状况和精神需求情况，因人而异。比如，农村的老年人比城市的老年人更节俭，因此 λ 就相对地小一些。但应该看到，农村老人和城镇老人的初始禀赋以及退休金收入差别很大，因而其消费倾向存在着很大差异，这就是为什么有些农村地方出现老年人“零消费”现象的原因。所以这里的 λ，也可以表示禀赋和退休外收入之和，每增加一个单位，消费增加的量。

老年人有对爱的需求和健康的需求，且比年轻人更加明显。我国老年人需求消费目前没有预期中高，存在各方面的原因，一个是受到传统观念的影响，中国人崇尚节俭。其二，中国企业忽视老年人市场，这方面的供给不足，商品及服务单调，无法提高老年人的消费欲望。同时，社会保障体系的不完善，以及教育和住房的价格高昂，助推了预防性储蓄的需要和行为。最后政府公共支出在老年人支出方面还达不到一定规模，这也影响着老年人市场的繁荣发展。

3.2 模型的再分析

对于 $C_1+C_2=\lambda\left(\frac{W_0}{T}+Y_2\right)+\alpha Y_1$ 进行关于 λ 和 Y_1 以及 α 求偏导，本文还是用 C 代表总消费量，有：

$$\frac{\partial C}{\partial \lambda}=\frac{\partial\left[\lambda\left(\frac{W_0}{T}+Y_2\right)+\alpha Y_1\right]}{\partial \lambda}=\frac{W_0}{T}+Y_2>0$$

$$\frac{\partial C}{\partial Y_1}=\frac{\partial\left[\lambda\left(\frac{W_0}{T}+Y_2\right)+\alpha Y_1\right]}{\partial Y_1}=\alpha>0$$

$$\frac{\partial C}{\partial \alpha}=\frac{\partial\left[\lambda\left(\frac{W_0}{T}+Y_2\right)+\alpha Y_1\right]}{\partial \alpha}=Y_1>0$$

由此可以看出，老年人的消费需求与其收入以及消费偏好(λ)有关。其中，λ 表示消费欲望指数，α 表示退休收入的边际消费倾向。所以在其他量不变的前提下，退休金每增加一个单位，消费量将增加 α。对于 λ，由于 W_0 是外生变量，所以它不受禀赋的影响，而受退休金外收入的影响，即退休金外收入每增加一个单位，消费量增加 λ。

表 3　1994 年中国老年人主要经济来源构成(单位:%)

收入来源	全国	城镇	农村
退休金	15.82	49.31	4.46
劳动收入	24.83	14.00	29.06
子女和亲属	57.07	34.53	64.26
其他收入	2.28	2.16	2.22

(数据来源:国家统计局．中国人口统计年鉴 1995. 北京:中国统计出版社,1995.)

从表 3 看出，我国城镇老年人的收入主要来源是退休金，其次是子女和亲属给予，劳动收入和其他收入所占比例很少，这主要是由于城镇地区有效地落实了社会保障制度。农村老年人的收入主要来源是子女和亲属，其次是劳动收入，退休金和其他收入所占比例很少，这主要是由于农村地区老年人基本上还是依靠“养儿防老”的机制来度过晚年，部分老年人还要参与社会劳动来获取收入。

根据经济学里面的边际效用递减规律，对于城镇老年人，增加退休金收入和增加子女和亲戚收入，所得到的幸福感是不一样的。由于退休金收入高于子女和亲属收入，那么，增加以单位的退休金收入所增加的幸福感(效用)小于增加以单位子女和亲属收入所增加的幸福感，其效用与消费呈正向关系。所以，对于城镇老年人来说类似分析得到，对于农村老年人来说

$$\lambda<\alpha$$

同时，本文通过二次改进后的模型还可以清楚地看出老年人的消费结构。老年人消费一方面用于健康养生，也就是生理需求；另一方面用于服务消费，也即精神需求。

4. 模型结果的解释和结论

从上面二次改进后的模型中可以得到影响老年人消费的重要因素：退休后收入。那么下面的扩大内需举措分析也将以此为重点。

这里的消费也可以说是有效需求，即有支付能力的消费需求，既然强调了有支付能力，那么收入水平（退休金）是有效消费需求的首要决定因素。对于一个没有自理能力的老年人，假如他没有任何收入来源，那么他对家政服务的需求也是无效的，因为他没有能力支付报酬。

本文也得到了城镇老年人与农村老年人消费倾向的不同。对于城镇老年人，退休金收入的消费倾向低于子女和亲属收入的消费倾向；对于农村老年人，子女和亲属收入的消费倾向低于退休金收入的消费倾向。这一点很有现实指导意义。

以上模型证实，我国扩大老年人市场需求、调整产业结构需要做到以下几点：

4.1 优化社会保障制度，提高退休金

要扩大老年人市场需求，首先要让老年人有支付能力。中国农村老人消费少一个重要原因是他们没有能力去支付高昂的服务型费用。如果给这些人发放社会保障金，加上他们子女给的抚养费，农村的农民就能去养生保健市场消费了。城市的老人退休金涨了，就能更好地在锻炼、饮食和家政等消费。这样，城乡老年人市场统筹发展，能够大大扩大我国内需，保证经济平稳较快发展。从上面二次改进后的模型中也可以看出，退休后收入每提高一个单位，老年人消费量将增加α，这里提高收入对增加消费的杠杆作用是明显的。与此同时，针对城镇老年人，重点要采取减税等措施激励子女赡养老年人；针对农村老年人，完善社会保障制度，让农村老年人也能得到退休金。

4.2 增加养生保健、家政等市场的供给

一直以来，我国的老年人消费市场都不太景气，因此生产者也忽视了老年人市场，供应的商品比较单调和稀少，不能让老年人自主地选择。在二次改进后的模型左边，可以看到老年人消费结构中有健康养生市场消费C_1。在这方面，考虑到中国老龄化时代的来临以及老年人收入提高，生产者如果加强提供老年人急需的养生保健以及家政服务，并适时地提供其他相关的产品和服务，让老年人觉得，这样的产品和服务确实能够增加自己的幸福感，让老年人不再觉得孤单寂寞，不再受到疾病的困扰，那么，他们是很愿意消费的。

4.3 加大消费激励措施

可以在促进消费、扩大内需的初期多进行促销、让利活动。对农村购买者给予补贴，使老年消费群体对商品和服务产生兴趣，甚至依赖上所提供给的商品和服务。

4.4 政府增加老年人项目支出

一个服务型的社会里面，会有很多公共服务设施的。针对老年人对养生保健的极大需求，政府应该增加中小城市的公共服务设施建设，一方面，增加了社会福利，另一方面还扩大了老年人市场的需求。由于这些建设都是大批量的，大规模

的，所以，其杠杆效应也会比较明显。正如公家车的需求极大地拉动了中国轿车市场需求，使得中国成为世界上最大的汽车消费国家。同样政府部门的消费会向市场生产者释放出一个信号，那就是老年人市场有前景。这样，老年人市场也会得到重视。

参考文献

[1] 王江，廖理，张金宝. 2010. 消费金融研究综述. 经济研究 2010 年增刊.

[2] 刘永平，陆铭. 2008. 从家庭养老角度看老龄化的中国经济能否持续增长，世界经济第 1 期，2008.

[3] 贺菊煌. 2003. 人口变动对经济的影响. 数量经济技术经济研究第 12 期，2003.

[4] 项俊波. 2009. 结构经济学——从结构视角看中国经济. 中国人民大学出版社，2009.

[5] 迟福林，傅治平. 2010. 转型中国——中国未来发展大走向. 人民出版社，2010.

[6] 巴里・诺顿. 2010. 中国经济：转型与增长. 安佳译，上海人民出版社，2010.

[7] 斯蒂格利茨. 1998.〈经济学〉小品和案例. 王尔山等译，中国人民大学出版社，1998.

[8] N・格里高利・曼昆. 2009. 宏观经济学. 张帆等译，中国人民大学出版社，2009.

[9] 李建民. 2001. 老年人消费需求影响因素分析及我国老年人消费需求增长预测. 人口与经济第 5 期，2001.

[10] 何纪周. 2004. 我国老年人消费需求和老年消费品市场研究. 人口学刊第 3 期，2004.

[11] 陈思迪，宁德煌，段万春. 2007. 我国老年消费市场开拓策略初探. 商场现代化 1 月中旬刊.

[12] 姚建凤. 2006. 开拓老年消费市场的策略分析. 商业现代化，10 月中旬刊，2007.

[13] Zuo Xuejin, Yang Xiaoping. 2009. Special Issue: The Chinese Approach To Aging——The long－term impact on the Chinese economy of an aging population, Social Science in China, 1, 197－208.

二元结构视角下人口因素与居民消费关系的实证研究

苏　旦[1]　王付顺[2]

(1. 中南财经政法大学金融学院投资学专业 2009 级本科生，武汉 430073；

2. 中南财经政法大学金融学院投资学专业 2009 级本科生，武汉 430073)

摘　要：通过文献综述发现我国需要从人口结构方面解决内需问题的重要性，结合我国城乡二元结构的基本国情，选取城乡人口数、老年与少儿抚养系数、平均教育年限作为人口因素的变量，以城乡消费水平作为因变量，利用 SPSS17.0 软件进行实证分析，得出结论并提出合理性建议。

关键词：二元结构；人口因素；消费

1. 引言

居民消费是一国内需的重要组成部分，而内需与外需是推动经济增长的两架马车，对一国经济增长至关重要。长期以来中国的经济主要依靠投资拉动消费。1990 年以来，中国的投资率世界最高，至今无人企及[1]，这是中国经济高速增长的重要原因之一。然而，依靠投资来推动经济发展并不是长久之计，外需由于受外部经济环境影响较大也不适宜作为经济增长的长期依靠，2008 年金融危机导致出口下降使经济增速大幅下滑更从实践上证明了这一点。在此背景下，扩大居民消费成为实现长期经济增长的关键。个人消费是居民总体消费的基本组成元素，因此从人口角度研究扩大居民消费的可能路径，对于扩大内需、促进经济的可持续发展具有重要的理论意义与应用价值。

2. 文献综述

国外关于人口因素对消费影响的研究最早可以追溯到古典经济学时期。配第提出“土地为财富之母，而劳动为财富之父和能动要素”的名言，认为人口多财富也多，而“人口少是真正的贫穷，有八百万人口的国家要比面积相同但只有四百万人口的国家不仅富裕一倍”。魁奈认为“国家的实力在于人：财富因为人的消费而增长;他们需要的产品与服务越多,消费越多,他们就越富有。"马尔萨斯则认为人口增长会降低资本积累从而使摆脱低水平陷阱变得困难。凯恩斯主义者把人口增长看成经济增长的动力,认为人口增长能够扩大消费需求,扩大投资规模,从而推动经济的增长,这一阶段主要是论述人口增长与经济增长的关系。二战以后越来越多的学者转向人口结构角度来研究这一问题,Modigliani 和 Brumberg 提出生命周期假说:理性消费者会按照效用最大化原理,将一生的预期总收入在不同年龄阶段进行最优配置。因此,从静态的观点来看,如果一国少年和老年人口占总人口的比例越高,消费需求相应越大,而储蓄率也就越低。相反,如果一个国家劳动力人口占总人口的比例越大,该国的居民储蓄率应该越高[2]。钱纳里发展形式模型论述了城镇化与经济发展的关系,认为 投资 和 储蓄 只是经济发展的必要条件,而不是充分条件。对于发展,重要的是经济转变,因而强调对结构变动的各种制约因素的分析,如收入水平、资源 禀赋、人口规模、政府的政策和发展目标、国际 资本 、国际先进技术、国际贸易 环境等,从而揭示了经济发展的"标准形式"和各自的不同特点[3]。David E. Bloom 和 Jeffery G. WIlliamso 在解释东亚奇迹时认为,人口转变过程中劳动年龄人口的增长速度超过总人口增长速度所带来得"人口红利"是东亚奇迹出现的重要原因[4]。Nir Jaimovich 和 Henry E. Siu 研究发现,,劳动力年龄结构的变化能够很大程度上解释 G7 国家二战以后的周期波动[5]。

国内学者也对人口与居民消费的关系进行了积极的探索。袁志刚和宋铮(2000)认为人口年龄结构的变化是造成 20 世纪 80 年代后期以来城镇居民的平均消费倾向出现较大幅度下降的重要原因[6]。王德文、蔡昉、张学辉(2004)将中国的数据应用 Leff 模型分析后发现,人口年龄结构与储蓄率呈现显著的负相关关系[7]。李文星和徐长生(2008)利用 1952～2004 年中国宏观经济时间序列数据和协整回归方法分析了中国人口自然增长率对中国实际居民消费的影响,发现无论从长期还是短期看,中国人口自然增长率与实际居民消费之间都存在显著的正相关,人口自然增长率的短期波动也对实际居民消费具有显著的影响[8]。于学军(2009)分析了消费需求在经济增长中的作用指出人口变动是扩大内需的重要因素之一,并从人口的数量、素质、结构、分布、家庭规模等人口因素对扩大内需的影响。他建议应积极主动统筹解决人口问题,扩大内需力争做到人口与经济协调双赢[9]。李通屏、郭熙保(2011)运用现代经济学、人口学的理论与方法分析后发现人口增长不会破坏扩大内需,并提出允许人口适度增长应成为扩大内需的重大举措的政策建议[10]。

但是上述文献的一个普遍特点是选取的数据为总量数据或者是省级面板数据,忽视了我国城乡二元结构这一基本国情。在中国城乡二元结构主要由以下三个因素构成:(1)城乡之间的户籍壁垒;(2)城乡之间不同的资源分配制度;(3)城乡两种不同的社会身份。其主要表现是:城镇经济以现代工业为主,而乡村经济小农经济为主;城镇基础设施发达,而乡村的基础设施落后;城镇的 人均消费水平 远远高于乡村;相比较城镇而言,乡村人口众多等。这种结构是我国经济结构中存在的突出矛盾,也是我们在分析中国经济问题时所不能忽视的一个重要方面。

本文将结合中国二元结构的实际从人口角度来研究居民消费问题,希望能够从中找到扩大居民消费的良策,为中国的可持续发展贡献一份力量。

3. 研究思路及数据选取

根据人口学理论,人口因素可大致分为人口数量和人口结构两大部分。人口数量即人口的总量,它可以通过人口自然增长率来反映。人口结构则可分为人口自然结构、人口社会结构、人口质量结构和人口地域结构。考虑到数据的可得性,本文主要从人口数量、人口自然结构以及人口质量三个角度对居民消费进行分析,同时从可靠性角度出发本文只选取了 2000—2009 年的城乡数据进行研究。

基于以上理由本文取了少儿人口抚养系数、老年人口抚养系数、城乡人口数、人均受教育年限做为解释变量,选取人均消费水平(分城乡)做为被解释变量,构造计量经济模型进行实证分析并提出相应对策。本文中所有相关经济变量均取自历年中国统计年鉴,人口规模和结构数据均取自历年中国人口统计年鉴,利用 EXCEL 对数据进行集成,并利用 SPSS17.0 进行计量分析,得出实证结果。

4. 实证研究

4.1 指标体系的构建

城镇人口数和乡村人口数:城镇人口是指居住在城镇范围内的全部常住人口,乡村人口是除上述人口以外的全部人口。在本文中用 CZRK 与 XCRK 分别代表城镇人口数与乡村人口数。

老年人口抚养系数:指某一人口中老年人口数与劳动年龄人口数之比。通常用百分比表示,用以表明每 100 名劳动年龄人口要负担多少名老年人。计算公式为:

$$ODR=\frac{P_{65^+}}{P_{15-64}}\times 100\%$$①

其中,P0～14 为 0～14 岁少年儿童人口数;P65+为 65 岁及 65 岁以上的老年人口数;P15～64 为 15～64 岁劳动年龄人口数(下同)。根据需要本文将老年人口抚养系数分为乡村老年人口抚养系数与城镇老年人口抚养系数,分别用 XCODR 与 CZODR 表示。

少年儿童抚养系数是指某一人口中少年儿童人口数与劳动年龄人口数之比。通常

---

① 取自《中国统计年鉴 2010》主要统计指标解释栏目。

用百分比表示，以反映每 100 名劳动年龄人口要负担多少名少年儿童，计算公式为：

$$CDR=\frac{P_{0\sim 14}}{P_{15\sim 64}}\times 100\%$$①

本文分别用 CZCDR 与 XCCDR 代表城镇少年儿童抚养系数与乡村少年儿童抚养系数。

人均受教育年限是指某一人口群体人均接受学历教育（包括成人学历教育，不包括各种非学历培训）的年数，可用公式表示为：

$$\overline{Y}=\frac{\sum P_i E_i}{P}$$②

其中 P 表示特定的人口群体，Ei 为具有 i 种文化程度的人口受教育年数系数，i 可根据我国的学制确定。本文分别用 CZJY 与 XCJY 来表示城镇人均受教育年限与乡村人均受教育年限。

人均消费性支出是指家庭用于日常生活的支出，包括食品、衣着、居住、家庭设备用品及服务、医疗保健、交通和通信、娱乐教育文化服务、其他商品和服务等八大类支出。本文中将其分为乡村人均消费水平与城镇人均消费水平，分别用 XCXF 与 CZXF 表示。

4.2 模型的建立和求解

(1)城乡人均消费水平描述统计分析

首先，看一下 2000－20009 年城、乡人均消费水平的变化情况，如下图所示：

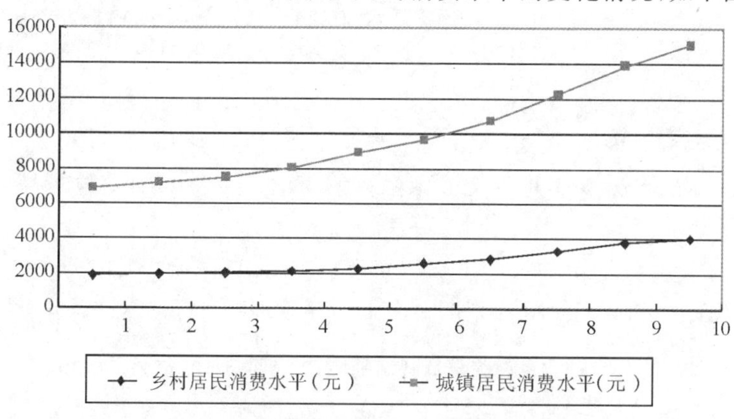

图 4 2000－2009 年城、乡人均消费水平

（数据来源：根据中国统计年鉴数据整理得到）

从图 4 中可看出，2000－2009 年乡村和城镇的人均消费水平均有明显的上

② 人口社科司社会处."人均受教育年限"方法探讨.统计制度改革研究.2003(5)

升，但是城镇人均消费水平的上升速度明显快于乡村人均消费水平，二者之间的差距也越来越大。2000 年城镇人均消费水平为乡村的 3.58 倍，到 2009 年这一数字扩大到 3.74 倍，考虑到人口城镇化进程实际差距会更大。

同时为了更好地反映城、乡人均消费水平的差异，本文还进行了以下描述统计分析。

表 2　2000—2009 年城、乡人均消费水平描述统计分析

	最大值	最小值	平均值	求和	中位数	标准差
乡村人均消费水平（2000—2009）	4021	1860	2686.9	26869	2449	780.7005
城镇人均消费水平（2000—2009）	15025	6850	9987.6	99876	9278	2882.195

（数据来源：根据中国统计年鉴数据整理得到）

从上表中可看出，乡村人均消费水平的标准差远小于城镇，其原因在于乡村的基数小于城镇，同时通过平均值、求和以及中位数中反映出来的城乡人均消费水平的差异，我们可以从更感性的角度来认识城乡二元结构这一现象。

（2）人口因素与城、乡居民消费关系的计量分析

为了更好地达到目的，本文分城乡构建如下两个多元回归模型：

①假设城镇人均消费水平（CZXF）与城镇人口数（CZRK）、城镇老年人口抚养系数（CZODR）、城镇少年儿童抚养系数（CZCDR）、城镇人均受教育年限（CZJY）存在如下关系：

$$CZXF = a_1 CZRK + b_1 CZODR + c_1 CZCDR + d_1 CZJY + \varepsilon_1$$

②假设乡村人均消费水平（XCXF）与乡村人口数（XCRK）、乡村老年人口抚养系数（XCODR）、乡村少年儿童抚养系数（XCCDR）、乡村人均受教育年限（XCJY）存在如下关系：

$$XCXF = a_2 XCRK + b_2 XCODR + c_2 XCCDR + d2XCJY + \varepsilon_2$$

根据以上假设，我们使用 SPSS17.0 统计分析软件对所选样本进行分析，结果如下：

表 3　乡村人居消费水平（XCXF）回归分析结果

Anova[b]

模型		平方和	df	均方	F	Sig.
1	回归	7.305E7	4	1.826E7	53.181	.000[a]
	残差	1716920.757	5	343384.151		
	总计	7.476E7	9			

注：预测变量：（常量），城镇人均受教育年限，城镇人口数，城镇老年人口抚养系数，城镇少儿抚

养系数。因变量:城镇居民人均消费水平(元)

系数[a]

模型		非标准化系数		标准系数	t	Sig.
		B	标准 误差	试用版		
1	(常量)	−115459.195	41777.041		−2.764	.040
	城镇人口数	.943	.198	2.039	4.764	.005
	城镇老年人口抚养系数	−136263.982	112283.979	−.273	−1.214	.279
	城镇少儿抚养系数	119137.827	44032.598	1.050	2.706	.042
	城镇人均受教育年限	7226.150	4315.936	.293	1.674	.155

注:因变量,城镇居民人均消费水平(元)

表 3 乡村人居消费水平(XCXF)回归分析结果

Anova[b]

模型		平方和	df	均方	F	Sig.
1	回归	5451915.636	4	1362978.909	203.289	.000[a]
	残差	33523.264	5	6704.653		
	总计	5485438.900	9			

注:预测变量:(常量),乡村人均受教育年限,乡村老年人口抚养系数,乡村少儿抚养系数,乡村人口数。因变量:乡村居民人均消费水平(元)

系数[a]

模型		非标准化系数		标准系数	t	Sig.
		B	标准 误差	试用版		
1	(常量)	−18830.676	9290.849		−2.027	.099
	乡村人口数	−.119	.067	−.606	−1.771	.137
	乡村老年人口抚养系数	28053.374	11147.791	.368	2.516	.053
	乡村少儿抚养系数	16938.269	3924.239	.820	4.316	.008
	乡村人均受教育年限	3079.643	561.415	.905	5.486	.003

注:因变量:乡村居民人均消费水平(元)

表 2、3 数据来源:spss 软件数据输出表

从以上回归结果可以看出,就回归方程而言,CZXF、XCXF 这两个回归方程对应的 F 值分别是 53.181 与 203.289,对应的显著性水平分别是 0.000a、0.000a。

这反映出我们的变量选择比较合理,具有一定的代表性。

就回归变量而言,在城镇人口数、城镇少儿抚养系数、城镇老年人口抚养系数、城镇人均受教育年限这四个变量中,只有城镇人口数、城镇少儿抚养系数与城镇人均消费水平存在较为显著的关系,相应的显著性水平分别为 0.005、0.042。而在乡村人口数、乡村少儿抚养系数、乡村老年人口抚养系数、乡村人均受教育年限这四个变量中,只有乡村少儿抚养系数、乡村人均受教育年限与乡村人均消费水平存在较为显著的关系,相应的显著性水平分别为:0.008、0.003。

5. 结论与政策建议

5.1 主要结论

(1)乡村人口数与乡村人均消费水平并不存在明显关系,而城镇人口数却和城镇人均消费存在显著正相关关系。我们认为其主要原因在于城镇化进程的加快。中国的城镇化水平从 2000 年的 36.2%上升到 48.3%,年均增长 1.34%,这意味着每年有一千多万的村民转变为市民,伴随着这一过程而来的是城镇人口的大量增加与乡村人口的减少。应注意的是,这部分从流出的人口而言一般是乡村的富裕阶层,跟随他们进入城镇的还有其所拥有的资本,这就使得城镇人均消费水平随着人口数的增加而增加,而乡村却没有这种现象。

(2)乡村人口老年抚养系数与其人均消费水平存在比较强的正相关关系,而城镇则不存在这一关系。我们认为这与乡村与城镇老年人口构成以及城乡社会保障水平的差异有关。就乡村而言,其老年人口大多是地地道道的农民,知识水平较低主要收入为务农收入,随着年龄的增加其所能从事的劳动也日益减少,劳动参与率下降,收入不断下降,同时由于乡村社会保障制度不健全,使得在医疗上的花费较多。而城镇正好相反,其老年人口中很多人知识水平较高。在精力和身体条件允许下,很多老年人口通过各种方式继续发挥余热,而且在一些重视实践经验的行业,刚退休的老年人口在行业内所积累的经验是很宝贵的人力资本,如表 6 所示,2004 年城镇地区老年人均收入达到了 12085 元,而当年城镇居民的人均可支配收入为 10493 元。并且城镇社会保障体系远比乡村完善,使得城镇的老年人在医疗上的支出较乡村的少。这一结果的差异表明在考察居民消费行为的时候,把人口按照城乡分别进行分析的必要性。

表 6　2004 年中国城镇地区男性老年人分项人均收入

	60～69 岁	70～79 岁	80 岁以上	合计
市场收入	1943.9	927.8	450.5	1461.4
退休金收入	11116.4	12748.2	12714.2	11728.2
公共转移收入	506.4	504.8	404.8	497.1
家庭转移收入	996.6	1129.7	1189.8	1059.6
其他收入	643.9	353.4	129.0	498.4
总收入	15207.3	15393.9	14888.3	15244.7

(数据来源:《中国人口老龄化与老年人状况蓝皮书》,2009)

(3)乡村少儿抚养比与城镇少儿抚养比与其人均消费水平都存在正相关关系。可能的解释是少年儿童是“净消费人口”,随着人们生活水平的提高以及计划生育带来的越来越多独生子女使少儿养育支出增加以及用于少儿教育的支出也大幅增加,从而带来人均消费水平的增加,这一点在城镇表现的特别明显。

(4)乡村人均受教育年限越长消费水平越大,而城镇这一点则表现得并不明显。城镇 2000 年的人均受教育年限已经达到 9.1 年,向上提升空间已不大,而乡村这一数字仅为 6.7,到 2009 年城镇人均受教育年限为 9.3 年而乡村为 7.4 年。由上可看出这十年来乡村人均受教育年限的提升幅度远远高于城镇。在知识经济时代,知识水平越高意味着收入越高,对生活质量的要求越高,消费能力与消费欲望也随之增长。

5.2　政策建议

(1)用与时俱进的思想来制定人口与发展政策,把握人口变迁中的发展机遇。我国未来面临的人口形势是人口增长速度下降,人口城镇化、人口老龄化以及家庭规模小型化。从我们的结果可以看出,乡村老年与少儿抚养系数与消费存在正相关关系,而城镇的少儿抚养系数与其居民消费也存在正相关关系。因此积极培育适应这一形势的产业比如家用电器、家政服务、社区服务、医药保健等,同时制定与完善相关的法律、法规,出台相应的扶持措施,充分利用这一机遇为居民消费创造良好环境,扩大居民的消费需求,成功实现产业转型培育市场需求。

(2)大力发展素质教育,提升国民受教育水平。这一政策主要针对乡村地区,前面已指出 2009 年乡村人均受教育年限只有 7.4 年相比,城镇的 9.3 年还有巨大的提升空间。从计量结果中可以看出,乡村地区人均受教育年限与其居民消费存在显著正相关关系,因此政府在教育投入上应适当向乡村地区倾斜,改善乡村教师的待遇,缩小城乡之间的教育差距,以此来促进居民消费的增长。

(3)实现由严格的计划生育政策到适度人口政策的转变。从我们的结果可以看出,随着城镇人口数的增加,其消费水平也不断扩大,而乡村人口数与居民消费不存在明显关系。所以过去的严格计划生育政策已显得不是非常必要,反而进一步加剧了老龄化的进程与子女的赡养负担,并带来一系列的社会问题,不利于中国经济的长期健康发展。

6. 总结

由本文的分析可知,城镇人口数、城镇少儿抚养系数、乡村少儿抚养系数、乡村人均受教育年限分别与城镇人均消费水平与乡村人均消费水平存在正相关关系。在政策制定上,应该把握人口结构转变带来的发展机遇,大力发展相关产业。同时加大对乡村地区的教育投入,提升乡村人均受教育水平,在人口政策上则应该改变现有的严格计划生育政策,允许人口的适度增长。

由于能力有限,本文在以下方面还存在一些问题,主要表现为数据不充分、常数项影响较大,这也是我们以后改进的方向。

参考文献

[1] 李通屏,郭熙保.中国人口增长、结构变迁对扩大内需的影响研究[J].中国地质大学学报.2011.(1):56－62

[2] Modigliani and Brumberg, R. Utility Analysis and The Consumption FuXCtion: An Interpretation of The Cross－Section Data. In Kenneth K. Kurihara, Post－Keynesian Economicz, New Brunswick, NJ: Rutgers University Press, 1954: 388～436

[3] 霍利斯・钱纳里,莫伊斯・赛尔昆.发展的型式:1950—1970[M].北京.经济科学出版社 1988 年版

[4] David E. Bloom and Jeffrey G. Williamson. Demogra Phie Transitions and Eeonomie Miracles in Emerging Asia. NBERW brking PaPers No. 6268

[5] Jaimovich, N. H. E. Siu. The young, the old, and therest less: DemographiCZ and busin ess cycle volatility American Economic Review, 2009(3)

[6] 袁志刚,宋铮.人口年龄结构、养老保险制度和与最优储蓄率[J].经济研究.2000(11):44－52

[7] 王德文,蔡昉,等.人口转变的储蓄效应和增长效应——论中国增长可持续性的人口因素[J].人口研究.2004(5):32－38

[8] 李文星,徐长生.中国人口变化对居民消费的影响[J].中国人口科学(3).2008:68－85

[9] 于学军.人口变动、扩大内需与经济增长[J].人口研究.2009(5):25－34

制造业能源消费的影响因素分析

杨莹超

（武汉理工大学经济学院国际经济与贸易专业 2008 级本科生，武汉 430070）

摘 要：能源是国民经济与社会发展的基础和战略资源，而我国的能源消费随着经济的高速发展也迅速增长。能源问题已成为经济社会可持续发展的刚性约束问题。本文从能源消费相对集中的制造业入手，运用 SPSS16.0 软件分析了可能影响制造业能源消费的各个因素，得出制造业 FDI、出口总额、第二产业 GDP 和可供消费的能源总量与制造业的能源消费总量之间存在较为明显的线性关系。

关键词：制造业；能源消费；影响因素

能源是国民经济与社会发展的基础和战略资源。然而，随着我国经济的高速发展，能源消费迅速增长，目前我国已成为仅次于美国的世界第二大能源消费国，能源问题已成为经济社会可持续发展的刚性约束问题。节能减排是全面落实科学发展观、转变经济增长方式、建设资源节约型和环境友好型社会的一项重要举措，对于我国进行可持续发展有着十分重要的作用。

我国的能源消费主要集中于制造业，由表 1 中的各行业的能源消费总量数据可以看出，制造业的能源消费总量占据了最大的比重，从 1999 年至 2008 年都超过了所有行业总量的 50%。因此，本文从制造业的能源消费总量入手，分析影响制造业能源消费的各个可能因素。

表 1 能源消费总量(单位：万吨标准煤)

行业/年份	1999	2000	2001	2002	2003	2004	2005	2006	2007	2008
消费总量	130119	138553	143199	151797	174990	203227	224682	246270	265583	291448
农、林、牧、渔水利业	5832	6045	6400	6612	6716	7680	7918	8395	8245	6013
采掘业	9288	10294	10729	10835	12433	12215	13052	13273	14056	17050
制造业	70720	73824	75710	80365	94919	115261	129291	143051	156219	172107
电力煤气及水生产供应业	10790	11324	11834	12888	14419	15768	17148	18812	19893	20145
建筑业	1381	2143	2234	2544	2860	3259	3411	3715	4031	3813

续表

交通运输、仓储和邮政业	9243	10067	10363	11171	12819	15104	16629	18583	20643	22917
批发零售业和住宿餐饮业	2812	3039	3265	3520	4180	4820	5031	5522	5962	5734
其他行业	5502	5852	6096	6334	6819	7839	8691	9530	9744	11771
生活消费	14552	15965	16568	17527	19827	21281	23450	25388	26790	31898

(数据来源:《中国统计年鉴》、国家统计数据库)

由于《中国统计年鉴》及国家统计数据库中的能源消费总量的数据仅更新至2008年,因此本文截取1999年至2008年这10年的数据来进行分析。

1. 因素分析

制造业FDI:近年来,外商对我国直接投资的比例逐年增大,促进了我国许多地区经济的飞速发展。根据《中国统计年鉴》的最新数据,2000年至今,FDI主要集中于制造业,其投资比例逐年上升,并超过了总FDI的50%。FDI的进行在很大程度上伴随着能源的消耗,因此有理由相信这两者之间存在着较为密切的关系。

出口总额:随着我国经济的发展,尤其是近几年对外贸易的发展,我国商品的出口总额稳步增长。在为出口进行的各种商品生产中,机电、服装等耗能商品占据了较大的比重。因此,出口总额与制造业能源消费之间也存在着一些联系。

制造业职工比重:人力资源是一项重要的生产投入,而职工的规模可以从一个方便计量的角度说明制造业厂家的生产规模。因此,制造业职工占总职工的比重可能与制造业能源消费存在着某些联系。

第二产业GDP:制造业在第二产业中占据了很大的比重,从考察制造业GDP可以看出制造业对总的GDP的贡献,也从另一个角度反映了其与制造业能源消费的总量间的关系。

可供消费的能源总量:由于资源的稀缺性,再加上能源的不可再生性,必须考虑现有能源存量与能源消费之间的关系。通过考察可供消费的能源总量,可以看出制造业的能源消费总量在其中的比重,为未来的趋势分析及应对策略提供参考建议。

综上分析,本文假设影响制造业能源消费的主要因素有制造业FDI、出口总额、制造业职工比重、第二产业GDP、可供消费的能源总量,并选取了这5个变量与制造业能源消费进行回归分析。

2. 模型设计

本文从《中国统计年鉴》与国家统计数据库中筛选并摘录了1999年至2008年

这10年的制造业能源消费、制造业FDI、出口总额、制造业职工比重、第二产业GDP、可供消费的能源总量的数据，整理为如下表2所示的数据，作为本次实验分析的原始数据。

表2 原始数据整理

	时间	制造业能源消费总量	制造业FDI	出口总额	制造业职工比重	第二产业GDP	可供消费的能源总量
1	1999	70720.09	2260334	16159.80	29.69	41033.58	115829.00
2	2000	73824.29	2584417	20635.20	28.77	45555.88	115150.00
3	2001	75710.21	3090747	22024.40	27.89	39512.29	125310.00
4	2002	80365.02	3679998	26947.90	27.53	53896.77	144319.00
5	2003	94918.72	3693570	36287.90	27.63	62436.31	168487.39
6	2004	115261.44	4301724	49103.30	27.99	73904.31	203344.00
7	2005	129291.33	4245291	62648.10	28.54	87598.09	232225.08
8	2006	143051.47	4007671	77594.59	29.12	103719.54	244101.00
9	2007	156218.80	4086482	93455.63	29.39	125831.36	261111.02
10	2008	172106.52	4989483	100394.94	28.91	149003.44	287011.28

为方便数据分析，特将各个因素替换为如下表3所示的衡量指标。

表3

变量	制造业能源消费总量	制造业FDI	出口总额	制造业职工比重	第二产业GDP	可供消费的能源总量
衡量指标	M	FDI	EX	L	GDP	C
单位	万吨标准煤	万美元	亿元	%	亿元	万吨标准煤

数据来源：《中国统计年鉴》、国家统计数据库

取1999年至2008年这10年的数据，运用SPSS16.0软件将各个可能的影响因素与制造业能源消费总量分别作出散点图，可以发现制造业FDI、出口总额、第二产业GDP、可供消费的能源总量这四个因素与制造业能源消费总量有着与下图1所示相似的较为严格的线性关系，而制造业职工比重与制造业能源消费总量的线性关系却较不明显。因此，本文将对制造业能源消费总量与上述各个因素进行多变量线性回归分析。

假设该模型为：$M=\beta0+\beta1FDI+\beta2EX+\beta3L+\beta4GDP+\beta5C+u$

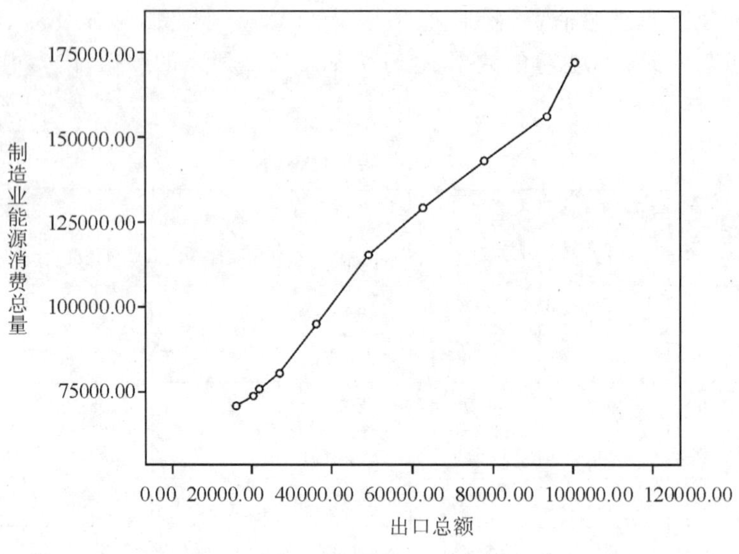

图 1

2.1 相关分析

该模型中共有 6 个变量，其中 M 为被解释变量，而 FDI、EX、L、GDP 和 C 为解释变量。首先，我们运用 SPSS16.0 软件的 Pearson 分析来得出解释变量与被解释变量的相关系数，由此剔除不显著相关的因素，以排除由于解释变量过多而可能引起的多重共线性。得到表 4 所示的相关系数矩阵。可以看出，制造业能源消费总量与制造业 FDI、出口总额、第二产业 GDP 和可供消费的能源总量的各相关系数分别为 0.856、0.996、0.984 和 0.993，具有显著的相关关系，但与制造业职工比重的相关系数仅为 0.357，并无显著的相关关系。因此，在下面的分析中，仅将制造业 FDI、出口总额、第二产业 GDP 和可供消费的能源总量纳入回归分析模型。

表 4 Correlations

		制造业能源消费总量	制造业FDI	出口总额	制造业职工比重	第二产业GDP	可供消费的能源总量
制造业能源消费总量	Pearson Correlation	1	.856**	.996**	.357	.984**	.993**
	Sig. (2-tailed)		.002	.000	.311	.000	.000
	N	10	10	10	10	10	10
制造业FDI	Pearson Correlation	.856**	1.832**	−.147	.828**	.894**	
	Sig. (2-tailed)	.002		.003	.684	.003	.000
	N	10	10	10	10	10	10

续表

出口总额	Pearson Correlation	.996**	.832**	1	.376	.989**	.984**
	Sig.(2－tailed)	.000	.003		.284	.000	.000
	N	10	10	10	10	10	10
制造业职工比重	Pearson Correlation	.357	－.147	.376	1	.364	.287
	Sig.(2－tailed)	.311	.684	.284		.300	.421
	N	10	10	10	10	10	10
第二产业 GDP	Pearson Correlation	.984**	.828**	.989**	.364	1	.964**
	Sig.(2－tailed)	.000	.003	.000	.300		.000
	N	10	10	10	10	10	10
可供消费的能源总量	Pearson Correlation	.993**	.894**	.984**	.287	.964**	1
	Sig.(2－tailed)	.000	.000	.000	.421	.000	
	N	10	10	10	10	10	10

注：**. Correlation is significant at the 0.01 level(2－tailed).

2.2 主成分分析

根据表 4,可以看出制造业 FDI、出口总额、第二产业 GDP 和可供消费的能源总量两两之间的相关关系也比较显著,说明这些因素之间可能也存在多重共线性,若直接进行回归分析将会产生严重的问题。因此,接下来采用主成份分析法来消除多重共线性。

首先,各个解释变量的均数和标准差等如下表 5 所示。

表 5 Descriptive Statistics

	Mean	Std. Deviation	N
制造业能源消费总量	111146.7890	37424.80454	10
制造业 FDI	3693971.70	833642.682	10
出口总额	50525.1760	31370.59729	10
制造业职工比重	28.5460	.75602	10
第二产业 GDP	79249.1570	36724.19305	10
可供消费的能源总量	189688.7770	64285.07423	10

接着进行 Kmo and Bartlett's 检验。如下表 6 所示,KMO 值为 0.589,接近于 0.6,这说明所选取的变量比较适合进行因子分析。Bartlett's 球形检验的卡方值

为 67.138,自由度为 6,显著性为 0.000,表示该相关系数矩阵与单位阵有显著差异,适合进行主成分分析。

表 6 KMO and Bartlett's Test

Kaiser－Meyer－Olkin Measure of Sampling Adequacy.		.589
Bartlett's Test of Sphericity	Approx. Chi－Square	67.138
	df	6
	Sig.	.000

然后进行主成分分析。从表 7 中可以看出,第一主成分的特征根为 3.749,它解释了总变异的 93.72%。第二主成分特征根为 0.222,它解释了总变异的 5.553%。前两个主成分的特征根的累积贡献率为 99.273%,即包含了原有 4 个变量的 99.273%,说明它们能够比较充分地解释并提供原始数据所表达的信息。此外,由表 8 可知,各观测变量的主成分贡献率均在 0.987 以上,说明它们均能被这两个主成分所解释。因此可以取前两个主成分来替代原有的 4 个变量,充分地代表和反映制造业能源消费的几个主要影响因素。

表 7 Total Variance Explained

Compo-nent	Initial Eigenvalues			Extraction Sums of Squared Loadings			Rotation Sums of Squared Loadings		
	Total	% of Variance	Cumulative %	Total	% of Variance	Cumulative %	Total	% of Variance	Cumulative %
1	3.749	93.720	93.720	3.749	93.720	93.720	2.425	60.614	60.614
2	.222	5.553	99.273	.222	5.553	99.273	1.546	38.659	99.273
3	.027	.666	99.939						
4	.002	.061	100.000						

注:Extraction Method:Principal Component Analysis.

表 8 Communalities

	Initial	Extraction
出口总额	1.000	.998
第二产业 GDP	1.000	.987
可供消费的能源总量	1.000	.987
制造业 FDI	1.000	.999

注:Extraction Method:Principal Component Analysis.

表 9　Rotated Component Matrix[a]

	Component	
	1	2
出口总额	.882	.468
第二产业 GDP	.880	.461
可供消费的能源总量	.802	.586
制造业 FDI	.477	.878

注：Extraction Method：Principal Component Analysis.

Rotation Method：Varimax with Kaiser Normalization.

a. Rotation converged in 3 iterations.

而根据表 9 旋转后的主成分得分表，可以看出第一个因素和出口总额、第二产业 GDP 和可供消费的能源总量有较强的正相关关系，第二个因素和制造业 FDI 有较强的正相关关系。

所以，可以列出如下所示的各个公共因子和综合因子的得分函数及其得分，用于后续分析：

$F_1 = 0.477FDI + 0.882EX + 0.880GDP + 0.802C$

$F_2 = 0.878FDI + 0.468EX + 0.461GDP + 0.586C$

2.3　回归分析

接下来本文运用 SPSS16.0 软件中的 stepwise 逐步回归法，建立以 F1 和 F2 为解释变量，M 为被解释变量的多元回归模型。得到如下表 10 所示的回归结果。

表 10　Model Summary[c]

Model	R	R Square	Adjusted R Square	Std. Error of the Estimate	Change Statistics					Durbin－Watson
					R Square Change	F Change	df1	df2	Sig. F Change	
1	.857[a]	.734	.700	20481.84465	.734	22.049	1	8	.002	
2	.998[b]	.995	.994	2931.75446	261	383.457	1	7	.000	1.113

注：a Predictors：(Constant)，REGR factor score 1 for analysis 6

b Predictors：(Constant)，REGR factor score 1 for analysis 6，REGR factor score 2 for analysis 6

c Dependent Variable：制造业能源消费总量

由上表 10 可知，这两个模型的决定系数 R^2 分别为 0.734 和 0.995，表明模型在整体上拟合的比较理想。表 10 是两个模型决定系数的变化情况，表明随着各个变量的载入，模型 2 可解释的变异占总变异的比例比模型 1 的大。因此，相比于模型 1，模型 2 更符合本文要求。

表11是对这两个模型的方差分析的检验结果,其方差分析的显著性分别为0.002和0.000,表明这两个回归模型都具有统计学上的意义,也可以表明原线性回归模型具有一定的可操作性在统计上的意义,有助于解释分析影响制造业能源消费总量的各个因素。

表11 ANOVA[c]

Model		Sum of Squares	df	Mean Square	F	Sig.
1	Regression	9249496269.965	1	9249496269.965	22.049	.002[a]
	Residual	3356047680.979	8	419505960.122		
	Total	12605543950.944	9			
2	Regression	12545377661.353	2	6272688830.677	729.791	.000[b]
	Residual	60166289.590	7	8595184.227		
	Total	12605543950.944	9			

注:a Predictors:(Constant),REGR factor score 1 for analysis 6

b Predictors:(Constant),REGR factor score 1 for analysis 6,REGR factor score 2 for analysis 6

c Dependent Variable:制造业能源消费总量

由表12可以看出,F1和F2的t值均显著大于4.6,是被解释变量的合理解释变量,且可得到F1和F2的偏回归系数分别为32058.101和19136.589,即对M的回归方程为:

$$M=111146.789+32058.101F_1+19136.589F_2$$

表12 Coefficients[a]

Model		Unstandardized Coefficients		Standardized Coefficients	t	Sig.	95% Confidence Interval for B	
		B	Std. Error	Beta			Lower Bound	Upper Bound
1	(Constant)	111146.789	6476.928		17.160	.000	96210.966	126082.612
	REGR factor score 1 for analysis 6	32058.101	6827.282	.857	4.696	.002	16314.361	47801.840
2	(Constant)	111146.789	927.102		119.886	.000	108954.541	113339.037
	REGR factor score 1 for analysis 6	32058.101	977.251	.857	32.804	.000	29747.268	34368.933
	REGR factor score 2 for analysis 6	19136.589	977.251	.511	19.582	.000	16825.757	21447.422

注:a Dependent Variable:制造业能源消费总量

2.4 变量还原

最后，将 F_1、F_2 的表达式代入上式，得到如下的回归方程：

M＝111146.789＋32093.64FDI＋37231.17EX＋37033.1GDP＋36924.64C

3. 分析结果输出

由上述分析可知，在影响制造业能源消费总量原来假设的5个因素中，制造业FDI、出口总额、第二产业GDP和可供消费的能源总量这4个变量是具有显著影响的。它们与制造业能源消费总量之间具有较为显著的线性关系，其线性回归方程为M＝111146.789＋32093.64FDI＋37231.17EX＋37033.1GDP＋36924.64C。

4. 结果分析

由本文实证分析过程及输出结果分析可知，制造业能源消费总量受到来自于制造业FDI、出口总额、第二产业GDP和可供消费的能源总量的影响。回顾1999年至2008年，我国制造业FDI、出口总额、第二产业GDP和可供消费的能源总量已不断增长，而制造业的能源消费总量也在明显增长，这与上述实证分析的结果相符。制造业FDI、出口总额与第二产业GDP的增长，表明了我国经济的飞速发展，这对于推动我国成为世界经济强国有着十分重要的意义。然而这些指标的增长如同一把双刃剑，在带动我国经济发展领域尤其是制造业发展的同时，也加速了我国能源储备的消耗。

根据我国国情来看，能源储备在我国的总量并不富足，再加上我国庞大的人口基数，人均能源，在世界上处于较低水平。此外，我国能源具有地区分布不均、开发难度较大、可采储量低、在国际定价机制中缺失话语权等现实情况，这些都表明能源消费总量的逐年增长将不利于我国经济、社会等各方面的可持续发展。而从每年可供消费的能源总量来看，背后隐含的巨大的开发成本却不容小觑，这一增长速度将难以跟上以后迅猛增长的FDI、出口总额、GDP的增长等消费的能源总量。因此，我们必须在发展经济的同时，密切关注能源的消费问题，制定一些可行举措，加大能源的节约力度。

参考文献

[1] 刘叶，朱彤. 外商直接投资对中国工业能源使用效率的影响. 中国石油大学学报(社会科学版)，2010(6)

[2] 赵晓丽，胡军峰，史雪飞. 外商直接投资行业分布对中国能源影响. 金融与贸易经济，2007(3)

[3] 张传国,邓文平.广东省能源消费、经济增长与FDI互动关系的研究.国际商务——对外经济贸易大学学报,2009(3)

[4] 李玉霞,张昱.中国——欧盟贸易条件研究.国际贸易问题,2008(3)

[5] 周丹丹,李蜀庆.重庆市能源消费影响因素分析.环境科学与管理,2009(3)

[6] 宋德勇,易艳春.外商直接投资与中国碳排放.人口、资源与环境,No.1,2011(1)

[7] 谢超.FDI与能源强度关系的文献综述.东方企业文化·天下智慧,2011(6)

小外贸企业如何度过危机“寒流”

——浅谈金融危机中的基本状况、经营策略

于雪皎

（武汉理工大学经济学院经济学类专业 2010 级本科生，武汉 430070）

摘　要：自美国次贷危机引发的金融海啸席卷全球以来，我国的实体经济受到了很大的冲击，尤其是我国外向型纺织企业，处境更是举步维艰。本文实地调查了山东半岛东部沿海城市——威海的一个外贸服装企业进行了分析。

关键词：威海对外贸易；外贸纺织企业；金融危机；经营策略

威海朗悦进出口有限公司是坐落在山东威海的一个小型的外贸服装公司。由于威海所处的地理位置比较优越，因此当地与日本、韩国的进出口贸易尤其发达。本文以威海朗悦进出口公司为切入点，剖析金融危机对中国的小外贸企业的冲击以及它们该如何在危机中生存。

中国作为对外贸易依存度高达 60% 的开放大国，受金融危机影响，经济面临着巨大的挑战，而外贸纺织服装企业是外向型企业的一个重要组成部分，其利润变动直接影响到我国的国民经济。自改革开放以来，对外贸易给山东省经济带来了巨大的升级和活力，成为山东国民经济发展的重要推动力。按海关口径计算，自 1996 年以来，进出口总值占全省 GDP 的比重始终保持在 20% 以上，出口依存度一直在 12% 以上，近 1/5 的产品通过出口实现了价值。1999 年，山东省海关出口商品总值占国内生产总值的比重达到 12.54%。在地方财政收入中，对外贸易提供的收入占 30% 以上。“九五”至今；山东省利用外资建成了一大批重点工业项目和基础设施项目，嫁接改造了一半以上的国有工业企业，增加了劳动就业机会。但是贸易是很容易受到多方面的影响。例如，2001 年 4 月，由于日本、韩国对我国农产品设置技术壁垒和实行最高限额管制，导致山东省大量农产品不能及时出口，造成重大经济损失。据统计，截止 2001 年 5 月底，仅山东省潍坊市由于日本和韩国禁止进口我国的禽肉及其制品，出口创汇减少 1.4 亿美元，农民的经济损失近 6000 万元。所以，开放的贸易是把双刃剑，必须懂得在前进中学会规避风险。美国 2008 年的经济危机，给世界各国各地区的经济带来了不小的冲击。由于人民币升

值、出口退税率调整、原材料价格大涨、发达国家经济萎靡等原因，使一度靠价格优势取胜的中国产品失去了以往的竞争力，同时，给大量依靠出口外销产品生存发展的制造企业带来越来越大的压力，面临艰难的选择。而威海作为一个外贸较发达的地区，无疑经历了一场寒流。2009 年，威海市实现对外贸易进出口总额 106.13 亿美元，比上年下降 10.1%。其中，进口 37.95 亿美元，下降 12.8%；出口 68.18 亿美元，下降 8.5%。从出口贸易方式看，一般贸易出口 23.07 亿美元，下降 14.4%。加工贸易出口 44.70 亿美元，下降 5.6%。其他贸易 4009 万美元，增长 65.3%。从出口商品看，五大类商品出口 63.66 亿美元，下降 6.9%，占出口总额的 93.4%，其中机电产品出口 33.06 亿美元，下降 6.8%，占出口总额的 48.5%，比上年提高 1.9 个百分点。从出口市场看，四大贸易市场出口 51.14 亿美元，下降 9%。在 11 月份对外贸易才全面实现扭负为正。至 12 月份，威海市进出口累计降幅连续 10 个月收窄，比年初收缩 21.3 个百分点。但在政府政策的调整之下，威海出口市场全面回暖，出口产品结构也发生了优化。韩国、欧盟、美国市场出口降幅比年初分别回升 33.7、18 和 14.7 个百分点；中国台湾、东盟、中东等新兴市场出口分别增长 6%、2%和 6%。机电产品、农产品、轮胎出口降幅比年初分别回升 24.5、11.4 和 29.8 个百分点。船舶出口 7.7 亿美元，增长 61.9%，占全市的 11.3%。威海当地利用外资形势也持续向好，全市共批准外资项目 99 个，合同外资 5.85 亿美元，增长 3%，实际到帐外资 5.5 亿美元，增长 4.6%。从来源看，主要分布在美国、韩国和欧洲，分别占全市到帐外资总额的 48.5%、30.2%和 8.4%。从投资看，新批外商投资主要集中在电子设备、机械、新能源和旅游服务等领域，其中第二、三产业外商投资项目占全市合同外资项目的 64.6%和 28.3%。从大项目看，全市批准总投资 1000 万美元以上外资项目 31 个，合同外资 4.24 亿美元，占全市合同外资的 72.5%。从增资情况看，增资项目达到 121 个，增资总额 2.45 亿美元，占全市合同外资的 41.9%。截止到 2010 年，根据威海当地的统计公报，应经能明显的看出经济的大幅度复苏。进出口持续高位运行。全年实现对外贸易进出口总额 139.16 亿美元，增长 31.2%，各月累计增幅均超过 30%，其中出口总额 89.23 亿美元，增长 30.9%；进口总额 49.93 亿美元，增长 31.6%。从出口市场看，主要出口市场增势平稳，对韩国出口 28.41 亿美元，增长 32.4%，占出口总额的 31.8%；欧盟 16.15 亿美元，增长 28.3%，占出口总额的 18.1%；美国 11.35 亿美元，增长 34.8%，占出口总额的 12.7%；日本 10.76 亿美元，增长 24%，占出口总额的 12.1%。新兴市场增势强劲，对马来西亚、印度、南非、独联体及东欧出口分别增长 49.5%、56.1%、69.2%和 82.7%。从出口商品看，五大类商品出口全面实现两位数增长，其中附加值和出口效益较高的机电产品出口增势最为强劲，出口额达到 44.77 亿美元，增长 35.4%，占出口比重 50.2%。其中纺织服装类比上一年增长了 22.5%。

当然，整体经济的全面复苏离不开每一个企业的努力，而每个企业在这次的金融危机中都必定会有自己独特的经营模式应对危机。下面就是朗悦进出口公司在此次危机中所采取的一系列措施。

作为一个小规模的外贸服装公司，一个较小的经济波动就可能带来巨大的利益变化。2008年的金融危机使日本的经济进入了小低谷，而这就在公司的订单上得以体现。2007年，朗悦公司一年的净利润为20万美元，2008年初的订单量为60万件服装，下半年的订单为40万件，再除去人工、材料等成本，年终净利润为8万美元。2009年初的利润持续走低，公司经营策略的改变也是利润下降的原因之一，公司要走"宁可薄利润，也不冒风险"的路线。在1月初，日本客户带来了一个23万件的订单，在谈判时，对方提出要采用一般贸易来完成这个订单，但是公司此次坚持采用加工贸易，对此客户非常不理解。在以往的合作中，一般贸易在面料和原辅料的采购上都由加工企业自己采购，其利润比单纯的来料加工高一些，因此这种方式普遍受到加工企业的青睐，但这次公司为什么反而愿意放弃一些利润呢？当时就企业看来，一般贸易占用资金比加工贸易要高数倍，货发到国外去，很难保证贷款能及时收回来，而采用加工贸易虽然只赚很少的加工费，但却能有效的规避市场风险。经理这样提到："当时，企业在金融危机中不奢望能赚到多少钱，首先要做到'保命'，而不是去冒险，等金融危机过去之后，再考虑把贸易方式变回来。"在09年下半年，当不断听到同行将货物发到日本后，因客户资金链出现问题导致企业倒闭，货款难以回收的消息时，公司全体都在庆幸当时的未雨绸缪，同时也及时的将剩余的订单全部改成了加工贸易以平稳的度过金融危机。公司09年的利润尽管只有10万美元，但是公司却能得以度过难关。

当然，规避市场风险只是朗悦进出口公司在金融危机中采取的众多措施之一，还有另外一点比较重要的便是"改变一条腿走路"的政策，简言之就是将部分出口品转为国内销售。众所周知，品牌的价值链是哑铃型，研发和销售是两头，中间是制造，也是价值利润的体现。研发与销售是主要利润源，制造相对较低，平均只占整个价值利润的5到10个百分点，因此，要么在技术上创新，要么在营销网络建设上下工夫，这是外贸出口型企业转型的主要方式。相对于日韩美市场上的萧条，中国国内市场的情况要明显好一些。公司本应销往韩国的08年库存已由威海当地的外贸服装销售企业全部购走，且由于日韩美对服装的检验标准比国内要高不少，就国内市场而言，这些本用于出口的服装反而因为质量好、款式新颖而受到国内消费者的喜爱。当然，这种贸易目前也仅限于库存货品，因为如果服装对外出口，国家则会实行16%的出口退税政策，如果大批的进行内销反而会按照17%的税率进行征税。在这种情况下，对国家政策的把握也是帮助企业度过难关的一种好策略。即便只是较小批量的库存商品，朗悦公司也与威海当地的几个外贸服装销售店建立了固定的合作关系。

2011 年春是朗悦进出口公司的红火开端，公司在国内外市场共接到了 120 万美元的订单，保守估计可得 40 万美元的纯利润。尽管在 3 月份的时候日本发生大海啸，却未对公司的服装出口产生多大的冲击，只是由于与货物安全相关的保险费以及航运公司的各种政策使得公司的运输成本上升了一些，所以对利润还是有着一定的影响。

尽管朗悦进出口公司能够平稳的度过 08 年的金融危机，但并非威海所有的外贸服装企业都有如此的运气，在"寒流"中被"冰封"的企业仍不算少。通过此次的调研以及对出口企业的了解，本文认为威海的外贸服装企业要想做到长远的经营，还需要进行以下几方面的自身调整：第一，着手进行产品结构和销售方向的调整，积极拓展国内市场。以外向型出口外贸为主要经营模式的企业，大部分对国内市场比较陌生，开拓一个全新的市场存在一定的困难，例如：对国内的消费市场不熟悉，人才方面的匮乏，在品牌推广、产品研发、渠道建设方面前期投入比较大从而导致经营成本非常高。有规模没品牌是比较普遍的现实状况。但是，国内市场是一个巨大的潜在市场，无论是购买力还是消费意识都已经达到了一个比较高的水平，而出口遇到的问题迫使大多数企业不得不重新把目光转到国内市场，这就对经营管理者提出了相对高的要求；要开阔经营视野，树立强烈的品牌意识，以品牌战略为导向，整合国际、国内和企业的优势资源，努力打造新的竞争力。第二，审视自身的不同条件。不是每一个转型的企业都适合实施品牌战略。具有优势产品及有健康生产能力的企业可以实施品牌战略，而针对某些控制研发和技术环节的企业来讲，战略升级是出路，通过技术创新提高产品附加值。最简单的办法就是从制造输出到技术输出，即实现从 OEM(代工生产)到 ODM(原始设计制造商)的转变。之前网络上也曾出现过关于 made in China 和 made by China 的讨论，只是一词之差，利润和效应确有着不小的差距，所以企业要想做强，必须要有无可替代的特色，形成自己的品牌。第三，不妨打出效率优势牌。在传统出口产品利润率越来越低以低成本、外贸出口为主要特征的企业竞争优势逐渐丧失的竞争环境下，作为数量众多的威海出口型外贸企业，最快的获利方法就是提高自身的效率以争取到更多的订单。如何从能力与效率方面构建自身的竞争优势，是这类企业目前最迫切需要解决的问题。第四，要时刻关注国家的相关法律法规。企业的目的是求利润的最大化，如果对国家政策运用合理，不仅可以避免不必要的麻烦，更可以利用好国家的扶持政策来提高自己的利润，提升自己的知名度，合理避税应该是一个明智的企业最佳的选择。

中小企业主应该明白，机会总是靠自己的悉心经营争取来的。现在企业的发展取决于各种市场，而市场是由消费者组成的，无论是哪里的消费者，只要对你的产品感兴趣，他们就会显示出巨大的消费能力。中小企业不一定就是弱势群体或者待宰的羔羊，只要符合大众，一样可以有巨大的生存发展空间。

参考文献

[1] 林笑园.山东对外经贸.山东人民出版社，2001,7

[2] 林书香.山东省经济社会发展战略研究.山东人民出版社，2000 年 12 月第 1 版.

[3] 徐世腾.国际贸易问题.山东人民出版社，2001,11.

[4] 陈建坤.山东经济社会蓝皮书 1999～2000 年.山东人民出版社，2000 年 2 月第 1 版。

[5] 姚贤镐、漆长华.国际贸易学说.中国对外经济贸易大学出版社，2001

浅论扩大消费与经济转型

余　艺

（湖北工业大学经济与政法学院 2009 级本科生，湖北 430068）

摘　要：改革开放以来我国经济取得了巨大成就，但也出现了一些重大问题，特别是"国富民穷"与"国进民退"的收入分配格局形成和产业演进过程，越来越成为经济进一步转型和发展的制约因素。为了实现经济社会可持续发展，必须以"民富民进"为主导思想，以提高居民收入、增强民营企业的活力为核心，本文对现有的许多政策做必要的修正，从而实现扩大消费与经济转型的良性互动。

关键词：扩大消费；经济转型；经济发展

1. 扩大消费与经济转型

1.1　我国的经济转型

我国渐进式的经济转型经过了四个阶段。其一，经济自由化过程，表现为以家庭联产承包责任制为核心的农村改革和以开放国有企业自主经营权为核心的企业改革。其二，经济市场化过程，表现为国有企业股份制改革与社会主义市场机制的形成。其三，经济民营化过程，在强调产权明晰的基础上实现更广泛的经济自由，鼓励多种所有制的发展，使民营经济成为市场经济的主要力量。其四，经济国际化过程，历经 15 年的不懈努力，我国于 2001 年加入 WTO，在经济全球化大背景下使我国经济在工业化，城市化和市场化加速发展的同时有能力迎接世界经济的挑战与机遇，积极主动地融入世界经济一体化。

通过转型，我国经济的总量和结构均发生了巨大的可喜的变化。表 1 显示了我国 1993－2004 年我国 GDP 总量及三大产业的分布状况。表 2 显示了我国 1993－2004 年我国 GDP 增速及三大产业的分布状况。①

① 第一次全国经济普查后，国家统计局根据经济普查资料对 2004 年 GDP 进行了重新核算，并主要对 1993 年以来的 GDP 历史数据进行了修订。经重新核算和修订后的 GDP 数据同修订前数据比较，在总量、速度、结构等方面都发生了不同程度的变化。2006 年的一份成果发布列示了经济普查后我国 GDP 总量、增长速度及人均 GDP 的修订数据，并对此进行简要对比分析。

表 1　1993—2004 年 GDP 总量(单位:亿元)

年份	修订后数据				修订前数据				数据变动			
	GDP	第一产业	第二产业	第三产业	GDP	第一产业	第二产业	第三产业	GDP	第一产业	第二产业	第三产业
1993	35334	6887	16455	11992	34634	6882	16428	11324	700	5	27	668
1994	48198	9471	22446	16281	46759	9457	22372	14930	1439	14	74	1351
1995	60794	12020	28680	20094	58478	11993	28538	17947	2316	27	142	2147
1996	71177	13886	33835	23456	67885	13844	33613	20428	3292	42	222	3028
1997	78973	14265	37543	27165	74463	14211	37223	23029	4510	54	320	4136
1998	84402	14618	39004	30780	78345	14552	38619	25174	6057	66	385	5606
1999	89677	14548	41034	34095	82067	14472	40558	27037	7610	76	476	7058
2000	99215	14716	45556	38943	89468	14628	44935	29905	9747	88	621	9038
2001	109655	15516	49512	44627	97315	15412	48750	33153	12340	104	762	11474
2002	120333	16239	53897	50197	105172	16117	52980	36075	15161	122	917	14122
2003	135823	17069	62436	56318	117390	16928	61274	39188	18433	141	1162	17130
2004	159878	20956	73904	65018	136876	20768	72387	43721	23002	188	1517	21297

表 2　1993—2004 年 GDP 增长速度(单位:%)

年份	修订后增长速度				修订前增长速度				数据变动			
	GDP	第一产业	第二产业	第三产业	GDP	第一产业	第二产业	第三产业	GDP	第一产业	第二产业	第三产业
1993	14.0	4.7	19.9	12.1	13.5	4.7	19.9	10.7	0.5	0.0	0.0	1.4
1994	13.1	4.0	18.4	11.0	12.6	4.0	18.4	9.6	0.5	0.0	0.0	1.4
1995	10.9	5.0	13.9	9.8	10.5	5.0	13.9	8.4	0.4	0.0	0.0	1.4
1996	10.0	5.1	12.1	9.4	9.6	5.1	12.1	7.9	0.4	0.0	0.0	1.5
1997	9.3	3.5	10.5	10.7	8.8	3.5	10.5	9.1	0.5	0.0	0.0	1.6
1998	7.8	3.5	8.9	8.3	7.8	3.5	8.9	8.3	0.0	0.0	0.0	0.0
1999	7.6	2.8	8.1	9.3	7.1	2.8	8.1	7.7	0.5	0.0	0.0	1.6
2000	8.4	2.4	9.4	9.7	8.0	2.4	9.4	8.1	0.4	0.0	0.0	1.6
2001	8.3	2.8	8.4	10.2	7.5	2.8	8.4	8.4	0.8	0.0	0.0	1.8
2002	9.1	2.9	9.8	10.4	8.3	2.9	9.8	8.7	0.8	0.0	0.0	1.7
2003	10.0	2.5	12.7	9.5	9.5	2.5	12.7	7.8	0.5	0.0	0.0	1.7
2004	10.1	6.3	11.1	10.0	9.5	6.3	11.1	8.3	0.6	0.0	0.0	1.7

从数据修订的结果来看,有以下特点值得注意:第一,GDP 总量的修订幅度是

逐年递增的，也就是说，距离普查年度越近，GDP 总量的修订幅度越大；第二，在三个产业中，第三产业修订的幅度最大，各年的第三产业增加量都占当年 GDP 修订量的 90%以上；第三，对 GDP 不变价增长速度的修订幅度均在 0.8 个百分点之内；第四，1993－2004 年 GDP 速度的最高点和最低点所处的年份没有改变，1993 年是这一时期 GDP 增长率的最高点，1999 年是 GDP 增长率的最低点。可见三大产业结构逐渐合理，第三产业稳步发展，产生的 GDP 总量不断提高，年平均增长速度达 10.03%。

目前，我国经济处于继续转型的过程中，虽然未来的具体发展进程难以预测和概括，但在中共十七届五中全会上，我国提出了今后五年经济社会发展的主要目标："经济平稳较快发展，经济结构战略性调整取得重大进展，城乡居民收入普遍较快增加，社会建设明显加强，改革开放不断深化，使我国转变经济发展方式取得实质性进展，综合国力、国际竞争力、抵御风险能力显著提高，人民物质文化生活明显改善，全面建成小康社会的基础更加牢固。"由此可见，经济结构调整与居民收入提高是未来我国经济发展重点目标。

1.2 扩大消费的意义

国民经济增长主要依赖外贸、投资、消费"三驾马车"的拉动，国家统计局在 2010 年 2 月公布了 2009 年三大需求对 GDP 增长的贡献率，见下表 3

表 3 2009 年三大需求对 GDP 增长的贡献

	2009 年
最终消费对 GDP 的贡献率(%)	52.5
最终消费对 GDP 的拉动(百分点)	4.6
资本形成对 GDP 的贡献率(%)	92.3
资本形成对 GDP 的拉动(百分点)	8.0
净出口对 GDP 的贡献率(%)	－44.8
净出口对 GDP 的拉动(百分点)	－3.9
生产法 GDP 不变价增长速度(%)	8.7

该组数据充分说明，当前面对全球金融危机对我国进出口贸易的强烈冲击。早在 2009 年中国经济学家年度论坛暨中国经济理论创新奖颁奖典礼上，北京大学光华管理学院院长张维迎在论坛演讲表示"过去 30 多年，我国每年出口的增长是 GDP 增长的 1.5 倍，如果按照不变价算到 2008 年，中国的出口是 1978 年的 553 倍，GDP 是 83 倍，也就是累积起来出口增长是 GDP 的 6 倍多，中国出口占 GDP 的比重达到了 37%，在全世界十大经济体当中，只有德国超过中国，其他的国家远远

低于中国，美国只有 8.4%，日本 16.3%，英国是 15.7%，法国是 21.6%，意大利是 23.4%，西班牙是 7.4%，加拿大是 29.2%，巴西 12.2%，只有德国是 39.9%，它的出口占 GDP 的比重高于中国两个百分点。”改革开放以来，我国凭借廉价劳动力成品优势和国内资源的大量消耗，出口不断增长，甚至获得了“世界工厂”的美誉。到 2004 年底，中国进出口占 GDP 的比重(贸易依存度)已达到 70%。

自 2008 年金融危机导致出口减少，扩大内需自然就成为我国经济发展的重点。发达国家消费占 GDP 的比重是 60%左右，美国、西欧消费占 GDP 比重是 70%，与之相比我国进出口总额曾一度占 GDP70%，而 1992 到 2009 消费占 GDP 比重不断下降，由 72.5%下降至 45.4%。两百多年前，亚当斯密写《国富论》的时候，他就非常惊叹地写到：“中国市场规模不亚于欧洲所有不同国家加在一起的规模。”可见我国国内市场规模具有极大优势，消费对经济增长的贡献潜力还是相当大的，因此中国经济从外向型转内需型已经迫在眉睫，藏富于民刺激消费，扩大内需是必由之路。国家发改委副主任张晓强在 2010 年 1 月接受“中国之家”记者芮成钢采访时表示“这些年的发展比较快主要的是靠投资出口的拉动，也靠大量地使用自然资源，环境也付出了很大的代价，所以我们现在强调要加快转变发展方式，优化产业结构。”

“坚持把经济结构战略性调整作为加快转变经济发展方式的主攻方向。构建扩大内需长效机制，促进经济增长向依靠消费、投资、出口协调拉动转变。”这是“十二五”规划纲要中对新时期经济发展方式的表述。其中，在拉动国民经济的“三驾马车”中，消费第一次出现在投资与出口之前，表明中央对扩大消费的重要性认识超越以往。

1.3 扩大消费与经济转型的关系

内需主要由投资与消费构成，是国家推动经济增长的原动力。其中投资方面在短期内增加财政支出，对经济刺激作用时滞短见效快，有利于经济增长与结构调整，所以政府在 2008 全球金融危机以来出台了包括 4 万亿投资计划在内的一系列旨在刺激经济发展的政策，也取得了良好的效果。但是，从投资与消费的关系来说，没有投资需求就没有消费需求的物质基础，没有消费需求就没有投资需求的动力，投资需求在一定意义上是消费需求的派生需求；从投资与消费两者对经济拉动的角度来说，投资需求对经济增长的短期效果十分明显，而从社会再生产角度分析，只有消费需求才是经济稳定增长的真正持久动力，盲目扩大投资需求极有可能导致产能过剩和重复建设等问题。综上所述，与投资相比消费才是最终需求，是经济增长的主要动力，所以扩大内需的核心在于拉动消费。“将欲取之，必先予之”，收入决定消费，没有收入的支撑，扩大消费就是无水之源无本之木，无异于空中楼阁，所以要扩大消费首先应当增加劳动者经济收入，扩大消费的核心在于提高居民收入和生活水平。

以下是经国家统计局修正后的我国近年来人均 GDP 情况，一定程度反映了我国居民收入的增长情况。

表 4 经济普查后人均 GDP 修订情况

年份	修订后		修订前		当年汇率
	人民币	美元	人民币	美元	
2000	7858	949	7086	856	8.278
2001	8621	1042	7651	924	8.277
2002	9398	1135	8214	992	8.277
2003	10542	1274	9111	1101	8.277
2004	12336	1490	10561	1276	8.277

一直以来，我国 GDP 都存在总量大而人均少的问题。中国国家统计局 1 月份公布的数据显示，初步测算，2010 年中国 GDP 为 397983 亿元(5.88 万亿美元)，中国超越日本成为世界第二大经济体，按可比价格计算，比上年增长 10.3%，增速比上年增长 1.1%。但是中国的人均 GDP 只有约 3600 美元，排位在世界一百位之后，3600 美元的人均 GDP 只相当于世界人均 GDP8000 美元的 44%，从客观数字的角度得出我国人均离世界平均的一半都不到。更为重要的一点是，在多种原因的共同作用下多年来普通居民工资收入在国民收入分配中比例逐年下降，产生了“国富民穷”的怪现象，中华全国总工会集体合同部部长张建国在 2010 年 5 月接受中工网采访时表示我国居民劳动报酬占 GDP 的比重，在 1983 年达到 56.5%的峰值后，就持续下降，2005 年已经下降到 36.7%，22 年间下降了近 20 个百分点。

以下图 1 为国家统计局在 2011 年 2 月公布的我国 2006—2010 国内生产总值及其增长速度，平均增长速度高达 11.2%，远高于 2010 年世界经济增长率 3%的平均水平。

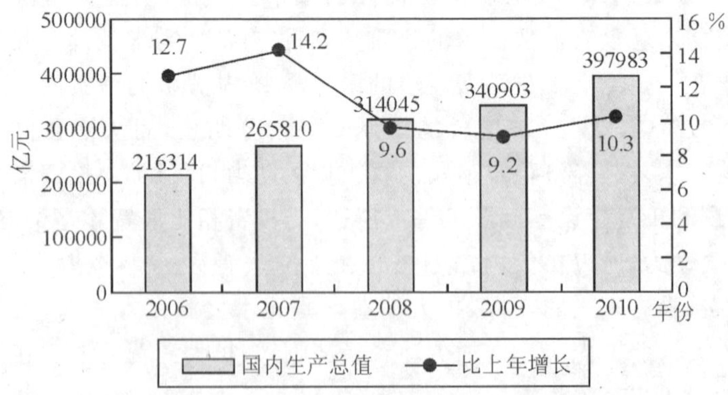

图 1 2006—2010 年国内生产总值及其增长速度

毫无疑问，作为一个社会主义国家，市场化和经济增长并不是中国经济转型的唯一标准。无论是市场化还是经济增长都只是经济转型的手段与阶段性目标。我国处于社会主义初级阶段，社会主义初级阶段的主要矛盾为：人民日益增长的物质文化需要同落后的社会生产之间的矛盾。邓小平在建设有中国特色社会主义理论中提出共同富裕是社会主义的本质规定和奋斗目标，因此，实现经济社会可持续发展并保证我国人民福利水平的不断提高才是社会发展与经济转型的最终目标，经济转型是实现该目标的手段。

根据马克思唯物辩证法，矛盾具有普遍性，矛盾双方在一定条件下相互转化：虽然说实现经济社会可持续发展并保证我国人均福利水平不断提高才是社会发展与经济转型的最终目标，但反过来，收入提高对经济转型的意义重大，它不仅仅是引导人们参与改革的力量，更重要的是它推动了对市场经济来说至关重要的个人财产制度的形成与发展，大大提高了市场经济的经济效率。收入提高后产生的消费需求可以为经济转型提供强大的动力，也会进一步促进和引导经济转型的良性发展。

2. 制约消费与转型的因素分析

近年来，国富民穷和国进民退等现象逐渐引起了广大人民和经济学家们的关注和讨论，这是居民收入不高和经济转型不完善的外在表现，根本原因在于经济结构和经济体制的不合理。

2.1　国富民穷的分配格局限制了消费，制约转型与发展

国富民穷是居民收入不高的表现，体现出我国经济结构与收入分配格局的不合理。2010 年中国 GDP 总量超过日本成为世界第二大经济体，而中国的人均 GDP 只有约 3600 美元，排位在世界一百位之后，居民工资收入占 GDP 比重更是 22 年来不断下降。其原因大致有三点：

(1)税负较重，我国个人所得税一直采用超额累进制，1981 年个人所得税正式开征，800 元为起征标准，与当时职工月平均货币工资 378 元相比是很高的标准。1993 年国务院发布了《中华人民共和国个人收入调节税暂行条例》，规定对本国公民的个人收入统一征收个人收入调节税，纳税的扣除额标准为 400 元，2005 年又调到 1600，2011 年 9 月 1 日起最新个税起征点才提高到 3500 元，与外界呼吁的 5000 以上差距较大。国家统计局在 2011 年 3 月公布的 2010 年城镇在岗职工月平均工资为 1730 元，国家统计局数据显示 2010 年武汉等大城市月平均工资则突破 3000 元大关，相比之下 3500 元起征点确实不高。

个人所得税的立法原则中有一项公平原则，指国家征税要使纳税人的负担与其经济状况相适应，以保证各纳税人之间税负的水平均衡，所以经济能力不同的人税收负担也应有所不同，简单地说就是“高收入者多纳税，低收入者少纳税”。然而

在实际操作中，现行的超额累进税制并没有充分考虑纳税人的实际经济情况，仅仅以工资作为征收对象，没有考虑到纳税人的婚姻状况，家庭构成和赡养负担等问题，使其一定程度上沦为"工资税"，难以体现个人所得税制定时的初衷，不利于发挥出个人所得税合理调节收入分配的效果，从而影响到居民的实际可支配收入的增加，抑制了扩大消费的原动力。。

以下为国家统计局2011年3月发布的2010年全国城镇居民主要收入和支出的数据情况。

表5　2010年全国城镇居民主要收支数据变化情况

项目	绝对数(元)	名义增长速度(%)
一、人均总收入	21033	11.5
其中：可支配收入	19109	11.3
(一)工资性收入	13708	10.7
(二)经营净收入	1714	12.1
(三)财产性收入	520	20.5
(四)转移性收入	5092	12.8
二、人均消费性支出	13471	9.8
其中：服务性消费支出	3499	10.4
1. 食品	4805	7.3
2. 衣着	1444	12.5
3. 居住	1332	8.4
4. 家庭设备用品及服务	908	15.4
5. 医疗保健	872	1.8
6. 交通和通信	1984	17.9
7. 教育文化娱乐服务	1628	10.5
8. 其它商品和服务	499	5.3

(2)工资收入增幅不大，收入占GDP比重甚至与GDP增长负相关。近年来我国国民收入初次分配过程中，国民收入向企业和政府倾斜趋势明显，而普通居民工资收入在国民收入分配中比例逐年下降，我国居民劳动报酬占GDP的比重，在1983年达到56.5%的峰值后，就持续下降，2005年已经下降到36.7%，22年间下降了近20个百分点。而欧美国家工资性收入占GDP比重高达55%，我国居民财富积累速度与GDP的快速增长速度不成正比，消费能力不足。由于我国的劳动力

处于刘易斯所说的“人口红利”时期，劳动年龄人口占总人口比重较大，抚养率较低，为经济快速发展创造了有利条件。然而，我国劳动力供求市场上劳动者数量供大于求，与资方相比，处于绝对弱势，想要实现劳资议价的权利很难。保障劳动者劳资议价能力的另一方面在于工会，工会的本质是职工合法权益的维护者，江泽民总书记曾强调过：“工会是干什么的？工会就是替工人说话的，工会肩负着职工各种合法权益的代表者和维护者的神圣职责。”可由于工会方面立法工作不完善，工会自身缺乏独立性等问题，工会普遍职能缺失或弱化，难以维护劳动者集体谈判劳资议价的合法权利。

在这种状态下，劳动者工资增长速度滞后于企业和社会总体经济发展水平，工资性收入自然就提不上去，进一步导致消费乏力。

(3)金融体系不健全，难以获得财产性收入。由于金融体系不健全不完善，金融产品缺乏多样性，居民缺乏完善的个人投资渠道，个人财富难以增值。其中对于广大个人投资者来说门槛最低的股票市场在建立时由于各种原因留下了许多历史问题，如上市公司普遍质量不高，同股不同权，虽然历经股权分置和新证券法对上市标准的规范，仍有许多问题有待解决。广大个人投资者相关素质不高，投机倾向严重。缺乏强有力的机构投资者，难以维护股票市场稳定性。加入 WTO 以来，我国面临国外机构投资者的冲击和热钱的涌入，如何有效应对和防范金融危机，又是一项新的课题。

由于传统习俗和金融体系不健全等原因，我国居民习惯上将个人收入存入银行而非投资，个人储蓄难以转化为投资，加上近年来我国通胀率较高，储蓄利息率实际上是负利率，不仅无法实现“钱生钱”，反而令仅有的资产逐年缩水，个人财产无法持续性增长，消费能力就难以扩大。

(4)社会保障体系不健全，居民对未来不确定预期的保障性投入负担大。社会保障制度是以政府为主体，依据法律，通过国民收入再分成，帮助公民在暂时或永久丧失劳动能力或由于各种原因导致生活发生困难的时候，给予公民物质帮助的制度，包括社会保险社会救济等。我国一直以来的社会保障制度是广覆盖、低水平，当前的社会保障制度改革从仅限于城镇国有企业逐步扩大到股份制企业，民营企业和外商企业中的中方职工，大部分农民都没有纳入社保范围。另外我国近年来城市化发展速度快，历史上社保基金积累不足，加上人口老龄化进程加快，经济结构调整和农村剩余劳动力增加，城镇失业下岗人员增多，社保基金资金缺口在逐年扩大，社保水平自然也相对较低。广大居民特别是农民对未来的不确定预期较大，收入中很大部分作为储蓄以保证未来的生活保障，可支配收入就更少了，消费欲望受到压制，消费需求自然就上不去。

以下的图 2 与图 3 为国家统计局 2011 年 2 月发布的 2010 年国民经济和社会发

展统计公报中2006—2010年城镇居民人均可支配收入及其增长速度和城乡居民人民币储蓄存款余额及其增长速度，可以发现近年来每年储蓄率增长速度比可支配收入增长速度平均高出72.2%，充分表明了劳动者对自身未来不确定预期的担忧。

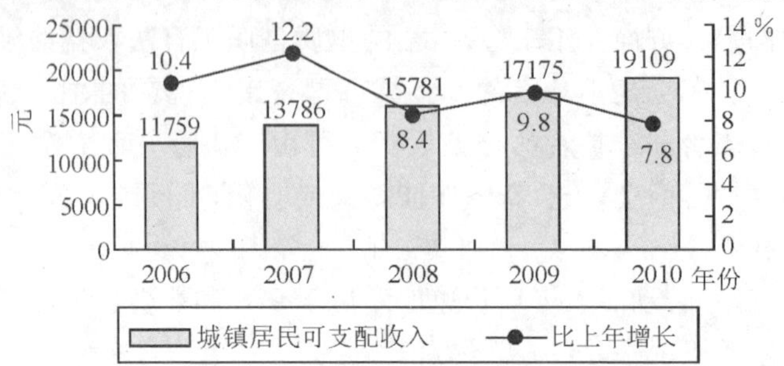

图2 2006—2010城镇居民人均可支配收入及其增长速度

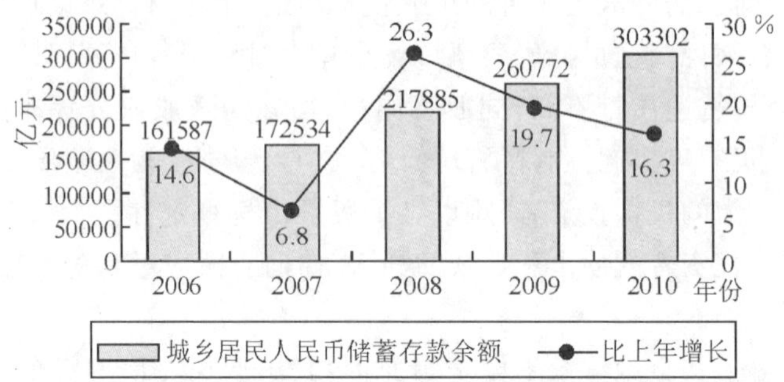

图3 2006—2010城乡居民人民币存款及其增长速度

2.2 国进民退的产业演进过程制约民营企业的发展和中国经济转型

国进民退的产业演进过程体现了我国经济体制的不合理，其原因大致有二。

(1)缺少金融支持和政策扶持。民营企业作为市场经济的主体，改革开放30多年来，中国的民营企业创造了极大的社会财富，为中国经济做出了巨大的贡献，私营企业占中国法人企业的60%以上，解决了社会新增的非农就业人员的80%以上就业问题，拥有全国66%的专利、74%的技术创新以及82%的新产品开发。但是我国资本市场尚不健全，没有形成多层次的资本市场体系，还缺乏为中小企业融资服务的子市场。与此同时，我国资本市场受到计划控制与行政干预的影响较重，中小企业与国有大企业相比缺乏平等的进入机会，

2008金融危机以来，我国政府的4万亿投资大部分涌向了国有企业，银行业的贷款也偏向于国有企业，国企利润屡创新高而民营企业缺乏金融资金支持，难以做大做强，其扩大就业的能力也明显受到限制，劳动者工作收入提高的诉求也被压抑。

(2)税负重。我国税制在设计时，考虑到实际征收率不高的因素，实行“管打窄

收”即名义税负高和实际税负低的机制，在不提高税率不增加税种的同时，只要提高征收水平，企业和居民的负担就会大幅增加。在金融危机背景下，部分出口型民企资金链断裂而破产，减税乃当务之急。另外企业税负本身就存在不公平，比如经济特区和涉外企业的税收优惠很多，而中西部地区本身起步晚，经济欠发达，税收优惠反而比较少，不利于区域经济均衡发展。

2009年福布斯杂志发布了“税负痛苦指数榜单”，中国税负痛苦指数为159，在公布的65个国家和地区中排第二，其统计方法是将公司所得税、个人所得税、增值税等税种最高档次税率汇总，虽存在一定局限性，却也从侧面反映了我国税负负担较重的现状。企业在依法上缴各项税费之后，净利润大幅减少，分配给劳动者的工资性收入就更少了，以致居民消费能力有限。

3. 扩大消费推进转型的基本思路

针对以上问题，结合财政学，宏观经济学，金融学，经济法等学科相关知识，笔者提出了以“民富民进”为主导思想以经济转型为手段，以提高居民收入、增强民营企业的活力为核心，对现有的许多政策做必要的修正，从而实现扩大消费与经济转型的良性互动。

3.1　鼓励“民富”，扩大消费促进转型

3.1.1　减轻个税负担，逐步考虑采取平税制，体现税负调节收入分配的本质

适当提高个税起征点，增加居民可支配收入，扩大消费需求。央行货币政策委员会委员、清华大学教授李稻葵一篇名为《个税必须全面系统改革》的文章中，用“成本巨大、设计简陋”来评价现行个税制度的设计框架。文章称，当前中国的社会基础不支持西方式的高税额、高累进的个人所得税制。建议中国实施平税制度。平税制，其实就是单一税率，是指大幅度降低个税税率，同时降低个税的累进幅度，用一个比较平、比较低的税率来征税。这样的税制相对简化易行，节约社会成本和政治成本，而且也有他山之石可供借鉴。目前，俄罗斯、新加坡、中国香港地区、爱尔兰都施行了简单的平税制度，它们的最高税率在15%左右甚至更低。现行税制更大的作用在于平衡贫富差距，单一税制的好处，一个是可以简化税制，另外一个，税基还是尽可能宽一点。

3.1.2　完善社会保障体系，减少居民对未来不确定预期的担忧

①建立统一的企事业单位职工基本养老保险制度，建立和完善城镇基本医疗保险制度，实现由低水平到高水平的转变。

②建立稳定规范的社会保障基金来源机制，保证国家财政和企业对社保资金的投入，逐步提高社会保障支持占GDP的比重，努力开辟新的筹资渠道。

③逐步扩大社会保障体系覆盖范围，将广大农民纳入社会保障体系，从广覆盖

过渡到全覆盖。

④规范社会保障资金的管理与运营，在保证资金安全性和流动性的前提下通过合理投资实现保值增值。

3.1.3 完善和优化金融体系，进行金融创新，增加居民获得财产性收入的渠道

①进一步加大金融创新力度完善金融体系，结合我国国情研发新的金融产品，正确引导个人投资方向，拓宽居民投资渠道，增加财产性收入，实现“钱生钱”的良性循环，从而扩大消费需求。

②加强对国内机构投资者如上市型开放式基金和封闭式基金的培养和支持，正确引导机构投资者和个人投资者的投资方向，鼓励投资能力有限的个人投资者将资金委托机构投资者管理运行，充分发挥机构投资者稳定市场和促进金融市场发展的功能。

③逐步加大引进国际知名的合格境外机构投资者进入我国金融市场的力度，一方面学习其先进的经营管理理念与方式，另一方面促进我国金融市场发展规模的扩大和稳定性。

3.1.4 完善法律体系，强化工会职能，鼓励支持劳资工资议价

①进一步完善劳动者保障法及相关法律法规，强化工会职能与权力，出台新政策，要求其切实维护劳动者合法权益。

②出台鼓励政策大力支持劳资议价，对积极开展劳资议价的企业进行税收减免或其它有吸引力的鼓励支持。

3.1.5 完善信用消费制度，扩大消费能力

①结合发达国家信用经济的先进经验和我国国情，整合各方信息资源建立我国居民的个人信用评级体系，加强相关立法，建立健全消费信贷的法制环境，为完善和发展信用消费创造基础条件。

②结合市场需求研发新的信贷产品，满足不同消费者的消费需求，有效扩大消费者消费意愿与需求。

3.2 鼓励“民进”，激活经济的细胞组织

3.2.1(1) 减轻企业税负，让利于民，引导企业将利润分配给广大劳动者，提高劳动者劳动报酬在初次分配中的比例，从源头上增加居民的收入从而扩大其消费需求

①逐步降低增值税，营业税等税负水平，对出口型企业进一步完善出口退税政策，加大对高科技产业的税费减免力度。

②实现税负公平，改变歧视性税负政策，取消外商的超国民待遇和地区性税负歧视，如在中西部地区将国家鼓励外商投资和经济特区的一些税收优惠政策也给与国内企业，刺激国内投资需求，从而扩大内需。

3.2.2(2) 大力发展第三产业,重点扶持民营企业,加大金融扶持力度

①大力发展第三产业,重点扶持高科技金融等资本技术密集型产业,促进现代服务业的发展,创造新的经济增长极,带动经济增长与经济转型。

②逐步转变国有商业银行经营观念,重视对民营企业的信贷支持,完善对私营企业贷款管理办法,加强与地方城市信用社地方商业银行的合作,打破空间限制,拓宽服务区域。

③积极鼓励发展中小民营银行,指定落实针对中小银行的政策扶持,提供一个平等公平的发展平台,以增加对民营中小企业的融资。

④建立风险基金和风险投资公司,支持风险型企业与高科技行业发展。

⑤逐步完善直接融资制度与渠道,为中小企业进入资本市场直接融资创造条件。

3.2.3(3) 鼓励自主创业,以创业带动就业

①减少限制性条件,降低创业门槛,简化程序,出台鼓励创业的相关政策。

②加强对以大学生为主体面向全社会创业者的创业指导与培训,引导其确定合理的创业目标创办产生较大社会价值的企业。

③加大财政补贴力度,逐步建立风险投资机制,解决创业者初期资金不足的普遍问题。

参考文献

[1] 陈共．财政学[M]. 中国人民大出版学社,2004

[2] 高鸿业. 西方经济学[M]. 中国人民大学出版社,2011

[3] 弗里德曼. 货币金融学[M]. 中国人民大学,2011

[4] 武芳梅. 中国经济转型的终极目标与路径选择[EB/OL]. 中国人民大学

[5] 张咏合. 扩大内需中的企业融资制度创新[EB/OL]. 河北师范大学

[6] 盘文意. 从社会保障视域审视扩大内需[EB/OL]. 玉林师范学院. 玉林师范学院学报,2009 年第 6 期

[7] 魏明英. 从税收的课税原则看中国个人所得税的免征额[EB/OL]. 华中科技大学. 经济与管理,2005 年第 9 期

[8] 王冬芳. 我国企业税收存在的问题及成因分析[EB/OL]. 山西师范大学. 山西煤炭管理干部学院学报,2003 年第 4 期

[9] 马晖. 个税改革再增激辩[J]. 商周刊,2011 年第 10 期

[10] 李尚竹. 如何实现从“国富民穷”到“国富民富”的转变[J]. 经济导刊,2011 第 5 期

[11] 经济普查后中国 GDP 数据解读[EB/OL]. 国家统计局,2006 年 3 月 8 日

[12] 2010 国民经济和社会发展统计公报[[EB/OL]. 国家统计局,2011 年 2 月 28 日

[13] 仇善文,蔡新生. 工会现状的把握与工会工作的新突破[J]. 工会论坛:山东省工会管理干部学院学报,2001 年第 4 期

[14] 王倩,徐彬. 中小企业融资模式探讨[J]. 经济前沿,2007 第 12 期

在校大学生创业团队建设问题初探

——基于“挑战杯”创业计划大赛的思考与启示

李若阳

（武汉理工大学管理学院企业管理专业 2011 级硕士研究生，武汉 430070）

摘　要：本文基于“挑战杯”全国大学生创业计划竞赛的实践，以“唐僧团队”“刘邦集团”“英特尔公司管理团队”为例，认为在创业体制逐渐完善的今天，决定在校大学生创业成败的关键在于是否拥有一支高绩效的创业团队，并且探讨在校大学生创业团队的理想型，同时通过对参加“挑战杯”的“睿博创业团队”的案例分析，对在校大学生创业团队的建设方案进行探索，为使“挑战杯”能够更加真实的成为大学生实现梦想的舞台提出一点建议。

关键词：团队建设；大学生创业团队；在读大学生创业团队建设；挑战杯

1. 在校大学生创业团队的理想型

任何企业要想获得成功，都应该有一个高效的管理团队，创业企业更不例外。面对瞬息万变的竞争环境，在读大学生创业者已经开始思考什么样的团队才是理想的创业团队。

1.1　高绩效创业团队的团队特征

创业团队不仅是一个资源、知识和能力的结合体，而且是团队与环境的汇聚点，还是建立团队战略优势的关键。高绩效的创业团队则应该是具有区别于其他任何团队的个性化特征的团队，而且这一个性化特征必须是推动团队不断向前发展以及提升团队竞争力的源动力；高绩效的创业团队应该是具有积极向上的氛围的团队，团队成员激情饱满，胸怀抱负，高度信任，密切合作；高绩效的创业团队应该是管理制度简明有力的团队，竞争中完美实现组织目标。

1.2　高绩效创业团队的成员特征

在校大学生创业是否能够取得成功在于是否拥有一支高绩效的创业团队，而是否能够形成高绩效的创业团队，其关键在于团队成员。有效运作一个团队需要三种不同技能类型的成员，需要具有技术专长的成员；具有解决问题的决策技能，能够发现问题,提出解决问题的建议,并权衡这些建议,然后做出有效选择的成员;需要善于聆听、反馈、解决冲突以及其他人际关系技能的成员。此外,高绩效创业团队的每一个成员本身应该是人性假设理论中阿基里斯、马斯洛、麦格雷戈等美国心理学家提出的“自我实现人”。热衷于发挥自己的才能和创造性,要求工作,从事工作如同游戏与休息一样自然,在正常情况下愿意主动承担责任,如果对工作做出承诺,能做到自我引导自我控制。

2. 在校大学生创业团队的建设方案

2.1 激情管理塑造高效团队

激情是一种超越和超常的情感,是被激发起来的一种高昂的精神状态,是团队不断向前的动力。激情管理就是要通过各种形式,激发团队成员的这种超常情感,并使这种高昂状态得以延续和保持的管理方法。

2.1.1 激情来源于价值驱动

一个明确自身价值和使命的人,能够忍受一切苦难,克服一切困难,创造奇迹。因此在团队建设过程中,要形成一个成员共同认可的组织愿景。这是使成员明确自身价值和使命的第一步,也是建设高效团队的第一步。

对于组织愿景,绝不能仅仅停留在喊口号的层面,而应该是切实可行和具体可知的目标和规划,与成员的成就和价值回报相联结,与员工的个人愿景相联系,使成员能够找到其与组织理想的契合点,从而获得真正的心理归属感。

2.1.2 激情来源于自我挑战

高效团队若要保持长久的激情,就要勇于自我挑战。一方面,团队应处于“不断提高组织目标——实现组织目标”的良性循环中,总在不断的进行“自我否定——自我剖析——自我肯定——自我实现”,形成积极向上、敢于自我挑战的团队氛围。另一方面,对于成员而言,更为重要的是引导成员正确面对挫折,鼓励成员不断挑战自我,不断吸收新知识,学习新技能并享受超越自我的乐趣。

2.1.3 激情来源于真心真情

团队激情管理的根本是对成员价值的认同和区分,但成功实施的关键却是团队和发起人的真情。激情管理就是以心交心、以情换情,通过团队发起人与团队成员重视、尊重、培养唤起成员对团队的热爱,激发成员工作的热诚。

2.2 信任打造高效团队

现代企业管理中,“让员工确立‘这是我的企业’的信念,他就会与公司共命运;让员工自己做决定,他就会对自己的行为负责任”的领导思想越来越被广泛认可。远不同于传统的“命令—控制”式的领导,这种领导方式可以更好地激发员工的激情和活力，提升企业的竞争力。这种领导方式的关键在于，让员工自己做决定，为自己的行为负责任。这种授权是建立在信任的基础上。以往大量研究表明，高信任总是与高的团队绩效密切相关，信任可以避免利益冲突带来的相互伤害，是团队有效运行的重要支撑。

2.2.1 团队建设中信任的意义

信任，一方面指成员对团队以及团队发起者的信任，另一方面也指团队成员间的相互信任。其中，成员对团队以及团队发起者的信任中又包含两层意思。第一层意思，成员对团队未来的信任，即该团队是否可以继续发展下去。针对这一点，只要团队短期目标设置合理，团队可以实现“提升团队目标——实现团队目标”的良性循环，成员对团队的未来有信心，就会信任团队。第二层意思，团队信任表现为一种与信任相协调的制度。这些政策制度承载着公司的价值观，比任何语言都更有说服力，更能清晰地传达信息。团队信任是无形的，但如果团队所制定的政策制度与信任原则不一致，将会破坏已经建立起来的信任关系。比如团队的某些制度表现出组织对成员的不信任。

对于团队成员间的相互信任而言，爱德华·马歇尔认为，当人们真正彼此信任的时候，就有了高效率。在团队中，高度信任可以使成员之间很快达成一致意见，即便说错了什么也没关系，因为别人能理解他的意思；而低度信任意味着成员之间相互猜疑，每个人都要注意遣词造句，即便如此还是会经常被误解。高度信任意味着支持和配合，即便出现一些挫折，大家也能相互帮衬共度难关；而低度信任则意味怀疑和拖延，即便是顺境也有可能因此贻误战机，更不要说逆境时的指责和相互推诿。

2.2.2 建立信任关系的措施

高度的相互信任既是团队成员合作的前提，也是企业家得以授权的基础，团队建设要求企业家要加速观念的转换，广纳贤才，只有把权利和义务充分结合起来，才能建立起良好的团队氛围。团队目标的明确程度、团队领导者的作用、队员的角色期待、沟通和共享机制的状况、激励机制及环境等因素都将影响团队信任及团队成员间的信任关系。增进相互间信任可以通过共同讨论问题，利用“头脑风暴法”解决问题，在解决问题的过程中增进彼此的了解，加深彼此间信任。

此外，增进相互间信任还应做到，其一是表示尊重。“己所不欲勿施于人”，这种尊重表现为关心和重视他人的意见。当成员感觉到受尊重时，他们也会更看重自己的工作，从而迸发出更高昂的工作热情。

其二是营造公开透明的氛围。有时候人们把信息知晓权当成是一种权利，很享受垄断信息的满足感，尤其是对于领导而言。不过这种做法往往会造成成员的不满，认为自己没有得到足够的重视。

其三是知错就改，尽力对错误进行补救。团队的发起者往往被默认为团队的领导者，没有人永远不犯错误，领导者也不例外，关键是能否意识到自己错了并及时纠正。领导者往往会碍于面子而不去纠正，从而损害了自己的可信度。

其四是承担责任。当领导者勇于承担责任时，就能获得更多的信任，同时也要努力让成员自己承担责任。当他们有机会承担责任时，就能感受到领导以及队友对他的信任，其自信心也会加强。

其五是传递信任，让行动者了解对他的信任，这将有助于改进其行为及结果。

2.3 激励发展高效团队

企业初创时，团队建设中忽视建立有效的激励机制，激励方法难以调动大家的积极性和有效发挥人员的潜能。要想使团队效益最大化，就要在团队建设中注重适当的激励机制的建立。

2.3.1 团队建设中激励的意义

在团队管理中单纯加强某一方面的工作往往容易收之桑榆，失之东隅，陷入“上有政策，下有对策”的误区。所以需要激励机制加以辅助，实现创业团队的良性互动，使团队时刻保持对自身和外界的理性认识，形成竞争优势，从而实现整个团队的资源的优化、目标的实现、高效的发展。

此外，创业团队精神的形成、在很大程度上也决定于企业的激励机制。所谓团队精神，是指团队整体的价值观、信念和奋斗意识。团队精神主要包括以下三个层次：一是团队的凝聚力，它不仅是维持团队存在的必要条件，而且是增强团队功能，实现团队目标不可或缺的条件。二是团队成员之间的信任感和合作意识，团队成员在工作中能够互相依从、互相支持、密切配合，建立平等互信、相互尊重的关系。三是团队成员的士气，团队成员有为团队的兴盛而尽职尽责的意识，具体包括完成任务、勇于创新、遵守团队的规则等。团队精神的精髓在于其协同精神。协同精神是所有成员的动机、需求、驱动力和耐力的结合体，是推动团队前进的强大力量，当所有成员都忠诚于团队，为团队的整体利益而共同努力时，协同精神就会产生。

2.3.2 团队建设中激励措施

有效的激励措施，可以提高组织的学习能力，营建良好的团队精神，建立和谐的人际关系，培养积极进取的组织文化，促进组织与员工目标的实现。具体措施如下：

第一，重视沟通。为完成共同的目标与任务，团队成员必须及时沟通、相互合作。千方百计地促进沟通。

第二，激发士气。当团队面临挑战时，成员会焕发斗志，取得优异成就。所以，当团队完成某项任务时，可为团队设置更具有挑战性的目标保持这种斗志。

第三,定期告知新信息。新的信息可能代表一种挑战,使团队保持创新状态。同时,常与外界交往,团队将不会失去进取精神。

第四,承认并奖励成员贡献。对于那些为团队成功做出重大贡献的成员,必须给予重奖。当然,奖励既可以是物质的,也可以是精神的。

第五,建立精简有效的绩效管理制度。企业的各项制度只有在其逐渐发展壮大的过程中,才能逐步完善和规划,创业期团队建设的绩效管理应该简单而高效。

3. 案例分析

3.1 背景介绍

"睿博创业团队"由武汉理工大学 7 名在校本科生及 1 名硕士生组成,女生 5 人,男生 3 人。专业及研究方向分别为工商管理、金融、人力资源管理、艺术设计、计算机、光纤光栅传感技术等方面。团队的发起者小覃具有很强的社会活动能力及人际关系资源,曾任 2009 届武汉理工大学团委宣传调研部部长、第三届"荆楚英才学校"湖北大学生骨干培训班宣传委员及实践分队团支书,在《湖北日报》实习,参与两项专题调研,并赴北京参与采访大型公益活动;核心成员小于主修金融专业,从事管理、营销、风险分析多项研究,具备有很强的领导才能,参与学院多项工作并担任骨干,发起并参与创办经济学院重要杂志《经济学人》;技术骨干小何 2001 年入伍,少校,现为武汉理工大学光纤中心研究生,从事光纤传感技术及计算机方面研究;骨干成员小代曾参与网站设计、企业 VI 视觉系统设计等多项实体项目的设计工作,在专业类比赛中获得第三届全国广告艺术大赛湖北省一等奖、国家三等奖、"奥运之光,梦想再望"全国书法美术摄影才艺大赛金奖、第十四届世界和平书画大赛特别金奖等,同时曾担任过院马协研究会常务会长、校篮球宝贝、学管会宣传部副部长等,多次被评为武汉理工大学优秀三好学生,并以综合测评班级第一的成绩保送本校研究生;其他四名成员均精通于各自专业知识,性格开朗,勇于承担责任。

该团队的创业项目是"基于光纤光栅传感的翻车机在线健康监测系统",项目主要成果来源于国家 863 项目"光纤光栅传感技术及产业化研究",国家重点新产品项目"分布式光纤光栅应变传感器",武汉港迪电气有限公司的起重设备监控及管理系统,以及由武汉理工大学承担的基于光纤光栅传感器及其检测技术的重大工程结构长期健康监测和安全评估技术、分布式虚拟设计制造等技术。创业公司将与上述单位合作,对项目进行商业化推广。

3.2 创业团队薪酬管理方案设计

3.2.1 薪酬结构

员工薪酬计算公式:

员工薪酬＝固定工资(40%)＋绩效工资＋弹性福利＋奖金＋其他项目

固定工资＝岗位工资＋社会五险

绩效工资＝绩效考核系数×公司经营利润

弹性福利：即根据公司设计的福利菜单项目，员工用上年全年绩效工资收入的20%核算点数(一元钱折合一点)，申购适合的福利项目，由公司统一购买。以3年为周期，年末申报，经核准，次年1月1日生效。

奖金：付给为企业做出特殊贡献的员工，独立于其他项目，与绩效考核无关。一次性付清，及时发放，强化激励。

其他项目：主要指差旅费、加班工资及未详尽部分。

3.2.2　年薪制

(1)适用对象为公司董事长、总经理、副总经理，董事是否适用，由董事会决定。

(2)公司经营者与其业绩挂钩，其工资与年经营利润成正比。

(3)年薪＝固定薪酬＋提成薪水。

(提成薪水＝经营利润×绩效考核结果所对应提成比例)

(4)固定薪酬按月预发，根据年基薪额的1/12支付。

(5)提成薪水，在公司财务年度经营报表经审计后核算。

(6)实行年薪制职员须支付抵押金，若经营业绩不良，则用抵押金充抵。

(7)考核指标与资产增值幅度、技术进步、产品质量安全等挂钩。

(8)年薪制须由董事会专门作出实施细则。

3.2.3　结构工资制

(1)适用对象为与公司签订正式劳动合同的所有员工。

(2)实施办法按照“3.2.1(1)”薪酬结构的原则进行实施。

3.2.4　弹性福利计划(福利菜单)

创业期，团队为了激励成员工作热情将实施弹性福利计划，设置福利菜单。弹性化激励方案是与传统的重物质金钱的激励措施相对而言的，是把知识型员工的个性考虑在内，从他们的需求出发，以成就和成长为重点的激励方案。

(1)确定福利点值

根据上年度总福利支出与纯工资支出的比例，制定每人的基本福利限额。即按个人上年全年绩效工资收入的20%核算点数，一元钱折合一点，单人年最高点数不超过20000点。

(2)福利点值使用方式

在点值限额内，员工可以自由选择菜单组合。点值帐户积累以三年为周期，连续超过三年不用的不再续点，余额超过3000点的不再续点。在离退休等劳动合同正式解除时刻，未使用的点数按每点一元钱折合现金，发放本人，但需依法纳税。

如劳动合同非正常解除(辞退、除名、自行辞职等),不折合现金发放。

(3)福利菜单

通过对员工的调查,从中选择排在前列的20多项福利作为可选项,国家法定福利作为核心项,列入公司固定工资部分,不能自主选择。各项目的福利点数是每位员工使用该项目的最高限额,福利项目以3年为周期,由员工年末申报,公司人力资源部统一购买,福利点数直接从员工的福利账户中扣除,并于次年1月1日生效。公司无法统一购买的部分可以折现(如住房津贴、上下班交通补贴、有薪假期、法定假期补贴或其他临时不能购买的)。

福利菜单项目

(1)工作餐1500点,住房津贴2000点,上下班交通补贴1200点。

(2)业务素质培训500点,岗位技术培训600点,管理技能培训1000点,海外培训15000点。

(3)书报费补贴500点。

(4)商业性补充养老保险1000点,大病保障险2000点,人身意外伤害险500点,财产保险500点,私人养车车辆险1000点。

(5)法定假期补贴1500点,有薪假期(法定假期外):7天内250点/天,7～14天400点/天。(注:有薪假期无补贴,属于员工用点数购买天数的性质,但不得与法定休假连休,不能影响正常工作)

(6)娱乐补贴(成立协会,俱乐部补贴):1000点

(7)商业性购物贷款2000点,商业性购物贷款利息补贴500点。

(8)直系亲属工作安排50000点,子女就学补助2000点,托儿津贴1000点。

3.2.5　特殊贡献奖赏(奖金)

(1)利用奖金奖励工作分析无法涉足的灰色地带,奖励金额20～150元不等;

(2)利用奖金奖励为公司创造利润或收益的员工,奖金所得=(0.35%～1.3%)×当年公司净利润。

3.3　睿博创业团队绩效管理方案设计

创业期团队绩效管理以结果导向为指导,以年为考核周期,采取以“目标管理”为主体,“个人绩效合约”与“KPI”相结合的绩效评估方法。

3.3.1　绩效评估结果形式与构成

最终应用的结果有个人绩效总分以及个人绩效等级两种形式,具体应用何种形式由应用目标及要求决定。详见“绩效结果应用”。

表 1　个人绩效等级评定定义表

等级标志	等级定义
Ⅰ	优秀，绩效总分 96—100 分之间＋单个绩效指标等级中无“极差”评定且“优秀”数≥6。
Ⅱ	良好，绩效总分 81—95 分之间＋单个绩效指标等级中无“极差”评定＋4≤“优秀”数<6 或者“良好”数≥6.
Ⅲ	称职，绩效总分 61—80 分之间＋单个绩效指标等级中“极差”数≤1＋“良好”数≥1。
Ⅳ	需要改进，绩效总分 41—60 分之间＋单个绩效指标等级中“极差”数≤4.
Ⅴ	极差，绩效总分 0—40 分之间＋单个绩效指标等级中“极差”数≥4，“优秀”“良好”数＝0。

（二）绩效总分计算公式

绩效总分＝自我鉴定总分（20%）＋直接上级打分总分（70%）＋人力资源部门打分总分（10%）

注释：(1)自我鉴定、直接上级打分、人力资源部门打分的内容一致，详见“单个绩效考核指标等级表”。

(2)其中人力资源部门打分除上述内容外还可能有上级安排的临时活动等特殊情况，特殊情况下的打分规则由其活动具体内容与要求决定。

3.3.2　绩效考核指标定义

表 2　绩效指标评定表

序号	考核指标	指标定义	绩效权重	主要数据来源
1	工作准确性	成本核算及预测的准确性及报表出错率	30%	财务总经理
2	工作效率	工作任务完成时间与规定时间的比较	20%	财务部经理
3	知识技能	专业知识水平及拓展知识	15%	证明文件
4	协作能力	团队精神及其内部协调关系与外部协调关系情况	5%	财务部经理
5	学习能力	新知识的获取及知识技能水平与历史数据比较	5%	财务部经理
6	积极主动性	工作量、工作任务、工作时间与规定的基准值的比较	5%	财务部经理
7	责任感	工作任务完成情况及努力程度	15%	财务部经理
8	出勤率	打卡、加班数量、时间 参加会议及公司活动的到场情况	5%	打卡记录、加班记录、会议记录
合计			100%	

注释：(1)数据来源主要为部门经理工作日志、员工档案、部门经理工作记录。此外，还有员工工

作日志、自我鉴定表,人力资源部的特记事项以及员工举报、同事评价等。

(2)针对为公司或财务部做出重大贡献的员工,对其行为进行单独奖励。其行为不作为绩效考核指标但可作为知识技能、奖励学习能力,责任感等已确定考核指标的动因。

(3)权重为专家打分结果

3.3.3 单个绩效考核指标等级划分

表 3 单个绩效考核指标等级表

考核指标	指标等级状态描述				
	E 极差	D 需要改进	C 称职	B 良好	A 优秀
1	工作懒散,本可以避免的错误频繁出现	较多犯错,工作不细心	大体满意,偶尔有小错误	工作几乎永远保持正确清楚,有错自行改正	工作一直保持超高水准
2	工作慢,从未按时完成平均工作量	低于平均量	符合要求,偶尔超过	超出平均量	速度超乎常人,完成的质量也较高
3	工作相关知识大部分不了解	工作某些方面需要强化	对工作可以基本应对	对工作中的难题基本可以解决	工作各个方面均应对自如
4	无法与人协作,不愿接受新事物	时常不能协作配合,不易相处	大致上可与人相处合作,偶有摩擦	一向协作良好,愿意接受新事物	与人协作配合有效,随时准备尝试新事物
5	只能照章办事,遵从指示,且需不断监督	处理事物常出错,经常需要监督	经常性工作无需指示,处理新事物需监督	多半场合流露机智,极少需监督,主动从事改进	一直主动工作,自动增加额外工作,十分有才智
6	学习能力差,需要反复指导	学习缓慢,看似明白却不能运用到实际中	学习速度尚可,偶尔需要主管指导	学习能力强,并能加以运用	超强的学习能力,并能有效应用
7	有机会就偷懒,时常闲聊	时常忽视工作	通常能坚守工作,偶尔需要提醒	对工作较负责,并从不找借口	一向对工作认真负责
8	请假或迟到频繁	较多的请假或迟到	偶尔的请假、迟到	绝少请假或迟到	从不请假或迟到

注:指标名称见“表 2 绩效指标评定表”相应名称

3.3.4 绩效考核指标标准

表 4 单个绩效考核指标等级表

考核指标	考核标准	分值	评价得分
工作准确性	对工作中的细节及准确度给予应有的重视 能够按是坑质量地完成工作 准确完成工作并体现出应有的专业水平		
工作效率	能够提前完成工作任务		
知识技能	熟悉工作要求、技能和程序 熟悉本行业及产品 熟悉并了解对其工作领域产生影响的政策、实际情况及发展方向 工作中使用工具的熟练情况及专业知识(例如:器材、电脑软件等)		
协作能力	能够与公司各部门、供应商、银行、仓库等一起有效地工作并共同完成本组织工作目标 能够与上级分享资讯,乐于协助同事解决工作中的问题 能够与行为表达对他人需求的理解以及成就的赞赏 能够与他人共享成功的喜悦		
学习能力	能够迅速接受并掌握新知识 不断提高自身专业知识技能水平		
出勤率	满勤(无故缺勤一次扣一分直到扣完为止)		
积极主动性	为达到工作目标而积极地作出有影响力的尝试 主动开展工作而非一味被动服从 从有限的资源中创造出尽可能多的成果 主动开展工作力求超越预期目标 将有创造性的思想加以完善 勇于向传统模式提出挑战并进行有创造性的尝试 是否善于发现资源、进行完善及富于创造性		
责任感	出席会议及遵守时间情况 可信度和可依赖度 接受工作任务情况及本人对完成工作的投入程度 乐于与其他人共事并提供协助 能够节约并有效控制开支 能够对其他人起到榜样的作用		

注释:(1)评价得分可正可负,负值意为扣分,取值区间为["分值"相反数,"分值"]。

(2)分值设定由专家打分,满分为 100 分。

3.3.5　绩效反馈与改进

采用授权式的绩效面谈方法，设计较多的双方互动。绩效面谈的内容包括：工作业绩、行为表现、改进措施、员工绩效合约。

表5　绩效反馈表

<table>
<tr><td>姓名</td><td></td><td>年龄</td><td></td><td>工作年限</td><td></td></tr>
<tr><td rowspan="4">现有常识</td><td colspan="2">现在学历</td><td colspan="3">○初中　○高中　○职高中专　○大专　○大学　○硕士
于____年____月　○毕业　○肆业(____年)　○正在学习</td></tr>
<tr><td colspan="2">所学专业</td><td colspan="3"></td></tr>
<tr><td colspan="2">受过的培训</td><td colspan="3"></td></tr>
<tr><td colspan="2">技术资格及证书</td><td colspan="3"></td></tr>
<tr><td colspan="3">现从事的工作种类及年评</td><td colspan="3"></td></tr>
<tr><td colspan="3">对上司和同事的期望</td><td colspan="3"></td></tr>
<tr><td colspan="3">给公司的建议与意见</td><td colspan="3"></td></tr>
<tr><td colspan="3">期望的培训教育</td><td colspan="3"></td></tr>
<tr><td rowspan="2">自我评述</td><td colspan="2">过去半年里的工作成绩评价</td><td colspan="3"></td></tr>
<tr><td colspan="2">未来半年的工作计划、构想</td><td colspan="3"></td></tr>
<tr><td colspan="3">责任职位担当情况</td><td colspan="2">○尚能担当更困难的工作
○工作适当，但希望担当更困难的工作
○工作适合本身能力
○工作吃力</td><td>○能继续担任现职
○有可能的话可以变更部门
○不适应在公司工作</td></tr>
<tr><td colspan="3">希望任职</td><td colspan="3">职务：　　　　部门：　　　　工种：</td></tr>
</table>

3.3.6　绩效结果应用

该绩效结果将应用于成本会计岗位的薪酬、晋升、培训、绩效合约的签订等方面。

表 6　绩效结果应用对照表(一)

应用项目	考评内容	应用方法	实施时期	实施目的
奖金考评	工作态度	人事考评表	每年一次,定期进行	分配资金
提薪考评	能力、工作态度	人事考评表	每年一次,定期进行	决定提薪额
职务考评	职务熟练度	熟练度考评表	每年一次或者在适当的时候进行	提升职务级 增加职务工资
调配考察	能力	能力评定档案 适应性考察	根据需要而定	调整职务
晋升考察	能力、工作态度	晋升推荐书、述职总结 考察、面谈答辩 考评档案	根据需要而定	确定晋升与否
培训考核	能力、适应力	能力考核	根据需要而定	确定培训的内容

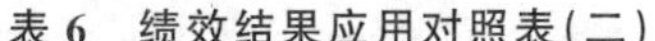
表 6　绩效结果应用对照表(二)

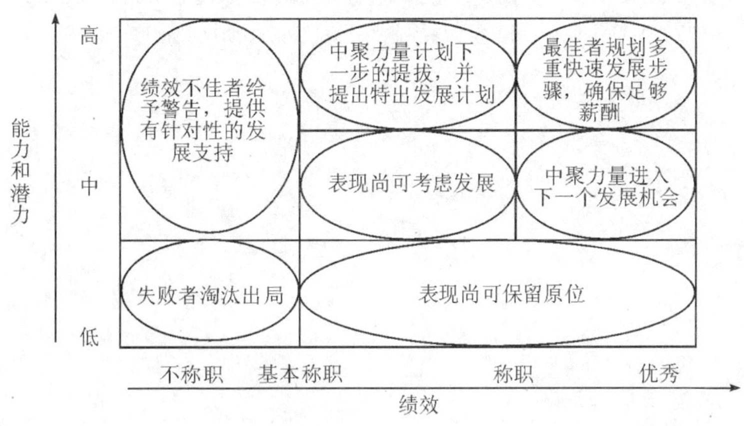

4. 结束语

作为团队的领导者,都希望如前 GE 首席执行官杰克·韦尔奇所说的那样,团队成为将价值转变为行动的地方。每个人都希望员工把公司的事情当成自己的事情来对待,尽心尽力,与公司同呼吸共命运。但现实中往往事与愿违。领导者与员工的关系就像是警察与小偷——没有冲突时若即若离、互不关心,有冲突时往往冷眼相对,甚至恶语相向。因此建设一支优秀的、拥有和谐高效性向的创业团队对于创业企业就显得格外重要。

建设一支优秀的、拥有和谐高效性向的创业团队，需要有坚强的领导核心，坚定的信念，团结紧张的工作作风，各尽所能的用人机制，独立与合作相结合的宽松和谐的氛围，奖惩得当的鼓励措施以及精简高效的制约机制，能干的领导者和一群杰出人士，彼此尊重，会使团队充满了凝聚力和战斗力。

参考文献

[1] 陈玉刚，张东方. 企业团队建设中非正式奖励的运用. 一经济研究导刊，2009(10)

[2] 李建华. 浅析企业团队建设中存在的问题及对策. 山西科技 2009(4)

[3] 潘静怡. 浅谈项目团队管理. 中国集体经济. 2009(22)　睿博科技项目团队

[4] 牟鑫. 浅议团队构建中的几个问题. 中国外资. 2009(3)

[5] 王国伟，曹硕，牛宏光. 优化团队性向实现良性发展——“刘邦集团”对高管团队建设的启示. 赤峰学院学报(哲学社会科学版)，2009(4)

[6] 夏燕红，徐保根. 从"唐僧西天取经"看高效项目团队建设. 经济论坛，2009(22)

[7] 高晓红. 浅谈宽带薪酬的设计与应用. 中小企业管理与科技，2010(3)

[8] 王慧媛，郭海红. 基于价值理念的薪酬模式探讨. 现代商业，2010(3)

[9] 李友德. 宽带薪酬管理体系在现代企业中的运用. 湖南商学院学报，2009(1)

[10] 欧立光. 创业之初的企业人才问题. 国研网数据库一镜像版，2007－08－20

[11] 冯小树. 从英特尔创业看我国高科技企业成长之路. 国研网数据库一镜像版，2007－10－30

基于收入不平等人群动态博弈的通胀形成研究

彭　威

（武汉理工大学经济学院经济学专业2010级硕士研究生，武汉 430070）

摘　要：我国央行的目标不仅包括稳定币值和解决就业的问题，还应包括调节收入分配。本文从不同收入群体与央行之间的动态博弈过程着手研究，发现通胀会随着时间的推移不断增加，但是最终会趋于一个稳定的通胀率。而拥有多重目标的央行短期最优通货膨胀率会更低一些。从长期来看，在治理通胀的时候不仅要考虑政策的动态一致性，也要考虑通胀对不同收入群体冲击的差异性。

关键词：通货膨胀；博弈；收入不平等；理性预期

1. 引言

传统的经济理论在研究通胀形成的过程中一般都将注意力放在中央银行和公众博弈的基础上。在完全信息的条件下，央行的政策目标是在给定公众预期的情况下选择最优的通货膨胀率。自20世纪90年代以后，西方学者对货币政策的博弈进行了大量的研究，其中最重要的反面包括在不完全信息的条件下，由于公众对央行政策可信度的怀疑，使得反通胀总要承担很大的牺牲率。如果政府能够承诺政策的可信度并且公众能按政策的预期选择行动的话，是可以使牺牲率降低甚至消除。但是一般情况下，政府的事先承诺不满足动态一致性，也就是说政府事后没有积极性实施它的承诺。

实际上考虑我国国情的话，货币政策的博弈不仅包括央行和公众之间的博弈，还包括不同收入群体之间的博弈。这是因为通胀对不同收入群体之间的冲击是不一样的，这是一个涉及多方利益的动态博弈过程。虽然1955年的《中国人民银行法》规定我国央行的首要目标是稳定币值，但是从实际来看，我国央行还承担着保增长，调节收入分配的任务。目标的多样化也决定着博弈过程中央行选择最优通货膨胀率的变化。国内也有不少关于货币政策博弈的研究。欧阳洁(1999)从影响各方博弈的角度开展研究，认为中央银行和经济主体的货币政策博弈会导致货币政策不能达到预期的效果。詹锋华(2006)通过把支付矩阵引入到博弈中，发现政府的货币政策并非由单方面决定的，各方的博弈都将会对结果产生影响。徐亚平(2010)通过政府对通胀的预期和公众通过学习得到的预期对比发现政府计划的通胀往往是不可靠的，公众预期的形成是在考虑各种因素动态作用之后得到的。

通过回顾发现，国内的研究比较深入而宽泛。大多数的研究依然集中于中央银行和公众之间的博弈上，较少考虑到不同收入群体之间的博弈过程。本文从央行的多样化目标着手，考虑到各方动态博弈的过程，为通胀的形成和发展提供了一个新的视角。

2. 博弈分析

先看看经典的凯兰德和普莱斯考特货币政策博弈模型。央行关心的是通货膨胀和失业率的问题，它所面临的问题如下：

$$\max U=-c\pi^2-(y_1-ky_t^*)^2 \qquad (2-1)$$

$$\text{s. t. } y_t=y_t^*+b(\pi_t-\pi_t^e) \qquad (2-2)$$

其中，$\pi\sigma$ 是通货膨胀率，y_t^* 是 t 时期的自然失业率下的均衡产量，y_t 是实际产量，我们可以得到央行的短期最优通货膨胀率为：

$$\pi^*=\frac{b(k-1)y^*}{c} \qquad (2-3)$$

考虑到我国央行不仅承担着稳定货币的任务，而且还要兼顾失业率和社会稳定的因素，再次将央行的效用函数设定如下：

$$U=-c\pi^2-(y_t-ky_t^*)^2-(y_{t1}-y_{t2})^2,\ c>0,\ k>1,\ t=1,2\cdots\cdots \qquad (2-4)$$

其中，y_{t1}是 t 时期高收入人群的产值，y_{t2}是 t 时期低收入人群的产值。这表明央行不仅关注通胀和失业问题，还关注收入不均等化引起的社会问题，收入差距越大，效用越低。其中 k>1 是一个关键的假设，说明政府的理想失业率远低于自然失业率，这也是政府承担着保增长目标的必然要求。

传统的菲利普斯曲线表明，只有未预期到的通胀才能使产出增加，因为如果人们完全预期到了通货膨胀，人们将会根据通胀相应的调整工资，产品和原材料价格，从而使实际产出保持不变。在此我们假定高收入人群拥有信息优势，可以完全预期到通胀，而低收入的人群没有信息优势，不能完全预期到通胀，原因可能是两个方面，一是低收入的人群收集信息的渠道和能力的限制他们不能预期准确，由于在经济社会中的地位导致他们没有很强的话语权，即使预期到了通胀也不能据此来安排他们的生产和销售。这样未预期到通胀主要产生于低收入的人群，而产出的增加对高收入人群的冲击更大，对低收入人群的冲击相对较小。于是央行所面临的约束条件如下：

$$y_t=y_{t1}+y_{t2}=y_t^*+b(\pi_t-\pi_t^e),\ b>0,\ t=1,2\cdots\cdots \qquad (2-5)$$

$$y_{t1}=y_{t1}^{*}+\frac{1}{2}b(\pi_t-\pi_t^e)+\varepsilon_t \tag{2-6}$$

$$y_{t2}=y_{t2}^{*}+\frac{1}{2}b(\pi_t-\pi_t^e)-\varepsilon_t \tag{2-7}$$

我们再假定供给冲击 ε_t 与通胀的大小正相关，从而 $\varepsilon_t=0.5a\pi_t$。在第一个阶段，我们可由此得到央行短期的最优通货膨胀率：

$$\pi_1^*=\frac{b(k-1)y_1^*+b^2\pi_1^e-a(y_{11}^*-y_{12}^*)}{c+b^2+a^2} \tag{2-8}$$

在初始阶段我们假定高收入人群可以正确的预期到央行的最优通货膨胀率，而低收入人群的初始预期则为零，且两类人数相当，则社会的预期通货膨胀率只有央行最优通胀率的一半，即 $\pi_1^e=0.5\pi_1^*$，代入上式，可求得央行短期的最优通胀率为

$$\pi_1^*=\frac{2b(k-1)y_t^*-2a(y_{t1}^*-y_{t2}^*)}{2c+2a^2+b^2} \tag{2-9}$$

通过与不附带收入差距的央行效用下的最优通货膨胀率对比发现，现在求得的最优通货膨胀率更低，这说明由于通货膨胀率的上涨使收入差距扩大后，追求社会公平稳定的政府通胀倾向会更低一点。

接下来考察阶段中通胀的变化趋势。依然假定高收入的群体可以完全预期到央行的短期最优通货膨胀率，但是低收入的群体却只能把预期和生产安排在上一期通胀的基础上，原因同样是他们的能力和地位决定的。于是 $\pi_2^e=0.5(\pi_1+\pi_2)$，然后我们可以得到第二阶段央行的短期最优通货膨胀率为

$$\pi_2^*=\left(1+\frac{b^2}{2c+2a^2+b^2}\right)\pi_1 \tag{2-10}$$

可以看到在第二阶段的通货膨胀率要大于第一阶段。也就是说当低收入的群体被容许增长一定收入的时候，政府的最优决策是继续扩大通胀，从而使产出得到增加，由于通胀继续上涨，对产出的冲击依然会使收入差距继续扩大。一般的情况是，经济主体在某一阶段的通货膨胀率的预期总是等于该阶段的通货膨胀率与上一阶段的通货膨胀率的均值，即 $\pi_t^e=\pi_t+\pi_{t-1}$，于是我们可以得到央行在 t 阶段的短期最优通货膨胀率为

$$\pi_t^*=\pi_1+\frac{b^2}{2c+2a^2+b^2}\pi_{t-1} \tag{2-11}$$

这是一个递增的收敛的数列，且

$$\lim_{t\to\infty}\pi_t=\frac{b(k-1)y_t^*-a(y_{t1}^*-y_{t2}^*)}{c+a^2} \tag{2-12}$$

可以看到虽然在动态博弈的过程中，通胀在不停的上涨，但是只要收入差距和社会稳定是政府的目标之一，最终稳定的通货膨胀率还是会小于凯兰德模型的均

衡通胀率。正是因为减少收入差距是政府的目标,低收入群体才会在动态博弈的过程中逐渐获得议价的权力。在均衡状态下,不同群体的人的通胀预期趋于一致。

如果收入分配不是政府的目标之一,即政府的效用函数与凯兰德模型一致,那么依然在两类群体动态博弈的情况下,我们也可以得到一个类似的递增的收敛的最优通货膨胀率的数列,最终的均衡通货膨胀率为

$$\lim_{t\to\infty}\pi_t=\frac{(2c+b^2)b(k-1)y_t^*}{c} \tag{2-13}$$

一般情况下,$2c+b^2>1$,于是这个值大于凯兰德模型和上述模型的均衡值。这就表明,如果政府不在乎收入的差距,高收入群体和低收入群体之间的博弈会最终产生一个更高的通货膨胀,这是因为此时政府可以容忍更高的收入差距,来换取意外产出的增加,而这意外产出的增加往往是建立在牺牲低收入群体利益的基础上的。

3. 结论与建议

当高收入群体总是能按预期通货膨胀增加产出,而低收入群体总是滞后一步跟进的时候,实际的通胀率就会慢慢增加,直到一个均衡的通胀率。而在这个过程中央行的作用又是至关重要的。当央行不把收入分配作为一个政策目标的时候,最终均衡的通胀率会显著高于关注这一目标的时候。正是因为不同收入群体之间经济地位的差异会使通胀慢慢增加,而通胀的增加反过来又会使产出的差距拉大,所以当政府不能控制经济主体博弈的行为时,更应该严格控制货币供应量的增加,从而控制通胀的增加。目前收入分配问题已经成为我们政府重点关注的问题之一,这就要求政府不仅要切实的保证货币政策的可信性,还应该尽可能使货币政策有助于收入分配的调节。

参考文献

[1] 欧阳洁. 货币政策行为与效应博弈分析[J]. 广东金融,1999(8)

[2] 詹锋华. 货币政策的博弈分析[J]. 安徽大学学报,2006(2)

[3] 徐亚平. 通货膨胀预期形成的模型刻画及其货币政策的关联性. 金融研究第 9 期,2010(9)

[4] Ling, D., & Naranjo, A. The integration of commercial real estate markets and stock markets. Real Estate Economics, (1999). 27, 483－515.

[5] Martin, M., & Morrison, W. China's "hot money" problems. Congressional Research Service Reports, No. RS22921.

[6] Munro, A. (2008). A review of capital controls and capital flows in emerging economies: Policies practices and consequences. International Review of Economics and Finance, 2009. 18(1), 172－174.

基于扩大内需下财税政策探讨

——从促进收入分配合理化角度分析

李　楠[1]　董　文[2]　董　武[3]

(1.中南财经政法大学金融学院金融工程专业2009级本科生,武汉430073;

2.中南财经政法大学财税学院财政学专业2009级本科生,武汉430073;

3.中南财经政法大学金融学院金融工程专业2009级本科生,武汉430073)

摘　要:2011年是"十二五"开局之年。其重要内容之一是把经济结构调整作为改革主攻方向,而内需则是政府调整结构的着力点之一。本文首先从我国内需现状入手,实证分析出我国居民收入分配不公平是内需不足的主要原因。接着从财税政策角度探讨了影响收入分配不合理的原因,从减小城乡差距,调节税制结构,完善社会保障制度三方面针对性地给出的财税建议。

关键词:内需;居民消费率不足;城乡差距;收入分配制度

'十二五'是建设全面小康社会的关键时期。我国在过去的十几年里GDP快速增长,经济增长率每年保持在8%以上,经济总量已经跃居世界第二位,但是人均GDP却属于世界中下游水平。经济在持续高速增长的同时消费增长的速度远远慢于经济的增长速度。银行中积累的居民储蓄已经高达14万亿。导致内需严重不足,物价在低价徘徊,而大多数民众则不断感叹生活负担的沉重甚至是生活的艰难。我国面临内需严重不足,经济结构不合理,收入分配差距越来越大的问题。从城乡差距来看,已经由改革开放初期的2.1:1扩大到了3.3:1,远远超过世界上2:1左右的一般水平;从经济系数来看,世界银行测算的结果是,中国已超过0.5(警戒线为0.4),属于收入分配差距悬殊的国家;从行业收入差距来看,中国收入最高与最低的行业相差15倍,国企高管的平均收入和社会平均收入更是相差128倍。此外,收入排在前20%的人平均收入最低的20%10.7倍,而在美国是8.4倍,在俄罗斯是4.5倍,在印度是4.9倍,在日本仅为3.4倍。财税政策对于改善收入分配现状具有良好的引导作用。为此研究如何运用财税政策来解决当前的收入分配不公问题,具有十分重要的现实意义。

1. 我国内需现状

自2007年国际金融危机以来，世界经济衰退趋势愈加明显，中国受其影响的程度也逐渐扩大，作为经济发展的三驾马车之一出口受到冲击程度尤为明显。2009年第一季度，中国出口2455亿美元，同比下降了20%。因此我国提出了扩大内需的政策。但内需与外需的关系错综复杂，不能单纯将其分割和孤立。在当今世界格局中，若要保持高效率的经济增长，应充分认识到内需与外需在经济运行中的不同地位并平衡其发展。

严格意义上讲，内需是我国经济运行对国内产品和劳务的需求，外需是国际市场对我国产品和劳务的需求。我国作为占世界人口1/5的国家，拥有丰富的资源，宏大的经济规模，并且正处于工业化、城市化加快阶段和人民群众收入水平提高及消费结构升级的发展阶段，具有较大的市场需求空间和经济发展前景，因此我国的经济发展应当实行以国内需求为主的长期发展策略。同时，根据支出法核算中国居民收入核算恒等式中的指标分析：内需为国家内需GDP中的国内投资与国内消费之和，外需为净出口，总量指标为GDP，得到内需与外需占GDP的比率的统计表(表1)如下：

表1 1997—2009年内需与外需占GDP比率

年份	GDP	国内消费与投资	最终消费占GDP比率	净出口	净出口占GDP比率
1997	81658.5	66889.5	82%	11806.5	14%
1998	86531.6	70543.5	82%	11626.1	13%
1999	91125	74871.9	82%	13736.5	15%
2000	98749	80697.4	82%	18638.8	19%
2001	109028	89205.3	82%	20159.2	18%
2002	120475.6	98621.6	82%	24430.3	20%
2003	136634.8	113612.8	83%	34195.6	25%
2004	160800.1	134386.9	84%	46435.8	29%
2005	187131.2	150509.3	80%	54273.7	29%
2006	222240	175057.6	79%	63376.86	29%
2007	265833.9	206553	78%	73284.56	28%
2008	314901.3	248919.8	79%	79526.5	25%
2009	345023.6	285593.4	83%	68618.37	20%

资料来源：《中国统计年鉴》1997－2009

由表1中的数据可以直观地看出，在我国，内需处于主要地位，外需则为从属地位。但是上表中的统计数据存在一些问题，国内投资虽然表现为内需，但实际上却是有外需带来的，这样会对分析结果产生一定误差，为更好体现出我国内需与外需的关系，现将内需界定为国内最终消费而不包括国内投资，外需为净出口，并统计出1995－2009年我国最终消费增长率和净出口增长率。得到下表：

表2 1995年至2009年我国最终消费增长率和出口增长率

年份	GDP	最终消费	净出口	最终消费增长率	出口增长率	最终消费率	出口依存度
1995	63216.9	53839.8	11048.1			85%	17%
1996	74163.6	62740.8	11557.4	17%	5%	85%	16%
1997	81658.5	66889.5	11806.5	7%	2%	82%	14%
1998	86531.6	70543.5	11626.1	5%	－2%	82%	13%
1999	91125	74871.9	13736.5	6%	18%	82%	15%
2000	98749	80697.4	18638.8	8%	36%	82%	19%
2001	109028	89205.3	20159.2	11%	8%	82%	18%
2002	120475.6	98621.6	24430.3	11%	21%	82%	20%
2003	136634.8	113612.8	34195.6	15%	40%	83%	25%
2004	160800.1	134386.9	46435.8	18%	36%	84%	29%
2005	187131.2	150509.3	54273.7	12%	17%	80%	29%
2006	222240	175057.6	63376.86	16%	17%	79%	29%
2007	265833.9	206553	73284.56	18%	16%	78%	28%
2008	314901.3	248919.8	79526.5	21%	9%	79%	25%
2009	345023.6	285593.4	68618.37	15%	－14%	83%	20%

数据来源:《中国统计年鉴》(1997－2009)

由表中数据的分析可知，自1999年至2007年，随着中国对外开放程度的提高，出口规模不断增大，外需也显得越来越重要。相对比较，国内需求一直低迷不振，增长率呈现减弱趋势，并且外需的增长一直要快于内需增长。同时从国际比较来看，中国的最终消费率一直很低，可见，中国作为世界上的发展中大国之一，最终消费率过低与出口依存度过高，会使内需与外需的不协调在某种程度上不利于中国经济发展。因为内需与外需表现出了一定的替代和抑制关系，这种关系从其对国民经济增长拉动的层面分析将会更为明显，如图1所示：内需与外需对GDP的增长的拉动呈现出显著的相互抑制的关系，即当内需拉动 GDP 时，外需则会对其拉动作用产生减弱的迹象。

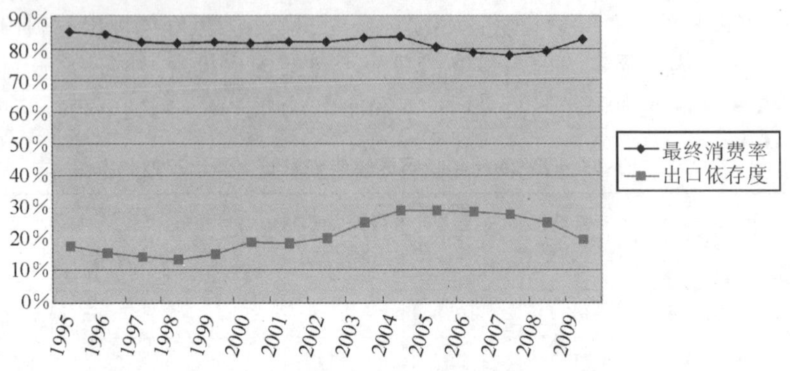

图 1　内需与外需对 GDP 的拉动

由以上分析可知，中国经济内需与外需的矛盾在于内需增长不足而外需增长过快，因此为解决中国现在存在的经济发展矛盾，应大力着重于对内需不足的改善，并协调其与外需的关系，使外需充分发挥其从属作用，不能喧宾夺主。

2. 收入分配对内需影响的实证分析

在大多数关于 GDP 的统计分析中，内需是由国内消费和投资组成的，但认真分析中国的经济增长趋势可以发现，中国经济增长在很大的程度上取决于投资，而本应该成为拉动 GDP 增长决定性因素的消费（主要是居民消费和政府消费）却扮演了次要的角色，重要的国内投资在某种程度上是由外需拉动的，由此更能体现出我国内需不足的现实。图 2 为 1999 年至 2009 年中国投资率与消费率相关图。

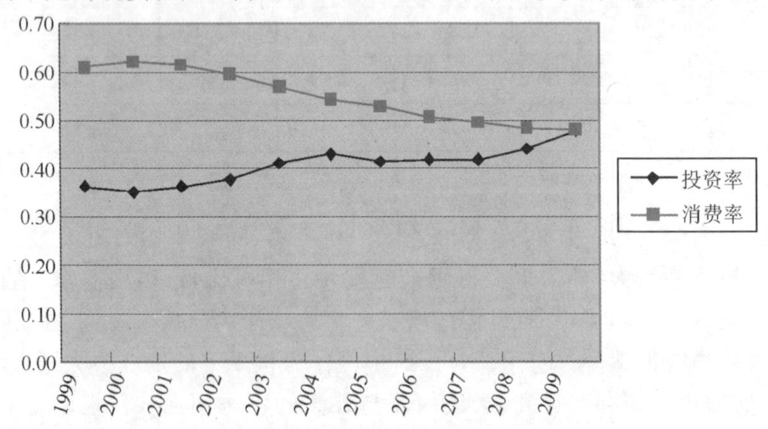

图 2　1999－2009 年中国投资率与消费率走势图

图 2 中显示自 1999 年以来，中国投资率始终保持在 30%以上，增长的趋势尤为明显，并且已经超过警戒线。截止 2009 年，10 年里投资率的平均值为 41%，自 2003 年来，投资率已连续 5 年超过了 40%，投资增速也达到了 20%以上，大大超过了 GDP 的增速。从 1999 年代以来，世界平均投资率为 22.7%，中国则是世界平均水平的两倍之多。节节攀升的投资率导致较高的投资率已经使得投资边际报酬的快速下降，从而导致了中国经济的动态无效。

对经济增长的贡献上，虽然投资比消费见效更快，但是最终经济增长还是要依靠消费推动的，如果投资在内需上占的比例过大，那经济增长方式会表现为投资拉动型增长方式。投资拉动型经济增长方式和出口导向型经济增长方式一样，难以保持经济可持续发展，所以在以人为本的条件下，经济可持续发展只能依靠消费的增长来实现，因而消费是国民经济的最终的可持续推动力。

我国应该注重投资对拉动内需的作用，但是绝对不能依靠投资拉动型经济增长方式而保经济增长，不能够因为经济增长下滑的压力过大而由出口导向型转向投资拉动型经济。我们的正确选择是在投资的同时要大力拉动消费，将经济的可持续增长放在消费有效增长的基础上。

收入分配对我国的总需求结构的影响主要表现在居民消费率方面，居民消费率不足是需求结构失衡的重要因素。因此建立数学模型，建立起多元线性回归方程，并利用 1985－2009 年的时间序列数据进行拟合，对我国居民消费率进行深层次分析，探讨消费率低下的真正原因。建立模型如下：

$e=Y-1.2X_1+0.2X_2-0.07X_3-0.62X_4+84.18$

$\Delta\log(Y_1)=-0.94e-0.38\Delta\log(Y_{t-1})-0.42\Delta\log(X1_{t-1}+.94\Delta\log(X2_{t-2}-1.85\Delta\log(X3_{t-1})-0.23\Delta\log(X_{4\,t-1})-0.01$

其中，Y 是居民消费率，X_1 为城镇居民人均可支配收入占人均 GDP，X_2 为城乡居民收入差距倍数，X_3 为出口占贸易总额的百分比。β 为常数项，α_{01}，α_{02}，α_1，α_2 为系数。为使模型对真实数据有更好的拟合度，现将每个变量去对数，令 δ 为随机误差项，可得到计量分析模型如下：

$$\log Y=\beta+\alpha_{01}\log X_1+\alpha_{02}\log X_2+\alpha_2\log X_3+\delta$$

将 1985—2009 年的相关统计数据导入 EVIEWS 中，进行最小二乘估计，得到分析结果如下：

表 3

Dependent Variable:Y
Method:Least Squares
Date:09/26/11 Time:21:20
Sample:1990 2009
Included observations:20

Varable	Coefficient	Std. Error	t-Statistic	Prob.
X1	0.518613	0.055665	9.316663	0.0000
X2	−0.016138	0.015797	−1.021617	0.3222
X3	0.013801	0.067244	0.205238	0.8400
X4	0.122734	0.114799	1.069119	0.3009

R-squared	0.860475	Mean dependent var	0.429606
Adjusted R-squared	0.834314	S. D. dependent var	0.043401
S. E. of regression	0.017666	Akaike info criterion	−0.057492
Sum squared resid	0.004993	Schwarz criterion	−4.858345
Log likelihood	54.57492	Durbin-Watson stat	0.493612

由表 3 可知,调整后的判定系数为 0.8605,为使模型对更加精确,现将所有变量的值取对数,得到结果如下

表 4

Dependent Variable:LOG(Y)
Method:Least Squares
Date:09/26/11 Time:21:44
Sample:1990 2009
Included observations:20

Varable	Coefficient	Std. Error	t-Statistic	Prob.
LOG(X1)	1.112707	0.180248	6.173206	0.0000
LOG(X2)	−0.124503	0.157964	−0.788175	0.4421
LOG(X3)	0.074604	0.072710	1.026049	0.3201
LOG(X4)	0.621511	0.278248	2.233662	0.0401

R-squared	0.869381	Mean dependent var	−0.850021
Adjusted R-squared	0.844890	S. D. dependent var	0.105500
S. E. of regression	0.041550	Akaike info criterion	−3.346974
Sum squared resid	0.027623	Schwarz criterion	−3.147827
Log likelihood	37.46974	Durbin-Watson stat	0.898154

根据判定系数可知，上述各解释变量解释了居民消费率总变异的86.94%，由于各变量的偏回归系数并不是十分显著，现对自变量进行多重共线性检验，根据检验结果可知，自变量间不存在严重共线性问题。因为居民消费率与各影响因素均为有长期趋势的时间序列，因此对因变量和自变量进行ADF单位根平稳性检验，结果显示五个变量均为非平稳序列，但都为一阶单整。通过采用了约翰森检验，可得到五个变量之间存在协整关系。

为处理变量之间存在的协整关系，本文采用了误差修正模型，并得到误差修正项

$$e=\log Y-1.2\log X_1+0.12\log X_2-0.07\log X_3-0.62\log X_4+82.18$$

从而得到居民消费率的函数表达式为：

$$\log Y=1.2\log X_1-0.12X_2+0.07\log X_3+0.62\log X_4+82.18$$

由上式可知，城镇居民人均可支配收入占人均GDP的比值与居民消费率成正比，弹性系数为1.2；城乡收入差距倍数与居民消费率成反比，弹性系数为－0.12；第二产业占比与居民消费率成正比，弹性系数为0.07；外贸依存度与居民消费率成正比，弹性系数为0.62.

现将误差修正项考虑到回归方程中，得到如下误差修正方程：

$$\Delta\log(Y_1)=-0.94e-0.38\Delta\log(Y_{t-1})-0.42\Delta\log(X1_{t-1})+0.94\Delta\log(X2_{t-1})-1.85\Delta\log(X3_{t-1})-0.23\Delta\log(X4_{t-1})-0.01$$

方程判定系数较高，拟合度较好，同时通过验证残差项不存在自相关。由此可知，前一期的居民消费率，城镇居民收入占人均GDP的比值，第二产业占比以及外贸依存度的提高会使得本期居民消费率增速减慢，而城乡居民收入差距倍数的扩大则会促使本期居民消费率的提高。

通过对误差修正模型的格兰杰因果检验分析可知，只有居民消费率和城镇居民收入占人均GDP的比值互为因果关系。

由上述的实证分析可知，城镇居民收入占GDP的比重是影响居民消费率最主要的因素。

自改革开放以来，国民收入不断增加，人民生活也得到了相应的改善，但城镇居民收入分配中存在的问题使得我国出现了消费率不足的情况，现将1985—2009年的数据进行相关分析，并在此基础上对我国居民收入分配制度提出良好建议。

表3为从中国统计年鉴中提取城乡收入差距（相对差距为城镇和农村居民的收入比值）。

表 3　城乡居民收入的基尼系数

年份	城乡居民收入差距	年份	城乡居民收入差距
1990	2.9	2000	3.7
1991	3.1	2001	3.6
1992	3.3	2002	3.6
1993	3.6	2003	3.8
1994	3.7	2004	3.8
1995	3.8	2005	3.7
1996	3.4	2006	3.7
1997	3.4	2007	3.7
1998	3.5	2008	3.6
1999	3.6	2009	3.7

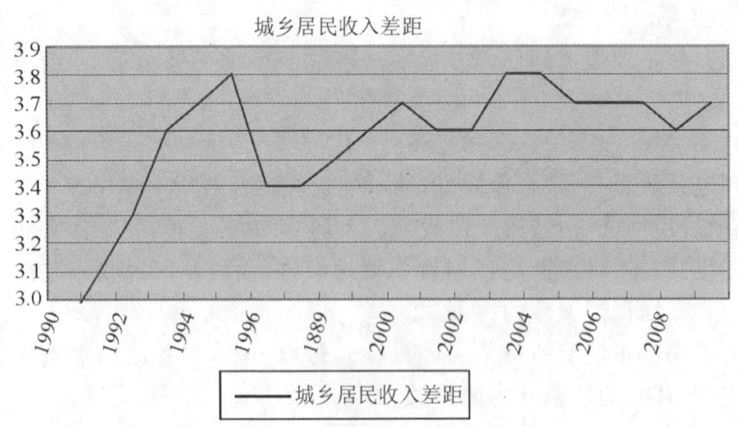

图 3　城乡居民的走势图

由表中的数据可以看出，城乡居民收入差距从 1990 年的 2.9 增加到 2009 年的 3.7，扩大了 27.59%。并且由折现图可以看出，城乡居民收入差距仅有几次细微的下调，总体是呈不断上升趋势的。而城乡居民收入差距的扩大必然会引来一系列问题，具体表现在：收入分配差距越大，低收入人口也会不断增多，那么势必会带来购买力的降低，低收入人口就只能维持食品等基本方面的支出，高收入阶层则从事一些高端消费，社会中所存在的以中心阶层为核心的群体消费水平就会不断下降，从而引发我国居民消费率不足的现象。

由于收入分配是影响内需的重要原因，在我国内需严重不足情形下，改变收入分配不均衡现状刻不容缓。

3. 对收入分配合理化的财税政策建议

3.1 缩小城乡收入差距

(1)加大对农村财政的扶持力度,完善农村基础设施建设

在中国城市化的进程中,国家主要大力支持城市建设,而相对忽视了农村建设。很多城市的基础设施,包括公路、供水、供电、电信等建设主要靠政府财政支持,而农村的基础设施建设财政很少投入,主要由农民自发筹集资金,当地农民自己出钱出力,很少有财政全额拨款。当前城乡发展的差距和城乡居民生活水平的差距集中体现在城乡居民在享受基础设施及公共服务上的不平等。因此,缩小城乡差距,必须把基础设施建设投资的重点由城市转向农村,从城市基础设施建设资金里拿出一部分用于农村的基础设施建设,通过持续不断地投入,彻底改变农村道路、供水、供电、通讯等基础设施远落后于城市的局面。

(2)加强财政对农村经济发展的引导作用,提高农民的收入水平。

提高农民收入水平,是缩小城乡差距,实现"城乡等值"的根本途径。首先要大力发展具有当地特色的农业。在发展传统种植业的基础上,深化农业结构调整,加快传统农业向现代农业的转变,发展高产、优质、高效型农业,优化农业生产布局,充分利用各地优势资源,发展特色经济,形成"一村一品"的主导产品和主导产业。财政在这上面要大力扶持,对于有经济特色的农业经济应予以一定的补助,并且安排专员对其发展和建设予以指导。其次要积极扶持乡镇企业,加快第二和第三产业的发展,尤其是乡镇企业中的农产品加工业。对于乡镇企业给予一定的好处,例如实行税收减免。最后培育农村市场,建立顺畅的流通渠道和农业生产要素市场,完善农业服务体系。此外,还要积极落实中央的各项惠农政策,减轻农民负担,关心农民的生活。只有提高农民的收入水平才是缩小城乡差距的根本出路。

(3)加强对农村地区的教育、卫生、科技方面的财政支持

科学技术是第一生产力,一个地区真正的发展离不开当地的教育事业的兴盛,而城乡差距大的很大方面也在于科教文卫方面,农村没有良好的办学条件,农村也没有好的医疗条件,这些都是城乡差距越来越大的表现。因此财政应当做好转移支付的政策,加大对科教文卫事业的资金上的补助,真正做到以科学带动农村经济发展。

3.2 合理化当前税制体系,调整税收结构

(1)改进和完善个人所得税

对于高收入者的个人所得税征管关键在于高收入者的信息收集和管理。由于个人所得税实施代扣代缴制度,因而以工薪收入为主要来源的工薪阶层仍然是个

税收入的主要来源。据财政部公布的数据，近年来工薪所得项目个人所得税收入占个人所得税总收入的比重为50%左右。广大的工薪阶层大都为中下等收入阶层，对他们征收大部分个人所得税显然不符合公平原则。因此可以通过两条路径来改变这种现状。一是适当提高个税免征额，免除了工薪阶层中低收入人群的纳税负担，而将税负转嫁到高收入阶层。二是调整税率结构，改变累进税税率的设置，对累进税中的较低档设置较低的税率，而对高档设置高税率。这样就能更加体现个人所得税对收入的调节作用。

(2)完善财产税和遗产税

现阶段，我国的富人拥有巨额财富，而穷人却连根本的温饱住房问题都没有解决。遗产税和财产税对改变这种现状具有积极的作用，因此我们要加以重视并予以完善。目前我国仍没有真正意义上的财产税，而遗产税则根本就没有开征。现有的房产税和城市房地产税，虽然在名义上可以归为财产税，可是其设定的纳税人并非着眼于个人，而是以传统意义上的"单位"作为基本纳税人的这两个税种，自然不是直接税。产生贫富差距的原因总的来说有三个：收入、支出和财产。其中前两者都通过手段在进行调节，唯独最具有决定意义的财产，却没有任何手段进行调节。随着社会主义市场经济的不断发展，私人财产得到进一步累积，特别是我国高收入阶层拥有巨额财富。而现行个人所得税对高收入的调节力度有限，使得高收入者少缴税的现象十分突出。为了实现公平税负原则，应在适当时候开征遗产税和赠与税，在最后的财产转让和继承环节进行必要的调节，提高税收对个人收入调节的功能。应该适当加大对财产税和遗产税的征收范围，拓宽税基；统一内外税制，整合税种，明确界定财产税和遗产税的属性，将财产税和遗产税结合起来，提高财产税占财政收入比重，充分发挥财产税和遗产税的调节作用。

(3)优化税制结构

从发挥调节收入分配的作用来看，直接税要优于间接税，所得税要优于流转税。可是我国当前的税制结构是，间接税所占比重偏高，直接税所占比重偏低，流转税所占比重偏高，所得税所占比重偏低。2010年，流转税占比62%，所得税为26%，二者之间的比值为2.4∶1；间接税占62%，直接税为34%，二者之间的比值为1.8∶1(西方国家为1∶2.1；发展中国家为1.5∶1)。这样的税制结构在很大程度上会扩大收入的差距。流转税(间接税)属于中性税收，调节收入的作用具有累退性。从税收负担率(税收占纳税人收入的比重)来看，中低收入阶层要高于富人阶层，因此实质上会扩大收入差距。另外，由于流转税是价格组成部分(价内税或价外税只是形式)，税负过高，定会导致通货膨胀，也不利于提高居民收入水平，还会抑制消费，扩大出口退税的可能性，增加国际间的贸易摩擦。目前我国的税制结构与促进社会公平和共同富裕的要求并不相适应，难以发挥应该有的调节作用。

从中长期来看，应按照科学发展观和构建和谐社会的要求，坚持“公平优先，兼顾效率”的原则，进一步改革税种、完善税收体系和提高征管水平，适当扩大直接税和所得税所占的比重，调整好间接税与直接税、流转税与所得税之间的比例关系。首先随着我国经济的发展和经济效益的提高，人均GDP和人均收入的增加，客观上所得税所占比重有进一步提高的趋势，从而可以缩小流转税与所得税之间比例关系的差距；其次随着税收总收入、特别是所得税和财产税的增长，应适当降低流转税的税负水平，从而实现税制结构的优化。

3.3　完善社会保障制度

建立和完善社会保障制度，是建立和谐社会的主要内容。要想完善社会保障制度，首先必须调整财政支出结构。得建立规范的社会保障预算制度，并且进一步提高社会保障支出所占财政总支出的比重，还得协调各类退休人员养老待遇，特别是从保障事业单位转制为企业的科研院所的退休人员待遇，解决社会保障历史欠债问题。

其次要进一步扩大社会保障体系覆盖面。想完善现有的社会保障制度，应当有计划地把应纳入而未纳入的人正真纳入进来，真正的实现“应保尽保”。这就要求得不断探索新的制度建设，建立针对不同群体所增加新的保障项目，如建立出符合农民工特点的特色社会保障制度，进一步扩大新农合试点范围，加快推进农村养老保险，加强社保基金的筹集和监管等。

在今年的政府工作报告中，在对2011年预算社会保障投入时候，“中央财政拟安排3988.53亿元”。将三年的数字进行比较，2009年，2010年中央财政对社会保障投入分别是2906亿，2131.86亿，2011年预算数比2010年同期增长1.372，比2009年则同期增长1.871，到2010年底，全国有2528.7万户、5214.0万人得到了农村低保，比上年同期增加454.0万人，增长了9.5%。我国在社会保障支出范围以及所占财政支出比率方面都相对往年在增加，正在构建完善的社会保障制度。

参考文献

[1] 高鸿业.西方经济学[M].北京：中国经济出版社，1996.
[2] 赵卫亚.计量经济学[M].上海：上海财经大学出版社，2003.
[3] 袁志刚.20世纪90年代以来中国经济的动态效率.2003，(7)：32－33.
[4] 谭小芳.我国投资和消费结构合理区间的实证研究[J].财经问题研究报2006，(4)
[5] 李星.我国消费需求不足的原因及对策.北京工业大学学报.
[6] 赵卫亚.计量经济学[M].上海：上海财经大学出版社，2003.

基于 DEA 方法的中国省域能源效率评价研究

王建敏[1]　吴文娟[2]　严琤春[3]

(1. 中南财经政法大学统计与数学学院统计学专业 2009 硕士研究生,武汉 430074;

2. 中南财经政法大学统计与数学学院统计学专业 2008 本科生,武汉 430074;

3. 中南财经政法大学统计与数学学院统计学专业 2008 本科生,武汉 430074)

摘　要:本文主要采用 DEA 方法中的 BCC 模型计算 2009 年各省份的能源效率,发现大多数省份的能源效率都处于 DEA 无效状态,我国东部地区的能源效率较高,其次为中部,西部的能源效率最差,这也要求国家要采取相关政策缩小地区差异,加大对西部能源投入利用的监督及技术改进。利用 SBM 模型研究 DEA 无效省份的学习标杆,计算各省份的投入冗余量和冗余比率,对东部中西地区的投入冗余状况进行分析,对我国能源效率投入产出数值有了具体的量化,给出各个省份需要学习的标杆,对提高各省能源效率具有重大的现实意义。

关键词:能源效率;DEA;标杆分析;冗余分析

能源效率是指用较少的能源生产同样数量的服务或有用的产出。随着经济全球化、低碳经济的提出,如何合理使用能源成为全球普遍关注的问题。目前中国高投入低产出的粗放型经济增长方式使经济发展与能源之间的矛盾日益加剧,能源与环境成为制约经济可持续发展的重要因素,提高能源利用效率是实现社会经济持续发展的重要保证。国家在实施十二五计划中,要求加快新能源的开发进度并不断提高能源利用效率。

1. 文献综述

在未来一段时期内,中国的经济将会保持较高的速度增长,城市化进程也会加快。中国的经济—能源—环境问题将变得更为突出,严重的问题在于:一方面能源供应跟不上经济增长的需要,另一方面能源利用又存在能源浪费严重和效率低下的状况。因此,如何提高能源效率是当前中国所面临的首要任务。国外对于能源效率的研究要早于国内,研究也比较系统和深入,已经积累了丰富的研究成果。国内从 20 世纪 90 年代中后期以来,能源效率问题开始成为热点领域,出现了一批优秀的研究成果。就这一领域,对国内外的成果做一个系统的梳理和归纳是十分必要的。

1.1 国外研究

数据包络分析(简称 DEA)是近些年发展起来的一种新的效率评价方法,它由著名的运筹学家 Charnes 和 Cooper 等人于 1978 年提出。DEA 方法以其独特的优势,在国内能源效率评价方面得到广泛的关注。Encyclopedia Britannica(1974)对效率的定义是"经济学中产出与生产所需投入的比例",可以把能源效率理解为经济系统的产出与作为生产要素的能源投入的比例[1]。世界能源委员会(1995)及 Patterson(1996)认为"能源效率"是减少提供同等能源服务的能源投入,或者说是用较少的能源生产同样数量的服务[2]。Bosseboeuf 等(1997)则从两方面定义了能源效率:经济上的能源效率是指用相同或更少的能源获得更多产出或更好的生活质量;技术经济上的能源效率是指由于技术进步、生活方式的改变、管理的改善等导致特定能源使用的减少[3]。亚太能源研究中心指出,能源效率指标的基本任务是后果评估、目标评价和在同等群体中的相对形势评估。HU Jinli 和 WANG Shichuan(2006)提出全要素能源效率的概念,从能源、资本、劳动的投入和经济的产出来衡量效率,为国内外能源效率测算指标体系的构建奠定了基础[4]。

1.2 国内研究

近年来,DEA 方法在国内能源效率分析方面得到了应用和发展。对于我国地区层面,国内学者从地区能源效率差异、影响因素及调整潜力等角度进行研究,获得了一定的文献成果。魏楚、沈满洪(2007)等基于 Hu 和 Wang 等的思路将能源效率定义为当前固定能源投入下实际产出能力达到最大产出的程度,利用分省面板数据进行省际能源效率和影响因素做了研究[5]。杨红亮、史丹(2008)对单要素能源效率和多要素能源效率进行了对比,发现多要素能效指标在揭示一个地区资源禀赋对能效的影响方面有着单要素方法替代不了的优势[6]。李世祥和成金华(2008)采用 DEA 方法研究了中国 13 个主要工业省区能源效率,研究表明导致源效率存在差异的重要因素是技术进步和工业内部结构[7]。吴琦和武春友根据能源系统的特点建立能源效率评价模型,对中国 30 个行政区域进行实证研究[8]。刘海滨等(2011)建立基于环境因素的超效率模型,分析了我国 1998~2007 年间区域的全要素能源效率区域特征[9]。

综上所述,基于区域层面的能源效率研究受到越来越多学者的关注,中观和微观层面的能源效率评价对提高能源效率政策和措施的制定具有更高的实际参考价值。本文利用 DEA 方法计算区域能源的全要素能源效率,进一步分解为技术效率和规模效率,研究我国区域能源利用状况,识别相对有效的区域能源有效单位,深入分析区域差异成因以及整体趋势,为我国区域提高能源使用效率,切实走可持续发展的低碳经济道路提供理论依据。

2. 模型设计

DEA方法是由著名运筹学家Charnes、Cooper和Rhodes等学者于1978年提出的一种非参数的相对效率的评价方法,该方法适用于对若干相同类型的具有多输入和多输出的决策单元进行相对效率的评价,其本质是把每一个被评价单位作为一个决策单元,且每一个决策单元都具有同类型"投入"和"产出",通过对投入和产出比率的综合分析,以各决策单元的投入和产出指标的权重为变量进行评价运算,确定有效的生产前沿面,并根据各决策单元与生产前沿面的距离状况,确定各个决策单元是否DEA有效,同时还可用投影的方法分析决策单元DEA无效的原因,以及应改进的方向和程度等。

2.1 测量综合技术效率的BCC模型

通过CCR模型可以判断某些决策单元是否是DEA有效,若为DEA有效则可以肯定此时的生产处于技术有效和规模有效,但考虑到非DEA有效的决策单元除了技术无效外,还可能缘于自身的规模问题。面对这样的问题,Banker、Charnes和Cooper建立了可变规模报酬的模型,简称为BCC模型。BCC模型就是在CCR模型的约束条件中加入凸性假设($e^T\lambda=1$),模型的其他条件不变。将一个"可以通过一系列决策,投入一定数量的生产要素,并产出一定数量的产品"的系统称为决策单元(DMU)。假设有n个决策单元(DMU_j,$j=1,2,\cdots,n$),每个决策单元都有m种类型的输入,以及s种类型的输出,设x_j和y_j分别代表决策单元DMU_j的输入和输出指标,令$x_j=(x_{1j},\cdots,x_{mj}$,$y_j=(y_{1j},\cdots,y_{mj}$,j=1,2,…,n,其中$x_{ij}$(i=1,2,…,m)为第j个决策单元第i种类型输入的投入量;y_{kj}(k=1,2,…,s)为第j个决策单元第k种类型输出的产出量,则输入和输出矩阵可以表示为$X=(x_1,\cdots,x_n)$,$Y=(y_1,\cdots,y_n)$。现对某个选定的决策单元DMU_0判断其有效性的BCC模型的对偶规划可表示为:

$$\min[\theta-\varepsilon(e^Ts^-+e^Ts^+)]$$

$$s.t\begin{cases}x_0-s^-=X\lambda\\ y_0-s^+=Y\lambda\\ e^T\lambda=1\\ \lambda,s^-,s^+\geqslant 0\end{cases}$$

上式中,θ为该评价单元DMU_0的有效值,λ为权重系数,s^-和s^+为松弛变量,分别为m维和s维的列向量,e是分量为1的向量,ε为非阿基米德无穷小量。对于以上线性规划,其有效性的判断如下:

(1)当$\theta<1$时,则称决策单元DMU_0有效,即在这n个决策单元组成的评价系统中,可以通过组合将各种投入同时缩小θ倍,而保持原产出不变,此时必定存在

投入冗余或产出不足，松弛变量 s^- 中的非零向量为 s_0 应的投入冗余量，s^+ 中的非零分量为 y_0 应的产出不足量。

(2)当 $\theta=1$，且 $s^-\neq 0$ 或 $s^+\neq 0$ 时，则称决策单元 DMU_0 为弱 DEA 有效，即在这 n 个决策单元组成的评价系统中，某些投入量已处于最小状态，所有投入量不能按统一的比例减少，但仍有可能对投入或产出进行调整，对于投入 x_0 可减少 s^- 而保持原产出不变，或在投入 x_0 不变的情况下可将产出提高 s^+。

(2)当 $\theta=1$，且 s^- 和 $s^+=0$，则称决策单元 DMU_0 为 DEA 有效，即在这 n 个决策单元组成的评价系统中，原有的投入已经获得最优的产出，决策单元同时达到技术有效和规模有效。

2.2　冗余分析的 SBM 模型

SBM 模型，即基于松弛变量测度(Slacks－based measure，SBM)的 DEA 效率分析方法，可理解为利润(profit)最大化的一种分析技术。因为在数据包络分析中，松弛变量直接反映了我们关心的决策单元投入的过度或产出的不足的程度，且这种投入的过度或产出的不足的量只受指定的评价决策单元的影响，而与整个数据集中其它决策单位无关。因此新的 SBM 模型的效率测度虽与前面介绍的基本的 CCR 模型有密切的联系，但和 CCR 模型相比较，SBM 模型的优化更偏重于利润(profit)最大化的考虑。

SBM 模型，以优化其松弛变量为目标函数，其分式规划的形式为：

$$\min\rho=\frac{1-\dfrac{1}{m}\sum_{i=1}^{m}s_i^-/x_{i0}}{1-\dfrac{1}{s}\sum_{r=1}^{s}s_r^+/y_{r0}}\quad s.t\begin{cases}x_0-s^-=X\lambda\\ y_0-s^+=Y\lambda\\ e^T\lambda=1\\ \lambda,s^-,s^+\geqslant 0\end{cases}$$

从 SBM 模型的输出结果可以看出，根据 SBM 模型得到的相对效率值可以对各个决策单元进行排序，而 CCR 模型则不能。因此，在效率评价中，SBM 模型比 BCC 模型有更强的分辨能力。

2.3　模型指标选取与处理

衡量全要素能源效率需要对整个经济发展中的各种投入指标以及产出指标进行全面的整合，建立合理的投入产出指标体系，利用相应模型计算能源效率。Hu 等以从业人员数，资本存量，能源消费总量，农作物种植面积为投入指标，地区生产总值为产出指标；徐国泉等以人力资本总量，资本存量，能源消费总量为投入指标，地区生产总值为产出指标；魏楚等以从业人员数，资本存量，能源消费总量为投入指标，地区生产总值为产出指标；李廉水等以职工年均人数，固定资本年均余额，流动资本年均余额，一次能源消费量为投入指标，工业总产值为产出指标。另外在经济增长模型中以能源，资本和劳动作为三要素投入，众多学者均采用该指标体系。本文沿用该思路，并对该系列指标内涵进行适当的扩充处理，以满足研究需要。

2.4 投入指标选取

2.4.1 能源

能源作为衡量其效率的投入指标，是一个极为重要的指标，目前国家统计局对能源数据的核算较为全面，本文以能源消耗为基础数据，并将天然气、石油等能源的消耗量通过热值公式方法转换为标准煤为单位的能源消耗总量，并以此指标作为能源投入的度量指标。

2.4.2 劳动

本文采用年初、年末就业人数的平均值作为劳动力的投入。

2.4.3 资本

在计算全要素能源效率的文章中关于资本投入多采用统计局直接公布的固定资产投资，本文为更精确的度量资本在全要素能源效率度量中的投入作用，以资本存量作为资本投入。

资本存量是在一定时点下投入到生产中的资本资产的数量，用于衡量生产过程中的资本投入，本文利用永续盘存法，根据统计局公布的固定资本投资总额及相关指数数据对资本存量进行估算以度量各地区资本投入。根据永续盘存法思想，当期实际资本存量由上期实际资本存量和当期实际净资产投资两部分构成，可得基本公式为：

$$K_{it}=(1-\delta_{it})K_{i(t-1}+I_{it}; \qquad (*)$$

其中 K_{it} 为第 i 个地区当期实际资本存量，$K_{i(t-1)}$ 第 i 个地区上期实际资本存量，δ_{it} 为第 i 个地区当期资产折旧率，I_{it} 为当期实际净资产投资总额，本文选取不变价固定资本总额作为当年投资流量数据。

2.4 产出指标选取

本文以地区经济产出 GDP 作为产出指标。

3. 实证分析

3.1 数据整理及说明

本文利用 2009 年的省域年度面板数据，分析我国在新世纪的能源消耗效率及变动趋势。由于西藏数据缺失严重，且西藏的各部分数据在分析中成为异常值的可能性较大，影响分析的精度，因此本文在各省的面板数据中剔除了西藏。本文指标主要来自于历年相关统计年鉴及 EPS 统计平台的宏观经济数据库，运用 MAX-DEA5.2 软件实现模型处理。

3.2 2009年省域能源效率测评

3.2.1 各省能源效率评价

根据DEA理论中的基于可变规模效率(VRS)条件下的BCC和C^2GS^2模型测算得到的2009年我国30个行政省域的能源效率,包括技术效率、纯技术效率和规模效率。其中技术效率可以分解为纯技术效率和规模效率,数值上等于两者的成绩。同时计算我国各省份在2009年能源消耗的规模报酬收益,具体结果如表1。

表1 2009年我国省域能源效率测评表

名次	区域	技术效率	纯技术效率	规模效率	规模收益	名次	区域	技术效率	纯技术效率	规模效率	规模收益
1	北京市	1	1	1	不变	16	黑龙江省	0.703	0.774	0.909	递增
1	广东省	1	1	1	不变	17	云南省	0.682	0.79	0.863	递增
1	上海市	1	1	1	不变	18	甘肃省	0.65	0.855	0.761	递增
1	天津市	1	1	1	不变	19	湖北省	0.649	0.688	0.943	递增
5	江苏省	0.897	1	0.897	递减	20	广西省	0.644	0.674	0.956	递增
6	湖南省	0.861	0.913	0.944	递增	21	河北省	0.642	0.667	0.962	递增
7	内蒙古区	0.847	0.862	0.982	递增	22	四川省	0.641	0.675	0.95	递增
8	浙江省	0.821	0.883	0.93	递减	23	陕西省	0.633	0.701	0.903	递增
9	辽宁省	0.821	0.827	0.994	递增	24	山西省	0.619	0.691	0.896	递增
10	山东省	0.811	0.829	0.979	递减	25	贵州省	0.617	0.782	0.789	递增
11	安徽省	0.8	0.869	0.921	递增	26	河南省	0.613	0.622	0.986	递增
12	江西省	0.781	0.82	0.953	递增	27	新疆区	0.595	0.709	0.839	递增
13	福建省	0.777	0.785	0.99	递增	28	重庆市	0.567	0.612	0.927	递增
14	海南省	0.761	1	0.761	递增	29	宁夏区	0.53	0.946	0.561	递增
15	吉林省	0.737	0.804	0.917	递增	30	青海省	0.497	1	0.497	递增

表1的输出结果表明,我国参与测评的30个省域中有4个行政区域达到DEA有效状态,占到全国行政区域个数的13.3%,剩余的26个行政区域为非DEA有效区域。能源效率DEA有效的省份较少,表明我国能源效率现状还不容乐观,与我国的粗放式经济发展方式有密切关系,在追求经济发展的同时忽视了能源效率的改进和环境生态的变化。我国2009年处在最优规模状态的行政区域仅有4个,表明我国省域能源效率水平总体还比较低下,其中处在规模报酬递减状态的省域有3个,而处于规模报酬递增状态下的省域有23个,占总比重的16.7%。这说明

省域经济发展还有一定成长空间，各省份可以通过开发新能源技术，提高技术进步率以及改善经济发展环境等方式来提高能源效率。

从能源效率看，北京、广东、上海、天津4个行政区域的技术效率、纯技术效率、规模效率都达到了最优状态，符合能源效率是DEA有效要求，它们共同构成了我国能源效率的有效前沿面。江苏、海南、青海处于纯技术效率有效而规模效益无效状态，对于这三个行政区域，在现有的投入水平下，无法通过提高技术水平或改进技术设备来提高能源效率和增加产出水平。江苏处于规模报酬递减阶段，说明该省能源规模过大已处于衰退阶段，无法通过规模扩张获得能源效率的提高。青海、海南达到纯技术有效状态，这可能与产业结构因素有关，其支柱产业多为第一产业或第三产业，而非高耗能、高污染的第二产业，如海南的房地产业、青海的旅游业和农牧业分别是其支柱产业，推动技术进步和调整产业结构应是提高中国行政区域能源效率的主要途径。湖南、浙江、宁夏等23个省域既非纯技术效率有效也非规模效率有效，它们都存在投出冗余或产出不足的问题，可以通过减少投入获得相同的产出或者在相同的投入下获得更高的产出。

从规模收益看，北京、广东、上海、天津4个DEA有效区域处于规模收益不变阶段，经济发展和能源消耗处在一个合理水平。江苏、浙江、山东处在规模收益递减阶段，在此水平上增加相关投入将不能获得等比例的产出增加，说明这些行政区域在发展经济过程中消耗了过多的能源和资本资源，此时盲目追求增加资源投入未必是最好的选择，需要整合投入资源以实现能源利用的规模经济才是最好的方法。其余行政区域均处于规模收益递增阶段，具有较大的增产减排潜力，投入品的等比例增加将会得到更大比例的产出，对于这些区域，适当的能源资源的投入将会促使地区产值较大比例的提高，具有更好的发展空间。

3.2.2 区域能源效率分析

全国30个行政区域的能源技术效率、纯技术效率和规模效率分别为0.740、0.826、0.900。全国能源效率总体处于较低水平，主要是因为纯技术效率较弱，这与我国经济基础薄弱、技术水平较低、产业结构差异过大和地区发展不均衡等有密切关系。现阶段，提高能源与资源利用效率、减少污染作为经济结构调整的重要内容，加大节能技术及新能源开发的投入力度，把节能增效和生态环保作为经济结构调整的重要手段，加快技术改造和设备更新，大力发展节能环保产业，倡导绿色消费，破解资源环境制约发展的难题。我国区域经济发展不均衡，能源效率差距也很大，以全国平均效率水平为界，研究东、中、西经济区域的能源效率分布差距，表2为我国省域能源效率分布表。

表 2 2009 年东、中、西能源效率分布表

地域	全国平均效率以上	全国平均效率以下
东	北京市、福建省、广东省、海南省、江苏省、辽宁省、山东省、上海市、天津市、浙江省	河北省
中	安徽省、湖南省、江西省	河南省、黑龙江省、湖北省、吉林省、山西省
西	内蒙古区	甘肃省、广西省、贵州省、宁夏区、青海省、陕西省、四川省、新疆区、云南省、重庆市

从表 2 中可以看出，我国东、中、西经济发展区域的能源效率差距非常明显。东部省域能源效率整体水平较高，在全国的排名也比较靠前，除河北以外都处于全国能源效率平均水平之上，河北省主要因为纯技术效率较弱，在全国的整体排名就比较靠后。中部省域的能源效率则分布较为均匀，在全国的综合排名也基本处于中间位置；西部地区的能源效率水平较低，在全国的排名比较靠后，除内蒙古区外，西部省域的能源效率均低于全国平均水平，内蒙古区因相对较高的技术效率在全国排名第 7，这与其支柱产业为农业的产业结构有关，综合效率排名处于比较靠后的位置。这样的结果也是比较符合我国中、东、西部的实际经济情况，东部沿海地区发展较早，相较于内陆地区在经济输出、人才储备和资源配置等方面都存在较大的优势，而中西部地区虽然在能源储备量上有一定的优势，但在经济发展水平，采用科学技术提高能源配置效率等方面相较于东部地区还存在较大差距。

3.2.3 SBM 模型的学习标杆分析

由于在应用 BCC 和 C^2GS^2 模型对于我国省域能源效率进行 DEA 效率分析时，会出现多个技术有效率省份，即 DEA 有效的情况（如表 1 中的北京、广东、上海、天津），为了进一步鉴别这些有效率的省域之间的能源效率差异，我们引入的了基于松弛变量测度（SBM）的效率分析模型，测算各省域作为标杆被累计学习的次数，具体结果如表 3。

表 3　2009 年省域能源效率学习标杆表

地区	学习标杆	次数	地区	学习标杆	次数
北京市	北京市(1.000)	17	湖南省	广东省(0.302);海南省(0.698)	0
海南省	海南省(1.000)	14	安徽省	广东省(0.222);海南省(0.778)	0
广东省	广东省(1.000)	13	黑龙江	北京市(0.660);海南省(0.340)	0
天津市	天津市(1.000)	2	陕西省	北京市(0.621);海南省(0.379)	0
青海省	青海省(1.000)	1	湖北省	北京市(0.970);广东省(0.030)	0
江苏省	江苏省(1.000)	0	新疆区	北京市(0.250);海南省(0.750)	0
上海市	上海市(1.000)	0	甘肃省	广东省(0.046);海南省(0.954)	0
宁夏区	海南省(0.212);青海省(0.765);天津市(0.023)	0	重庆市	北京市(0.464);海南省(0.536)	0
浙江省	北京市(0.603);广东省(0.397)	0	河北省	北京市(0.814);广东省(0.186)	0
山东省	北京市(0.204);广东省(0.796)	0	广西省	北京市(0.581);海南省(0.419)	0
福建省	北京市(0.997);广东省(0.003)	0	河南省	北京市(0.732);广东省(0.268)	0
吉林省	北京市(0.536);海南省(0.464)	0	云南省	广东省(0.119);海南省(0.881)	0
江西省	北京市(0.572);海南省(0.428)	0	四川省	北京市(0.927);广东省(0.073)	0
辽宁省	北京市(0.888);广东省(0.112)	0	山西省	北京市(0.543);海南省(0.457)	0
内蒙古	北京市(0.479);天津市(0.521)	0	贵州省	广东省(0.060);海南省(0.940)	0

学习标杆是有效前沿面上或可以映射到有效前沿面上的决策单元,该列省域表示的是“地区”列中省域应该参照的学习标杆,括号中的数字表示的是该标杆在所有标杆中的重要程度。通过标杆分析可以判断出对于那些技术有效率的省域,共有多少家技术无效率的省域作为学习的标杆,即学习对象。同时对于那些技术无效率的省域,我们亦可以给出其学习标杆,也就是说该家技术无效率的省域应该向哪一个或者哪几个有效率省域进行学习,以对方为学习榜样来改善自身的能源

效率。

根据以上数据表明，作为学习标杆的省域有北京市、海南省、广东省、天津市、青海省、江苏省6个行政区域，北京作为技术无效率省域的学习标杆，累计被学习次数高达17次。其次为海南和广东，累计被学习次数分别为14次和13次。青海省、海南省虽整体能源效率不高，但也成为了学习标杆，也许跟这两个省域的经济发展模式有关，两个省的环境保护较好，产业结构中高能耗、高污染的第二产业占的比重较小。另外上海、江苏两个相对有效的省域没有成为学习标杆。“主要学习标杆”一列中的省域和数值代表学习标杆和被学习的重要程度，例如，福建省的学习标杆是北京、广东，向北京学习的比例占到了99.7%，广东的比例为0.3%，故其主要的学习对象是北京的经济发展模式或者说能源投入模式。

3.2.4　SBM测度的无效区域投入冗余调整

利用DEA方法不仅可以测度能源效率，还可以据此计算出达到最佳效率的投入和产出组合，故可以进一步分析我国30个行政区域投入冗余和产出不足状况，具体计算相应的输入输出增减量以达到最有效率组合。在DEA分析中，松弛变量直接反应的是决策单元的投入过度或产出不足的影响，SBM模型基于投入产出的利润最大化考虑，计算的效率分值更便于各个决策单元的比较平价。在基于SBM模型的标杆分析的基础上计算我国省域在维持现有产出不变的情况下的投入项目的冗余量，进而指导相关投入的调整，对区域的发展和定位提供理论支持。各省域的能源消耗、资本存量、劳动投入的冗余量具体结果见表4。

表4　2009年各省投入冗余表

地区	能耗冗余率	能耗调整	资本冗余率	资本调整	劳动冗余率	劳动调整	地区GDP
北京市	0	6570.000	0	11808.080	0	1214.439	11556.847
广东省	0	24654.000	0	27424.950	0	5560.671	37545.69
海南省	0	1233.000	0	1924.260	0	421.769	1573.061
江苏省	0	23709.000	0	33121.850	0	4460.100	32766.951
青海省	0	2348.000	0	1680.180	0	281.165	1028.227
上海市	0	10367.000	0	19949.510	0	912.620	14308.326
天津市	0	5874.000	0	9106.460	0	505.199	7152.856
浙江省	0.117	13741.074	0.302	18000.833	0.218	2937.904	21862.528
福建省	0.257	6625.252	0.152	11855.794	0.422	1227.718	11636.251
江西省	0.263	4283.550	0.031	7573.705	0.608	874.847	7279.645

续表

安徽省	0.276	6439.097	0.131	7592.637	0.571	1564.061	9569.175
宁夏区	0.352	2194.028	0.078	1905.539	0.000	316.213	1286.922
山东省	0.354	20957.793	0.250	24233.002	0.135	4672.340	32233.805
湖南省	0.378	8294.575	0.087	9612.875	0.489	1971.179	12419.03
广西省	0.387	4336.408	0.221	7671.594	0.689	882.698	7378.524
河南省	0.422	11418.574	0.287	15995.182	0.596	2379.724	18524.82
陕西省	0.435	4545.154	0.106	8058.180	0.527	913.701	7769.02
吉林省	0.468	4092.195	0.139	7219.326	0.273	846.426	6921.681
重庆市	0.472	3711.578	0.235	6514.445	0.575	789.896	6209.672
湖北省	0.482	7104.701	0.115	12269.834	0.545	1342.946	12325.276
云南省	0.498	4028.746	0.210	4968.257	0.617	1035.195	5867.085
四川省	0.516	7892.246	0.156	12949.937	0.688	1532.222	13457.07
黑龙江省	0.546	4757.234	0.036	8450.941	0.437	945.200	8165.753
辽宁省	0.550	8594.450	0.153	13556.342	0.207	1700.986	14466.221
甘肃省	0.579	2306.184	0.145	3092.739	0.530	657.241	3221.379
内蒙古区	0.595	6207.394	0.086	10400.574	0.248	844.934	9262.429
河北省	0.609	9933.066	0.214	14712.336	0.464	2022.704	16389.971
贵州省	0.652	2631.306	0.218	3446.730	0.686	728.577	3720.738
新疆区	0.659	2566.302	0.300	4393.459	0.245	619.795	4067.234
山西省	0.735	4132.638	0.173	7294.225	0.464	852.433	6997.338
全国	0.353	7518.285	0.127	10892.793	0.341	1500.497	/
东	0.172	12023.512	0.097	16881.220	0.131	2330.586	
中	0.446	6315.321	0.125	9501.091	0.498	1347.102	
西	0.468	3887.941	0.159	5916.512	0.437	781.967	

注:冗余率=冗余量/投入量

调整后投入量=实际投入量－冗余量

从表4可以看出,本文采用的3个投入指标的冗余率差异较为明显,整体冗余率最低的是资本存量,全国的均值为0.127。能耗冗余率和劳动冗余率差距不是很大,全国均值分别是0.353和0.341,整体水平较高,说明我国在能源消耗和劳动力投入方面都存在投入过度显现，适当的调整能源投入比例和合理利用劳动投入，将会对促进我国经济产出起到有效的推动作用。北京、广东、海南、江苏、青海、上海、天津6个行政区域不存在投入冗余量，说明这些地区在资本、能源、劳动投入方面的比例是比较合理的，但江苏、青海、海南的能源效率并非处于DEA有效状态，那么说明这3个地区需要从社会经济其他方面着手来改善经济发展环境，提高能源效率。从东、中、西角度分析，东部的冗余率都处于较低水平，主要是因为DEA有效省域大多属于东部省份；西部地区除了劳动冗余稍微低于中部外，其他两项均略高于中部地区。冗余分布符合我国经济发展分布，中部地区人员较为集中，西部地区人员比较稀少，故中部劳动冗余率高于西部地区。各省市可根据冗余变量的调整值预测省内投入节约能力，为制定相应措施提供理论支持和参考。

4. 政策建议

中国长期“粗放型”的经济发展模式导致了大量能源资源的消耗。在当前处于工业化和城市化全面加速的历史背景下，能源供需矛盾已经从根本上束缚了中国经济、社会的可持续发展。为了缓解能源供需矛盾，当前最有效、最现实的途径是采取节能优先、提高能源效率的能源战略，而科学研究中国各省份的能源效率对于制定节能降耗政策的基本依据具有重要现实指导意义。

4.1　缩小地区差异，加大政策扶持

要缩小东中西部地区之间的发展差距，主要的发展路径应该是实现东中西部地区的产业结构转型。东部地区产业结构向高端制造业和服务业发展，中西部地区产业结构向环境友好型制造业和服务业发展，核心机制就是提高能源使用效率，建立能源效率和经济发展的良性动态循环机制，突破路径依赖和锁定效应，建立中期以制造业为核心并将重心逐渐向服务业转移的长期经济发展体制。

4.2　优化产业结构，加快新能源开发进度

在我国今后的工业化进程中，要实现我国经济的持续快速增长，就要通过优化经济结构，逐渐淘汰高耗能、高污染和低效率的重工业企业，通过引进和开发新技术来改进和提高工业特别是重工业企业的能源利用效率。国家和企业都应该加大对节能技术的科研投入，开发利用天然气、太阳能和风能等清洁能源，优化我国的能源消费结构。制定有效措施应对国际原油价格的波动对我国经济所造成的冲击和影响，提高能源使用效率，保证我国经济的稳定均衡发展。

4.3　增加科技投入，提高能源利用效率。

技术进步对能源效率的影响主要体现在两方面：技术进步可以提高设备的工作效率，从而降低单位产品的能耗，降低中间交易成本、减少中间能源损耗、提高资源配置效率；能源使用技术的进步往往伴随着更高效的资本设备和具备更多知识

技能的劳动者，提高科研投入有助于加快技术进步。技术进步和创新使得在技术上提高能源效率成为可能。由于新技术、新设备、新工艺的出现，在相同产出下可以节约能源投入，或者相同投入下可以扩张能源产出。

参考文献

[1] Encyclopedia Britannica. Chicago：Encyclopedia Britan－nica，Inc. 1974.

[2] Patterson M G. What is Energy Efficiency? Con－cepts，Indicators and Methodological Issues[J]. Energy Policy. 1996.

[3] Bosseboeuf D，Chateau B，Lapillonne B. Cross Country Comparison on Energy Efficiency Indicators: the On Going European Effort towards a Common Methodology [J]. Energy Policy，1997.

[4] Hu J L，Wang S C. Total－factor energy efficiency of regions in China[J]. Energy Policy，2006，34(17)

[5] 魏楚，沈满洪. 能源效率及其影响因素：基于 DEA 的实证分析[J]. 管理世界，2007(8)

[6] 杨红亮，史丹. 能效研究方法和中国各地区能源效率的比较[J]. 经济理论与经济管理，2008(3)

[7] 李世祥，成金华. 中国能源效率评价及其影响因素分析[J]. 统计研究，2008(10)

[8] 吴琦. 基于 DEA 的能源效率评价模型研究[J]. 管理科学，2009

[9] 刘海滨，郭正权. 基于环境因素的我国区域全要素能源效率分析[J]. 统计与决策，2011(6)

影响农村内需的主要因素与扩大农村内需的对策

夏　成

（华中师范大学经济学院房地产经营管理专业 2009 级本科生，武汉 430079）

摘　要：在国际金融危机的冲击下，我国外需锐减，扩大内需对于新形势下推动我国经济平稳较快发展具有特殊意义。“十二五”规划中又将“坚持扩大内需战略，保持经济平稳较快发展”作为独立一个章节进行了具体论述。从 2009 年到 2011 年连续三年中央的 1 号文件都反复强调了扩大内需的关键在扩大农村内需。本文立足全面理解中央扩大农村内需的决策精神，对如何扩大农村内需提出一些粗浅的对策。

关键词：农村内需；农村消费能力；风险回避；农村社会保障制度；乡镇企业；消费信贷

1. 农村消费增长和农村内需扩大是促进中国经济增长的新动力

投资、消费、出口被公认为拉动国民经济增长的“三驾马车”，若将三者再进行一个大致的分类，可以分外需与内需两大类。所谓外需就是指国外需求即出口，内需就是指国内投资需求与消费需求。在国际金融危机的阴云笼罩下，欧美国家经济普遍受创，致使我国外需锐减。无论是 2010 年的 10.4%，还是 2011 年上半年的 9.6%①都难以掩盖在世界性金融危机冲击下，我国经济运行速度放缓的事实。为了最大限度消除外需不足对国民经济的影响，扩大内需成为了确保我国经济平稳较快发展的有效选择。近 10 年来，在内需的两个方面中，消费需求效果明显不如投资需求[1]。据最新调查表明，我国目前消费对经济增长的贡献率还不到 55%，而发达国家早已超过了 70%②。消费增长缓慢，尤其是农村消费增长缓慢已成为制约我国内需扩大的瓶颈。我国农村地域广、人口多，有着巨大的市场潜力，思考如何进一步解放农村市场，增强农村消费能力，扩大农村内需在现阶段意义显得尤为重大。未来，一旦拥有 7 亿多消费者的农村市场被激活，进一步扩大的农村内

---

①　数据来源：中国统计年鉴（2010）

②　数据来源：中国统计年鉴（2011）

需，将成为国民经济再次起飞的新动力。因此，如何扩大农村内需、发挥农村内需对国民经济增长的推动作用，不仅对推动经济持续快速增长有着深远影响，而且对于进一步贯彻落实科学发展观、统筹城乡一体化、大力推进社会主义新农村建设都有着重要的作用。

2. 影响农村内需扩大的主要因素

2.1 农村消费能力过低是制约农村内需的瓶颈

2.1.1 农产品价格高但利润较低的现实制约

首先，农业由于其天生的"弱质性"以及其生产的分散性、小规模性，抵御自然风险的能力是非常低的。比如，许多农产品的生产都是露天作业，因此，它们的供给必然受到自然条件的制约。同时，我国农业技术水平落后，在农业生产中资本有机构成低，其抵御自然灾害的能力必然较弱，自然条件中对农产品危害最大的就是自然灾害[2]。这就很可能产生一种农业生产过程中投入与产出不成比例的状况，较高的价格却只能对应很低的产量，从而打击农民的生产积极性。其次，我国农业正处于从传统农业向现代农业过渡的阶段，伴随着资本替代劳动力，农业要素投入结构和价格也发生了变化。农产品生产成本的上升或下降直接影响着产业利润的下降或上升。改革开放以来，我国主要农产品的生产成本迅速上升。究其原因主要有四个：一是改革以来农业生产资料价格上涨过快；二是人工成本的上升；三是农业生产与销售的税费直线上升；四是日益突出的通货膨胀问题。

2.1.2 农民非农就业率下降，农民非农收入减少

农村非农就业是影响农民收入增长的另一个重要因素。农民收入增长缓慢的一个直接原因是非农活动对农民收入增长的影响显著下降，而这又与农民非农就业的增长情况是直接相关的[3]。2008年后，由于国际金融危机的影响，我国沿海大批出口外向型的劳动密集型企业受到沉重打击。由于国外需求锐减，导致企业出口受阻、产品积压、销售下降，造成普遍的小商品制造行业不景气，并迅速波及到了许多乡镇企业，进而直接造成大量工厂被迫停产，甚至倒闭。大批外出务工的农民也只有返回农村务农，直接导致了农民的非农就业率的显著下降。再者，在产业化的浪潮中，一部分乡镇企业由最初的劳动密集型开始向资本密集型或者是技术密集型转变，也直接造成了其对农业劳动力的吸纳能力减弱，进而导致农民的非农就业率下降。

2.1.3 极低的资本收益与资源分配的严重不均

如果单纯的从资本角度考察，农产品的价格和农业比较经济效益长期低下。农民收入除了维持自身日常生活所需以及简单的再生产以外，很难形成资本积累[4]。没有资本积累就谈不上资本投资，当然没有资本投资基本上也就丧失资本

收益。而在市场经济条件下,资本收益是远远大于劳动收入的。广大农民丧失了获得资本收益的能力,这对于农村消费增长的限制是显而易见的。其次,由于分配制度的政策取向的关系,造成了整个资本市场向城镇倾斜。改革开放以来,大量优势资本都流向了城市。从国家财政支出用于农业的比重:1978 年是 13.4%,以后就是逐年减少,直到 2001 年的 7.7%③。虽然,近些年国家一直在强调财政支农,但财政支出用于农村的比重还是远小于城镇的。从民间信贷规模分析也是可见一斑,即使农村信贷规模有所增加,但投资非农化的趋势严重,其中农户所获贷款总额大体只占农户存款总额的 1/4,其余都主要流向了城市和非农产业,这也极大的限制了农村消费能力的增强。

2.1.4 缺乏良好的消费环境及消费观念落后

农村消费市场广阔,发展潜力巨大,但是缺乏一个良好的消费环境。首先是缺乏一套完整的商业配套硬件。如目前仍有不少农村不通公路,乡村与城镇的贸易往来不通畅,阻碍了农民收入的增加以及农民对工业品的消费需求。另外,许多农村地区还存在用电困难问题。具体表现在电网老化、电压不稳、电价较高、不能长时间持续供电等方面[5]。这也限制了各种大中型家用电器与农用器械在农村地区的消费与推广。其次,农村消费安全也有待提高,农村消费品市场缺乏一个完善的监督与质检机构,没有维护农村消费者合法权益的有效手段,有部分地区甚至没有监督机构,致使农村消费市场上流通的商品缺乏一个安全保障,出现假冒伪劣产品频出的恶性消费市场,加之农民识假能力有限,维权意识不强,为了不上当受骗而放弃购买[6],极大的弱化了广大农民的消费欲望,限制了农民的消费能力。最后,落后的消费观念也限制了农村消费能力的增强。目前,中国农民重视日常开支计划,重视节约,量入为出,重物质消费轻精神消费的消费观念根深蒂固。在广大农村中攒钱为今后使用的观念也是非常普遍的。这就造成了过多的原本将用于当期的消费被积压,限制了本期消费的增长,也不利于农村消费能力的增强与消费需求的扩大。

2.2 大规模的人口流动造成人口结构不合理

2.2.1 从生命周期理论和风险偏好的角度分析农村人口老龄化的影响

随着我国工业化与城市化的不断推进,大量农村劳动力外出务工。我国农村人口结构发生了重大变化,对农村消费水平的提高与农村内需的扩大产生了较大制约。据国家统计局统计数据表明:截至 2009 年底,我国 60 岁以上老年人口有 1.67 亿人,其中 1.05 亿人是农村老年人,农村老年人口规模是城市的 1.69 倍,城市老年人口比重为 7.97%,而农村老年人口比重已超过 18.3%,农村人口老龄化

③ 许文兴. 千方百计增进农民福祉[M]. 北京:中国农业出版社,2007-12.

程度是城市的2.3倍④。从生命周期理论的角度分析，如果社会上年轻人和老年人的比例增大，这时消费倾向会提高，社会总的消费量会有所增加。但事实上，农村人口老龄化限制了农村消费能力的增强。因为大量的老年人在农村消费中扮演了一个风险回避者的角色。如果进一步分析，我们就不难得出为什么是风险回避而不是风险中性或喜好。这是源于一种对未来生活的不稳定预期，因为对未来生活的不稳定性预期以及自身抵御突发事件的能力较弱，大多数老年人选择回避风险，选择一种类似于预防性储蓄的现金积压，以备今后的不时之需，进而使原本应该得到消费的内需得不到足够的释放。

2.2.2 大量农村青年外流的影响

在我国广大农村人口大规模流动的大背景下，大量中老年人留在农村的反面就是大量青年劳动力离开农村。这类人群主要可以分为两大类，一类是外出求学的农村大学生，一类是外出务工的青壮年劳动力。对于农村大学生来说，十几年寒窗苦读，一朝中第后离开农村，最后他们大多会选择在城市就业或定居，再次返回农村的实例甚少，并且农村大学生的父母及亲戚（大多数也是农村居民）往往会为支持其在城市获得住所而拿出大部分积蓄，甚至挤占其日常消费开支[7]。据有关数据⑤统计表明农村大学生的父母和亲戚都在为其攒首付的过程中发挥了极其重要的作用。这一行为与过去农村父母为其子女攒钱修建新房，以备其结婚使用极为相似，因为城市房价水平往往远高农村房价水平，同时也正是因为考虑到这一高房价问题，父母不仅会压缩自己的消费，甚至无限期的推迟自己在农村新建住房的决定。这一行为就对农村消费产生了一种严重的“挤出效应”[7]。第二类人群就是外出务工人员。由于乡镇企业发展的疲软与农业生产回报率极低等方面的原因，大量农村青壮年劳动力外出务工，青年人在投资与消费上往往表现出风险偏好的特征，他们普遍具有较高的消费欲望，他们本应在促进农村消费和扩大农村内需上扮演一个重要的角色，但却大量流出农村。据国家统计局调查显示，2005年有18.8%的农民工没有往家里寄钱，有55.1%的农民工设想未来在城市发展、定居[8]。这也使本应属于农村的内需很大一部分流到了城市。

2.3 农村社会保障制度不健全对农村内需扩大的影响

社会保障制度是一个国家或地区为了改善和提高其成员的物质和精神生活而提供的一系列服务与福利措施[9]。建立完善的符合农村实际的社会保障制度对于稳定居民的消费预期与扩大农村内需有着重要的作用。广大农村居民大多属于中低收入阶层，而鼓励中低收入阶层消费的一个有效措施就是建立完善的社会保障

④ 中国统计年鉴(2009)

⑤ 徐振宇．中国农村居民消费发展报告[M]．知识产权出版社，2010－09.

制度，以解决其消费的后顾之忧。但是，长期以来由于受农村生活的不确定性（抵御各种突发事件基本上是无能为力的）与传统的城乡二元经济结构的影响，我国农村社会保障体系发展相对滞后。并在其发展过程中一直伴随着保障水平低、社会化程度低、政府扶持力度小、覆盖面窄、法律制度不完善等诸多问题[10]。特别是在农村医疗与养老这两个领域的不足尤为明显。

首先是农村医疗保险方面，随着农村经济体制改革的不断深入，农村医疗保障体系有了较大的改观。我国新型合作医疗制度在广大农村已有了较大发展，农民的参保率有了较大的提升。但是，不少农村卫生机构等硬件配套设施却得不到相应的改进，例如有职业资格证的医师缺乏，医疗器械落后等现象较为普遍。另外，农村合作医疗其有效性是随着医疗机构级别的上升而降低的。比如说在当地的乡镇医院，农村合作医疗的报销率是比较高的，但当你上升到一家级别较高的医院时，比如县级医院、市级医院，农村合作医疗的报销率却是很低的。即农村合作医疗的效用更多的局限于乡镇一类的小医院，但乡镇地区的医疗水平又很难得到提升，这样的矛盾限制了大家对农村合作医疗的购买意愿。

其次是养老保险问题，日益突出的老龄化问题使农村养老面临严峻的考验，而我国广大农村的农村养老保险制度又是极不健全的。主要表现在以下三个方面：一是缺乏资金支持，大量财政支农被用于农村基础建设，基础建设固然重要，但在大量修桥铺路的同时却忽略了农村养老问题；二是缺乏科学合理的管理规范，我国各类慈善基金的管理运作一直是一个令人堪忧的大问题，管理运营上的不合理、不透明，没有一个清晰、科学、合理的制度安排已成为我国慈善基金进一步发展的瓶颈；三是仅有的农村养老社会保障体系覆盖面狭窄，农村广大老年人除了小部分参加了养老保险和社会统筹养老保险以外，大多数人未被纳入社会保障范围，[10]“养儿防老”的传统观念加重了农村青年一代的经济负担，严重限制了其消费能力的增长。

3. 扩大农村内需的对策与措施

3.1 保证农民收入持续增长，缩小城乡收入差距

要解决农民增收问题，政策很关键，这就要求决策者在政策制定过程中充分考虑到农民、农村、农业的现状，在政策上给于倾斜。目前我国经济已经发展到了工业反哺农业的阶段，为进一步激活农村市场、扩大农村内需，不断增强对农业和农村的投入，尽快建立符合农村实际的农业保护体系，进一步贯彻落实工业反哺农业、城市支持农村和多予少取放活方针，加大强农惠农力度，夯实农业农村发展基础就显得尤为重要[11]。

3.1.1 加大财政对农村基础建设的支持力度

长期以来为了进一步推进城市化的进程，我国在政策导向上一直向城市倾斜，

大批优质的资源流入城市，基础建设的重点也一直在城市，进而忽略了农村基础建设，阻碍了农村生产力的发展。要提高农民收入、扩大农村内需，就必须把公共财政对基础建设的投入重点转到农村。首先是加强农田水利基础设施建设。“十二五”规划中也明确指出：“完善农村小微型水利设施，全面加强农田水利建设。”应采取政府资金引导、社会资金流入、农民资金集聚等方式筹集大量资金等方式修建一批新的水利工程，修缮一批尚能使用的水利工程，拆除一批存在安全隐患的水利工程。其次是加强农村道路建设，新修农村道路，加强乡村与城镇之间的交通联系，缩减物流成本。在“村村通”的基础上提高公路的运营能力，保证农作物的销售运输环节顺畅。最后，政府还应该加强在电网、电视广播、通信设施、商业网点等基础设施建设上的投入力度，改善农村硬件设施，为广大农民购买耐用消费品、交通通讯产品、上学就医等创造良好的环境[9]。

3.1.2 加强财政对农村人力资本积累上的支持力度

伴随着义务教育的逐步推广，目前在我国的广大农村，农村人口的教育普及度比较高，但是，农村人口受教育的程度却普遍不高。强化农村教育可以充实农村的人力资本，人力资本对于提高劳动生产率有很大的意义。对此，国家应加强对农业劳动力的教育支持力度，培养农村人才，如定期举办农业技能培训、农业知识讲座等，让农民掌握更多农业生产过程中的技术，增强其适应市场变化的能力与抵御市场风险的能力。农村劳动力的人力资本存量决定着农民收入水平的差异，农村劳动力的人力资本存量越高，农民收入水平越高。而且，农民收入水平随着劳动力人力资本的存量增加而显著加速提高[12]。有了较高的收入水平后，才能在激活农村市场，扩大农村内需的道路上又迈进了坚实的一步。

3.2 加强农村市场环境建设，营造安心消费环境

要增强农村消费能力，扩大农村内需必须十分重视农村市场的建设，在保证农村市场相关硬件配套设施完备的前提下，还要肃清农村市场上的不正之风。加强城乡联动，完善监督机制。注重对农村市场秩序的标本兼治，切实维护广大农村消费者的合法权益[9]，营造一个安心的消费环境。首先由于改革开放以来国家政策对城市建设的长期倾斜，致使城乡发展极不平衡，农村市场建设严重滞后于城市，直接影响了农村内需的扩大。因此，要进一步加大对农村市场基础设施建设的投入，完善农村水、电、通信设施，减少农民消费障碍，节约农民交易成本。其次由于农村市场缺乏一个商品监管机构，致使农村市场上出现很多贩卖假冒伪劣、投机倒把、强买强卖的不正之风。近些年来随着地区间的交通日益发达，城乡间得到了比以往更多的交流，我们应顺应这种变化，并注重发挥城市市场对周边农村市场的带动与辐射作用[10]。如不定期的组织城镇质监部门对农村市场商品进行抽检，或建立相关监督机构。最后加大对消费者维权意识的宣传力度，培养广大农村消费者

的维权意识，树立其消费信心。可以通过举办普法知识小讲座，印发宣传手册等手段提高广大农民群众维护自身权益的主动性与自觉性。同时政府部门也要加强对农村市场秩序的治理，严厉打击各种造假售假、违法经营的行为。只有通过不断完善农村市场机制，才能促进农村消费能力的提高与农村内需的扩大。

3.3 构建符合我国农村实际的现代农村社会保障制度，稳定农民消费预期

农村社会保障制度的长期缺失，造成了广大农民对未来生活的不确定性预期逐渐增大，进而造成很多农民压缩当期消费，用作对未来不确定性的支出，使农民消费支出很难取得较大增长。因此，建立和完善农村社会保障制度是我国现阶段要扩大农村内需所必须要解决的首要问题。

3.3.1 建立和完善农村医疗保险制度

目前我国农村基本医疗保障的最主要形式是新型农村合作医疗（以下简称合作医疗）。从 2002 年至今，经过了 9 年的发展，合作医疗在广大农村中的参保率已有明显提高。这一制度在消除农民消费的后顾之忧、解放农村市场、扩大农村内需上发挥了重要的作用。但是在其执行过程中，也显示出一些不足。针对其中的不足具体可以从以下几个方面入手完善。(1)应科学制定合作医疗的报销标准，确定各级医院的报销率，并加以稳定。要防止过松的报销标准导致过度报销，形成透支，也要防止过紧的报销标准，使广大农民体会不到发展的成果[11]。(2)在发展合作医疗的同时，也要保持相关医疗机构的医疗器械与医疗水平得到同步发展，保证各地医疗机构供药的质量，确保农民能够得到安全、有效、价廉的药品。(3)重点加强对农村中的贫困家庭与五保户参与合作医疗的扶持力度。比如对其进行免费参保、定期检查、就医优惠等措施。(4)明确合作医疗报销的各项手续，使得整个报销流程更加科学合理、高效透明，以减少农民在报销过程中的交易成本，节省其不必要的开支。(5)要帮助广大农民树立“防病胜于治病”的理念。定期组织当地医疗机构举行健康普查活动，尽量能在农民患病初期予以发现并治愈，免除其后期不必要的损失。

3.3.2 建立和完善农村养老保险制度

随着人口老龄化时代的到来，农村养老问题面临着严峻的考验。针对存在的问题应采取以下措施。(1)新建一批敬老院。农村养老问题不像医疗问题可以有大批的医院为其政策的实施提供场所。农村养老问题一般只能在敬老院中进行，但又由于“养儿防老”等传统意识的的阻碍，使得过去养老问题一直由单个家庭承担，所以敬老院的发展没有得到重视，所以着手解决养老问题，新建一批敬老院就显得尤为重要。(2)经费问题。有了政策具体实施的场所还要有资金流入。随着老龄人口的与日俱增，养老压力不断增大。不能单靠国家资金支持，应形成一种政府官方资金推动、社会民间资金协作、家庭私有资金助力三方共同致力解决农村养

老问题的局面。(3)进一步完善现有的养老金发放制度,并思考能否适度调高发放额度。让广大农村老年人口能真正感受到实惠,不让养老金发放制度流于表面。(4)积极推进灵活多样的养老保险制度,对于经济较发达地区应鼓励其购买商业保险,对于经济一般的地区应积极推进基本养老保障制度。采取适合不同群体特点和需求的方式,分别对不同群体建立相应的养老保险制度[12]。

3.4 促进乡镇企业长远发展,发挥消费信贷拉动作用

3.4.1 系统化乡镇企业

广大农村居民作为农村市场的市场主体之一,在扩大农村内需上地位固然重要。但也不能忽视乡镇企业在扩大农村内需中所扮演的重要角色。乡镇企业在可以吸纳部分农村劳动力并为其提供非农收入的同时还带动了农村经济结构的不断变化[13]。从1978年到2007年乡镇企业增加值年均增长16.2%,乡镇企业工业增加值平均增长15.8%,乡镇企业第三产业年均增长18.8%,分别比全国国内生产总值GDP年均增长水平(9.8%)高出6.4个百分点,比国内工业增加值年均增长水平(9.7%)高出6.1个百分点,比国内第三产业增长值年均增长水平(11.9%)高出6.9个百分点⑥。由此看来,乡镇企业确实是1978年以来农村经济增长的主要贡献者之一,并且在一定程度上支撑了整个国家的国民经济增长。改革开放三十年来,乡镇企业既取得了长足的进步,也同时暴露出了其自身存在的弱点和缺陷。如产业结构不合理、比较优势不明显、取得信贷不容易等。乡镇企业应立足身在农村的优势,深入思考如何将自己的产业进行深化,增加产品附加值,将整个生产经营过程与原材料的生产、产品的进一步深加工、产品的销售紧密结合起来,形成一种链式经营模式,形成完整的产业化体系,将乡镇企业打造为一个系统化的工程,而不是某个单一的生产环节。同时国家要加强农村信贷的灵活性,适度降低信贷门槛,给予有发展潜力的乡镇企业资金支持,以促进其进一步发展壮大,并继续在促进农村经济发展,扩大农村内需方面作出贡献。

3.4.2 灵活化消费信贷

从宏观上看,消费信贷对农村经济的拉动作用已是日趋显著。因此,如何加快农村消费信贷的发展,充分发挥其拉动经济增长、促进消费能力增强的作用,就成了当前扩大内需所面临的一个难题。从政策思路的层面上说,主要可以从以下几个方面入手。首先进一步完善有关消费信贷的法律法规,以约束信贷双方的操作行为,减少风险,使得整个信贷行为有法可依、有章可循。这样既能让信贷方安心,又能让放贷方减少后顾之忧。其次加大消费信贷业务的宣传力度,引导农民消费

⑥ 数据来源:周建群.新农村建设中的乡镇企业发展研究[M].经济科学出版社,2009—10.

观念转变。目前大多数农民仍然坚守着量入为出的消费观念，对他们进行消费信贷的宣传，提倡超前消费、鼓励信贷消费，对于解放其消费能力、扩大农村内需有着至关重要的作用。最后，增强金融机构的灵活性，改变其以往坐等信贷上门的观念。鼓励金融机构深入农村，了解农村市场、明确农民所需，开发出更多能引起农民兴趣的消费信贷品种。同时对农村消费信贷给于一定的倾斜，如降低信贷门槛，降低利率等，以减轻农民负担，进一步释放其消费能力，促进农村内需扩大。

参考文献

[1] 詹兆雄．影响农村消费的主要因素与扩大农村消费的对策[J]．农业现代化研究，2009—3.

[2] 郑大豪．农业弱质性的成因、影响和对策[J]．农业技术经济，1995—08.

[3] 陈浩．人力资本与农村劳动非农就业问题研究[D]．南京农业大学，2007.

[4] 许文兴(主编)．千方百计增进农民福祉[M]．中国农业出版社，2007—12.

[5] 陈莹．关于推进农村经济建设扩大农村内需的策略思考[J]．企业技术开发，2009—08.

[6] 胡雪萍．优化农村消费环境与扩大农民消费需求[J]．农业经济问题，2003—07.

[7] 徐振宇．中国农村居民消费发展报告[M]．知识产权出版社，2010—09.

[8] 安毅，张青．扩大农村消费的总体思路与政策建议[J]．经济与管理研究，2007—08.

[9] 刘翠宵．天大的事——中国农民社会保障制度研究[M]．法律出版社，2006—05.

[10] 肖俊斌．予多取少是扩大农村内需的根本——保增长扩内需的涉农财税改革思考[J]．调研世界，2009—11.

[11] 白菊红．农村人力资本积累与农民收入研究[M]．中国农业出版社，2004—04.

[12] 周建群．新农村建设中的乡镇企业发展研究[M]．经济科学出版社，2009—10.